大连统一战线代表人士
风采录

中华人民共和国成立60周年
中国共产党领导的多党合作制度确立60周年
中国人民政治协商会议成立60周年

中共大连市委统战部 编

大连理工大学出版社

图书在版编目(CIP)数据

大连统一战线代表人士风采录 / 中共大连市委统战
部编. —大连：大连理工大学出版社, 2010.12
ISBN 978-7-5611-5965-1

Ⅰ.①大… Ⅱ.①中… Ⅲ.①民主党派—名人—生平
事迹—大连市—现代 Ⅳ.①K820.831.3

中国版本图书馆CIP数据核字(2010)第253771号

大连理工大学出版社出版
地址:大连市软件园路 80 号 邮政编码:116023
发行:0411-84708842 邮购:0411-84708943 传真:0411-84701466
E-mail:dutp@dutp.cn URL:http://www.dutp.cn
大连日升印刷有限公司印刷 大连理工大学出版社发行

幅面尺寸:210 mm × 285 mm 印张:17.75 字数:575 千字
2010年 12月第 1 版 2010年 12月第 1 次印刷

责任编辑:汪会武 邵 婉 责任校对:川 雨
封面设计:波 朗

ISBN 978-7-5611-5965-1 定价:120.00 元

编　委　会

让优秀党外代表人士不断涌现和成长

由市委统战部精心筹划编纂的《大连统一战线代表人士风采录》即将付梓出版。该书收录了新中国成立以来我市不同历史时期统一战线各领域的优秀党外代表人士140位，记述了他们为国家和大连建设、改革、发展做出的杰出贡献和光辉业绩，展示了他们忠于祖国、忠于人民、辛勤劳动、无私奉献的高尚品德和崇高精神。这是一件可喜可贺的事，也是一件具有历史意义的事。集中推出统一战线先进典型人物事迹，有利于发挥榜样的示范作用，引领统一战线成员积极投身中国特色社会主义建设；有利于彰显统一战线的人物风采，扩大统一战线的社会影响；有利于巩固统一战线共同的思想政治基础，推动统一战线和多党合作事业蓬勃发展。该书编辑出版得到我市各级党委的高度重视和大力支持，全市统战系统积极响应，有近百人参与人物资料的收集整理工作。

大连统一战线发展史就是一部优秀党外代表人士辈出的历史。伴随新中国成立六十多年风雨历程，大连统一战线走过了波澜壮阔的六十多个春秋。回眸沧桑巨变历史进程，可以看到大连统一战线英华璀璨。其中有：大连理工大学创始人屈伯川，著名力学家、教育家钱令希，中国奥运第一人刘长春，献身多党合作事业的优秀社会活动家杨烈宇，著名药理学家张毅，教育家、书法家于植元，金牌足球教练迟尚斌，最具爱心的企业家王健林，兴村富民的领头人李桂莲，著名京剧表演艺术家杨赤，中国金牌编剧高满堂，中国色谱分析先驱者卢佩章，港口口岸工程专家邱大洪，著名力学家程耿东，"润滑油大王"何大川等等。他们是我国社会主义政治制度的坚定拥护者，也是中国共产党领导的多党合作和政治协商的重要参与者；他们是改革开放和社会主义现代化建设的重要力量，更是站在时代潮头、引领社会风尚的楷模；他们是统一战线优良传统薪火相传的重要承担者，还是我们党加强同社会各方面成员联系的重要桥梁和纽带。

加强党外代表人士队伍建设，关系到党和国家事业发展大局，是统一战线的战略任务和基础工程。统一战线要实现可持续发展，根本在于优秀党外人才的不断涌现和成长。只有努力建设一支高素质的党外代表人士队伍，形成人才辈出、活力迸发的局面，统一战线的优良传统才能代代相传。党外代表人士的成长具有一般规律与特殊规律相结合的特点，特别是改革开放后成长起来的新一代，更具有鲜明的时代特色。加强新形势下党外代表人士队伍建设，必须把握规律性，体现时代性，富于创造性。我们要立足当前，着眼长远，统筹推进我市民主党派代表人士、少数民族代表人士、宗教界代表人士、非公有制经济代表人士、无党派代表人士、港澳台海外代表人士等"六支队伍"建设，支持协助我市各民主党派、工商联和统战团体实施人才战略，加强后备人才发现和储备，着力培养一批有一定威信和影响，在关键时刻站得出来、说得上话、能发挥作用的代表性人士，为我市统战事业科学发展提供人才保障。

大连的发展已经站在了一个新的历史起点上。市委、市政府正在率领全市人民，着力实施全域城市化战略构想，加快"三个中心、一个聚集区"建设，努力实现城市科学发展新跨越，向着建设东北亚重要国际城市目标奋进。我们的事业越向前发展，越需要统一战线发挥自身优势和作用，广泛凝聚一大批优秀建设人才；越要求我们从创新体制机制、营造成长环境等方面着手，鼓励党外人士干事业，支持党外人士干好事业，实现人尽其才、人才辈出，不断巩固和发展我市统一战线和多党合作事业蓬勃发展的良好局面。

2010年12月

目 录

◆ 丁德文　001
◆ 于　波　003
◆ 于植元　005
◆ 马大英　007
◆ 马世侠　009
◆ 王永学　011
◆ 王立鼎　013
◆ 王众托　015
◆ 王传雅　017
◆ 王建顺　019
◆ 王健林　021
◆ 王鸿钧　023
◆ 王靖宇　026
◆ 冯云廷　028
◆ 包信和　030
◆ 卢佩章　032
◆ 叶寿丹　034
◆ 宁桂玲　035
◆ 甘丽娟　037
◆ 田树军　039
◆ 白云兴　042
◆ 边长泰　045
◆ 乔传珏　047
◆ 乔树民　049
◆ 刘中民　051
◆ 刘长春　053
◆ 刘世有　055
◆ 刘　诚　057
◆ 刘荣霖　059
◆ 孙克明　061
◆ 孙荫环　063
◆ 孙耀明　065
◆ 师　信　067
◆ 曲　维　069
◆ 朱清时　071
◆ 朱程清　073
◆ 朱葆琳　075
◆ 朱蓓薇　077
◆ 衣宝廉　079
◆ 齐春生　081
◆ 何大川　083
◆ 吴汝舟　085
◆ 吴建安　087
◆ 吴明熹　088
◆ 吴厚刚　090
◆ 吴　超　092
◆ 吴　襄　094
◆ 宋宝韫　096
◆ 张大煜　098
◆ 张礼京　101
◆ 张传吉　103
◆ 张华民　106
◆ 张存浩　108
◆ 张　毅　110
◆ 李士豪　112
◆ 李　才　114
◆ 李　宏　116
◆ 李　灿　118
◆ 李祉川　120
◆ 李桂莲　122
◆ 李颖生　125
◆ 杜两省　127

大连统一战线代表人士风采录

大连统一战线代表人士风采录

◆ 杨延宗 129
◆ 杨 赤 131
◆ 杨学明 133
◆ 杨烈宇 135
◆ 杨盛烈 137
◆ 沈正志 139
◆ 沈丽荣 141
◆ 迟尚斌 144
◆ 邱大洪 146
◆ 邵春亮 149
◆ 屈伯川 152
◆ 林纪方 155
◆ 林铁铮 157
◆ 武定国 159
◆ 武献华 160
◆ 范圣第 162
◆ 范希孟 164
◆ 郑 冰 165
◆ 金一丞 167
◆ 金凤燮 169
◆ 侯毓汾 171
◆ 姜培禄 173
◆ 施中岩 175
◆ 柯若仪 178
◆ 洪承礼 179
◆ 洪祖培 180
◆ 祝明仁 182
◆ 胡 军 183
◆ 胡国栋 186
◆ 赵国藩 188
◆ 赵德鹏 190
◆ 凌茂英 192
◆ 唐立民 194
◆ 唐建武 196
◆ 徐永平 198
◆ 徐光楚 200
◆ 徐敬之 202

◆ 袁 一 204
◆ 贾凤姿 205
◆ 郭可切 207
◆ 郭和夫 208
◆ 郭燮贤 210
◆ 钱令希 212
◆ 陶锡庆 214
◆ 高 光 215
◆ 高满堂 216
◆ 寇庆光 218
◆ 崔建华 220
◆ 康 白 222
◆ 梁宗巨 223
◆ 梁辅民 225
◆ 梁赛芳 228
◆ 梁增镖 230
◆ 章元琦 232
◆ 章守恭 234
◆ 隋鸿锦 236
◆ 黄 力 238
◆ 黄士农 240
◆ 黄 为 241
◆ 黄启章 243
◆ 黄垂柳 245
◆ 黄 畋 246
◆ 黄 罡 248
◆ 黄淑卿 250
◆ 傅守志 251
◆ 程耿东 253
◆ 董 闯 255
◆ 蒋永维 257
◆ 韩 伟 259
◆ 韩德滋 261
◆ 简仁南 263
◆ 简佩芝 265
◆ 简国树 266
◆ 熊尚元 268

◆ 蔡行铸 269
◆ 谭忠印 270
◆ 魏 曦 272
◆ 瀛云萍 274

丁德文

丁德文，男，1941年2月出生，辽宁省辽阳市人，无党派人士。海洋生态–环境科学与工程专家、寒区资源–环境科学与技术专家，中国工程院院士。

1965年8月毕业于大连理工大学应用物理专业，在中国科学院兰州冰川冻土研究所工作。1988年12月任中国科学院兰州冰川冻土研究所研究员。1988年12月任兰州大学特聘教授、博士生导师。1992年7月在国家海洋环境监测中心工作。1994年2月以后历任国家海洋环境监测中心主任、中国工程院院士、中国海洋大学特聘教授、博士生导师。1998年1月为政协大连市第九届委员会副主席。现任国家海洋局第一海洋研究所研究员、学术委员会主任，国家海洋局海洋环境保护研究所名誉所长，海洋生态环境科学与工程国家海洋局重点实验室主任，海洋环境监测污染控制国家海洋局重点实验室学术委员会主任。曾任第八、九届全国人大代表，大连市科学技术协会主席，辽宁省政府参事。

1965～1991年，从事寒区科学研究与技术开发工作。我国寒区工程热学奠基者，创立了冻土热学学科，创造性地提出并解决高原冻土路基热工稳定性、超深人工冻结凿井的热土工艺、冻土区地下管线保温–防腐优化结构及高原冻土区第一条长距离热水回流式供水技术。

1992年至今从事海洋生态环境科学与工程的基础理论、技术科学和工程技术工作。其主要业绩有：开辟了我国工程海冰学的研究方向；率先开展海洋生态环境的复杂性与非线性问题研究工作。在海洋生态建设和环境保护的工程技术实践和综合管理系统工程方面也有独到的建树。

"九五"期间作为国家攻关项目——"海岸带资源利用的关键技术"的首席科学家、全国第二次污染基线调查领导小组副组长和126项目的技术组副组长，领衔建议将"渤海环境综合整治和管理"纳入国家"十五"生态建设和环境保护计划。

"十五"国家"973"项目——"中国典型河口陆–海相互作用及生态环境效应"项目建议人，入海污染物生态环境效应课题负责人。"十五"国家"863"项目——"渤海典型海岸带环境修复技术"技术组成员，生物修复技术课题负责人。"十五"国家重点基金项目——"渤海污染负荷生物地球化学过程及环境容量"负责人之一。"十五"国家科技攻关项目"海洋灾害预报及业务化"赤潮灾害预报课题负责人。

"十一五"期间发起组织了"海岸带系统科学与工程研究团队"，从事"海岸带系统科学与工程"学科构建工作，并研究"人海关系调控技术系统"的构建。"十一五"国家海洋公益性项目"海洋污染过程监测集成与氮磷承载量评估技术、海岸带主体功能区划分技术研究与示范、海洋特别保护区保护利用调控技术及应用示范"技术总顾问。

先后参加或主持省部级以上基础和技术科学及重大工程实施等科学研究20余项，获省部级以上自然科学、科技进步奖12项，在国内外公开发表论文100余篇，出版专著(编、译)6部，培养硕士和博士研究生30余名、博士后合作研究人员5名。先后获得中国科学院科技进步二等奖3项、国家科技进步二等奖1项、黑龙江省科技进步奖1项、内蒙古科技进步二等奖1项、甘肃省社会科学研究二等奖1项、国家海洋局科技进步奖多项。

于 波

于波，男，汉族，1963年5月出生，辽宁省昌图县人，民革党员。现为大连理工大学数学科学学院教授、博士生导师。任校务委员会委员、院学术委员会主任、计算科学研究所所长等职务。兼任中国数学会常务理事、中国工业与应用数学会理事、中国数学会计算机数学专业委员会委员、中国工业与应用数学会数学模型专业委员会委员、《数学研究与评论》和《东北数学》编委等职务。辽宁省政协常委、港澳台侨(外事)委员会委员，民革大连市委副主委、大连理工大学支部主委。

于波于1985年7月在吉林大学数学系本科毕业，获理学学士学位；1988年7月、1992年7月在吉林大学数学研究所计算数学专业硕士、博士研究生毕业，获理学硕士、博士学位。攻读博士期间留校工作，历任助教、讲师、副教授，2000年晋升教授，2001年增补为博士生导师。2002年10月在大连理工大学应用数学系工作。2005年5月至2009年2月任应用数学系主任、学位分委员会主席。曾于1997年10月至1999年9月在日本筑波大学做博士后，曾在北京大学、澳大利亚新南威尔士大学、英国牛津大学、日本名古屋大学、英国利物浦大学、香港大学做长期、短期学术访问或讲学。

于波长期从事计算数学，主要是数值代数与优化的科研工作。在非线性方程组和非线性规划的大范围收敛算法，特别是同伦算法方面取得了一些有意义的研究成果。主持国家自然科学基金项目三项、教育部科研基金项目二项、横向应用课题五项，在SIAM J. Numer. Anal.、SIAM J. Sci. Comput.、Nonlinear Anal.、J. Global Optim.、J. Comput. Appl. Math.、Optim. Method. Softw.、Comput. Optim. Appl.、Appl. Math. Comput.、《系统科学与数学》、《数学进展》、《高等学校计算数学学报》等国际、国内学术刊物上发表论文五十多篇，其中SCI杂志论文二十多篇。曾获吉林省青年科技奖、辽宁省自然科学学术成果奖，大连市第四批优秀专家称号。

于波重视既有理论深度又高效实用的算法研究，在如下几个方面取得了系列创新成果：(1)给出求多项式方程组全部解的一些高效率同伦算法和符号-数值混合的快速解法，从理论和实验上证明了它们具有很高的效率。给出声纳、雷达信号处理中一类难解的非线性方程组的实时快速算法，编制了算法软件，出色地完成了所承担的重要军工装备项目子课题。在此基础上，在理论上进行了进一步的深入研究，提出混合三角多项式方程组的一般模型问题，给出适合求解一般问题的直接同伦方法和混合同伦方法等一系列方法。(2)给出非凸规划、非单调变分不等式问题和非凸集上的不动点问题的一些大范围收敛同伦方法。数学规划的内点法是近二十多年最优化方法研究的重大突破和研究热点。已有的方法主要针对线性规划、凸规划和单调线性互补问题。于波教授和合作者从1993年起开始研究非凸、非单调问题的内点法和同伦方法，提出了非凸规划、非凸不动点问题和非单调变分不等式问题的一系列具有大范围收敛性的内点法和同伦方法。发现法锥条件、弱法锥条件、拟法锥条件、伪锥条件，在这些很弱的条件下证明了所提出的同伦内点法的全局收敛性，并利用分段分析的方法克服了目标函数在同伦路径上非单调的困难，在通常的条件下证明了凸规划的组合同伦内点法的多项式复杂性，表明组合同伦内点法不仅能够用来求解已有内点法不能解决的问题，而且具有较高的效率。进一步给出了更便于应用的动约束同伦算法和效率更高的凝聚约束同伦方法和截断凝聚同伦方法。(3)给出解min-max和min-max-min型非光滑非凸规划问题的一系列光滑化同伦算法，在很弱的条件下证明了所提出的算法的大范围收敛性；给出min-max和min-max-min问题的具有更高效率的不精确拟牛顿法、不精确换元修正算法、不精确分组修正算法、截断凝聚同伦算法。(4)声纳信号处理问题快速算法和软件、石油热采实验数据处理和可视化系统研制、市场满意度分析算法和软件、货物储藏和调运算法和软件研制等应用研究成果在实际应用中取得了令合作方满意的效果和效益。

于波一直坚持在教学第一线工作，每年承担四门本科生、硕士生、博士生课程的教学工作。在教学中，非常重视知识更新，选择国际先进教材并在整理编写更适合本校教学的教材；重视讲授方法的研究，力求做到深入浅出，以学生容易接受的方式讲解困难的问题，讲清楚理论方法的思想和问题的本质；注重学生在理论和实际动手两方面能力的培养，加强了实验教学环节。重视课程建设和专业建设工作。作为《数值分析》的课程负责人和主讲人之一，成功地组织申报辽宁省精品课程、国家精品课程，作为"信息与计算科学"专业负责人，组织申报并被批准为全国普通高校特色专业建设点和辽宁省示范专业。所在教学团队成为辽宁省和国家级教学团队。曾获吉林省教学成果二等奖和辽宁省教学成果一等奖。

在做好繁重的教学、科研本职工作同时，于波在学校管理行政事务和民主党派、政协及社会工作方面也花费了很多时间和精力。在担任大连理工大学应用数学系主任期间，顾全大局，团结全系教师努力工作，在学科建设、师资队伍建设、教学科研工作等方面都取得了很好的成绩，顺利通过计算数学国家重点学科评估，数学学科成为省重点一级学科，获批成立"数学与应用数学"国家理科基础科学研究和教学人才培养基地，在原应用数学系的基础上筹建了数学科学学院。作为民革大连理工大学支部负责人，在中共大连理工大学党委的领导和统战部的帮助下，团结支部全体成员一道工作，在捐资助教、参政议政、民主管理、组织发展方面做了富有成效的工作，原来以离退休教师为主规模偏小的支部现在已发展成为成员学科分布广、年龄分布合理、层次高、规模适中的支部，多次获得民革大连市委的集体奖励。作为民革大连市委副主委，积极工作，努力完成市委分配的工作，所负责的专委会也多次获得市委奖励。当选省政协十届常委和港澳台侨(外事)委员会委员以来，认真履行委员职责，除出国访问以外，坚持出席每次全会、常委会和专委会以及委员考察活动，在会上认真听、用心思考、积极发言，在小组讨论会上很多发言内容、意见被采用。

于植元

于植元，男，汉族，1927年5月22日出生，山东省文登市人，无党派人士。

于植元先生曾承著名学者原上海劳动大学教授、书法家梁国铨，国学大师章太炎的弟子汤景麟等施教。早年在山东祖籍乡间执教，于1946年告别故乡，北渡大连，先后在大连女子中学、大连市立初级师范学校、旅大师范学校任教。1953年，调旅大教师进修学校任教，后又在旅大师范专科学校、大连师范专科学校、大连大学师范学院任教。"文化大革命"中，遭受迫害身患重病，1971年春被遣返故里，受到乡亲们的保护，1973年，平反昭雪后重返大连，继续从事教育工作。自1979年起，先后历任旅大师专副教授，大连师范专科学校中文系主任、副校长、校长，大连大学师范学院院长、教授，大连大学副校长等职。1987年起，任大连大学师范学院名誉院长。1997年11月离职休养。他晚年曾身兼中华书法教育研究会常务理事、全国高校古汉语研究会会长、中国楹联学会顾问、中国书法家协会会员、中国书法教育研究会顾问、省作协会员、省文联委员、省书协副主席、辽宁省文史馆馆员、大连市社科联副主席、大连市文联副主席、大连市书协主席、大连市海外联谊会名誉会长、日本中日友好文化经济技术协会全国总会顾问等国内外学术及社会团体职务90余个。曾担任第七、八届大连市政协常委。2003年1月26日，于植元先生病逝于大连，享年77岁。

于植元先生从事教育事业半个世纪，为国家培养、输送了众多的优秀人才。上世纪80年代，在无大纲、教材的困难情况下，他受辽宁省教育厅委托，针对师范教育特点，力主改革，为全省乃至全国师专系统主持、制定了古代汉语、古代文学等学科的教学大纲，主编出版统一教材，填补了"文革"所造成的空白；倡导、推动全省大专院校开设书法课，主编《书法教程》，主持全省书法联展和书法教育；设置"青蓝奖"等。曾因工作业绩突出，荣获曾宪梓全国高等师范教育奖一等奖，还被评为国家级有突出贡献专家，辽宁省暨大连市优秀专家，连续三年获得大连市劳动模范称号。

作为受人尊敬的学术研究者，他一生的学术研究门类甚多，在中国古代史、古代汉语、满族文学、古代文学、明清小说、中日关系史、文物鉴别、书法美学等方面均有建树，他能在几个学科的交叉中取得开拓性或填补空白的深厚成就。在以上诸领域均有论著出版或论文发表，代表性论著有《文史探幽》、《英和与奎照》、《卷葹书屋论丛》等。发表学术论文有《鲁迅诗本事质疑》、《宋代的几位女词人》、《满足的政治家和诗人英和》、《从唐诗看书法》、《<古代小说述评>序》等70余篇。校订出版了明清小说《后西游记》及《林兰香》，收入《明清小说选刊》丛书。他对于满族文学的研究成果尤为卓著，其《英和与奎照》作为满族文学研究丛书的第一部而受到重视。在中日关系史研究上，不论经济、政治、文化、教育、宗教都予以探讨，发表了《论明代中日贸易》、《弘法大师与中国书法》、

《徐福东渡之我见》，受到了国内外学术界的重视与好评。

于植元先生作为著名的书法家，其书法作品为国内外所重视，进入现代中国著名书法家20余人之列。他先后在北京、天津、沈阳等地举办大型书法活动。作为出色的社会活动家，他关心社会事务，积极参加社会有益活动，为弘扬传统书法艺术，普及书法教育以及国际交流等做出了重要贡献。他多次应邀出访日本等国家，参加国际学术会议、鉴定文物与书法交流等活动，把祖国的传统文化远播于国外，加深中外文化交流，让更多外国人士认识大连，了解中国。尤值一提的是于植元先生饱蘸浓墨为中日友谊文化交流所付出的不懈努力，为民族增了光，促进了中日友好。在日本，他是深受欢迎的中国学者，和岸信介、中曾根、竹下登、宇野宗佑、福田赳夫五任首相皆有文字之交，于植元先生逝世后，日本友人仍通过各种形式，感恩致谢，缅怀至今，其书法被公认为典型的传统书派，艺文并茂，享誉国内外。

他平易近人，事无巨细，"有求必应"，总是以他的博学多才，最大限度地满足各方需求。为支持、协助残疾青年筹建国内首个残联组织，为救助全国贫困母亲的"幸福工程"，为阪神大地震赈灾……奔走呼吁、捐赠书画、当街义卖。早在"文革"期间回乡时，他就用自己的高超医术为当地空军官兵及贫下中农义诊两万多人次，创造性地解决了诸多疑难病症，以自己的才学，为国家及社会做出了突出贡献。

于植元先生身为无党派人士，热爱祖国、热爱人民，坚决拥护中国共产党领导的多党合作和政治协商制度，在担任大连市政协第七、八届常委期间，积极参政议政，履行党和人民赋予他的神圣职责，认真提交会议提案，获得市委市政府领导以及相关部门的高度重视，为大连市经济建设、教育发展、医疗卫生事业做出了重要贡献。翰墨飘香，勤耕不辍，于植元先生为国家的教育事业，为弘扬传统书法艺术瑰宝，为祖国的文学与文化的研究与传播，为中外的友谊与文化交流做出了杰出贡献。

马大英

马大英，男，汉族，1910年11月出生，北京延庆人，1933年1月参加工作，民革党员。

马大英同志，毕业于南京中央政治学校大学部第一期财政组。1959年11月，随辽宁财经学院从沈阳调来大连，历任讲师、副教授、教授（三级），任辽宁财经学院经济研究所所长。马大英同志，历任政协辽宁省第五、六届委员会委员、常委，政协大连市第五届委员会常委、副主席，第六、七届委员会副主席，先后当选民革第六、七次全国代表大会代表，民革第四、五、六、七、八次辽宁省代表大会代表，历任民革辽宁省第五届委员会委员，第六届委员会副主任委员、第七届委员会顾问，民革旅大支部第四届委员会主任委员。1981年11月当选民革大连市第一届委员会主任委员，1984年6月当选民革大连市第二届委员会主任委员，后任大连市第三届委员会名誉主任委员。

马大英同志，出生在原直隶省（今北京市）延庆县永宁镇一个商人家庭里，父亲以开骡马店为业，当时生意萧条，一家八口仅仅能够维持生活。20世纪20年代，家中又突遭变故，父亲和二兄相继亡故，生活顿失依靠。1923年，13岁的马大英被其长兄带到了张家口读中学，进入了同盟会人张砺生等主办的实业中学，开始接触政治，并于1924年底加入了国民党。其后，他以优异成绩考取了南京中央政治学校，先入经济系，旋改入财政系金融组。

1932年大学毕业后，1933年1月被任命为豫鄂皖三省总司令部农村金融救济处湖北省罗田县分处佐导员，任务是发放农村贷款。这正好是土地革命时期，这段经历，对他人生观的确立起了决定性的影响，他立志不做贪官，并一生坚持了下来。他感到农村土地问题的严肃意义，究竟怎样才能达到耕者有其田，怎样叫做耕者有其田？他利用工作闲暇，前后走访了农户上千家，对农业经济和土地问题，有个初步的了解。随后，1933年11月，他被调到江苏省财政厅江阴县特派会计主任办事处任会计主任，接着1935年6月，他又被调到江苏省宜兴县政府任财政科长。四年地方财政工作，让他对中国当时的政治、社会有了更深刻的理解，加深了他对人生的理解，同时，在工作中他也思考过不少财政理论问题，郁郁胸中，想求得解答。于是，于1937年3月1日，他正式进入中央政治学校研究部任助理研究员，这是正式从事学术活动的起点。1938年至新中国成立前，他先后完成了多部金融著作，有《中国财务行政论》、《中国财政收支系统论》和《中国田赋史》，期间1942～1945年他曾担任《新政治》月刊和《政治季刊》的编辑，每年写六至八篇论文。1946年他被调到中央政治学校校本部任副教授，同年8月升为教授。职务升迁并没有影响他从事研究，他先后翻译了多部西方财政学著作，并完成了《经济平等论》一书，共四编十八章，探索了土地、资本的所有制与利用，探索了怎样按劳分配与按需分配，探索国内各民族的经济平等以及国际经济关系论等，这些都为他今后的研究工作打下了坚实的基础。1946年11月，国民党政府利用他的社会声望，任命他为察哈尔省区域国民大会代表，参与制宪事宜，至1948年卸任。

　　1949年新中国成立后，他先后辗转于兰州、北京，系统地学习了马列主义，1951年12月被分配到沈阳东北计划统计学院，1952年并入东北财经学院，任财政教研室副主任。从此，他的人生崭新的一页开始了。那时的教材为苏联教材，当时翻译水平很低，错误百出，教学困难。为此他大量购置俄文书，自学俄语，锻炼得可以自己看书，从此不再单纯依赖译著，发现译著中错误并加以改正。他先后用俄文翻译了《新技术的经济效果》、《国库管理》，用英文翻译了皮古的《财政学研究》，为当时教学提供了非常大的帮助。这期间，他先后经历了肃反、下放、四清运动，又经历了"文化大革命"，但这些挫折都没有动摇他的决心，他依然笔耕不辍，他心中始终相信暴风雨总会过去，朝晖定将到来。1975年5月16日，调他回校，继续从事教育工作。他先后协助辽宁省财政厅搞财政思想史料，随后又办起了辽财经济研究所。他前后以英文翻译了20多万字的苏联经济资料，又校订了10万字左右的日文苏联东欧经济材料，还译了些货币、国际金融资料，合计20万字上下，为自己在学术上继续前进打下了基础。1979年夏，财政部在辽财办国际税收训练班，他提出可以向与会人员介绍西方理论，以弥补当时我国财政理论的匮乏。他和同仁们经过87个日日夜夜的奋战，给全国人民送去了两本书，这在当时非常不易。进入20世纪80年代，他把精力集中在对中国财政史编写整理上。他负责编写的中国财政史史料选编第六辑宋辽金部分，全部50万字。他还编写了中国财政通史宋辽金部分，以及《汉代财政史》、《宋代财政史》。其中《汉代财政史》是第一本中国断代财政史。

　　他不仅著书立说，还非常注重教书育人。他对研究生和身边的青年教师的要求是："勤远略，攻核心"，他强调调查研究，要求青年深入社会实地调查，把握中国经济的特点与社会上存在问题的实质。他关心青年的成长，对找他解读外文书的人从不拒绝，他每年阅读学生和青年教师的稿件，从二、三万字的论文，到几十万字的专著，他都悉心看后提出意见，共同商讨。他的勤勉，可见一斑。

　　马大英同志作为知识分子，不但潜心研究学术，而且在政治生活上也非常积极。他在担任政协委员和民革领导期间，团结带领广大党员同志，认真履行职责，是新时期民革大连市委的旗帜性人物。他对我国的财政体制非常关心，先后写了三篇建议：一是社会主义财政体制问题初探，二是论财政权统一与财力集中，三是市财政建制原则的若干设想。对我国财政秩序如何建立，对当时财政经济状况的基本好转可能采取什么措施，他撰写了"财政的困境与出路"一文，予以发表。他还深切关心农村财政建设问题。马大英同志认为，我国打开财政困境的根本出路，在于经济理论和财政理论的彻底更新。马大英同志，用他的一生，去追求，去实现，为的就是中国未来能有个稳定的财政秩序。

马世侠

马世侠，男，汉族，1962年6月出生，辽宁省瓦房店市人，无党派人士，经济学硕士和金融学博士学位。

1985年8月，在大连市公安局工作，先后曾任基层民警、计划财务科副科长等职务。1992年7月调任大连市西岗区劳动局副局长、劳动服务公司经理。1995年5月调任西岗区香炉礁街道办事处主任。1999年4月，任大连市工商业联合会副会长，2000年11月主持工作，2001年12月任大连市工商联会长，2006年12月连任至今。1993年被评为西岗区"十大杰出"青年，1995～1998年连续被评为优秀公务员并荣立二等功一次，1995年8月，当选西岗区第十三届人大代表，1998年2月，当选大连市第十届人大代表。现任辽宁省政协常委、大连市工商业联合会主席、大连市政协理论研究会副会长。

马世侠同志经常深入会员企业进行调查研究，认真履行参政议政职能，建言献策，提出有价值的提案，积极发挥工商联在非公有制经济人士参与政治和社会事务中的主渠道作用。他先后主持完成《关于全力推进民营经济跨越式发展》、《应对入世，转变政府职能，加快培育和发展行业协会》、《突破民营经济融资难的瓶颈》、《抓住两大历史机遇，加快民营经济发展》等市政协会议大会发言。由他本人参与的《关于全力推进民营经济跨越式发展》、《关于启动民间资金，加快大连城市基础建设的建议》、《关于全力帮助中小企业应对挑战，确保我市经济平稳较快增长》三个提案先后被市政协列为一号提案。在深入农村调研的基础上，率先制定并实施了《大连市工商联社会主义新农村建设实施方案》。通过对会员企业常规调研数据的分析，发现国际次贷危机的大环境将会影响大连的相关产业的发展，及时邀请了近60家企业分别就"房地产行业"和"出口加工业"召开了两次座谈会，形成了相关的调研报告。市政府高度重视，采纳相关建议并出台《大连市人民政府出台支持中小企业稳定健康发展若干政策措施》。

马世侠同志坚持解放思想，勇于开拓创新，立足于服务会员，促进"两个健康"，即促进非公经济健康发展和促进非公经济人士健康发展。近几年来，通过承办国家(省)级各种会议拓宽广大企业家的视野，先后承办了全国工商联"民营企业参与老工业基地振兴国企改革(大连)论坛暨洽谈会"、全国工商联"民营企业风险防范与危机处理(大连)座谈会"、全国工商联"民营企业自主创新(大连)座谈会"、中国百城(大连)经济发展世纪行"绸缪民营经济·共谋科学发展"高峰论坛、全国工商联常委会、辽宁省工商联工作会议等。先后组织会员企业参加"大连市(天津)投资合作推介会"、"著名民营企业大连投资合作恳谈会"等大型招商投资说明会和洽谈会，积极支持政府招商引资，多次受到市委、市政府主要领导的称赞。建立了与亚洲、欧洲、美洲和大洋洲等商会的友好互动与合作渠道等，积极组织广大会员企业投身光彩事业和社会公益事业，近几年，我市民营企业光彩事业总投资额47.5亿元人民币，社会公益事业捐赠总额1.4542亿元人民币(不包括为汶川地震捐赠的2.1亿元)。民营企业投资光彩事业项目169个，捐建光彩小学85所，扶贫帮困捐资、捐物19.5亿多元人民币。组织召开民营企业安置下岗职工就业再就业招聘大会15次，为社会提供安置岗位43500多个。促成村企结对近百家，推进新农村建设全面发展。

马世侠同志重视机关工作人员的素质提高和作风的转变，使得机关工作人员思想观念从封闭、被动型指挥向主动、效能型服务转变。他创立了在不驻会的非公有制经济人士副会长中实行执行会长制；成立了参政议政等四个工作委员会。调整处室职能，先后成立了法律咨询处、市工商联法律服务咨询委员会和大连市仲裁委员会工商联仲裁中心。目前，大连市工商联法律咨询处各项工作的开展得到了全联法律部的好评，走在了全国法律服务工作的前列，法律服务也深受企业的欢迎。先后共为会员企业提供法律咨询，代理诉讼，解决经济、劳动等纠纷200余次，举办了《劳动法》、《行政法》、《合同法》、《劳动合同法》等法律讲座30余期，编印《法制园地》2969期320000余份，并汇编《商会法苑》六集12000余册。在马世侠同志的倡导下，市工商联为大连民营企业引进了全球500强企业普遍采用的"六西格玛"管理模式，并协调市政府每年拨出财政资金500万元用于专项补贴，他还成功协调了中国稻草出口日本解禁问题。通过一系列的卓有成效的工作，开创了我市工商联工作新的局面。

2007年8月，美国次贷风波刚刚出现，马世侠同志邀请浦发银行大连分行长王新浩为民企做报告，提醒企业"次级债风波席卷全球——将对我国企业产生重要影响"；2008年4月，邀请中央政策研究室经济局局长李连仲做"面对复杂多变的国际国内经济形势民营经济该如何应对"报告；2008年5月，以承办中国百城经济发展世纪行活动为契机，邀请了原外交部新闻发言人沈国放，国务院参事、国务院研究室工业交通贸易研究司司长陈全生，著名经济学家、北京大学副校长海闻，著名危机管理专家、中国人民大学危机传播管理研究中心研究员艾学蛟教授分别以《世界经济对中国经济的影响》、《如何提升企业竞争力》、《中国经济未来发展与挑战》、《危机管理》(生死劫)等做主题演讲，再次对大连民营企业发出预警信号和应对危机提出可操作性意见建议，使得企业在面对金融危机的时候能够在思想上、行动上有所准备。

马世侠同志虽然是一名党外领导干部，但自参加工作以来，始终把自己置于中国共产党的领导之下，始终坚定中国特色社会主义信念，思想和行动始终与党中央保持一致。认真学习党的有关发展非公有制经济的理论、政策和新时期党的统一战线工作理论，紧紧围绕中心、服务大局创造性地开展各项工作。能够从大环境、全社会的视角出发思考和谋划工作，确定了"解放思想勇于创新，服从大局超前谋划、主动服务不被动，找准位置、工作到位不越位，注重协动、工作用心无私心，甘于奉献，工作有功不居功，清正廉洁、以身作则"的工作原则。为完成市委、市政府赋予的工作任务打下了坚实的思想基础，为我市非公经济健康发展和非公经济人士的健康成长做出了突出的贡献。

王永学

王永学，男，汉族，1955年9月出生，辽宁省瓦房店人，九三学社社员。

现任九三学社中央委员、九三学社省委副主委、市委主委，省政协常委、市政协常委，大连市科协副主席，大连理工大学海岸和近海工程国家重点实验室学术委员会副主任，海洋工程研究所所长。

1982年于大连工学院水利系（现大连理工大学建设工程学部）港口工程专业毕业，1984年获硕士学位后留校从事海岸工程领域的科研与教学工作，1987年去美国佛罗里达大西洋大学进修，1989年获大连理工大学海岸工程博士学位，1991年与1992年两次去美国佛罗里达大西洋大学进行短期合作研究，1994～2004年任海岸和近海工程国家重点实验室主任。现兼任《中国海洋平台》编委，《海洋工程》编委，《大连理工大学学报》编委，中国造船学会第七届近海工程专业委员会副主任委员，国际水利工程与研究协会会员。

王永学同志长期从事海岸和近海工程领域的教学与科研工作。在波浪对大尺度结构物的作用、波浪破碎与冲击过程的数值模型、波浪与海底沙坝的相互作用、特种防波堤结构及水动力特性、海底管线与海底沉管在波流作用下的动力响应、海冰的破碎、堆积机理及海冰对结构物的作用等方面取得了重要的成果。先后承担了国家杰出青年基金"海冰对结构物作用的理论与试验研究"，教育部跨世纪人才基金"海岸带流场特性可靠性分析"，国家自然科学基金重点项目"海底管线的损伤机理和健康诊断研究"和交通部西部交通建设项目"大连湾近岸工程关键技术问题研究"等国家级课题、省部委课题及横向委托的关键工程技术课题50余项。在国内外学术会议与学术期刊上发表论文130余篇（其中被SCI、EI及ISTP收录60余条），获得国家科技进步三等奖1项，教育部科技进步二等奖1项，中国港口协会科学技术奖二等奖1项，辽宁省自然科学三等奖1项，国家发明专利1项。

发展了粘性流体动力学数值计算的VOF方法（Volume of Fluid Method），并成功地应用于液体晃荡问题的研究。部分研究成果获美国机械工程师协会（ASME）压力容器与管道分会（PVP）优秀论文奖。应用湍流数学模型及可以处理多重自由水面的流体体积法（VOF）对波浪在缓坡上及直墙建筑物前的变形与破碎过程、波浪对浪溅区结构物的冲击过程进行了开拓性的研究。研究成果"近岸波浪破碎与冲击过程的数值模型研究"2001年获辽宁省自然科学奖三等奖，作为"波浪谱在缓坡上的变形及破碎"研究成果中的子项，1999年获得国家科技进步三等奖。

研制出一种具有我国自主知识产权的非冻结可破碎合成材料被命名为DUT-1模型冰及相应的冰物理模拟试验技术，2003年12月经国家知识产权局授权为发明专利（专利号：ZL00104621.7），成功地应用于交通部半圆型防波堤设计与施工规程中有关冰荷载的实验研究，曹妃甸矿石码头一期工程冰荷载模型试验与研究，营口港仙人岛港区码头、防波堤(护岸)工程冰荷载模型试验研究，曹妃甸原油码头，曹妃甸南堡油田人工岛等的水工建筑物防冰、抗冰试验研究，为我国海上结构抗冰试验研究提供了新的有效途径。

2007年8～10月，参加了由澳大利亚南极局发起和组织的以南极冬季海冰物理和生态为主题的科学考察活动，此次科学考察也是我国24次南极科学考察国际合作的部分内容。在本航次考察中检验了自行设计加工的特殊快速固定风速剖面设备的基础的有效性，在共15个站点中，测得12组十分有价值的冰面上风速剖面数据。收集了海冰物理各个方面的大量第一手资料，加深了对浮冰在波浪作用下运动的认识。通过研究冰面风速剖面梯度变化数据推导冰面粗糙度，有利于完善海冰动力学模型，运用到工程当中可以对我国渤海流冰进行预报，对减少流冰对码头及船只等的破坏有重要的价值。

王永学同志积极参与解决我国港口海岸工程建设中的一些关键技术问题。先后承担了大连港、营口港、京唐港、烟台港、青岛港等我国港口工程建设中的关键技术课题25项，为我国港口、海岸和近海工程建设做出了重要贡献。近年来又积极开拓国外市场，承接国外港口工程模型试验项目。2004年以来共承担了韩国极东建设、韩国SK建设、韩国港都工程、韩国STX等委托的5项港口工程波浪物理模型试验项目。这些项目的完成对加快实验室步入国际港口和海岸工程的先进行列起到了促进作用。

自2001年担任九三学社大连市委员会主任委员以来，王永学在做好本职工作的同时，把大量的时间和精力倾注在社务工作上。作为领导班子的带头人，注重发挥领导集体的作用，尽可能地安排好时间参加大连市委、市政府领导主持的民主协商会、通报会、座谈会以及视察等活动。作为省、市政协常委，他关注社情民意，认真履行参政议政职责，围绕教育体制改革、高校建设，围绕大连市、辽宁省乃至全国的一些有代表性和全局性的社会热点、难点问题，提出真知灼见。近年来共撰写政协提案和专题调研材料10余份，均受到市政府有关部门的重视和采纳。如在2003年大连市政协十届一次会议上撰写了专题座谈会发言材料《优化港口发展规划，建设东北亚国际航运中心》。2004年撰写了《发挥高校和科研机构的优势，建设企业技术创新体系》的调研材料，在市政协十届二次常委会上作了发言。2006年撰写了《关于辽宁港口群资源合理配置的几点想法》，并在省政协调研组在大连召开的辽宁港口群资源合理配置的座谈会上作了发言。

1992年与1995年，王永学教授两次被评为辽宁省优秀青年科技工作者，1995年入选国家教委跨世纪优秀人才培养计划，1996年享受国务院政府特殊津贴，1997年获得国家杰出青年基金，1999年被授予国家级中青年有突出贡献专家称号，2000年获辽宁省普通高校"十佳"科技标兵称号，2001年被大连市人民政府授予大连市优秀专家，2003年获辽宁省高等学校学科拔尖人才，2004年获科技部国家重点实验室计划先进个人荣誉称号，2007年再次被大连市人民政府授予大连市优秀专家。王永学同志始终走在教书育人与科学研究的前沿战线上，为国家和人民贡献着力量与智慧。

王立鼎

王立鼎，男，1934年12月2日生，无党派人士，中国科学院院士，大连理工大学机械工程学院教授，著名精密机械与微纳机械专家。

王立鼎院士长期从事精密机械和微机械领域的研究，是我国著名精密齿轮专家，在精密齿轮工艺和测试技术方面，先后研制成功具有国际先进水平的高精度标准齿轮和国防装备超精齿轮，其科研成果推广到若干单位。

由王立鼎院士领军，大连理工大学组建了微系统研究中心，并形成了以王立鼎院士为核心的由众多中青年教师参加的一支优秀学术团队。他们在微系统（MST或MEMS）领域内，已在国际国内发表了相当数量的研究论文和发明专利，争取和承担了国家自然科学基金重大、重点、面上项目和国家高技术研究"863"项目、国家重点基础研究发展规划"973"等多项纵向科研计划课题，参与申请并完成了香港研究基金2项并正在争取和美国、德国、中国香港及台湾地区的合作研究项目，已经取得3项具有国际水平的研究成果。目前，由王院士率先在国内发起的无线传感网技术已有相当的积累，正在拟与铁道部门合作解决铁道上存在的重大工程问题。微系统研究中心已经申请到了国家自然科学重点基金、"863计划"、"973重大基础研究"、国家重点实验室基金、博士后基金等项目四十多项，与海内外十多个学术单位的有关院所开展了学术合作和交流，获得国家专利7项、美国专利4项，发表论文200多篇。

1990年设计研制出中国第一台"光盘伺服槽及预制格式刻划机"。1992年组建中国第一个微机电系统工程（MEMS）研究室，成为我国在该领域的学术带头人。1994年研制成功多种一级精度标准齿轮，居国际领先地位。1999年组建MEMS研究中心，开展单元与系统设计、制作、测试及运动学、动力学研究。先后担任国家攀登计划"微电子机械系统"项目组专家，国家S—863计划微型机械主题规划与执笔专家，国家自然科学基金委员会评审专家等，是中国超精密齿轮工艺技术的开拓者。

王立鼎院士对自己要求非常严格，勤奋敬业，几乎没有星期六和星期天。办公室成了他名副其实的家，看似枯燥的"两点一线"里，他快乐地工作，深深地陶醉其中。他把几十年的时间全部献给了工作和事业，没有娱乐，没有消遣，有的是对事业的不灭热情，对祖国科技事业的庄严使命感和责任感，品格高尚，认真执著，同很多很多这样的人构成了中华民族的坚定脊梁。他非常谦虚，平易近人，作风民主。十分关心机械学院的发展，关心学院的教学和科研工作，不断开拓新的研究领域。王立鼎院士积极支持学院党政班子的工作，维护集体的形象和荣誉，团结了人心，凝聚了力量，使机械学院的凝聚力大大提升。机械学院院长感慨地说："王老师是学院学科建设的灵魂人物，他大力倡导的团队合作促进了学院的蓬勃发展。"

王立鼎院士担任学院的学术委员会主任，尽职尽责，积极谋划高端人才队伍建设和人才梯队建设。

他爱才、识才、引才，在学校的大力支持下，充分发挥"吸纳效应"，广泛集聚人才。他非常关注在国外学习进修的学者和学校的教师，与他们保持联系，与学校有关部门沟通与协商，帮助解决大家各方面的困难，吸引他们回学校工作。归国留学人员还深深地记得王院士曾经帮助他们谋划未来的科研工作，吸纳他们参加在研的科研项目。青年教师和学生还清楚地记得王立鼎院士关心他们成长和进步的谆谆教诲，从支持年轻人的角度提出建议。王院士经常鼓励他们面向社会实践多调研、多研究，鼓励他们到实验室去实践。他重视技术积累，鼓励大家进行国际交流与合作，帮助新留校的教师修改国家自然科学基金项目申请，在科研中，及时安排大家参加重大科研项目。青年教师的共同感受是王院士对大家是"扶上马，送一程"。在校的学生无论是本科生还是研究生邀请他参加活动，他都能给予积极的支持。

王立鼎院士获得过国家科技进步奖（二等奖2项）、全国科学大会奖、中科院重大科技成果奖（3项）、科技进步奖（一等2项二等1项）、自然科学奖（三等）科研成果优秀奖；还曾获得大连市优秀专家、辽宁省优秀专家、大连市特等劳模、辽宁省五一奖章获得者的多项荣誉称号。对于诸多奖励和荣誉，王立鼎院士只是淡淡一笑。他说："以前的一切，都是人生的一个段落和插曲，工作的最高境界在下一步"。

王众托

王众托，男，汉族，1928年8月出生，无党派人士。

1951年7月毕业于清华大学电机工程学系，同年到大连工学院（现大连理工大学）电机电讯系工作。历任助教、讲师、副教授、教授，自动控制教研室主任，系统工程研究所所长，管理学院第一任院长。2001年，中国工程院院士管理学部成立后首批增选院士。国务院学位委员会工科评议组成员，中国系统工程学会副理事长，中国软件行业协会系统工程专业委员会理事长。

20世纪50～60年代，王众托为大连工学院创建工业企业电气化与自动化专业和自动控制专业做过奠基性工作。在学科建设方面，他从事自动控制理论及计算机应用方面的学术引进与研究、工业自动化应用的试点工作等，曾开发我国第一台石油管卷管机的自动控制系统以及我国第一台电渣重熔的交流控制系统。早在1956年中央号召向科学进军的时候，他就开始在我市进行计算机的科学普及工作。"文革"后期，承担了我市第一台自行设计与制造的小型计算机的研制，并且在老劳模卢盛和以及科协的支持下，顶住压力进行计算机技术的普及与推广，使得当时渴望获得先进知识的技术人员和工人较早地得到新技术的启蒙教育，为信息技术在我市生根进行了播种工作。

20世纪70年代后期，王众托作为我国系统工程学科研究与学位制度创建人之一，开辟了学科的新领域，为新学科培养了一批中青年学术骨干，完成了大量理论与实际应用研究项目，在大连工学院建立了我国第一批系统工程科研机构与博士学位授予点。他一贯主张系统工程研究必须密切联系我国经济建设实际，并身体力行，不辞劳苦，亲身参加实际研究课题，到工厂、农村进行实地调查研究。他曾率领学术团队为我市的工业企业研究和推广过先进的管理技术，为县区经济的综合发展战略进行过研究与规划。

王众托研究领域广，涉及能源系统分析、炼油企业生产计划与调度系统分析、县区综合社会经济发展战略研究、决策理论与应用、水资源的综合利用、网络计划技术的新方法与应用、智能型交互式集成化决策支持系统等，特别在决策分析与决策支持系统、知识管理与知识系统工程中取得了丰硕的成果，近年来主持了两项国家自然科学基金重点项目：信息化与管理变革与信息管理（1996～1999年），企业（组织）知识管理的若干科学问题研究（2005～2008年），均获得优异成果。还主持了国家自然科学基金重大国际合作项目：知识集成与知识创新的基础理论研究，以及"863"的有关项目。

王众托曾在维也纳国际应用系统分析研究所（IIASA）任研究员，主持国际合作项目，开辟了我国区域综合规划大型集成化决策支持系统研究与开发的新方向，也为IIASA开辟了信息技术在系统工程中应用的新领域。

王众托是一位自然科学和社会科学交叉研究的科学家，他的研究成果包含人文、社会科学和自然科学相融合的丰富内容。他非常关心大学生的成长与进步，多次为大学生举办讲座，倡导科学精神和人文精神的融合。

王众托编写出版过10余种教材和专著，其中《分布式计算机管理与控制系统》获国家级优秀教材奖，《系统工程引论》先后两次获电子工业部优秀教材奖，翻译出版了9种教材，译著共约500万字。其中一些经典理论专著对系统与控制理论在我国的传播起过重要作用，一直被学术界的资深人士所称颂。在国内外发表过170多篇学术论文与科学报告。还担任过国际知识与系统科学学会的副主席，国际期刊《知识与系统科学学报》主编。他的科研成果曾获国家科技进步奖，国家教委科技进步奖和石化总公司科技奖，全国计算机应用成果奖等。

多年来，王众托跟随着大连理工大学前进的脚步，为新学科的探索，在各院系之间多次调转，围绕着专业建设、学科建设、教材建设、课程建设、人才建设，付出了大量智慧和心血，做了许多筚路蓝缕的工作。他带领团队用了几十年的时间辛勤耕耘，使大连理工大学的管理科学与工程成为国家重点学科，在全国排名第三。他在研究生选拔方面一直坚持宁缺毋滥，对研究生严格要求，注意言传身教。先后培养博士生13人（大部分已成为教授和博士生导师），培养硕士38人。

王众托1984年第一批获国家级有突出贡献中青年科技专家称号，1990年首批获国务院批准的政府特殊津贴，1998年获全国模范教师称号，两次获辽宁省劳动模范，三次获大连市劳动模范称号。

王众托于1983～1988年间，担任大连市政协委员，1988～1993年担任辽宁省政协常委，以高度的责任感参政议政，撰写了多份提案。他在出国和出差外地期间，积极向海内外人士介绍大连，为国际交流进行多种形式的沟通。他长期担任大连市咨询委员会的委员，并多次应市政府领导和有关部门的要求，参加科技规划和市政建设咨询。在咨询和评议工作中，他能够不计个人得失，直抒己见，为大连市经济、科技、文化的发展，做出了应有的贡献。

王传雅

王传雅，女，汉族，1934年10月20日出生于青岛，河北献县人。

1951年毕业于大连海事大学俄文专修科，随即留校执教。1960年毕业于哈尔滨工业大学金属材料及热处理专业，先后任职于中国科学院黑龙江分院金属研究所、大连海事大学、哈尔滨工业大学及大连交通大学。1985年加入中国农工民主党，1987年4月晋升教授。1988年创建中国农工民主党大连交通大学支部，发展党员30余名。1990年被选拔为中国农工民主党大连市委会副主委。曾任第五、六届省政协委员及第七、八届政协常委，农工民主党大连市委会副主委，辽宁省热处理学会常务理事，中国铁道学会铁道材料工艺委员会委员，大连市女知识分子联谊会理事等。

在教学方面：为本科生和研究生讲授"金属学"、"热处理原理"、"金属材料及热处理"、"研究金属的方法"、"数据处理"、"物理性能"、"X射线金属学"、"物理冶金""钢冶金及质量分析"、"钢的设计"、"专业外语"等十余门专业课程。指导本科生毕业论文百余项，培养研究生十余名，指导进修教师近十名。

其成果：曾应邀为大连交通大学、大连理工大学、辽宁师范大学、大连女子中学、中国农工民主党大连市委会主持多种大会，在大连、沈阳妇联表彰大会上做题为《自强不息，为祖国富强再攀科技高峰》的报告。应邀在中国-加拿大女技术人员继续再教育研讨会上做《培养娘子军，勇攀科技峰》的报告。其格言是："女人不是月亮，不能借他人的光来炫耀自己，要像太阳那样发出自身的光和热来造福于人类"。大连电视台曾为其事迹多次录像，并先后拍摄了《有这样一位女性》及《女人不是月亮》的电视片陆续于大连、辽宁及中央电视台播放。辽宁日报、人民铁道报、中国农工民主党中央杂志【前进】、辽宁科技日报、大连日报、大连妇女报等新闻媒体也都先后做了报道。连获大连交通大学教学优秀一等奖及模范班主任称号各两次。1984、1985、1989年三次被评为大连市三八红旗手，1985年被评为大连市劳动模范及辽宁省三八红旗手。1991年获全国铁路优秀知识分子称号。1991年起享受国务院特殊津贴。

在科研方面：亦颇多建树，以钢的亚温处理领域为例，在国内最先提出只要结构钢中无大块铁素体，即可获得亚温处理强韧化效果，打破了传统热处理不允许结构钢在临界区淬火加热的禁区。再如最先系统研究、综述并补充了影响亚温处理效果的诸因素和机制，为深入研究和推广应用亚温处理提供了理论依据及工艺规范。并用调整预处理及亚温处理加热规程的单纯热处理方法而无需如国外采用改变钢成分的冶炼方法在一系列结构钢中获得三种典型的双相复合组织，从诸方面证实了针状铁素体的最佳效果。对亚温淬火提出了合理分类：结构钢高温亚温淬火及双相钢低温亚温淬火。又为亚温淬火与化学热处理相结合提出了依据，开辟了一类复合强韧化新领域。将能获得针状形态铁素体的亚温处理系列化，发展成亚温等温淬火、亚温正火及亚温退火。

其成果："亚温淬火双相组织超细化提高钢的强韧性、抑制其可逆回火脆性和改善其冷脆行为的理论及工艺"获1988年国家教委科技进步奖二等奖，"两相区加热对结构钢过冷奥氏体转变动力学、淬透性、淬火变形及断裂机制的影响"获1989年国家教委科技进步奖三等奖。1990年被授予铁道部有突出贡献的中青年科技专家称号。1991年被授予国家级有突出贡献的中青年科技专家称号。

在模具钢强韧化领域：其鉴定成果"Cr12MoV冷作模具钢强韧化新工艺"获大连市机械工程学会科技奖，广泛应用于工厂。如用于大连海燕自行车联合公司的"Cr12MoV钢制轴挡成型模下模强韧化工艺"、"Cr12MoV钢制滚丝模强韧化工艺"及"Cr12MoV钢42链轮冲压模凹模强韧化工艺"，用于辽宁电位器厂的"Cr12MoV钢铝外壳反挤压模强韧化工艺"，用于辽宁无线电二厂的"Cr12MoV钢矽钢片冲压模强韧化工艺"，用于沈阳铁路信号厂的"冷冲压模具新材料和新工艺"以及用于瓦房店轴承厂、丹东手表厂、南京汽车厂等单位的各种冷作模具的强韧化工艺均使其寿命提高一倍至一个数量级。

其成果："刀具及冷作模具用超硬高韧高速钢——无莱氏体高速钢及其热处理"获1996年国家发明奖。1997年被授予大连市优秀专家称号。1999年被评为大连市发明精英。发表科研论文120余篇，其中50余篇次获部、省级优秀论文奖；且12篇为国际会议宣读论文，曾在上海、柏林、布达佩斯、芝加哥等地召开的第三至第七届国际材料热处理大会、在保加利亚瓦尔纳召开的第二届国际表层和涂层科技大会、在波兰召开的第三及第四届国际碳化物、氮化物、硼化物大会和在伦敦召开的英国金属学年会进行宣讲，深得会议好评，由此被吸纳为美国金属学会国际部会员。其代表性著作为《金属的结构分析》一书、《钢的亚温处理——临界区双相组织超细化强韧化理论及工艺》专著及《钢的亚温处理》论文集。其中大连市政府资助出版的《钢的亚温处理——临界区双相组织超细化强韧化理论及工艺》专著获2006年度大连市科学著作奖一等奖。诸多事迹已被纳入《英国IBC国际名人传记词典》第24集、《世界妇女名人录》第13集、《中国妇女儿童事业成就大典》、《中国当代学者大词典》、《当代中国科学家与发明家大词典》、《中国高等教育专家名典》、《科技专家名录》、《大连科技精英》、《国家级科技成果功臣名录》、《大连市发明精英专辑》等。

她热爱祖国、热爱人民，拥护中国共产党的领导，作为一名民主党派人士，在担任政协委员、农工民主党大连市委副主委期间，认真履行职责，积极参政议政，为大连经济、科技等领域的发展做出了重要贡献。

王建顺

王建顺，男，汉族，1940年7月14日出生于印度尼西亚，原籍福建省厦门市，中共党员，系印尼归侨。

王建顺1964年7月毕业于清华大学机械制造系，被分配到大连机床厂工作，1965年7月参与大连市机械工业局技工学校的筹办，并任学校的教务主任。1970年学校停办，被下放到瓦房店农村当"五·七战士"。1971年5月返回大连机床厂教育科，筹建大连机床厂职工大学，后任教研组副组长，负责学校的教务工作。1983年5月任大连市机械工业职工大学副校长兼大连市工业学校校长。1984年5月调中共大连市委统战部任副部长，1985年8月兼任市委对台办主任。1991年7月任大连市侨办主任、侨办侨联党组书记，1994年12月兼任大连市侨联第五届委员会主席，1997年3月始被聘为市侨联第六、七届委员会顾问。2005～2008年被选为大连市慈善总会副会长、大连慈善基金会副理事长、大连市慈善总会荣誉副会长。2009年组建大连国际老年联谊交流服务中心并出任理事长。王建顺曾当选大连市青年联合会委员；大连海外联谊会副会长兼秘书长；沙河口区人大代表，大连市第六次代表大会代表，大连市第七届人大常委会委员，大连市人大民族宗教侨务外事委员会委员；辽宁省政协第七届委员会委员，大连市政协第六、七、八届委员会常委，对外联络委员会副主任；中国侨联第五届委员会委员，辽宁省侨联第五届委员会副主席，第六、七届委员会顾问。

王建顺参加了大连市机械工业局技工学校的筹建工作。在大连机床厂职工大学工作时，不仅负责教务工作，而且担任制图、力学、机床设计等课程的主讲教师。他结合工厂的实际编写、刻印的教材达300万字。他还担任班主任，坚持把教书先育人放在首位，言传身教。他教过的毕业生在大连机床厂有70%当上了中层以上干部，有的还当了大连机床集团的总裁、总工程师。1965年以来，他多次被评为大连机床厂先进工作者、标兵、劳动模范。1982年、1983年被评为大连市劳动模范，大连市优秀共产党员。

1984年5月，王建顺到市委统战部任副部长后，先后分管海外统战工作、对台工作、党外知识分子工作、基层统战工作，协调侨办、侨联、台联、民委、宗教局、黄埔同学会等部门单位的工作。他能认真执行党的统战、对台、侨务、民族、宗教工作方针政策，善于和各方面的统战对象诚心交友，听取他们的意见，反映他们的要求，帮助他们解决困难，深得他们的信任。1984年全国台联在大连举办第一届台湾同乡青年夏令营，他担任领导小组副组长，配合全国台联完成任务后，随团进京受到了全国政协主席邓颖超的接见。

1991年7月，王建顺到市侨办担任主任和侨办、侨联党组书记后，团结带领侨办、侨联干部，调动大家的积极性，认真落实党的侨务方针政策和贯彻执行《归侨侨眷权益保护法》，大胆开展国外侨务工作，夯实国内侨务工作基础，充分发挥侨务工作在推动我市对外开放、"三引进"工作中的独特作用，为我市对外开放和经济发展做出了积极的贡献。

1994～1997年3月，王建顺兼任市侨联第五届委员会主席，他以出色的组织才能，团结侨联领导班子成员，发挥全市各级侨联组织作用，紧密团结广大归侨侨眷，认真贯彻实施《保护法》，坚持全心全意为归侨侨眷服务，赢得了侨心，凝聚了力量，全市涌现一大批归侨侨眷先进集体和先进个人。积极参政议政，建言献策。广大归侨侨眷在维护祖国统一，迎接香港、澳门回归，反对"台独"势力分裂祖国等方面发挥了积极作用。全市侨联系统围绕我市改革开放和经济建设的总体部署，广泛联谊，牵线搭桥，共引进项目68个，引进外资1.2亿美元。市领导评价说，侨办、侨联对于大连对外开放和经济发展功不可没。

1997年3月，王建顺退职休养担任省、市侨联顾问后，仍然关心侨联工作。作为省侨联顾问，他协助省侨联驻会主席处理有关问题，并亲自修改《省侨联工作报告》，保证省侨联换届工作的顺利进行。王建顺关注市侨联工作，为市侨联领导建言献策，得到市侨联领导班子成员及机关工作人员的好评。

王健林

王健林，男，汉族，1954年10月出生，四川成都人，中共党员。

1970年入伍，1986年7月转业任大连市西岗区人民政府办公室主任，1989年至今任大连万达集团股份有限公司董事长。王健林是中共十七大代表、全国政协常委、全国工商联副主席；全国五一劳动奖章获得者，第三届优秀中国特色社会主义事业建设者，中华慈善总会荣誉会长；他还担任中国企业联合会、中国企业家协会、中国房地产业协会、中国商业联合会的副会长等一系列重要社会职务。

万达集团成立于1988年，1992年改制为民营股份公司。在王健林的带领下，万达集团坚持诚信、创新，积极承担社会责任，企业得到迅速发展，目前已形成商业地产、高级酒店、文化产业、连锁百货四大支柱产业，企业各项经济指标，包括资产、销售、纳税连续多年名列中国民营企业前茅，成为中国民营企业的龙头企业。同时，万达集团主动承担社会责任，历年累计捐款超过27亿元，树立了良好的企业形象。王健林和万达集团四次被国家民政部授予"中华慈善奖"；2007年，王健林被中央统战部、全国工商联等部委授予首届"光彩人物"奖，被全国工商联、全国总工会等部委授予"全国关爱员工优秀企业家"称号，2008年王健林被授予全国五一劳动奖章，2009年，王健林获得国务院颁发的"全国助残先进个人"称号，第三届全国优秀中国特色社会主义事业建设者。2010年8月，被中共中央、国务院和中央军委授予"全国抗震救灾模范"荣誉称号。

万达集团房地产企业管理有限公司是建设部审定的一级房地产开发企业。1999年开始，万达集团实施跨区域、规模化发展战略。目前已在北京、大连、长春、吉林、南京、南昌、成都、昆明、上海、宁波等城市进行规模住宅开发，成为房地产行业的龙头企业之一，业界有"南有万科，北有万达"之称。1996年年初，万达集团针对房地产行业质量低劣、面积短缺、欺骗销售的现象，在全国房企中率先提出三项承诺，从而闻名全国。"三项承诺"在全国房地产市场影响非常大，带动了行业风气的转变，并赢得了社会肯定。2000年6月，建设部、中消协、经济日报等六家单位在人民大会堂召开千人大会，专门推介万达的三项承诺经验，并且由万达集团倡议在全国开展销售放心房活动。时任建设部部长的俞正声同志也在会上发言，表扬万达集团。这也是建设部自新中国成立以来首次推介一个房地产企业的典型，到现在也无二家。2000年3月份，大连市政府专门下发文件，号召大连市建设系统向万达集团学习，市级以上的政府发一份文件号召向一家房地产企业学习，到现在为止仅此一例。

王健林具有强烈的创新和开拓精神。他带领万达集团率先在全国进行大规模旧城改造，早在1989年就进行了大连市北京街旧城区改造。万达集团是国内最早实施跨区域发展的企业，1992年就走出大连南下广州开发房地产。从1998年开始，万达开始了大规模的跨区域扩张，目前已发展成为中国跨区域城市最多、年开发规模最大的房地产企业。2001年，王健林带领万达集团进军商业地产领域，在全国首创了"订单地产"商业模式，建立了全球首支专门投资中国大陆商业地产的基金，万达成立全国唯一的商业规划研究院，中国最大的连锁商业管理公司。王健林审时度势，带领万达作为全国民营企业的先锋率先进军电影院线等文化产业，使万达院线成为中国排名第一的院线。

王健林具备卓越管理才能，始终倡导和推进企业管理的现代化，他带领万达建立了300万字且操作性极强的企业经营管理制度汇编，其中绝大部分是万达拥有自主知识产权的独创制度；王健林在全国房地产业界首创了财务和成本两个系统的垂直管理制度；建设了业界最先进的信息管理系统。

王健林十分注重企业文化，把"人生追求的最高境界是精神追求，企业经营的最高层次是经营文化"作为自己经营企业的座右铭，十分重视企业文化建设。他每年都带头宣讲企业文化，主持万达集团的总裁会，每年数次专题研究企业文化建设。万达集团还成立了企业文化部，每年都出一本万达故事集，以展现万达员工的精神风貌。每年年初，王健林都会推荐员工读一本书，要求每个员工写一篇读书笔记，每年七、八月，还要举行读书演讲比赛，并将演讲稿汇集成书下发全体员工。每年年底，万达集团都要举办盛大的年会，表奖先进，举行大型职工文艺演出。集团制度还规定，每年每个公司至少举办五次以上的集体文体活动。

2006年，万达集团被国家劳动保障部、全国总工会、全国工商联评为全国就业与社会保障先进民营企业；2007年4月，万达荣获"2006CCTV中国年度最佳雇主"称号，位居榜首，员工对企业发展前景的认可、员工对企业文化的认可、员工对企业形象的认可三大核心指标得分远远领先其他企业。2007年6月，王健林被全国工商联、全国总工会联合授予"全国关爱员工优秀民营企业家"称号，并作为获奖企业家的唯一代表在大会上做典型发言。

王健林带头承担社会责任，带领万达集团在积累财富数量的同时，更加注重财富的品质，他是全国企业家中最早提出企业必须承担社会责任并积极身体力行的企业家。22年来，王健林领导企业对于社会的各项慈善捐助累计超过27亿元人民币，是中国慈善捐助最多的民营企业之一。王健林带领企业承担社会责任呈现出以下特点：首先，自己带头。王健林个人每年都要拿出大笔资金捐助失学的儿童和生活有困难的老人。其次，企业自发展初期就履行社会责任。1990年就捐赠100万元建设了大连西岗区教师幼儿园；1991年捐资200万元，将原为水泥覆盖的大连市人民广场改造为碧草茵茵的绿化广场；1993年捐资2000万元兴建了大连市西岗区体育馆。再次，企业承担社会责任形成制度。万达集团在每年的财务计划中，都安排巨资用于慈善捐助；每年年会都要对企业承担社会责任情况进行总结。在万达，员工的善行义举同样被视为成绩，与员工工作表现好、经营业绩好一样会得到集团的提拔重用，而且集团还出台文件规定了奖励标准。最后，企业内部慈善蔚然成风，全国所有公司都成立慈善义工站，所有员工都成为义工，每人每年至少做一次义工，这已成为万达的一个惯例。由于慈善工做出色，王健林和万达集团四次获得由国家民政部颁发的"中华慈善奖"，这在全国是唯一的，王健林被国务院授予"全国扶残助残先进个人"称号。

王鸿钧

王鸿钧，男，1921年6月12日出生，辽宁省锦州市人，民盟盟员。

1940年2月至1942年12月在吉林师范大学学习，攻读数理学专业，1943年2月至1945年6月在长春建国大学学习，攻读文教专业。学士学位。1946年3月在锦州中学任教员，同年9月在锦州师范学校任教员，1948年10月在锦州女子师范学校任教务主任、副校长、校长等职，1949年4月调任锦州师范学校副校长，1950年12月任辽西师范专科学校教务主任，1953年6月至1960年12月任大连师范专科学校教务主任、大连师范学院教务处长，1961年1月至1998年1月历任辽宁师范学院数学系主任、副院长、顾问等职，曾担任数学专业讲师、副教授、教授、硕士研究生导师、全国高师数学教育研究会理事、顾问，全国中小学数学教育研究会理事，东北数学教育研究会理事长，辽宁省高师数学教育研究会理事长，辽宁省数学会副理事长，大连市数学会理事长，辽宁省技术经济管理现代化研究会常务副理事，大连市技术经济管理现代化研究会理事长，大连市科学技术协会副主席，大连市精神文明建设指导委员会副主任等职，1986年至1999年连续任大连市经济研究所特邀研究员、顾问，多次被聘为大连市咨询委员会委员、副主任、大连市人民政府督学顾问等职。1954年王鸿钧同志在大连参加中国民主同盟，曾担任民盟大连市第六、七、八届委员会副主任委员，第九届委员会主任委员，第十届、十一届委员会名誉主任委员，民盟辽宁省第七、八、九届委员会副主任委员，大连市政协第二、三届委员会委员，第四、五、六、七届委员会常务委员，第八届委员会副主席，辽宁省政协第五、六、七届委员会常务委员。1998年1月离职修养，2003年7月病逝，享年83岁。

王鸿钧同志从教工作50余年，专攻数学教育和数学思想方法的研究，提出了建立我国数学教育的构想，撰写出版了国内学科教育学的第一本专著《数学教育总论》，20世纪80年代初就在研究生课中讲授。他撰写过《数学论》、《数学思想方法概论》(该书被评为全国优秀图书一等奖)、《数学教育史选讲》、《中国古代数学思想方法的特点》，是《中学数学教育辞典》的主编之一，担任《中学数学辞典》副主编。他学识渊博、治学严谨、善于思考，是知名的数学教育专家，国内较早研究宏观数学方法论的学者之一，国内首批数学教育专业硕士生导师之一，先后为党和国家培养了50多位数学硕士研究生。他的教学和科研成果对数学教育的补白创新、弘扬我国优秀文化传统都具有重要意义。1992年他荣获国务院颁发的为国家高等教育事业做出突出贡献的荣誉证书，享有政府特殊津贴。

王鸿钧同志具有开阔的科学眼界、卓越的科研组织领导能力，善于把科研成果转化成现实生产力。1979年，为了改善大连市客运交通紧张状况，他搜集、查阅和翻译了大量国内外文献资料，认真调研，反复听取有关方面人员的意见，运用系统工程的观点、流体力学、形象数学、概率统计和电子计算机模拟的方法，根据改革的近期、中期、远期规划需要，先后撰写了《交通改革的调查研究提纲》、《交通改革近期行动计划的建议》、《交通改革汇报提纲》、《一条公共汽车线路的运行时刻表与车辆调度的确定法》、《一条客运汽车线路的电子计算机模拟》、《新的线路网的设计》等六篇约五万字的材料，从理论和方法上为大连市客运交通改革提供依据，成为设计大连环行客运道路第一人，解决了高峰期客运拥挤与运力不足的矛盾，加快了车辆周转，方便了乘客，提高了客运能力。这种用数学直接为城市交通改革服务，用数学方法解决客运交通中的重大课题是当时的国内首创。在担任辽宁省技术经济管理现代化研究会常务副理事、大连市技术经济管理现代化研究会理事长期间，他认真负责，曾组织七所高校的几十位老师率先运用运筹学、系统工程学等数学方法和电算化等现代化工具帮助大连港、大连钢厂等市内八家大、中型企业进行现代化管理，为企业产品结构优化、降低废品率和提高投入产出比谋划改革方案，经过企业几年的实践，收到了显著的经济效益和社会效益。由此，他荣获1981年辽宁省科学技术协会积极分子称号，他领导的小组荣获1982年辽宁省质量管理先进小组。

王鸿钧同志热爱党、热爱祖国、热爱人民，即使在"文革"遭受迫害期间，也始终坚信和接受共产党的领导。他长期担任民盟大连市委主委和名誉主委，为大连民盟组织发展壮大付出了难以记数的心血和才智。在任期间，他一贯坚持发扬民盟长期同党肝胆相照、真诚合作的光荣传统，为坚持和完善中国共产党领导的多党合作和政治协商制度，为加强和完善党的统一战线，做出了突出的贡献。多年来，他一直在为民主党派的参政议政、建言献策殚精竭虑，呕心沥血，其工作和成果受到了民盟中央及省、市领导的高度评价。多次荣获省、市最佳、优秀提案奖，先后被评为旅大市先进工作者、大连市劳动模范、辽宁省统战系统为两个文明建设服务先进个人等称号。他先后撰写过二十多份建议和提案，多数都以党派名义在政协会议上提出，如，《加速改革老城区交通，促进我市经济建设大发展》、《迈开三大步，跃上新高度》、《关于大连市老城区中心部道路交通网络化的建议》等都是他为解决城市道路交通拥挤提出的优秀提案。其中《关于改善大连市交通运输和规划的建议》获得大连市经济建设献计献策活动优秀建议一等奖。他曾带领十几位离退休老盟员不辞辛苦完成了八万字的《大连市老城区中心部道路交通网络化综合研究报告》，提出了老城区中心道路逐步实现单行化、有序化、网络化、立体化的综合意见和设计方案，突出了投资少、占地少、动迁少而效益高的原则，是具有一定科学性、先进性、可操作性、可在较长时间内缓解老城区交通矛盾的最佳方案，受到市委、市政府领导的高度重视，被采纳实施。他关心高等教育改革，重视学生的培养教育，呼吁为中小学生减负，撰写出《转变思想，深化改革，力促我市高等教育再上新台阶》、《大力建设师范性高中，全面提高教育质量》、《减轻小学生课业负担，加强思想道德教育，培养全面发展的社会主义新一代》等涉及教育战线方面的提案，受到市委、市政府主管教育工作领导的重视，并被主管部门采纳实施。他用战略眼光分析区域经济发展，撰写出《区域经济与大连经济发展战略》的提案，从宏观上对大连经济发展战略、模式、海陆交通、对外开放、企业改革、金融业的发展和加强区域经济合作等提出了八条建议，得到时任市长薄熙来的亲自批示，市长认为该提案对研究制定大连经济发展战略具有重要的参考价值。之后他将目光又放到环渤海湾区域，一鼓作气写出《区域经济与辽宁经济发展战略》的提案，在省政协会上提出，受到省政府的高度重视，两份提案与随后国务院召开的环渤海湾经济区经济发展研讨会的主题可谓"不谋而合"。尤其是他坚持不懈、不遗余力推荐烟大跨海火车轮渡项目，并以民盟市委的名义连续四年在市政协会上从不同角度提出，民盟辽宁省委在省政协会上提出，1996年全国政协会把此提案列为一号提案，终于促使该提案主要内容被纳入国家"九·五"规划，体现出他肝胆情洒参政路，心系人民献良策的颖悟睿智和锲而不舍的可贵精神。

　　王鸿钧同志敢于坚持原则，善于思考，2003年3月，他已身患肿瘤（晚期），重病在身，但每天仍然关心国家大事，读书看报。当看到报纸上刊登"中山路改扩建工程"、"跨海大桥"、"主干道禁止车辆左转弯的规定"等消息，他立即上书给时任市委书记孙春兰、市长夏德仁，提出自己的意见和建议，他是一位与共产党肝胆相照的净友、挚友。他为民盟的事业兢兢业业、鞠躬尽瘁，对党的事业忠心耿耿、无私奉献，他光明磊落、廉洁奉公，勤奋工作，忠诚于祖国和人民，把自己的一生献给了党的教育事业，献给了人民的需要，他是一位难得的教育战线优秀专家、统一战线优秀干部。

王靖宇

王靖宇，男，1964年8月生。

王靖宇被日本广岛大学授予生物学博士学位，现为大连医科大学比较医学教授，大连医科大学实验动物中心主任，大连医科大学实验动物学科带头人，硕士研究生导师，中国导盲犬培训基地的创始人及负责人，被誉为中国内地"导盲犬之父"。

王靖宇在日本读博士期间，系统地学习了比较医学、动物行为学等知识，了解了世界前沿的动物实验技术。在日本，"比较医学"是医科学生的必修课，只有学习了"比较医学"才能做医学实验，但是国内很多医学院校却不知还有这样一门课。因此，很多做实验的人往往因不了解实验动物的特点和应用而导致实验失败。一次，王靖宇与国内一些科研院所的同行交流时发现，国内很多专家教授的科研论文水平很高，有的甚至是世界领先的，可是就因为做实验用的老鼠不是符合国际标准的"SPF鼠"，所以国外的学术界不承认其实验结果，使中国人错失了很多机会。SPF级动物是指无特定病原体动物，这种动物体内无特定的微生物存在，是国外已经被广泛使用的实验动物。但当时国内使用SPF鼠做实验的却寥寥无几，因为那时国内只有北京、上海两个实验中心可以繁育"SPF鼠"，数量少、品种单一、价钱昂贵，竟出现了从国外空运"老鼠"回国做实验的现象。

2001年，王靖宇在日本以优异的成绩完成学业，这时动物学博士属于稀缺人才，他拒绝了美国、加拿大等国科研机构的盛情邀请，放弃发达国家提供的优厚待遇和条件，决心为祖国做一点事情，毅然回到祖国，到了大连医科大学实验动物中心工作。

王靖宇来之前的大连医科大学实验动物中心其实就是一个500平方米的动物房，养一些狗、兔子和普通的老鼠，连学校自己的实验动物供给都不能满足，有时还需从外地购买。他充分发挥专业优势，以快节奏的工作方式，"无假日"的工作态度，踏实的工作作风，超前的科研理念，对学校原实验动物中心进行改造，建立了SPF动物实验室，培育出了SPF级的"长爪沙鼠"和"615小鼠"，填补了国内空白。2005年，实验动物中心被确立为"辽宁省SPF动物重点实验室"。2007年5月，实验动物中心又被省科技厅确定为"辽宁省实验动物供应基地"，承担全省实验动物的供应任务，年可生产SPF小鼠140万只，大鼠40万只。

2003年1月，王靖宇组建了大医比较医学教研室，并亲自为研究生、本科生、专科生讲述《比较医学》、《卫生毒理学》、《动植物检验检疫学》等课程。王靖宇不仅承担了大量的教学课程，还指导了10名研究生；归国6年来，共承担了省部级课题11项，大连市课题4项，在国内外核心期刊发表论文17篇，参与著书5部，其中卫生部"十一五"研究生规划教材3部(2部任副主编，1部任编委)；同时担任辽宁省实验动物学会副理事长，辽宁省实验动物专家咨询委员会委员，《实验动物与比较医学》杂志副理事长，《中国临床康复》杂志编委等学术职务。

2004年雅典残奥会时，王靖宇在电视中看到不少国家的运动员都带着导盲犬。他知道，我国大陆还没有一条自己的导盲犬。我国残疾人总数8296万，视障人士1233万人，很多视障朋友希望拥有导盲犬。在没有培训经验可借鉴以及国家法律法规还不健全的情况下，他还是想尝试一下自己到底能不能培训出一条导盲犬来。2004年10月，王教授从宠物市场精选回一条拉布拉多幼犬并在家里饲养，开始了导盲犬培训的第一步——家庭寄养。他花费了大量时间查阅外文资料，打电话咨询外国专家，一步步摸索培训方法。王靖宇培训导盲犬的事儿引起了社会的广泛关注，许多盲人前来登记请求免费使用导盲犬，还有很多志愿者帮助训练导盲犬。国家残联也认为这是造福盲人的福利性事业，于2006年5月，在大连医科大学建立了中国导盲犬大连培训基地，这也是中国大陆第一个导盲犬培训基地。虽然大连医科大学提供了导盲犬训练的场地、省科技厅资助了一部分经费，但远远不能满足目前导盲犬培训的需要。在国外，培训一条成熟的导盲犬需要花费约50万人民币，而在中国，每只导盲犬的培训费用约10万人民币。直到现在，王靖宇仍是在"拿自己的钱，做公益的事"，支付驯养员的工资、甚至安排驯养员出国参观导盲犬培训基地等。

针对我国在导盲犬的公共设施及法律法规上还是一片空白的现状，王靖宇致力于推进中国导盲犬相关政策的完善，呼吁全社会关爱残疾人的工作。刚培训导盲犬时，出租车、公交车不让导盲犬上、公园不让导盲犬进，面对这些问题，王靖宇多次与大连市相关部门协调，在市残联的帮助下得到了"导盲犬可以进出公共场所"的许可。

2007年5月，在王靖宇的努力下，两只导盲犬第一次与乘客同舱坐飞机参加了在昆明举行的中国第七届残疾人运动会。开幕式上，王靖宇受到了国务院副总理回良玉和前国家残联主席邓朴方的亲切接见，他们感谢他为残疾人所做的工作，并表示要在法律法规上支持导盲犬事业。在2008年残疾人奥运会上，北京残奥会形象大使、中国第一枚残奥会金牌获得者——平亚丽在王靖宇教授培训出的导盲犬Lucky的带领下，成功传递了奥运火炬，获得全世界的瞩目。另外，雅典残奥会两金得主、北京残奥会男子F11级跳远冠军和三级跳远冠军、盲人跳远运动员李端，在导盲犬Star带领下走进残奥会开幕式现场，在数万名观众山呼海啸的掌声和欢呼声中，Star沉稳地圆满地完成了导盲任务。

2009年2月20日下午，中国残联主席张海迪一行来到中国导盲犬大连培训基地，她对首开中国导盲犬培训之先河的导盲犬基地负责人王靖宇的辛勤工作给予了高度评价。

辛勤的工作和忘我的奉献，使他获得了2006至2007年度"大连市劳动模范"，2007年获得"辽宁省优秀教师"的荣誉称号，2008年被选为"北京残疾人奥运会火炬手"，2009年，在北京人民大会堂第四次全国自强模范暨扶残助残先进集体和个人表彰大会上，王靖宇被授予"全国扶残助残先进个人"称号。

冯云廷

冯云廷，男，汉族，1958年10月出生，内蒙古赤峰市人。九三学社社员。

1983年毕业于辽宁财经学院（现东北财经大学）商业经济系，获经济学学士学位。1983年8月至1989年8月在内蒙古商业学校任教，期间参与了全国经理考试培训，担任管理学主讲教师，先后五年获得商业部系统褒奖。1989年考入东北财经大学攻读管理学硕士学位，1992年初毕业留校任教至今。1999年取得经济学博士学位。曾担任东北财经大学公共管理学院副院长、教务处副处长等职务。现为东北财经大学公共管理学院教授、博士生导师，兼任中国城市经济研究会常务理事、中国区域经济学会理事、中国市场营销学会会员、中国行政管理学会会员、南开大学城市与区域经济研究中心兼职研究员、南京航空航天大学区域经济研究所兼职研究员、内蒙古临河市政府经济顾问。冯云廷1997年加入九三学社，曾任大连市第十届政协委员，现任九三学社大连市委副主任委员、辽宁省第十一届人大代表。

冯云廷在城市经济、区域经济与公共经济等研究领域颇有造诣。近年来，出版了《城市聚集经济——一般理论及其对中国城市化问题的应用分析》、《城市公共服务体制：理论探索与实践》、《中国公共事业体制改革研究》、《企业形象：战略、设计与传播》学术专著4部，其中，《城市聚集经济》一书，得到了城市和区域经济学界的普遍认同和较高的评价，书中观点被研究者多次引用。我国城市经济学家、南开大学郭鸿懋教授认为，它"将我国城市经济理论研究向前推进了一大步"，有些观点"堪称真知灼见"。主持国家、省部、市级课题20余项，先后在《人民日报》（理论版）、《改革》、《中国软科学》和《投资研究》等高水平学术刊物上发表学术论文100余篇，多篇论文被《新华文摘》、《中国人民大学复印资料》、《中国社会科学文摘》等刊物转载，一些学术观点引起了学术界同仁的关注。

冯云廷始终坚持中国共产党领导的多党合作政治协商制度，认真履行人大代表、政协委员职责，为民主党派参政议政专题调研和献计献策活动倾注了大量时间和精力，其撰写的许多研究报告、调查报告和提案受到了市有关部门的高度重视。其中，在2000年大连市统战部组织的我为"十五"规划献良策活动中撰写的《关于提高居民收入水平的建议》被大连市委统战部评为献计献策二等奖；调研报告《大连建设"国际名城"的战略选择及其思路》获大连市各民主党派专题调研成果一等奖；2001年提案《大连市率先实现现代化评价指标及其标准》获大连市各民主党派专题调研成果一等奖、《实施无形资产战略，加快我市经济发展》被评为二等奖；2004年撰写的《培育城市产业链寻找大连经济发展的内在动力》获大连市各民主党派参政议政专题调研活动三等奖；2005年在"坚持科学发展观，编制好我市

'十一五'规划"献计献策活动中撰写的《大连产业集群发展的战略思想与政策导向》获一等奖。该建议围绕我市提出的"一个中心"、"四个基地"的总体布局，提出加快建设"八大产业集群"的发展战略，对我市"十一五"规划的宏观环境、指导思想、总体目标、战略重点、重要任务等方面提出了一系列具有战略性、全局性、前瞻性和可操作性的意见和建议。省委、省政府领导针对该建议组织专家组成联合调查组，就"大连地区产业集群发展的战略与政策取向"等问题来连进行调研，调研成果写入我市的"十一五"规划中。同年完成的辽宁省九三学社社省委的年度专项调研课题《辽宁省产业集群发展的战略选择与政策导向》获得省政协颁发的专题调研一等奖。2006年撰写的《关于发展大连市配套产业的若干建议》、《大连产业集群发展战略》、《长兴岛开发应实行"飞地"战略》等调研报告和提案得到了市里有关部门的关注。其中，《"飞地"战略》的提案提出后，市委研究室组织专家为此专程到辽西地区实地考察，该提案被评为2006年市政协优秀提案。2006年完成的辽宁省九三学社社省委的年度专项调研课题《辽宁沿海经济带临港工业区建设与腹地经济互动发展研究》在省两会上发言。同年，承担的市政协组织的民主党派招标课题《以工促农、以城带乡长效机制研究——以大连新农村建设为背景》的研究，被市统战部评为一等奖，并呈市领导审阅，张成寅书记、刘俊文副市长先后对这一研究成果做了批示。其中，张成寅书记批示为："有不少真知灼见！"。2007年主持的专题调研《城市化进程中农村土地征用及失地农民社会保障的调查报告》荣获大连市各民主党派专题调研成果一等奖，《报告》中部分观点被辽宁省新近出台的关于新农村建设的有关文件采纳。2008年主持完成的辽宁省和大连市《县域工业及工业园区发展研究报告》获得统战部专题调研二等奖。面对金融危机，在市委统战部组织的献计献策活动中撰写的《产业结构转型升级是应对危机的法宝》一文直接呈报市领导，并得到有关领导的亲自批示。

冯云廷因其出色的教育教学和参政议政工作，先后荣获大连市"劳动模范"、大连市"三育人"标兵、九三学社中央优秀社员、九三学社省委优秀社员、九三学社市委优秀社员、大连市委统战部民主党派先进个人等荣誉称号。

包信和

包信和，男，汉族，1959年8月26日出生，江苏省扬中市人，无党派人士。

1987年7月毕业于复旦大学化学系，理学博士。1987年8月至1989年7月任复旦大学化学系讲师。1989年8月至1991年7月作为洪堡奖学金获得者赴德国马普协会柏林弗里茨·哈伯（Fritz Haber）研究所进行为期2年的博士后研究工作，之后又继续在该研究所进行了4年的合作研究。1995年6月应聘回国到大连物所工作，历任大连化物所催化基础国家重点实验室研究员，博士生导师，研究组组长，所长助理，副所长，所长等职。2009年3月任中国科学院沈阳分院院长。曾担任第九、十届全国人大代表，兼任辽宁省党外知识分子联谊会副会长。

包信和长期从事表面化学与催化基础和应用研究，在催化选择氧化、界面和纳米催化以及甲烷催化活化等理论和实践中取得了系统、深入、具有创新意义的成果。首次发现了次表层氧对银催化氧化的增强效应，揭示出次表层结构调变表面催化的规律，突破了催化理论中基于"活性中心"原理提出的"表面结构调控"概念的束缚，将催化调控从单纯的表层结构拓展到更深的次表层以及界面的层次，并将这一基于模型表面提出的概念拓展到了真实催化体系，发现次表层氧在烃类选择氧化中具有独特专一性和小尺寸银粒子对次表层 $O\gamma$ 形成的促进机制。发展了一种利用孔道限域效应调控金属纳米粒子尺寸和稳定纳米粒子的方法，采用化学嫁接和原位还原等方法，成功制备了尺寸可控和结构稳定的纳米银催化剂。拓展了次表层调变理论，制备出高性能的FeO/Pt催化剂，在燃料电池实际操作条件下，实现重整氢气中的微量CO高效脱除（<1 ppm），而不消耗氢气，完成1 kW电池的1500小时现场测试，成功地解决了燃料电池实用化过程中微量CO导致贵金属电极中毒等难题，属国内外首次报道。在国际上率先开展了碳纳米结构材料的催化研究，发现并从实验和理论上证实碳纳米管的限域效应对组装在其孔道内的金属和它的氧化物的氧化还原特性的调变作用，首次提出碳纳米管与催化剂粒子的"协同束缚"调变催化性能的概念，得到同行的高度认同。成功研制碳管限域的纳米金属铁催化剂，用于合成气转化为液体燃料，其催化生成高碳烃（油品）的产率提高了近一倍。成功发明碳纳米管限域的Rh-Mn催化剂，用于合成气转化制碳二含氧化合物催化反应，生成乙醇的产率是直接担载在相同碳管外壁的催化剂的十倍以上。发现了碳-氢键选择活化新过程，实现了甲烷芳构化理论和技术的新突破。其取得的理论和实验成果在国际、国内相关领域形成了重要影响，在纳米催化和碳催化方面的研究已成为国际相关领域的重要团队。

包信和共发表SCI论文322篇，其中在Nature Mat.（1）、PNAS（1）、Angew. Chem.（5）、JACS（7）、ChemComm（14），以及本领域权威期刊J. Phys. Chem.和J. Catal.（44）等影响因子大于4的刊物上发表论文89篇。至2009年3月，论文被他人引用超过2277次。任J. Nat. Gas Chem.主编和《科学通报》等杂志副主编，先后担任Surf. Sci.、Appl. Catal. A和《中国科学·化学》等19个国际、国内杂志编委；任第七届国际天然气转化大会和第四届国际碳催化大会主席；国际、国内系列重要学术会议邀请做报告和著名学术机构学术报告66次。两次被科技部聘为"973"项目首席科学家，担任国家重点基础研究发展规划（"973"计划）第四届顾问组成员。任中科院—BP"面向未来的清洁能源"项目中方首席执行官，中科院—德国马普协会"纳米催化"伙伴研究组中方组长，国家外专局–中科院创新国际伙伴计划"化石能源洁净转化"项目负责人。担任英国女王Belfast大学荣誉教授，香港中文大学、北京大学等客座教授，兼任中国科技大学化学系主任。第二十六、二十七届中国化学会常务理事。2009年当选英国皇家化学学会会士。

在担任大连化物所所长期间，包信和带领全所同志围绕创建世界一流研究所的发展目标，以科研工作为中心，坚持两个文明一起抓，积极探索先进的科研管理体制及机制，积极推动和组织研究所的国际合作与交流，重视研究所人才队伍建设，作为博士生导师，截至2008年，共培养博士40名、硕士7名，指导博士后4名，其中有12名博士获得多种冠名奖，为研究生培养做出了卓越的贡献。作为优秀的科研专家，1987年获国家教委科技进步二等奖，1995年获国家杰出青年基金资助，1996~2000年度香港求是"杰出青年学者奖"获得者，2003年获辽宁省自然科学二等奖，2005年获国家自然科学二等奖，2009年获辽宁省自然科学一等奖。能充分发挥党委的政治核心作用，自觉加强廉政建设，在中国科学院组织对知识创新工程二期考核评估验收时，大连化物所综合评价指标位居中国科学院38个高技术研究所之首。

包信和热爱党，热爱祖国，热爱科学事业，作为优秀的无党派代表人士，他连续两届当选全国人大代表，认真听取社会多方面的意见建议，积极履行参政议政职责，重视科技领域发展前沿，为我国高端科技事业的发展做出了重要贡献。

卢佩章

卢佩章，男，汉族，1925年10月7日出生于浙江省杭州市，祖籍福建永定，九三学社社员。

1948年毕业于同济大学理学院化学系，留校任助教。1949年9月到大连化物所工作。1958年获副博士学位。1959年到苏联科学院工作半年，回国后担任大连化物所分析研究室主任。1962年被评为副研究员，1980年被评为研究员，1979～1983年担任大连化物所副所长。1980年当选为中国科学院院士。1981年起连续两届当选为辽宁省人大代表。曾担任中国分析测试学会副理事长，中国化学会、中国仪器仪表学会常务理事，中国色谱学会理事长以及《中国科学》、《科学通报》、《分析化学》、《仪器仪表学报》等杂志的编委、《色谱》杂志主编，《中国大百科全书》化学卷分析化学编写组副主编，中国科学技术委员会化学学科组分析化学分组成员，国外《J. Chromatogr.》、《J. HRC & CC》、《Lab. Appl. Comp.》等杂志编辑部成员及德国-东亚科学论坛董事会成员。

几十年来一直从事以色谱为主的分析化学研究，是中国色谱研究的先驱者之一。在色谱基础理论、方法发展，智能色谱，色谱仪器研制等方面均卓有建树。在色谱研究基地的建设、色谱技术的全国推广乃至走向世界、色谱为国民经济和国防建设服务以及色谱人才培养等方面均做出了杰出的贡献。被誉为中国色谱事业在大连化物所研究基地的奠基人。

1953年起开始从事以色谱为主的分析化学研究。建国初期完成的"熔铁催化剂水煤气合成液体燃料及化工产品"项目获国家自然科学三等奖。1954年他首先把气-固色谱法的体积色谱成功用于水煤气合成产品的气体组分分析，后成功用于石油产品分析。60年代，他的研究方向转向国防工业，和沈阳金属所合作发展出建立真空熔融气相色谱法，测定金属铀中痕量氢的含量。1960年为了满足当时国家对液氢生产及稀有气体的迫切需要，他又组建了超纯气体分析组，研制开发了国际上只有个别发达国家才有的新型催化剂，如105脱氧催化剂等，利用吸附浓缩净化的方法制备了6个"9"以上的超纯氢、氦、氩等气体，并建立相应的测试方法，满足了核工业、航天工业和电子工业对超纯气体的需要，这项工作历时20年之久。1963年，受二机部委托，在他的领导下，先后组织40多名研究技术人员与中科院化学所、原子能所、814厂、504厂、光华仪表厂等部门合作，完成"六氟化铀生产中UF6、F2、HF、N2组分"的分析方法和仪器。1973年，受国防部门委托，完成了两种不同要求的密闭舱内大气成分自动分析色谱仪，供飞船及核潜艇使用，并获得科技大会奖。1999年，他参加了党中央为表彰在研制"两弹一星"中做出突出贡献的科技专家代表而召开的会议，受到国家领导人的亲切接见。但他一直称自己是"集体中的小兵"，他经常语重心长地对年轻人讲"我们是小兵，绝对没有能力去制造原子弹，但我们是有特长能为原子能工业服务的，要在国家重大项目中发挥关键作用，就要有一个坚强的集体，最多时可达一百人以上，我只能是集体中的一员，一个小兵，一个负责的小兵"。20世纪70年代中期，他不失时机地开展了在国际上刚刚起步的高效液相色谱的研究，与所内仪器厂合作研究成功的"K-1型高效吸附型液相色谱柱"达到国际先进水平，荣获辽宁省科技成果一等奖，并在国际上首次提出影响柱效的是柱外效应，而不是管壁效应。1978年，发展了"柱色谱多元组分分离理论"，获得了"中国科学院科技进步三等奖"。

他的科研之路也不是一帆风顺的，"文革"期间被关进"牛棚"，但他忍辱负重，始终没有放弃对色谱科学的执著追求，改革开放后，在他的推动下，"全国色谱学术报告及仪器展览会"迅速得到恢复，至今已经举办了十五届。1984年由他任主编的《色谱》杂志创刊，从此，色谱工作者有了自己的专业论坛。

卢佩章从事色谱分析研究半个多世纪，先后发表论文、论著372篇。出版的专著有：《气相色谱法讲义》(1964)、《中德色谱报告会文集》(1983)、《色谱理论基础》(1989年)、《高效液相色谱及其专家系统》(1992)、《气相色谱法》(1993)、《气相色谱的专家系统》(1994)等。此外，还出版了《卢佩章选集》(1995)和《难忘的岁月》(2008)等。他一向视为祖国培养人才为己任，从20世纪50年代开始，就踏上了培养色谱人才之路，1959年开始在全国举办第一届色谱学习班，培养出新中国成立后第一批色谱科研人员，曾先后培养了博士生12名，硕士生16名，其中8名现已成为博士生导师。由于卢佩章及其集体在色谱领域的杰出成就，先后荣获国内外奖项20余个，2007年6月他获得了国际色谱最高奖M. J. E. GOLAY奖，成为该奖颁发19年以来，首次获得此项殊荣的中国科学家，并被国际色谱界誉为"中国色谱之父"。

卢佩章热爱党、热爱祖国、热爱人民，把全部精力献给了他所钟爱的事业，虽然已经85岁高龄，仍然十分关心年轻人的成长，尽可能为他们创造良好的科研环境，提供最新的科研方向，以其严谨的科学作风，豁达开朗的人生态度，为后人做出榜样。卢佩章将其一生的心血全部倾注于我国的科学研究事业，为"科教兴国"做出了杰出的贡献。

叶寿丹

叶寿丹，男，汉族，1940年9月19日生，台湾省台南人，台盟盟员。

1961年7月在大连市果品公司工作，历任科员，副科长。1982年9月在辽宁财经学院进修，1984年9月任大连市果品公司副经理。1985年3月，调任台盟大连市委任驻会副秘书长，1988年12月至2001年，调任市台联先后任秘书长、驻会副会长、第六届驻会会长，其中1996～2000年兼职为台盟大连市第十五届委员会副主委。曾任辽宁省台联理事，辽宁省台联六届副会长，政协大连市委员会第七届委员会委员，第八、九届常委。大连市台联名誉会长。

叶寿丹同志担任台联会长期间，关心台胞生活，积极地为台胞办实事。每年都带领机关干部，深入到台胞中去走访慰问，为台胞解决住房、就业、子女升学、下岗再就业等问题50多人次。他还特别重视走访看望老台胞，台胞遗孀，患病台胞，为老台胞举办祝寿活动，为生活困难台胞送去补助费和慰问品。

叶寿丹同志积极加强海峡两岸的交流交往，努力吸引台资企业投资落户大连。每年利用在大连召开的东北三省暨内蒙古交易会和大连国际服装节等大型活动，他都积极组织市台联会机关，发信函，邀请海外、岛内的台胞来连投资考察。并且成功协助旅顺口区、金州区在厦门召开招商引资洽谈会，引荐了近百名台商来连考察、洽谈，并与台湾中国两岸经济交流会、经贸发展委员会建立了联系。在他的领导下，市台联协助金州区引进了台湾独资企业"大连东佳阀门有限公司"落户金州，签订了12万美元的美国迈克莱食品有限公司食品加工的协议，促成台湾独资企业"大连美玉加工有限公司"、"世纪社区服务有限公司"落户大连。为美国杜尔公司与大化集团公司的合作牵线搭桥，签订意向合同，总投资额600万元人民币。他还积极协助台湾世界兰蕙交流协会会长黄绣球先生在劳动公园举办了"张学良将军兰花展"。接待了"台湾台海两岸全方位交流协会访问团"、"台湾高雄市金属家具商业同业公会考察团"、"台湾中华餐饮交流协会访问团"等，为大连市的经济发展起到了促进作用。

作为市政协委员、常委，叶寿丹同志积极参政议政，先后提出各类提案20余件，涉及对台工作、招商引资、城市建设、环境改造、交通管理、广播电视等方面。其中，以市台联的名义提出"关于企事业单位在机构改革、转制中应妥善安排台胞工作"的提案，被评为优秀提案。

多年来，叶寿丹对台胞倾注了满腔热情。市台联机关在他的领导下，全心全意为台胞服务，做了大量细致的工作，取得了很好的成绩。市台联连续多年被评为对台工作先进单位，成为"台胞之家"。叶寿丹也成为了台胞的"贴心人"。

宁桂玲

宁桂玲，女，1958年4月生，辽宁省庄河市人，九三学社社员。

1978年9月至1985年7月在大连工学院（现为大连理工大学）化工系专业相继完成本科和硕士学习，1985年毕业后留校任教；1992年考取大连理工大学精细无机化工吕秉玲教授的博士生，在俄罗斯科学院新西伯利亚热物理研究所完成部分论文内容，1996年获得博士学位，1997年在日本近畿大学做博士后研究，1999年回国；2003～2004年在美国Texas A&M大学做高级访问学者。

宁桂玲在教育一线数十年如一日，深入思考和研究中国高等教育的现状与发展，勇于探索。先后被评为教育部骨干教师，教育部跨世纪优秀人才，教育部优秀骨干教师。她主编的"十一五"国家重点图书《高等无机合成》在2007年正式出版发行。宁桂玲教授主张建立自由、宽松、温馨的师生关系，始终坚持教学"授之鱼不如授之以渔"的宗旨，注重对学生能力的培养，不仅教他们知识，更重要的是培养学生的创新意识和健全的人格修养。近年来，宁桂玲教授已经培养出了十余名博士和三十多名硕士研究生，这些学生已在不同领域发挥着骨干作用。

宁桂玲在化学化工和新材料研究领域有很高的学术声誉，先后担任中国化工学会无机盐专委会副主任委员和学术带头人、中国微米纳米技术学会委员、国家基金委自然科学基金评委、国家"863"计划和教育部纳米材料与新材料项目评审专家、国内外20余种重要学术期刊的编委或审稿人。她研究兴趣广泛，研究领域涉及到金属氧化物纳米粒子合成化学与技术、无机微粒表面与有机–无机纳米复合/杂化材料的研究、光电新材料设计与性能研究、高纯超细无机化学品制备等多方面。近年来宁桂玲教授先后负责完成和正在进行的科研项目三十余项，包括科技部"863"重大专项项目、"863"计划项目、国家攻关军品配套项目、国家自然科学基金、教育部跨世纪优秀人才基金、骨干教师基金、教育部博士点专项基金等。在众多国内外期刊上发表学术论文150余篇，已申请30余项技术发明专利，3项科研成果成功地完成工业转化，1项成果正在转化中。其中"纳米包覆制备发光材料技术"已建厂投产，并被列为国家火炬计划项目；在近期完成国家自然科学基金项目中，她领导的课题组发现了一个新的有机发光研究体系：用空气或金属盐可以对非张力环进行扩环氧化反应，生成α位活性的新型吡喃盐化合物，进而与富电子基团作用生成有机发光体，展现出巨大的应用前景。近年来宁桂玲教授先后获得了大连市"十大女杰"、辽宁省"新世纪巾帼发明者"、教育部"跨世纪优秀人才"、大连市科技进步一等奖、中国石化科技发明三等奖、九三学社辽宁省十大科技杰出人才、大连市十佳优秀青年成才女性等多项奖励和荣誉称号。

宁桂玲具有良好的思想政治素质，坚持科学发展观，坚持社会主义核心价值体系，曾任大连理工大学校务委员会副主任，大连理工大学校长助理，大连市西岗区人大常委会副主任，大连市人大常委会常委。现任大连理工大学副校长，九三学社大连市委副主任委员，政协辽宁省委常委。宁桂玲教授勤奋敬业，工作能力强，为人直率热情，办事效率高，作风朴实严谨。担任学校领导后，她平易近人，能够认真听取群众意见，对分管部门的工作能够提出具有前瞻性的看法和意见。

宁桂玲具有较强的社会责任感和参政议政意识，作为民主党派的代表，在参政议政工作中，体现出良好的素质和能力。特别是担任大连市西岗区人大副主任期间，她非常注意收集群众对政府部门的意见和建议并积极反映给区政府，多次提出具有代表性的议案。她按时参加政协辽宁省委常委会、大连市人大常委会、西岗区人大常委会和九三学社市委会的各项活动，积极认真地完成所承担的工作任务，得到了群众的一致认可和好评，为建立更为广泛的统一战线做出了很大贡献。

"对于一个把自己的人生奉献给教育事业的人来说，最大的幸福就是看着自己的学生超过自己，最大的快乐就是能经常听到学生成功的消息"，在获得辽宁省新世纪巾帼发明者、九三学社辽宁省十大科技杰出人才称号之后，宁桂玲教授这样讲道。每逢教师节，宁老师的办公室总会放满鲜花，总会收到来自五湖四海的祝福卡片，更有很多学生千里迢迢地来看她，这是对一个老师的最大褒奖。

甘丽娟

甘丽娟，女，汉族，1930年11月5日出生于台湾省台中市彰化县，1938年初随父亲旅居日本，1955年12月回国定居，系旅日台籍侨胞，台盟盟员。

1953年6月毕业于东京都目黑服装学院，后到东京都东市三越百货公司从事服装设计工作。1955年12月回国，在北京百货批发公司样品研究室工作。1963年10月调入辽宁师范学院外语系任教，先后被评聘为讲师、副教授。1980年加入台盟，在台盟和侨界具有广泛社会影响力，曾任辽宁省人大常委、台盟大连市委副主委和省市侨联委员等社会职务。1988年1月退休。

甘丽娟从小深受父亲甘文芳（系前东京华侨总会会长，著名爱国华侨领袖，1954年秋作为特邀代表回国参加了第一届全国人民代表大会，并被选为中国人民政治协商会议全国委员会委员）和姑父苏子衡（曾任台盟中央第三、四届主席，第五届名誉主席）爱国思想的熏陶和影响，对祖国和中国共产党无限的向往与热爱，衷心拥护社会主义，学有所成后毅然回到祖国，投身于社会主义建设。曾于1981年7月和1984年3月两次郑重向党组织提交了入党申请书，基层党组织讨论认为她已具备了中共党员的标准，由于上级党组织考虑到她是我市民主党派负责人之一，重点党外代表人士，认为将其留在党外对统一战线工作更为有利，甘丽娟坚决服从党组织的安排，在党外为党的事业尽心竭力工作，无怨无悔。

在辽宁师范学院外语系任教期间，她工作兢兢业业，任劳任怨，教书育人，为人师表。由于自幼随父旅居日本学习、生活二十余载，使其对日本语这门学科具有坚实的基础和丰富的知识，能讲一口标准、流利的日本语，语言实践能力很强，在其任教的20多年里，承担了日本语精读、泛读、会话、听力等多门课程的教学工作，备课认真，按时批改作业，广泛听取学生的意见，因人施教，不断改进教学方法，积累了丰富的经验，取得了显著的教学效果，受到老师和学生们的高度称赞。她注重教书育人，在课堂上能结合教学，随时讲解和介绍日本的政治、经济、文化与风俗习惯，并对两种不同的社会制度进行对比，深刻揭示日本军国主义给中日两国人民带来的苦难，以此对大学生们进行爱国主义思想教育。在搞好教学工作的同时，她还积极从事科研工作，曾参加了《新日汉辞典》的编纂工作，编写了日本语专业本科一至三年级使用的泛读课程教材共6册，修订3册，共约55万余字，先后有6个年级的学生使用过该材料。在教材选编上她注意广泛选用社会科学（历史、经济、艺术等）、自然科学（天文、地理、生物等）以及日本的风土人情等方面的内容，以扩大学生的知识面，同时还注意选取一些中外历史上的英雄人物事迹，以培育学生的高尚情操。由于教材语言地道，题材新颖，体裁多样，有很强的思想性、知识性、趣味性，不仅有益于提高学生对日本语言的阅读和理解能力，而且扩大了他们的知识领域，受到了业界的充分肯定和高度评价。她曾连续几届被选为中国日语教学研究会理事和大连市外语学会理事，在日本语界有较大的影响。由于勤勉敬业，工作业绩突出，曾先后被评为"旅大市妇女社会主义革命、社会主义建设积极分子"、"旅大市'三八'红旗手"和"辽宁师范学院'三八'红旗手"等荣誉称号。

她积极参与社会工作，在担任省人大常委、市政协委员、台盟市委副主委期间，牢记使命与重托，深入基层了解社情民意，积极建言献策，努力做到上情下传，下情上达，撰写了"关于设立市长热线电话"、"关于加速建立城市服务事业"、"关于进一步扩大市长—市民（代表）电视座谈会形式"、"关于积极采用电视广播宣传提高群众精神文明教育"、"关于吁请尽早采取有效措施防止物价暴涨"、"关于加强打假力度以求彻底消灭假冒伪劣产品危害"等多项提案议案，引起政府和相关部门的高度重视，有的被人大、政协评为优秀议案提案，对推动政府相关部门解决这些问题产生了积极作用，为促进社会主义精神文明建设，维护社会稳定做出了应有的贡献。她利用自己的台籍身份、海外关系和亲身经历，积极从事对台宣传工作，通过书信、电话加强与海外新生代亲属的联系，宣传改革开放以来大陆所取得的巨大成就，并通过《人民中国》（日文版）介绍她归国后的成长过程及其工作成就，教育在国外生活、工作的子女们，不忘祖国教育培养，尽最大的努力为祖国的发展、建设、强盛多做贡献。为推进祖国统一大业和促进中日友好做出了应有贡献。

"莫道桑榆晚，为霞尚满天"，退休后的甘丽娟继续发挥着余热，经常参加市台盟、台联和侨界的活动，她经常说，"我退休了，但没有退离组织，只要组织需要，我有一分热发一分光"。

田树军

田树军，男，1951年7月19日出生，辽宁省盘山县人，民盟盟员。

1977年8月毕业于大连工学院（现大连理工大学）机械制造专业，留校任教。在校攻读并获得工学硕士和博士学位，1993年7月至1996年8月任大连理工大学机械系副主任，现任该校兼职教授、博士生导师。1996年8月至2003年1月任大连市科技局（科委）副局长（副主任），1998年1月至2008年1月任政协大连市第九届、十届委员会副主席（第十届驻会），2008年1月任大连市第十四届人大常委会副主任。曾任政协辽宁省第八届、九届委员会常务委员，大连市知识产权研究会理事长，辽宁省检察院特约检察员等职。1988年8月参加中国民主同盟，历任民盟大连市第九届委员会副主任委员，第十届、十一届、十二届委员会主任委员，民盟辽宁省第十届、十一届、十二届委员会副主任委员，民盟第八届、九届中央委员会委员，第十届中央委员会常务委员等职。

作为国家重点高校的学术骨干和学科带头人，田树军长期从事科学研究和研究生培养工作，主要科研方向为液压系统动态建模与仿真和结构优化。主持完成各类科研项目20余项，发表学术论文近百篇，培养博士研究生11名、硕士生30余名；在自动建模与仿真方法、通用软件开发和系统与结构优化设计等方面，取得了一批居国内领先水平的研究成果，在相关学科领域内具有较高的学术声誉。特别是自1996年调到大连市科技局工作以来，在主要从事政府、政协和人大相关工作的同时，仍然持之以恒地利用业余时间承担科研和研究生培养任务，所指导的博士研究生全部在此期间顺利完成学业取得学位。其间，主持完成了国家自然科学基金项目"基于智能优化和虚拟设计的液压集成块CAD方法研究"等一批科研课题，以完备的数字优化手段较为彻底地解决了液压集成块内部复杂通流孔道拓扑网络的结构设计难题，成果达到国际先进水平。曾先后担任国家高校机电工程专业教学指导委员会委员、中国机械工程学会流体传动与控制分会委员、辽宁省流体传动与控制学会副理事长等学术职务。

担任民盟大连市委主委工作十三年来，他秉承民盟长期同中国共产党真诚合作的光荣传统，努力贯彻执行党的"长期共存、互相监督、荣辱与共、肝胆相照"的方针，以高度的政治责任感和历史使命感，认真履行职责，团结带领全市广大盟员，紧密围绕党的中心工作，积极开展富有特色和成效的盟务工作和活动，使大连民盟的各方面工作不断稳步发展，并逐步形成了一种健康向上、团结和谐的工作局面。

作为大连民盟组织在新时期的代表人物，他对民盟主委和主委班子的职责具有深刻的认识。他认为，虽然民主党派地方组织主委的职责有若干项，但最根本就是通过充分发挥主委和主委班子集体的政治影响力，使广大民主党派成员及该组织所能辐射和影响到的更多的人民群众，与中国共产党同心同德。他常说，"党和国家赋予我这份职责，我要对确保大连民盟这支队伍永远跟党走这一重大原则问题负全责"。他是这样说的，也是这样做的，在多年的工作实践中，他时刻不忘积极引导广大盟员坚定不移地拥护中国共产党的领导，为坚持和维护党领导的多党合作和政治协商制度而付出扎实的行动。在他和历届主委班子的带领下，大连民盟组织和盟员的政治素质不断提高，始终保持着坚定正确的政治方向。

"让盟员满意"，是他在工作中所坚持奉行的又一宗旨。上任之初，针对部分盟员和盟市委机关干部中在一定程度上存在的不团结现象，他及时提出并不断倡导"和为贵"的理念，引导大家从事业和工作的大局出发，从树立和维护大连民盟组织良好形象的目标出发，积极增强团结，着力营造团结和谐的工作环境和氛围，努力建设和谐型民主党派组织。他率先垂范，以身作则，坚持平等待人，以"海纳百川"的胸怀对待每一位盟员，珍视每一次和盟员们一起参加活动的机会，无论是对老盟员的一声问候，或是对基层骨干的点滴指导，还是对青年盟员的几句鼓励，无一不起到"化亲情为动力"的良好效应，使盟员切身感受到了来自组织上的温暖和领导的鞭策，并由此激发了大家对民盟组织的感情和为增进团结、共促发展而积极工作的热情。辛勤的耕耘带来了丰硕的成果，在他的倾力推动下，大连民盟的团结问题不仅在短时间内迅速得到显著改观，而且逐年发展到如今的充满生机和活力的团结和谐的可喜局面。他在这方面多年的辛勤付出，不仅得到了组织上的充分肯定，更赢得了广大盟员的满意。

他热爱民盟工作，为之倾注了大量的时间和精力，并对民主党派地方组织工作中的规律和特征性问题不断进行深入的研讨，注重以最适当的策略和方法达到最好的工作成效。他坚持定期走访全市民盟各基层组织及其所在单位中共党组织，加强彼此间的沟通和了解，密切民盟市委与各基层组织、广大盟员及其所在单位党组织的联系，为推动民盟的基层工作的顺利开展发挥了显著的促进作用。他关心民盟组织的发展，注重培养和选拔优秀骨干盟员进入各级领导班子，并积极为他们在各级人大和政协中的政治安排做好推荐促进工作。同时，积极吸收优秀中青年学术和业务骨干加入民盟组织，着力提升民盟素质，使大连民盟组织不断发展壮大，盟员总数已由1996年的一千余人发展到一千五百多人。盟员中，有各级政协委员75人，人大代表10人，其中省市两级政协委员达40人。委员会一级的基层组织已由1996年的7个发展到12个，县(市)、区级基层组织由十年前的1个发展到7个。

他时常督促大家，民盟工作要年年有新作为，民盟队伍要年年有新的进步；组织规模和盟员数量的提升固然重要，但更为重要的是盟员素质的增强和工作质量的提高。要做到这一点，就必须根据形势的发展，不断探索民主党派工作新的规律和特点，不断探求盟务工作新的途径、形式和方法。本着这一理念，他在最近几年连续亲自策划并带队组织了"百名盟员看大连振兴项目建设"、"民盟百名专家学者考察旅顺开放与发展"和"民盟骨干学习考察辽宁沿海经济带大开发"等大型调研活动。活动收到了显著的效果，也产生了积极的社会影响，并深受广大盟员的普遍认同和欢迎。同一般性的活动相比，这种由民盟市委集中组织的集成式活动，具有更加开阔盟员的视野、拓展盟员参政议政的知情渠道和促使盟员的建言献策更为科学有序等显著特点，活动所形成的调研报告、提案和建议更加富有战略性、针对性和可操作性，受到市委市政府主要领导的高度重视和有关部门的充分肯定。坚持锐意进取和创新，使大连民盟的工作不断呈现出崭新的局面，民盟市委多次受到上级民盟组织的表彰，民盟市委机关也多次荣获市直机关优秀单位称号。

他高度重视大连民盟的参政议政工作。为将老一辈盟员在这方面的传统及优势继承和发扬下去，经常组织专门会议，研究选题和制订方案，并指导实施。近些年来，民盟市委参政议政专门工作委员会的作用日益增强，结合设置参政议政人才库和建立参政议政文档管理制度等措施，对于优化整合盟内参政议政资源，充分调动广大盟员的参政议政积极性，提升参政议政工作质量和成效，起到了重要的组织保障和措施保障作用。民盟的参政议政工作坚持以开展专题调研为主，紧密围绕市委市政府的中心工作任务，结合人民群众普遍关心的难点、热点问题，积极为大连经济建设和社会发展建言献策，为市领导科学决策提供有价值的建议和意见。在1997年以来的历届市政协大会上，民盟市委均作了大会发言，共提交党派提案44件。其中，《关于加大民生项目建设力度的提案》、《关于优先发展公共交通，科学利用道路资源的提案》、《建立以循环经济为主导的城市发展模式》等20余件提案被列为主席督办提案和重点提案，部分提案得到市委市政府主要领导的批示。所提建议经有关部门采纳发挥了明显的经济和社会效益。结合调研活动的开展，民盟市委先后向有关部门上报百余篇调研报告和征文，其中全部获得市级及以上奖励。近几年，大连民盟组织承担两项民盟中央专题调研课题，所形成的《关于大连市金州区教育区域均衡发展的调查》和《关于河湖污染的研究》的专题调研报告受到上级有关部门的高度重视与采纳。由大连民盟调研成果转化所形成的民盟辽宁省委关于《大力发展海洋高科技产业，积极推进海洋产业现代化的几点建议》的提案，在政协辽宁省第八届二次大会上被列为一号提案。民盟的信息工作近年来位居大连市各民主党派前列，其中，《关于解决老铁山水道拥挤现象》的调研信息得到省委书记张文岳的重要批示，并被全国政协采用。

在任市政协副主席期间，分管科教文卫体工作。他会同市政协机关干部和所联系的政协委员，积极开展各项工作并取得突出成效。所领导的科教文卫体委员会曾连续五年在市直机关综合测评中被评为优秀局级单位，并荣获大连市创建全国文明城市工作优秀组织奖。

身兼数职，却能妥善合理地分配好时间和精力，使几方面的工作能够有机结合，相辅相成，并取得令人称道的业绩。田树军，就是这样一位政坛上的学者，学者中的"官员"。他还在以其所具有的知识、能力和才华，更以那颗炽热的心，为自己所热爱的事业，继续殚精竭虑，勤耕不辍。

白云兴

哈吉·依卜拉欣·白云兴，男，回族，1922年8月31日生，河北省定州人。

白云兴阿訇出身宗教世家，自幼习经，1947年在大连伊斯兰教学习期满毕业，1950年10月先后在抚顺、辽阳、鞍山任伊斯兰教阿訇，1958年10月至1999年10月任大连伊斯兰教阿訇，1999年10月13日因病归真，终年77岁。

白云兴阿訇，曾先后担任抚顺市政协委员，鞍山市人大代表，鞍山市政协委员，旅大市人大代表，大连市政协第二、三、四、五、六、七、九届政协常委，大连市人大第十一届常委，辽宁省政协第七、八届委员等职。

1963年9月成立辽宁省伊斯兰教协会筹备组，白云兴阿訇是主要发起人之一，历任辽宁省伊斯兰教协会筹备组副组长，辽宁省第一、二、三、四、五届伊协副主任、副会长，大连市伊斯兰教协会第一、二、三、四、五届伊协主任、会长，中国伊斯兰教协会第三、四、五、六届委员。

白云兴阿訇担任教职40多年，始终带领广大穆斯林走爱国爱教的道路，拥护中国共产党的领导，热爱社会主义，积极协助政府妥善处理伊斯兰教的热点、难点问题，为大连伊斯兰教的稳定和经济发展积极贡献力量，从而赢得了穆斯林的爱戴和各方面的好评。

自古以来，清真寺的一切费用都依靠穆斯林的捐款。党和政府为了减轻穆斯林的经济负担，号召清真寺搞自养。1958年10月，白云兴刚受聘到大连市清真寺任职阿訇，就利用清真寺空闲的六间房屋，白手起家办起了被服厂，他本人兼任厂长。从此，清真寺有了自养的收入，解决了清真寺日常经费的困难，而且自养有余，减轻了穆斯林的经济负担。

1966年8月25日，"文革"浩劫，清真寺及一切设备被砸毁，宗教活动被迫停止，也切断了阿訇的生活费来源。1969年4月，白阿訇全家被下放到农村。临行前，白阿訇把清真寺所剩的一百多元钱和财产清单，交给了区革委会，为大连的穆斯林尽了最后的责任。

在农村期间，他积极参加生产队劳动。1973年，落实了党的宗教政策，恢复和补发了白阿訇的生活费(工资)。可是他仍然义务参加生产队的劳动，与贫下中农相结合，为建设社会主义新农村贡献力量。党的十一届三中全会拨乱反正，重新落实了党的宗教信仰自由政策，1979年4月回城时，白阿訇用下乡安置费购买的房屋，无偿交给了生产队。回城后，经多方努力，大连市清真寺于1979年8月25日开斋节那一天重新恢复了正常宗教活动，全市穆斯林欢聚在阔别了13年的清真寺，欢度自己的节日———开斋节。广大穆斯林又可以过自己的宗教生活了。

光阴荏苒，物换星移。20世纪80年代初期，随着大连的改革开放不断深入，国内外穆斯林纷至沓来，市内穆斯林已六千有余。清真寺总建筑面积只有348平方米，已满足不了穆斯林过宗教生活的需要，特别是节日期间，大部分穆斯林不能沐浴、礼拜。因寺院窄小，很多人只好站在大街上，扩建清真寺势在必行，白阿訇决心新建清真寺，经向政府汇报，得到了党和政府的高度重视和支持。

1988年正值国家经济滑坡，在这种情况下建新清真寺，既不能向国家伸手要钱，又不能给穆斯林增加负担。白云兴阿訇利用城市房屋拆迁改造的大好时机，向政府申请清真寺周围约2000平方米的旧宅，实施拆迁改造，负责安置43户动迁户的回迁。由于自己没有资金，只能找联建单位，并依靠政府的各项优惠政策，以开发联建的方式开发建设新清真寺。

新寺工程于1989年4月9日开始破土动工。在白阿訇的亲自组织协调下，历经十八个月的紧张施工，大连市新清真寺建成。1990年10月28日，大连市伊协举行了隆重的新清真寺落成典礼。

新寺是以阿拉伯建筑风格设计的。大楼外墙面，前后24根扁圆形立柱，楼顶四角配有圆顶形班克楼，班克楼分别镶有不同的乳白色、棕色瓷砖，外形配色古朴典雅，楼顶正中有直径5米的大圆拱，5座绿色圆拱，其中三座绿色的圆拱上装有8个闪闪发光的白钢月牙，显示了伊斯兰特有的建筑风格。新寺的落成，满足了中外穆斯林过宗教生活的需要。

新寺建筑面积1312平方米，其中清真寺762平方米，民族旅馆550平方米，另有民族饭庄271平方米，为清真寺的自养奠定了基础。1992年，用自养收入，投资25万元，对四角的班克楼及门厅重新进行了装修改造。1998年至2000年连续三年投资近70万元对清真寺全面进行了装修改造。

1994年，市委、市政府提出要把大连建设成为现代化国际城市。白阿訇决定抓住机遇，利用伊斯兰教对外关系，主动走出国门，先后以中国穆斯林科技产品参展团首席顾问、分团团长等身份，前往东南亚、马来西亚吉隆坡等地开展经贸和宗教交流，受到当地穆斯林的热烈欢迎，为我市伊斯兰教发展对外交流，促进经济合作做出了重要贡献。在出访吉隆坡期间，白阿訇还应邀到吉兰丹州大清真寺向全州穆斯林直播诵讲伊斯兰教教义，介绍我国的宗教信仰自由政策，穆斯林现在的美好生活，在当地穆斯林中引起了强烈的反响，被称道：非常荣幸地听到来自中国伊斯兰阿訇的精彩演讲，为中马友谊又谱写了新的篇章。随团同往的在大连市计委工作的回族干部回凤泰，即兴作诗："飞跃南洋赴域外，商贾云集会马来；昔有"三宝"传色兰，而今犹赞哈吉白；经深识广播声远，教义贸易并蒂开；此番南国风流尽，登阶更待众英才。"

白阿訇积极维护大连的社会稳定和穆斯林的利益，始终以民族团结、社会和谐为前提，关心穆斯林的疾苦，协调宗教分歧，化解民族矛盾，妥善处理一触即发的突发事件。

1995年，某报发表了一篇题为《猪年话猪》有辱穆斯林的文章，引起了穆斯林的强烈不满。白阿訇及时向有关部门及中国和省伊斯兰教协会反映情况，并向某报社提出整改意见，同时说服穆斯林要以社会稳定为前提，及时平息了一触即发的民族、宗教矛盾，使不安定的因素控制在萌芽之中。为此，光明日报刊登了《回民为什么不吃猪肉》的文章，全国各大报纸进行了转载。

一位来自新疆做烧烤生意的穆斯林在大连被害，引起了我市穆斯林的强烈不满，个别穆斯林要求抬着亡人的尸体游行示威。德高望重的白阿訇及时挺身而出，耐心说服新疆的穆斯林要相信政府，要维护社会的稳定，不要抬着尸体去游行示威，制止了恶性事件的发生。多年来，白阿訇协助政府及有关部门圆满处理了多起伤害穆斯林宗教感情，破坏安定团结的突发事件，为大连的社会稳定做出了积极的贡献。

白阿訇多次组织穆斯林，举办爱国主义教育学习班，提高穆斯林的整体素质。在清真寺院内办起了壁报栏，以宣传党的民族宗教政策及民族宗教知识，深受穆斯林的欢迎。在他的带领下，广大穆斯林积极参加社会公益事业。他不顾年老体弱，经常到北三市走访穆斯林特困户，扶贫帮困，送扶贫款和衣物，为政府排忧解难。连续八年在清真寺举办七十岁以上穆斯林的"敬老茶话会"。在敬老会上，向老人们汇报清真寺一年来的工作，介绍我们国家改革开放的大好形势，并向老人们发放慰问品。

多年来，他积极努力，团结广大穆斯林积极投身社会主义两个文明建设，为各民族团结和社会的稳定和谐，做出了重大贡献。他多次被评为大连市宗教界先进个人。1997年10月14日，大连市伊协为白阿訇挂幛任教50周年举办了庆祝会。大连市、中山区委统战部、宗教局领导及各兄弟市伊协、清真寺的阿訇等各界人士参加了庆祝会。1999年大连市清真寺被评为全国模范清真寺。1995年中国回族名人辞典、2001年《大连政协委员风采录》（第一辑）刊载了白阿訇的业绩。

边长泰

边长泰，男，汉族，1931年1月5日生，辽宁省新民县人，民革党员、中共党员。

1949年黄埔军校23期工科毕业，当年随校起义转入中国人民解放军西南军政大学，1950年复员到辽宁新民银行工作，随后参加高校招考，被东北财经学院（现东北财经大学）贸易经济专业录取为本科生，1954年毕业后从事教学工作，从此在三尺讲台上渡过45个春秋。曾在东北财经大学工商管理学院任教授、教研室主任和校务委员等职务，曾主讲贸易经济学、企业经营管理等多门学科，并从事经济研究工作。多年来忠于党的教育事业，兢兢业业教学，为国家培养大批人才，培养的硕士研究生有60多人，其中包括外国留学生。所教过的学生有市长，中央机关司局长以上干部，有大型国有企业董事长，有定居海外的学者，有大学教授，博士生导师，可谓桃李满天下，在校园内外留下许多佳话。

党的十一届三中全会后高等院校开始复课，面对改革开放和建立社会主义市场经济体制，高校教学改革和教材编写面临诸多课题。本着"做学问就得多读书，不断吸取新知识充实自己，再用新的营养反哺学生，以新的学术理论奉献给社会"的原则，先后编写出版了教材、著作21本，发表论文60余篇。具有较大影响力的著作有：1989年被国家教委评为优秀教材二等奖的《中国商业企业管理学》、1990年主编的《城市经济学》，1992年获国家教委全国优秀教材奖的《商品经营学概论》、《商业企业经营学》，1992年主编的《中国商业百科全书》中"商品经营篇"及"企业经营篇"，1994年获全国企协科学基金科学研究二等奖的《现代商业企业理论与应用》，1995年主编获财政部优秀教材荣誉奖的《现代商业企业管理学》。被评为省级优秀论文的有五篇，题目分别为：《关于商品经营学研究对象的探讨》、《推行商业经营责任制若干问题的探讨》、《关于目前大连物价问题调查研究》、《构筑价格新机制》、《维护市场新秩序》。

多年来在教学和科研工作中求实进取，勤奋努力，尽职尽责，曾先后被评为大连市优秀教师、东北财经大学优秀指导教师，中国企业管理协会授予其先进指导教师称号，于1993年获得国务院颁发的政府特殊津贴。

为了党的统战工作需要，1984年加入中国国民党革命委员会，成为民革党员，1985年加入中国共产党成为中共党员。此后在完成校内教学和科研任务外，兼职的校外社会活动随之增多。先后担任中国商业企业管理协会执行理事、中国商业企业家协会执行理事、辽宁省经济体制改革研究会常务理事、省政府经济类专题评审高级顾问及大连市政府咨询委员会委员等。曾担任民革大连市主委，民革辽宁省副主任委员，民革中央第七届、第八届委员，第九届常委。

在担任第七、八届全国政协委员，第九届全国政协常委期间，撰写的提案近几十份，具有相当影响力的有：《关于建立维护消费者利益基本法案》，全国人大法制委员会答复并着手拟定该法草案；《关于应将民主党派为参政党的提法写入宪法中，以法律形式固定下来案》，中央国务院采纳此意见并颁布文件明确规定："中国共产党为执政党，民主党派为参政党"，同时修改了宪法；《关于落实原国民党第55师锦州战役中阵前起义案》，得到中央军委"提案情况属实，按起义政策办理"的答复。使退役国民党将领得到应有的待遇，落实了党对起义人员的政策；关于《辽宁西部受到沙化威胁，当地居民生活落后，不及我国西部贫困县，请中央给予政策的支持》，林业部答复决定将凌源、建昌、北票、彰武四县列入种草还林国家计划；《关于阜新煤矿枯竭、矿井关闭、矿工就业无门，生活困难影响社会稳定，请中央给予政策支持案》得到了李岚清副总理的关注，亲临阜新调查并做出批示，省内反响很大。尤其有关大连经济建设的提案，例如《关于旅顺对外局部开放案》、《关于充分利用长海县岛屿的地理优势开展边贸活动建设案》、《关于建设大连与烟台轮渡案》等，这些提案均引起国务院的重视并得到答复和落实。边长泰在全国政协所提提案落实率达88%以上，为辽宁和大连经济建设和城市发展做出了很大的贡献，功不可没。

有两份获全国政协"优秀提案奖"。一是1991年提出的《关于进一步加强祖国统一的几点意见案》；二是，1998年提出的《建议将邓小平创建的中国特色社会主义理论作为中学生教材内容和大专院校相关学科的研究课提案》，在提案工作中是最高奖项，是对提案水平的最高评价。

在庆祝建国五十周年之际，大连市委宣传部作为知名人士专访报道，以"我为共和国参大政"为题刊登于大连日报，介绍边长泰参政议政事迹，大连市委统战部还在《人民政协报》、民革中央的《团结报》上发表文章，专题介绍边长泰撰写提案的经验。边长泰在多项社会活动中，以其既是中共党员，又是民主党派成员的特殊身份，积极参与共商大事，在教学、统战、政协多项工作中，起到的特殊作用，难以复制。

边长泰从教学岗位退休后，热心于黄埔同学会工作，担任黄埔军校同学会（总会）理事，辽宁黄埔同学会副会长，海内外发行的《黄埔》杂志编委会副主任，为联络黄埔同学促进祖国和平统一竭尽全力工作。不顾年事已高出访台湾、香港，参访"台湾四海同学会黄埔同学、台湾黄埔同学协会"，接待港澳台和海外黄埔同学及亲友，广泛联系海内外学友，共同探讨统一大业。在每年举办的大连市黄埔校庆会上，所做的形势分析和发言，黄埔同学及后代愿意听，长知识，受鼓舞。他的女儿边宏是经济学硕士、民营企业的董事长、区人大代表、市政协委员，在父亲的影响下参加了黄埔同学亲友会，女承父业，她在联系海内外同学和亲友活动中发挥了积极的作用，给来访者留下深刻印象，并被省委统战部指派为省黄埔同学会15名联络员之一。

边长泰年逾80岁，2009年6月又接到省黄埔同学会聘任为省同学会副会长的聘书，"这是党和同学对我的信任，我将秉承老有所为的精神，为促进台海两岸早日实现和平统一，实现中华民族伟大复兴，尽心尽力，奋斗不止"，这是八旬老人的肺腑之言，也是他一生忠诚于党和祖国、积极工作的真实写照。

乔传珏

乔传珏，字和璞，男，汉族，1910年5月出生，大连营城子双台沟(今大连市甘井子区营城子镇双台沟村)人，民盟盟员。

乔传珏1936年肄业于旅顺工科大学，1946年2月参加革命工作。历任辽东技术协会会长、大连工业专门学校校长、旅大行政联合办事处委员、关东行政公署及旅大行政公署副主席、东北人民政府委员。1951~1958年，历任旅大市人民政府副市长兼自然科学联合会理事长、旅大市各界人民代表会议协商委员会副主席，旅大中苏友好协会会长。1959年被错划为"右派"后，调任大连汽轮厂厂长。"文化大革命"期间，乔传珏遭到残酷迫害，被下放农村，但他对党的感情丝毫没有淡薄。1979年平反恢复工作后，先后任辽宁省政协常委、大连市政协第五届委员会副主席，大连市第八、九届人大常委会副主任。乔传珏还先后当选第一届全国人大代表、辽宁省人大代表、第六届全国政协委员。

乔传珏1951年4月加入中国民主同盟，在民盟东北总支部和中共大连市委的领导和关怀下，创建民盟大连市级组织，并先后担任民盟旅大市支部筹备委员，民盟旅大市支部临时工作委员会主任委员，民盟旅大市支部第一届委员会主任委员，民盟旅大市分部第二届委员会主任委员，民盟大连市第六、七届委员会主任委员，第七、第八届市委会名誉主任委员，民盟辽宁省委第一、二、六、七届副主任委员，第四、五届民盟中央委员及民盟中央参议委员会委员。为民盟的发展和进步做出了不懈的努力。乔传珏1988年11月离职休养，1990年4月在大连逝世，享年80岁。

乔传珏1925年从旅顺水师营公学堂考入旅顺二中，后又考入旅顺工科大学。学生时代的他便富有爱国思想，亲身感受到日本殖民统治之苦。参加过声讨"五卅"惨案的游行活动，忧国忧民的民族意识十分强烈。1931年夏天，学校组团去日本观光，他不随波逐流，反与几个同学去北平(今北京)参观"国耻展览馆"。参观时，他在鼓楼(国耻展览馆)一房间看到墙上挂着一副被外敌侵略的中国地图和一副对联(上联是"大好河山频年蚕食鲸吞举目不胜今昔感"，下联是"强权世界到处鹰瞵虎视擎心奠当图画看"，横批是"还我河山")，遂停住脚步久久注视，反复阅读背诵。帝国主义列强侵华的屈辱史实，在他心中留下了深刻印象，使他终生念念不忘洗雪国耻，振兴中华。

1936年在旅顺工科大学肄业后，日本人对他极尽拉拢之能事，将他介绍到伪满洲国财政部当雇员，后又调海关任职。但他不愿意做日本人的官，便辞去这些"肥差"，到大连佐政记铁工厂担任工程师。

1945年8月22日大连解放，当时百业凋敝，政治斗争极其复杂，他怀着对党、对国家民族和人民的深厚感情，在共产党人张有萱、韩光的指引下，于1946年参加了革命，主要从事党的统一战线工作。他创建了辽东技术协会并担任会长，为团结旧社会过来的知识分子参加建设新旅大做了大量工作。同年3月，他作为辽东技术协会的代表之一参加了大连市第二届临时参议会，在会上提出创办大连工业专门学校为建设新旅大培养人才的议案。他的这一议案当即得到参议会主席团成员韩光(时任中共大连市委书记)的重视,韩光责成他负责筹备创建大连工业专门学校。受命后,他四处奔波,与时任市政府秘书长的朱秀春一同与苏军交涉,将南满工专校舍(原属南满铁道株式会社转产,现为大连理工大学化工学院南院)借来作为工业专门学校校舍;又去旅顺、金县等地,聘用了30余名教师和日籍教授。同年11月6日,大连工业专门学校正式开学,他任该校校长。从教学计划、培养目标、招生工作到教学过程实施,他都严格按照中共大连市委的要求努力工作,为开创旅大地区高等教育事业,培养建设人才做出了积极的贡献。

1946年9月旅大行政联合办事处(临时性地方机关)成立时,乔传珏作为教育、科技代表当选为办事处委员。当时国民党叫嚷"接收"旅大,为粉碎国民党的图谋,中共旅大市委审时度势,于1947年4月宣告成立关东行政公署。此时他作为党外民主人士,担任关东行政公署副主席,与党内人士亲密无间、彼此尊重、肝胆相照、和睦相处,粉碎了国民党企图接收旅大的图谋。1947年12月15日,关东行政公署由旅顺迁到大连。1949年4月,关东行政公署改称旅大行政公署,他担任第二副主席。期间,他经常陪同韩光视察农村、工厂,深入基层开展工作。特别是在与反革命分子迟子祥的斗争中,他积极配合中共大连市委做了大量重要工作。1949年中华人民共和国成立前夕,旅大市首次公开举行庆祝中国共产党建党28周年大会,他作为党外人士代表,在大会上发言,热情歌颂中国共产党的正确领导和党所制定的正确方针政策。

1951年,周恩来总理来到大连,在黑石礁别墅接见乔传珏,称赞他团结旅大知识分子与党合作,嘱托他通过"自然科学联合会"向旅大知识分子进行爱国主义思想教育。1951~1958年,乔传珏历任旅大市人民政府副市长,旅大市各界人民代表会议协商委员会副主席,旅大中苏友协会长,科联旅大分会主任。1959年被错划为"右派"后,调任大连汽轮厂厂长。"文化大革命"期间,乔传珏遭到残酷迫害,被下放农村,但他仍然勤恳工作,对党的感情丝毫没有淡薄。1979年平反恢复工作后,先后任大连市政协副主席,大连市人大常委会副主任,大连市科协顾问。晚年,他身体多病,又有眼疾,常写诗抒发对党的感情。其中一首《重会邓颖超主席,缅怀周恩来总理》的诗歌,热情地描述了周总理在大连接见他的情景:"人才济济聚华堂,带笑慈颜现身旁。总理遗风今犹在,感怀热泪湿衣裳。黑礁别墅降阶迎,教诲谆谆记犹清。春到滨城今胜昔,忠魂含笑助成功。"1986年他终于实现了夙愿,光荣加入了中国共产党。

乔老一生热爱祖国、热爱党,孜孜不倦地为社会主义事业做了大量的工作。虽然在"反右"和"文革"中身处劣境,但他为社会主义革命事业奋斗到底的信念,老而弥坚。在近半个世纪的革命生涯中,刻苦学习马列主义、毛泽东思想,坚持党的基本路线,在各个重大的历史关头,都经受住了严峻的考验。他对大连地区的经济恢复、民主改革、社会主义改造和建设、统一战线、民主党派、社会主义民主法制建设以及改革开放等各项工作,都做出了积极的贡献。他顾全大局,坚持原则,为人正直,光明磊落。他深入实际,调查研究,联系群众,作风民主。他生活俭朴,廉洁奉公。乔传珏的一生是革命的一生,战斗的一生,他把毕生精力献给了党和人民的事业,受到广大盟员的敬重和爱戴。

乔树民

乔树民，男，1913年生，汉族，江苏省盐城（现建湖县）人，民盟盟员。

1937年毕业于上海医学院，学士；1946年进入美国哥伦比亚大学学习，并于1947年获哥伦比亚大学公共卫生学院公共卫生学硕士学位，担任美国康乃尔大学医学院客座教授；回国后曾任上海医学院副教授、兰州大学医学院教授、兰州大学医学院院长；1950年担任西北人民政府卫生部教育处长；同年7月任大连医学院教授、教研组主任、副教务长，1980年任大连医学院副院长。他长期从事公共卫生及流行病学方面的研究工作，是我国著名流行病专家，中华医学会终身会员，中国医学百科全书《流行病学》分卷副主编，美国医学会会员，世界卫生组织专家咨询团中国籍专家，著有《公共卫生学》（上卷）等。1947年在美国秘密加入中国民主同盟，任民盟中央第四、五届常务委员，民盟中央科技委员会委员。

乔树民教授终身为预防医学事业奋斗，在抗日战争期间，乔教授辗转于川、黔、湘、桂、陕、甘等省，从事多种传染病流行的防治工作，并在中央卫生实验院及湘雅、贵阳、广西、上海医学院从事教学科研工作，在科学研究和教学工作中积累了丰富的经验，经过半个世纪的实践，乔树民教授认为预防医学、临床医学、基础医学是现代医学中互相联系又不能互相代替的三个组成部分，必须"防治结合"才能行得通。他将自己的科学研究进行总结，撰写了多篇学术论文，为预防医学研究的进一步发展提供了一定的参考依据，对公共卫生事业做出了重大贡献。乔教授曾在国内外发表论文40余篇，并著有著作9部，其中《医学统计法》一书曾被多次印刷，是广大医学学生在进行科学研究时广泛应用的参考书，对医学卫生界的青年起到了启蒙和指导的作用。在流行病学理论方面，乔教授提倡流行病学的研究范围应包括非传染病的流行病学研究，20世纪60年代初，国际上对这一提法众说纷纭，目前已经得到公共卫生界专家的认同，如肿瘤、心血管疾病的流行病学研究已广泛开展。

乔树民大力提倡接种卡介苗防痨，其专著《卡介苗的理论基础和发展中的问题》及《卡介苗测验的诊断价值》于1951年获东北人民政府卫生部科学成就甲等奖。《经鼻接种卡介苗的豚鼠试验》一文，提交1956年国际结核病学术会议，受到与会代表的广泛重视。

1963年东北及华北数省爆发十万"未名热"患者，乔树民冒着重大政治风险，力排众议，坚持进行深入的流行病学调查研究，在短短一个月时间内，对新金县石城子大队进行挨门逐户的科学生态学全面调查，阐明了钩端螺旋体病流行病原体性质、传染源、传播途径和有效的防治方法，防止了该病的蔓延，为人民群众的健康做出了贡献，并于1980年全国流行病学会议上宣读了《医学流行病的基本理念和方法》的论文。

20世纪70年代，身处逆境的乔树民与郭永泗、高广猷等人合作，利用3.8平方米的走廊作为实验室，克服了艰苦的办公条件，仿制和创造了抗癌药物：顺铂(顺式二氯二氨铂)，并通过化学鉴定、动物实验及本人自身实验，证明了该药物的安全性、可靠性和有效性，转让后在国内首先被应用于临床，该项研究成果获得旅大市重大科技成果奖。乔教授撰写了有关顺铂的论文10余篇分别在省、全国、国际肿瘤学术会议上宣读，对癌症流行病学研究的进一步发展起到了一定的推动作用。

　　乔树民忠诚党的医学教育事业，一面长期坚持公共卫生及流行病学方面的科学研究工作，一面开展教学工作，为我国培养出了许多优秀的流行病学人才。乔教授除了为医疗系本科生进行教学外，还培养了肿瘤流行病学研究生4名，均被授予硕士学位，其中乔友林教授现为我国肿瘤流行病学领域领军人物。

刘中民

刘中民，男，汉族，1964年出生于河南省扶沟县，民盟盟员。

1983年7月毕业于郑州大学化学系，同年以优异成绩考取中科院大连化物所攻读硕士、博士，1990年获得理学博士学位并留所工作至今，长期从事固体酸碱材料合成与应用研究。现任中科院大连化学物理研究所副所长，兼甲醇制烯烃国家工程实验室主任、类分子筛材料及其催化应用课题组组长，研究员，博士生导师。刘中民同志主要的学术和社会兼职有：第13届、第14届国际分子筛会议（International Zeolite Conference）的国际学术委员会委员，《催化学报》、Journal of Natural Gas Conversion编委，大连市人大第十三届委员会常委，大连市政协第十二届委员会常委，民盟大连市委第十一、第十二届副主委。

1979年15岁的刘中民就考入了大学，四年后他以优异的成绩考入中科院大连化物所攻读硕士、博士。20世纪90年代初，刚刚博士毕业的刘中民，就作为主要负责人，主持完成了"八五"国家重大科技攻关课题"合成气经由二甲醚制取低碳烯烃"的研究。在国际上首创了一条从非石油资源制取乙烯、丙烯的新技术路线，获得1996年度中国科学院科技进步"特等奖"。作为项目总负责人，以开发大规模烯烃生产工业装置和生产技术为目的，联合陕西省投资公司和洛阳石化工程公司，合作进行万吨级MTO工业性试验，实现装置投料试车一次成功。2006年8月23日通过国家级技术成果鉴定，实现我国在国际上率先拥有设计和建设百万吨级工业装置的技术能力，该项目入选中国科学院2006年十大重要创新成果。主持研制成功了具有自主知识产权的固体酸催化中压丙烯水合制异丙醇催化剂及其相应的工艺技术，国内第一套利用该技术的3万吨/年异丙醇工业生产装置于2005年11月24日一次开车成功，标志着新一代丙烯直接水合生产异丙醇技术和催化剂在工业应用方面取得突破。率先开展了组合多相催化及技术平台建立的研究，实现了组合技术在催化研究中的应用，通过了中科院验收并获得高度评价。主持研制成功了具有自主知识产权的甲醇制二甲醚催化剂及其相应的工艺技术，国内第一套利用该技术的5万吨/年甲醇制二甲醚工业生产装置已经在山东建成，另外还有两套10万吨/年甲醇制二甲醚装置正在建设中。作为"天然气制高质油品和重油化学品(轻变重)"及"渣油制乙烯、丙烯(重变轻)"的两大发展战略的负责人，负责完成了"渣油制烯烃催化剂研制"课题，主持完成了"石脑油催化裂解制烯烃"、"催化裂化低结焦催化剂"、"催化裂化催化剂新材料"等重大项目，主持完成了中国科学院"天然气、油田气综合利用"重大项目，"催化组合化学"知识创新方向课题，完成了"天然气制烯烃"国家973计划基础研究课题。近期主要从事酸碱催化的新反应、新过程、新催化剂，分子筛及类分子筛的合成，吸附剂及吸附分离过程等方面的研究。培养研究生20多名，共发表论文192篇，申请专利170余件。其中美国专利

3件，欧洲专利1件。

在院地合作方面，除了完成中央各部委任务及合作外，还包括与各地方政府、各类企业的合作，其中中科院与大连共建科技园的工作——这部分合作大约占大连化物所研究任务的二分之一。发展院地合作不仅是保障化物所研究经费的重要途径，也是研究所面向实际、面向国民经济发展、将技术成果转化为生产力的主要途径，是一项现实的任务，更是必须长期坚持的战略方向，刘中民同志为此倾注了大量精力。在巩固与中国石油、中国石化、陕西煤化工集团等一批大型骨干企业的传统合作关系的基础上，还牵头拓展了与中国海洋石油公司、中国神华集团、中煤能源、延长石油集团等一批企业的战略合作，成效显著。大连化物所在科学院成为一面旗帜，刘中民也获得了2008年度中国科学院院地合作先进个人的奖励。

刘中民同志还曾获1996年度中国科学院科技进步特等奖（排名第二），国家"八五"重大科技成果奖，"第三届中国优秀青年科技创业奖"，"侯祥麟基金"奖，"973"计划先进个人，中国催化青年奖（首届）等奖励，是新世纪百千万人才工程国家级人选，先后获大连市"十大杰出青年"，大连市劳动模范，国务院政府津贴，辽宁省优秀专家、大连市优秀专家等荣誉称号。

尽管工作繁忙，但刘中民同志作为民盟大连市委副主委、民盟大连化物所基层委员会主委、大连市政协常委，在参政议政等方面也能尽到责任。他积极组织和参与盟务活动。日常工作中始终不忘自己是民盟的一员，以实际行动维护民盟在化物所的形象。应该说，他所领导的民盟基层组织在大连化物所的形象是正派的，受人尊重的，是一个团结向上的充满活力和人情味的组织。在民盟市委工作方面，他一直坚持尽可能参加民盟中央会议和民盟市委的主委会；在基层组织建设方面，民盟大连化物所基层委员会近年来又得到了发展与壮大，大部分是青年人才和研究骨干。他还应旅顺某高技术公司的要求，参加了政协组织的专项调研，在参政议政工作中，切实履行着政协委员的职责。

刘长春

刘长春，男，汉族，1909年11月15日出生，大连市小平岛人，大连理工大学教授，民盟盟员。

刘长春作为走进奥运赛场的中国奥运第一人，谱写了单刀赴会的故事，为中国现代奥林匹克运动发展做出了开创之举，为世人留下了宝贵的精神财富。

刘长春出生在大连小平岛河口村一个贫苦农家，艰苦的家庭生活锻炼了刘长春的体魄，磨炼了他的意志。在大连沙河口区公学堂读书时，刘长春一家住在很远的东关街，不论上学放学，刘长春都是跑去跑回，常年每天定量的跑步锻炼了他的奔跑能力。5年级时刘长春就在校学生运动会上崭露头角，成为当时小有名气的"兔子腿"。他就读的小学与日本人的一所小学隔街相望。放学后，遇到有日本学生肆意谩骂中国学生时，刘长春总是追上和那个日本学生勇敢地打一架。那时刘长春就暗下决心要好好锻炼身体，发奋图强，战无不胜。在那种特定的历史环境下，民族仇恨可以转化成催人奋进的强大动力。

1927年冬，刘长春被东北大学足球队长孙庆博发现，被推荐到东北大学读书并开始了系统训练。1929年5月，刘长春代表东北大学参加第十四届华北运动会，夺得短跑100米、200米、400米华北运动会三项冠军，创造了百米短跑10.8秒的全国最高纪录，深得东北大学校长张学良将军的喜爱。为此，张学良决定高薪聘请德国教练步起指导他进行各种专门性训练，刘长春掌握了"摆动式跑"技术，身体素质和竞技战术水平有了很大的提高。1930年4月刘长春在杭州的第四届全国运动会获得多项冠军，成为远东短跑之王。

1931年"九一八"事变后，东北沦陷，在日本人扶持下粉墨登场的伪满洲国当局为了使"满洲国"合法化，运作参加即将召开的第10届奥运会，他们先是威逼利诱刘长春家人劝说远在北平读书的刘长春以"满洲国"选手的身份参赛，在多次碰壁后又擅自在报纸上发表刘长春将代表"满洲国"出席第10届奥运会的消息。面对威胁利诱，刘长春于1932年6月11日在《体育周报》上发表了至今仍为人们所称颂的声明："苟余之良心尚在，热血尚流，又岂能忘掉祖国，而为傀儡伪国马牛？！"明确表示绝不代表"满洲国"出席第10届奥运会，只代表中国出战。然而，当时的中国政府却无暇顾及。为了揭露敌人的阴谋，体育界爱国人士多方努力，在张学良捐赠8000银元资助下，派遣刘长春代表中国参加第10届奥运会。

刘长春作为中国唯一的运动员登上从上海起航的邮轮，经过二十几个昼夜的颠簸，于奥运会开幕式的前一天抵达洛杉矶港。三天后，还没有从旅途劳累中恢复体力的刘长春站在男子100米比赛的跑道上，在一个漂亮的起跑后刘长春前半程领先，到70米时被赶超没能进入复赛。在隔天进行的200米比赛中同样无缘进入复赛。刘长春虽然没有取得好成绩，却以顽强拼搏的精神，实现了中华民族向现代世界的首次亮相。对那时的中国而言，参与的意义远远大于赛场上的成败。从洛杉矶奥运会归来后，刘长春撰写的日记、感想体会陆续在报刊上发表，引起了国人的土洋体育之争，吸引许多有为青年投身到体育，带动了体育的发展。1933年在南京举行的第五届全国运动会上新人辈出，刘长春以10秒7的成绩创造了此后他保持了25年之久的全国百米纪录。

1949年初，刘长春面对着人生的十字路口，拒绝了好友李世明请他全家随国民党撤退到台湾的请求，刘长春选择留下来，决心将自己的后半生献给人民的体育事业。

1950年9月刘长春来到大连工学院（现大连理工大学）任教并兼任体育教研室副主任，主管运动队训练工作。刘长春通过在校内举办各种比赛从大学生中选拔运动员，他不顾腿部疾患始终坚持在教学训练第一线，注重言传身教，以自己多年的比赛经验与切身体会指导运动员，在20世纪50年代为辽宁省培养大批德、智、体全面发展的大学生优秀运动员，取得辉煌的成绩，多次受到表彰。刘长春先后担任了第一届、第二届全国运动会的副总裁判长。刘长春无论是在日常教学训练还是在参加各种社会活动中，都表现出强烈的爱党爱国热情，总是以民族大义为己任，对事物的看法立场鲜明、刚直不阿，始终将自己的热血倾注到教学训练一线。在指导中青年体育教师提高业务水平时，治学态度严谨，强调要重视教师示范动作的规范化，指出"教师应要为人师表，一言一行都要符合党和人民的利益，要用自己的思想感情、精神作风去影响学生，使他们具有正义感和自尊心，忠于祖国、忠于人民。"就这样带出了一大批优秀教师。1964年，刘长春担任全国少年田径运动会总裁判长，赛会期间与少年运动员亲切座谈，会后他提出体育人才的培养应该从娃娃抓起的理念，大连工学院在他的倡导下成立了少儿田径训练班。他先后担任了中国人民政治协商会议第五届全国委员会委员、辽宁省体育协会副理事长、第四届辽宁省政协常委等社会工作职务。

1979年11月，中国恢复了在国际奥委会的席位。刘长春担任了中国奥委会副主席、中华全国体育总会常委等职务，开始为中国奥林匹克运动的发展而尽职尽责。撰写整理了"中国首次正式参加奥运会始末"等重要文史资料；在病床上编撰出版了《短跑运动》等专著。1983年3月21日，刘长春因病辞世，享年74岁。他的名字已经被列入1984年中国奥运代表团名单，他却不能再赴洛杉矶。刘长春传奇的体育人生以及在民族危难之际，敢于挺身而出代表整个国家民族，御侮图强的最深厚的爱国主义精神；面对困难勇于竞争，忠诚祖国坚持求实的最无畏的无私奉献精神传颂至今。正是这种不屈不挠的民族精神，鼓舞着中华儿女一路向前，建立起中华奥运征程的一座座丰碑。

刘世有

刘世有，男，汉族，1918年8月出生，辽宁省大连市人，民建会员。

1933～1948年就职于旅大市长孤工所、旅大市明远铁工厂，做过钳工、车工、外事职员。1949年合伙开设新生机械厂并任经理，1954年担任公私合营新联机械厂厂长，1956年任旅大市机械工业公司经理，1957年后任旅大市机械五厂厂长、油嘴油泵厂厂长。"文革"期间被下放到农村。1978年调回大连油嘴油泵厂任副厂长。1955年6月加入民建，曾任民建大连（旅大）市一至七届委员会副主任委员，民建大连市第八届委员会主任委员，大连（旅大）市工商联第一至八届副主任委员，大连市政协第五届副主席，大连市政协第七、八届常委，民建中央第四届委员会委员，民建中央第五届中央咨议委员会委员，民建辽宁省委员会常委，辽宁省人大第一、二、三、五、六届代表。

作为民建大连市委最早的会员和民建大连市地方组织发起人之一，刘世有对民建组织有着深厚的感情，为多党合作事业倾注了毕生的精力。他热爱中国共产党，热爱社会主义，积极接受党的领导，与中国共产党风雨同舟、肝胆相照，几十年如一日，并把这种热爱化为为社会主义革命和建设事业贡献智慧和力量的实际行动。在抗美援朝时期，他积极组织并全力抓好本单位本行业的生产，带领广大员工日以继夜地工作，为朝鲜前线生产出最好的产品，并带头捐献钱物支援前线。全行业公私合营社会主义改造时期，他积极响应党和政府号召，带头走社会主义道路，不仅在本企业实现了公私合营，还带动本行业尽快完成了社会主义改造任务。

1988年底，他光荣地当选民建大连市第八届主任委员。新的岗位，新的使命，激发了他为多党合作事业再立新功的责任感和使命感。尽管此时他已70岁高龄，身体患有多种慢性病，精力和体力都不允许他在党派工作上投入太多，但他全然不顾自身的情况，全身心投入到民建大连市委的领导工作中。他任职期间，正是改革开放敏感问题频发时期。社会上受东欧剧变影响，刮起自由化思潮，他及时洞察社会上各种敏感政治问题，组织民建市委会领导班子成员认真学习中共中央的重要文件精神，以自己的亲身经历教育和引导班子成员旗帜鲜明地反对动乱，坚决与自由化思潮划清界限，坚决拥护中国共产党的领导，坚定不移地走中国特色社会主义道路，保证了民建市委会领导班子在政治风波面前始终坚持正确的政治方向。中共中央【1989】14号文件发表后，他主持召开了主副委班子会议，研究学习贯彻14号文件的措施，提出实行全员培训，让全体会员都了解掌握14号文件精神实质。他亲自参加各种培训班，与新老会员一起学习座谈领会文件精神。在他的亲自主持和领导下，民建市委共举办培训班10余期，对全体会员进行了一次全面轮训，使广大会员对14号文件精神有了深入理解，对坚持接受中国共产党的领导和发挥参政党作用有了更明确的认识，进一步增强了政治责任感和历史使命感。

他关心国家大事，关注大连市的经济建设和社会发展，始终把发挥参政党作用，做好参政议政工作和社会服务工作作为民建大连市委的首要任务。围绕国家治理整顿经济秩序和深化改革等一系列重大问题，他积极参加民建大连市委组织的各种形式的调研活动和座谈会，强调民建作为参政党要把工作重点放在为经济建设和社会发展做贡献上，要紧紧围绕中共大连市委和市政府的中心工作，发挥民建会员从事经济工作的特点和优势，为发展大连市经济积极建言献策。1989~1992年，民建大连市委先后就《大连市"七五"规划》、《大连市社会主义精神文明五年规划》、《大连市依法治市实施方案》、《加强市场管理意见》等进行调研，提出意见建议。在影响大连市改革发展的重点和难点问题上，如国有大中型企业经营困难问题和中小企业厂长负责制实施情况、加强市场管理、发展乡镇企业、振兴开发区经济、加强农村科技服务等方面，他都亲力亲为，组织力量进行调研，提出了《关于辟建自由港区、开展陆桥运输和开展保税区业务的建议》、《关于加强和完善农村科技服务体系建设的建议》等多个提案，受到市领导的重视，并被有关部门采纳。在市政协七届三次全会上，民建大连市委首开以党派名义发言先河，就整顿金融秩序做大会发言，提出意见建议，受到重视并被采纳。在"质量品种效益年"活动中，他号召和带领广大会员积极参与其中，以出色的本职工作业绩和积极建言献策举动，为企业扭亏为盈、提高经济效益、促进大连市经济发展贡献了智慧和力量。

刘　诚

刘诚，男，汉族，1930年2月16日出生，浙江省德清县人，民建会员。

1951年就读于上海复旦大学会计系本科；1953年中国人民大学国际贸易专业研究生毕业。1954～1962年，他先后在上海财经学院、北京对外贸易大学、中央对外贸易部国际贸易研究所、黑龙江商学院等单位从事教育及学术研究工作。1963～2004年在原辽宁财经学院(现东北财经大学)外贸系、国际经济贸易学院任教。期间被评为副教授、教授，并担任过外贸系主任、校学术委员会委员。于2001年2月退休，同年被学院返聘，直至2004年。1982年开始培养硕士研究生，同年荣获辽宁财经学院"先进工作者"称号；1983年、1984年连续两次荣获辽宁财经学院"先进教师"称号；1985年被评为大连市"优秀教育工作者"；1996年，因其在教育事业上的突出贡献享受国务院特殊津贴。

刘诚作为著名的学者，在教育战线辛勤耕耘，教书育人，桃李满天下，为国家教育事业和大连的经济发展做出了突出的贡献。在几十年的教育工作中，他兢兢业业、精益求精。作为当时学校外贸系为数不多的可以进行"双语教学"的教育工作者，他为提高学校教育教学质量做出了不懈的努力并取得了显著成绩，深受学校师生及社会的好评。在教学过程中，他授课方式新颖独特，并能像亲人一样关爱着每一个学生，呕心沥血，海人不倦，为学校和国家的经济领域培养和输送了大批优秀人才。刘诚知识渊博、治学严谨，尤其在国际贸易、国际金融领域有突出的造诣。他出版了专著、译著和教材近20部；撰写了具有较高水平的市场调研报告和学术论文30余篇。他忠诚党的教育事业，1988年被派往美国华盛顿进行学术交流，1989年毅然回国继续从事其热爱的教育工作。他曾多次出访日本、法国、丹麦、泰国等国家进行学术交流，为学校国际贸易学的发展做出了突出的贡献。我国加入WTO后，作为国际贸易学术领域的资深学者，他多次应邀到全国各地的企事业单位做WTO专题知识讲座，并多次接受电视台关于"入世"的专题采访。即使在身患重病退休后，他仍能关注学校的发展，积极了解本学科的发展方向及学科师资队伍建设情况，并提出中肯、可行的建议。在教书育人的同时，他积极投身于"希望工程"，进行爱心助学，将无私的爱遍及社会的各个角落——常年资助偏远农村的十余名家庭经济困难的学生。他不仅给予贫困生们经济上的帮助，助其顺利完成学业，而且在思想上给予积极的引导，使他们树立了正确的人生观、价值观。

刘诚热爱祖国，热爱人民，热爱中国共产党，热爱民建。1988年7月加入中国民主建国会后，历任民建辽宁省第三届、第四届委员会副主任委员；民建大连市第八届委员会副主任委员，第九届委员会主任委员，第十届委员会名誉主任委员；大连市第六、七届政协委员，第八届政协常委；辽宁省第七届政协常委。在担任民建大连市委主委期间，刘诚履职尽责，克己奉公，始终坚持中国共产党的领导，坚持同党中央保持高度一致，积极推进民建的自身建设，顺利实现了成员队伍年轻化、知识化，完成了领导班子的新老交替。他注重发挥民建的特点和优势，积极开展参政议政、民主监督工作。他积极参政议政，每次参加省、市政协会议前，他都深入基层，联系群众，广泛开展调查研究，倾听民众呼声，亲自撰写调研报告，积极认真履行党和人民赋予他的神圣职责，为大连的经济发展建设提出了诸多有价值的建议，并得到相关部门的重视。1993年民建大连市委就发展大连市一、二、三产业问题，提出了建立健全农村社会化服务体系、转换我市国有企业经营机制实行股份制改革、发展证券投资市场、加大高新技术投资等建议，并形成提案。1994年在政协会议上，就发展大连市期货市场提出建议。从1993年到1997年共提出党派提案25件，为大连市改革开放和经济发展提出了有价值的意见建议。他在离开民建领导岗位后，仍能关心民建的发展和建设，为民建出谋划策，为巩固和发展中国共产党领导的多党合作和政治协商制度做出了积极贡献。

忠诚并献身于党的教育事业和多党合作事业，毫无保留，真诚奉献，刘诚用实际行动为自己的人生谱写了感人篇章。

刘荣霖

刘荣霖，男，汉族，1912年9月24日出生，福建省福州市人，农工党党员。

1929年，刘荣霖由马尾艺术学校转入马尾海军学校航海班学习。1934年7月，刘荣霖以全校第一名的成绩，奉派赴英国皇家格林尼治海军大学留学。留学期间，奋发读书、专心苦学，努力钻研外国的航海先进技术。学习期满，取得了所有考试都是全校第一名的成绩，按照规定，将得到英国国王按照一定规格的仪式的接见并授予英国皇家宝剑。但是，英国方面以皇家宝剑只能赠给具有英国国籍的人为托词，一再拖延。时值1938年，中国正在遭受灾难，日本大举侵略中国，刘荣霖决定回国参加抗战。经过包括中国留学生在内各国留学生及爱国华侨、华人的强烈要求，英国方面将奖品换成与宝剑同样长度的银制的龙，由英国国王颁发，刘荣霖获得最高级别嘉奖，为国人争光，令世人刮目相看。当时，取得相同成绩的有两个中国人，另一个是北京大学第一任校长严复。

1938年，刘荣霖积极响应中国共产党的号召，联系了邓兆祥，在武汉田家镇炮台，参加武汉保卫战。所在部队在武汉外围的万家岭一带包围日军主力，经过激战，共毙伤敌4万多人，使日本侵略军受重创，武汉会战使日本的战略进攻被迫停止。刘荣霖所在的炮台，用炮火狙击日军军舰向武汉进攻，击沉、击伤多艘日军炮艇，为保卫武汉发挥了重要作用。

在抗日的战场上，刘荣霖收到家中来信，信中告知父亲已病故，刘荣霖立即回信说："我正在参加抗战，个人安危难以保证，随时都有可能为国捐躯。请先将老人灵柩埋葬了，入土为安。"

1938年10月，武汉战役后，刘荣霖被分配到邓兆祥任队长的水雷队，先后任分队长、副队长、队长，转战于湖北葛店、广东西江、川江庙河、巫山等地。

1943年4月刘荣霖被调往贵州桐梓海军学校任教，训练了一批海军学员，送往英国军舰，参加对希特勒的海军作战。后来，这批学员还参加了著名的诺曼底登陆战役并做出贡献。

抗战胜利后，刘荣霖被英国方面点名为重庆舰副舰长。1947年1月至1948年5月刘荣霖再一次去英国进修深造。1948年5月26日，刘荣霖协助邓兆祥驾驶重庆舰回国。7月19日停靠新加坡时，受到新加坡爱国华侨热烈欢迎。华侨们自己主动出钱为重庆舰提供一切补给。华侨们说："你们回国好好建设海军，不能再让帝国主义侵略、欺辱中国人民。"华侨们还说："你们回国后，可不要参加打内战呀！"。老华侨陈嘉庚对重庆舰官兵一再说明反对内战的观点。这些刘荣霖都看在眼里记在心里，更加坚定了出国前的想法，选择适当时机提出辞职。1948年7月28日重庆舰驶抵香港时，刘荣霖发电报辞职，抵达南京后8月31日获准离开重庆舰，刘荣霖辞职的实际行动，动摇了当时舰上的人心。

离开重庆舰时，刘荣霖请假回家葬父。回家两个月，海军学校发来三十多封电报，强令刘荣霖回学校报到。刘荣霖为了能获得自由，他采取毛主席关心林遵时"隐忍待机、切勿暴露，免事前遭受不必要的损失"的指示要求，于1948年11月到青岛海军学校报到，等待时机。1949年春，青岛海军学校搬迁到厦门，刘荣霖再次请假回福州。1949年8月8日晨，回到福州市老家，8月17日就迎来了福州市解放。刘荣霖曾对家人说过："我走遍半个地球，行程有十万公里，而厦门至福州的短短旅程是最有意义的行程。"那些没有离开厦门的海校教师后来都被海军学校裹胁到台湾去了。

1949年10月厦门市解放，厦门大学于1949年11月1日给刘荣霖发来中国共产党的军事代表吴强、肖枫签字的聘书。在厦门大学中国共产党组织的领导下，刘荣霖参与组建航务系，后被任命为航务系系主任。从课程的设置，到教材编写和教师的招聘，刘荣霖都亲自操作，刘荣霖是厦门大学航务系的创始者。抗美援朝期间，厦门大学航务系疏散到闽西山区，学校搬到农舍里继续上课，在艰苦的条件下，培养出了一批国家经济建设急需的航海技术人员和管理干部。前交通部副部长林祖乙就是当年厦门大学航务系的学生。厦门大学航务系后来发展为福建航海专科学校，刘荣霖被高等教育部任命为校长。

1953年中央政府召开全国院校调整会议，决定将上海航务学院、东北航务学院和福建航海专科学校合并，成立大连海运学院，刘荣霖担任副教务长。刘荣霖为国家培养了大批优秀航海专业人，撰写多部科技著作和十多篇科技论文，主编《中国航海表》等。

刘荣霖十分关心祖国统一，每年都写有大量的对台湾宣传文章，制作对台湾宣传材料，通过各种渠道发往台湾，或由中央广播电台对台湾广播，刘荣霖写的对台湾宣传文章曾被选为春节除夕夜对台湾广播的文章之一。20世纪60年代，刘荣霖对台湾的宣传工作受到大连市委有关部门的表扬。

刘荣霖先后担任第一、二届厦门市人民代表会议代表，第一届大连市人民代表大会代表，第一、二、三届辽宁省人民代表大会代表，第三届大连市政协常委，第三届全国人民代表大会代表。中华人民共和国科学技术委员会航海组组员，中国国际贸易促进委员会海事仲裁委员会第一、二、三届委员，中国航海学会理事、中国造船学会理事等多个职务。

孙克明

孙克明，男，汉族，1954年11月23日出生，辽宁省沈阳市人，无党派人士。

1987年大连理工大学结构抗震专业博士毕业。1988年任大连理工大学讲师。1989～1992年在美国加州大学（UCI）攻读博士后。1992～1995年在新加坡国立大学土木系任教。1995年11月回国创办企业。1996年受聘于中国科学院水利水电科学研究院兼职教授。2005年受聘于大连交通大学中俄科教中心副主任、兼职教授。2006年任大连海外华商联合会副会长、大连市海外归国留学人员联谊会副会长。2007年任大连市工商联常委、辽宁省工商联常委。2008年任大连市政协委员、常委；辽宁省政协委员；欧美同学会·中国留学人员联谊会留学报国大连基地管理委员会副主任。

孙克明是国际岩土工程和计算力学学术研究领域中的著名专家、中华人民共和国建筑工业行业标准（JG/T182-2008）《住宅轻钢结构装配式构件》主编之一，为我国的轻型钢结构建筑领域的发展做出了重要贡献。

1995年轻型钢结构房屋建筑体系在我国还是一个空白点，甚至连相应的轻钢结构设计规范都没有，他敏锐地意识到，发展这种体系符合我国的经济需要，具有广阔的发展前景。同年11月，孙克明离开学术界下海经商，与美国的一家上市公司技术上进行合作，自筹资金在中国独家注册成立了阿依艾工程软件（大连）有限公司，致力于自主知识产权的国产钢结构建筑设计软件的研究开发与推广应用。经过多年的努力，完善了技术条件、提高了设计与生产加工能力，在钢结构工业建筑方面，轻钢厂房已经成为了首选，受到了业界的普遍好评，已经开发了多项拥有自主知识产权的软件产品，其中部分结构分析软件产品被国家部级鉴定专家评为"在技术上属国内领先且与国际上的同类软件处在同一水平上"，这些软件产品拥有国内4000多家用户及国外200多家用户，占国内市场份额的30%以上，已经完成了广州白云机场、广州奥林匹克体育场、北海机场、大连国际博览中心等许多重点工程的设计，每年使用这些软件所设计出的建筑结构成千上万。

随着企业的发展，他将开拓海外市场、推动高科技产品出口创汇作为公司发展的战略目标之一。近年来，他带领一批学业有成的归国博士，开展高科技项目的国际合作，自2002年起，为日本东京大和房屋工业株式会社开发软件系统和承担钢结构系统加工业务，成为大和房屋公司在中国唯一的协作单位。同时，成功引进了大量俄罗斯、乌克兰的原创高新技术，为我国与独联体国家的科技贸易合作以及建立信任和友谊亦起到了积极的作用。

多年来，他在努力创造经济效益的同时始终把社会效益放在首位，多次举办技术讲座与培训，已有200多个国内设计单位的800多名工程技术人员接受过培训与技术交流，还与大连理工大学、大连交通大学、东北大学、大连医科大学等高等院校合作培养了20余名硕士、博士研究生，作为多所高等学校本科毕业生的培训基地，接受了100多名高校毕业生的毕业实习。他曾多次为国内多所高等院校赠送软件和教学设备，为灾区捐款、捐物，累计数额达500万元。

他始终不忘国家的培养，努力把所学到的知识奉献给国家。2000年，中国石化总公司承担了科威特两个油站的总承包和数十个储油罐的设计项目，施工由科威特造船厂完成，在施工过程中，多个储油罐产生了局部结构破坏，随时可能倒塌，作为技术顾问的美国专家当时认定此后果是由于中方设计缺欠所致，向中方提出索赔要求，他临危受命，赶赴科威特作为中方首席技术谈判代表参与了油罐结构破坏原因分析和赔偿谈判，利用其渊博的知识与严谨而充分的科学依据，据理力争，征服了美国专家，确认其破坏原因是由于科威特造船厂施工不当所造成的，否定了美国专家先前认定的是由中方设计缺欠造成破坏的结论，最终，应美国专家的要求，确定了工程项目的修复方案并得到美方专家的认可，为中方赢得了谈判的胜利，避免了数千万美元的损失，得到了各界的好评和奖励。

2006年公司通过了美国SEI的CMMI3级过程改进评估体系认证，主持和参与了国内外重大科研项目30余项，在国内外重要学术杂志上发表论文50余篇，获得了多项国内外科技进步奖、科技成果奖和科技发明奖，是多个国际学术团体学术委员会委员、多个国际学术杂志的编委和主要审稿人，公司一直被国家有关部门评定为高新技术企业、软件生产型、出口型企业，也是国家火炬计划和科技部企业创新基金支持单位，曾多次荣获省市优秀企业、创新企业、优秀软件企业等奖项，他的社会贡献也受到了社会各界的认可，2003年获大连市十大外地来连创业企业家称号；2005年获大连市十大最具活力企业家称号，并同时获得创新大奖；2006年获大连市高新园区十大优秀企业家称号；2007年获辽宁省政府颁发的"辽宁省十大优秀海外归国留学人员创业明星"、"建设者奖章"；2008年获大连市政府颁发的"大连市归国留学人员创业英才标兵"称号；2009年获大连市引进国外智力先进个人、大连市软件和服务外包产业发展先进个人称号。

他热爱党、热爱祖国，坚持走中国特色社会主义发展道路，作为市政协常委，能够联系群众，认真听取他们的意见建议，积极建言献策，所提提案得到市委市政府的重视与采纳，为大连的经济、科技事业做出了积极贡献。

孙荫环

孙荫环，男，1949年12月出生，中共党员。亿达集团有限公司董事长、党委书记。现任中国光彩事业促进会副会长、中国企业联合会副会长、中国企业公民委员会副会长、中国房地产协会副会长、大连市人大常委、大连市工商联副会长等职务。

近年来，在孙荫环带领下，亿达集团已发展成为集房地产开发、软件园投资运营管理、IT咨询服务、IT教育培训、建筑装修、物业服务、组合机床制造、冷链物流于一体的大型企业集团。共有控、参股企业75家，职工6300余人。2009年实现销售收入50亿元，利润7.4亿元，实缴税金7亿元。

亿达集团先后荣获"中国成长企业100强"第20位、中国服务业企业500强、全国五一劳动奖状、全国守合同重信用单位、中国企业公民特殊贡献奖、辽宁省重点企业等称号。2006年，亿达集团成为全球首家"世界经济论坛全球成长型公司社区"会员，是"世界经济论坛全球成长型公司社区"百家创始会员之一。孙荫环先后被评为大连市特等劳动模范，优秀共产党员；辽宁省劳动模范，辽宁省十大财经人物；全国劳动模范，全国优秀中国特色社会主义建设者，中国最具社会责任企业家称号；2007CCTV中国经济年度人物提名奖。

孙荫环同志具有良好的思想政治素质。政治坚定，思想成熟，坚决拥护党的领导和党的基本路线，拥护改革开放，始终能够在政治上与党中央保持高度一致。不断建立健全企业党组织，确保党的路线方针政策的落实，发挥党组织在企业生产经营过程中的战斗堡垒作用。认真组织开展科学发展观学习实践活动，认真践行社会主义核心价值体系。确保党员在企业生产经营过程中的先进性，推动企业的健康发展。

孙荫环同志具有较强的领导能力和锐意改革、与时俱进的创新精神。大连软件园是亿达集团在1998年以"官助民办"形式投资建设运营的软件园，现已发展成为中国规模最大、世界500强企业最多、产学研一体化最为典范、国际化程度最高、综合竞争力最强、业务规模最大的国家级软件园。现有入园企业500家，世界500强企业37家，从业人员4.5万人。2009年大连软件园实现销售收入210亿元，出口8.6亿美元。在大连软件园的强力拉动下，大连软件与信息服务业10年增长70倍，排名中国第一、全球第五，为全国发展软件信息产业做出良好的典范。大连软件园二期于2003年启动，预计到2015年将实现软件从业人员20万人，软件销售收入800亿元人民币，出口30亿美元。作为大连品牌美誉度最高、开发量最大的房地产龙头企业，亿达集团致力于提供建筑优美、功能齐全、配套完善、环境和谐、服务周到的高品质生活空间，在大连、沈阳、成都、北京、天津、武汉等城市每年开发200万平方米以上的优质住宅。先后开发建设了亿达新世界、亿达世纪城、青云林海、唯美十方(沈阳)、上善栖(成都)、圣元中心(北京)等精品项目。亿达日平机床有限公司是由亿达集团与世界排名第二的著名机床企业日本日平富山株式会社(NTC)合资成立的中国组合机床行业第一家中外合资企业，主导产品为组合机床、加工中心及自动线或柔性加工线。目前，亿达日平机床有限公司被国家组合机床行业协会认定为"中国组合机床行业综合竞争实力第一名"，在高精度组合机床、柔性加工中心系列产品的市场占有率分别达15%和10%。2009年，销售收入4亿元，实现利润5000余万元，实缴税金近5000万元。

孙荫环同志具有高度的社会责任感。多年来，他始终坚守"企业为社会而生存"的企业价值观，在社会需要的时候一次又一次挺身而出，用6亿元的巨额投入和始终如一的行动诠释了企业公民的真正涵义，让更多的企业为之感动并投入公益事业，深刻地影响着一个城市企业公民文化的形成。在大连大学、大连医科大学、大连理工大学等设立教育发展基金、科研基金和奖学金；在市内兴建了档次最高、办学质量最好的幼儿园6所、中小学7所；在朝阳、阜新等贫困山区建了6所希望小学，捐款赞助"给北三市孩子送一本好书活动"等；2005年，向大连市慈善总会捐款1000万元，荣获"慈善之星"；2006年，向辽宁省和大连市见义勇为基金会捐款150万元；2007年3月14日，大连市遭遇了50年来罕见的风暴潮，孙荫环董事长当即决定捐款300万元；2008年5月12日，四川汶川发生了特大地震，孙荫环共计捐款达3450万元，被评为全国慈善先进单位。2010年，亿达集团捐款200万元，支援青海玉树抗震救灾。2010年8月，亿达集团向吉林省遭受洪灾地区捐款1000万元。孙荫环先后荣获中华慈善总会评选的全国首届"爱心中国"——首届中华慈善人物称号、中华慈善总会中国公益事业十大新闻人物，荣登中国慈善排行榜，集团荣获辽宁省首届"感动辽宁慈善先进单位"等荣誉。

孙耀明

孙耀明，男，汉族，1935年4月3日生于辽宁省抚顺市，祖籍台湾省新竹市，中共党员。

1958年孙耀明毕业于东北大学工业企业电气化专业，同年7月被分配到大连理工大学，分别在电机与自动化系、造船系、电子系任教。先后担任助教、讲师、副教授，硕士生导师，1991年晋升为教授，直到1996年退休。1981～1983年期间，被公派到日本大阪大学基础工学部自动控制科研修。在大连理工大学任职期间，曾担任造船系船电专业教研室副主任、电子工程系自动化教研室主任、电子工程系副主任、电子工程系自动化研究所所长、大连理工大学耀华公司总经理等职。编写《机器人技术》，《机器人控制》等教材，1987年编著《微型计算机在机器人技术中的应用》由科技文献出版社出版，在国内外学术会议及刊物上发表论文十多篇。1988年获得大连市优秀科技工作者称号，1991年"锅炉微机控制系统"项目获大连市新技术新产品展览会银奖，1993年获政府特殊津贴，1992年"电子定量包装系统"项目通过国家教委科技成果鉴定，1993年获辽宁省人民政府科技进步三等奖，1994年该项目成果被列为国家级科技成果重点推广计划项目，1993年，1996年曾两次荣获辽宁省统一战线为经济建设服务先进个人，1994年作为台湾省在大陆的科技代表出席了中国科协第四次代表大会，受到党和国家领导人的接见。

孙耀明在专业学术活动中表现积极，曾任辽宁省自动化学会理事、辽宁省电子学会理事、辽宁省科技专家顾问团成员等。孙耀明同志积极参加统一祖国大业的社会活动，曾担任第五届、第六届全国台联理事，第四届、第五届辽宁省台联会副会长，第四届、第五届大连市台联会会长，大连市政协委员，常务委员等。

孙耀明同志致力于高等教育，同时跟随改革开放的发展步伐，应用高新技术进行科学项目研究，推广成果应用在企业中，得到了社会承认。在科学研究方面，先后组织承担十几项重大科研课题和省重点工程项目，为国家节约了大量外汇，为振兴辽宁地方经济发展做出了贡献。1987年带领课题组成员到鞍山高压容器厂，对现场进行多次考察，果断地接受了一项辽宁省进口废旧设备重点改造工程项目。这是从国外购买的一条报废钢瓶生产线，省领导十分重视这个项目，要求尽快地把这条专用生产线装配起来，以解决国家急需的钢瓶。面对着在国外闲置了两年机器并缺少图纸和资料的情况，孙耀明等人克服七、八月天气的炎热，在工厂同工人们一起了解旧生产线的各道工序与工艺条件以及工艺参数等，逐步解决了钢锭锯切与称重、X射线钢瓶测厚、退火炉加热与控制、热交换器电机控制、钢瓶压力试验等多项控制和修复的关键问题，通过反复的推测试验，重新设计，自行加工制造，最终使该条生产线投入生产，产品达到国外同类产品的出口标准，也通过了省有关部门的验收，给国家节省外汇约4000万美元。

孙耀明课题组1992年承接大连港散货包装公司进口包装设备改造的项目。他带领课题组多次去海港考察研究，提出了设备的改造方案，竞标取胜。采用全新电子定量计量包装的方案，对机械部分作了彻底改造，结构设计合理，计量过程无偏载效应，控制系统采用了合理的时序、预测方法等措施，整个系统的精度和速度都满足了国际计量标准，该项目经专家审定，综合技术达到了20世纪80年代末国际先进水平，为散货包装公司节约投资800万元，年增利税1500万元，提高了包装公司的信誉，开创了进口包装机国产化改造的先例。该项目1993年12月被评为辽宁省政府科技进步三等奖，1994年8月被列为国家级科技成果重点推广计划项目。

1994年，孙耀明领导课题组与市政管理处、金州石油机械厂共同研制成功LB—100型沥青混凝土拌合机。孙耀明作为项目负责人与课题组同事一起，在消化外国同类设备工艺要求的基础上，大胆采用了科研工作中的新技术，配合先进的电子秤系统和可编程序控制器、工业控制机、电气和控制的设计、安装调试等一系列设备与全部工作，实现了全部生产过程自动化，与国外同类设备相比具有更高的先进性、可靠性和可维护性，受到好评。在施工过程中，孙耀明以身作则带领大家冒着严寒在室外作业、安装调试，经过两个月现场施工，圆满地完成了任务，顺利地投入了生产。该国产化设备，降低了造价，开工后两个多月就收回了全部投资，当年创利税3000多万元。

孙耀明同志在做好本职工作同时，以台胞子弟的赤子之心投身于祖国统一大业。在担任辽宁省台联会副会长，第四届、第五届大连市台联会会长，大连市政协委员，常务委员期间，积极做好为台胞服务的工作，同市台联会同志团结一致，联系、组织、接待岛内、海外同胞千余人次，积极宣传党和国家的各项政策，介绍国内改革开放及社会主义建设的大好形势，为台胞往来的科技、经贸、人员交流、引进台资企业、牵线外资企业在大连投资建厂，做了大量工作。1997年作为全国台联代表团成员应邀参加日本东京崇正公会第三十一次大会。会议期间，他广泛接触了在日本的台湾同胞和旅日华侨，访问横滨、京都、神户、大阪等地华侨社团，广交朋友，扩大祖国影响，为祖国的统一、富强贡献了自己的力量。

师 信

师信，男，汉族，1936年9月出生，云南省宜良县人，无党派人士。

1956年宜良中学高中毕业参军，中国人民解放军总后勤学院学员，1958年被抽调担任东北财经学院（现东北财经大学）团委军体干事，1960年辽宁财经学院（现东北财经大学）大学本科毕业。历任东北财经学院、辽宁财经学院计统系统计学助教、讲师，东北财经大学国民经济计划教研室主任、副教授、教授、硕士生导师。"文革"期间担任教学行政管理工作。师信在学术研究领域、教育领域均有较高声誉，曾任国务院财经委员会经济结构组东北调查组组员，全国高等院校计划学研究会理事，辽宁省教委高等教育咨询委员会第一届委员会委员，辽宁省计划学会副会长，辽宁省价格学会第二届理事会理事，辽宁省技术经济研究会第二届理事会理事，大连市海洋功能区划和开发规划论证委员会委员，大连市计划学会常务理事，第七届、第八届辽宁省政协委员、常委。

自1959年3月从事教学工作之日起，师信以极高的工作热情，忠诚于党的教育事业，为学校的改革与发展做出了重大贡献。为适应教学和经济社会发展需要，先后开设并系统讲授统计学原理、工业统计、数理统计、线性规划、国民经济计划学、中国经济计划方法、西方经济学、宏观经济学、发展经济学等9门课程，年年超额完成教学工作任务。在担任辽宁财经学院教学行政管理工作期间，积极组织教师走向社会深入工厂、农村，举办各种财务会计和经济管理工作短期培训班，受到了各有关方面一致好评。先后主编、参编教材6部，撰写（含合作）学术论文和调查报告11篇。特别是在国民经济管理和计划学研究领域造诣颇高。其主编的教材《中国经济计划方法》获全国高等院校计划学研究会评奖委员会优秀科研成果奖；参编的教材《国民经济计划管理》获东北财经大学1988年优秀教材奖；主编的教材《国民经济计划学》获东北财经大学优秀教材二等奖；主编的教材《经济计划方法概论》获中国宏观经济管理教育学会1997年优秀科研成果一等奖，并被财政部教材编审委员会推荐为全国财经类通用教材；独立完成的论文《价格形成和价格体制》获辽宁省价格学会优秀论文奖，《计划编制方法和程序的探讨》获辽宁省计划学会优秀论文二等奖。此外，师信同志根据实际工作感受所撰写的论文《社会主义新辽财还是要办的》，被有关领导部门以建议形式采纳，为辽宁财经学院的保留、发展做出了贡献。

师信在担任辽宁省政协七届、八届委员会委员、常委期间，认真履行职责，积极参政议政、建言献策，尽自己的全力为党和政府科学决策提供了有益的参考和借鉴。在担任辽宁省政协七届委员会委员、常委期间，提出了《建议研究和制定6个农村经济综合发展规划，以利于政府分类指导农村经济发展》、《建议进一步发展农产品市场，搞活流通》、《为了组织好政协委员视察活动，建议进一步完善政协委员视察工作》（联名）、《关于开辟"省长与省民"专题电视节目的建议》（联名）、《建议省委、省政府提倡和扶持成立农产品组织》、《关于加强考试管理的建议》、《关于尽早消除我省教育投入同国家要求间的差距的建议》(联名)、《关于抓好停产半停产企业职工转业培训的建议》、《关于加快国有小企业改革、改组和发展的建议》、《关于进一步落实"政协辽宁省委员会关于加强同委员联系办法"的建议》、《关于恢复执行30年工龄教师工资政策的建议》(联名)、《关于建立就业人口(或劳动力)文化水平统计的建议》、《增加科技成果中试拨款加快重大科技成果转化的建议》(联名)、《加强我省普通高等院校财经专业建设与改革工作的建议》等提案14件,撰写以《辽宁产权制度改革初探》、《关于制定切实可行措施,扎扎实实搞好扶贫》、《关于加快大连海洋产业发展的建议》、《提高大连对外开放总水平的几点建议》、《人民政协是所大学校》、《加快我国高教体制改革的步伐》、《加快推进国有企业改革》为主题的反映社情民意和建言献策文章7篇。在担任辽宁省政协八届委员会委员、常委期间,提出了《建议召开省农村工作会议,落实今年中央农村工作会议精神和省政府报告提出的五项工作》、《加快我省高教体制改革步伐的建议》、《推进农业产业化的意见和建议》、《贯彻中共十五大报告精神抓好国有小企业改革的意见和建议》、《加强市场中介组织建设的建议》、《启动住房销售,带动经济增长的建议》、《关于在大连建立星海湾科学城的建议》(联名)、《关于推广大连市政府推行政务公开工作经验的建议》、《关于辽宁省、大连市创办世界一流大学的建议》、《关于建议我省高校开展学习、讨论和贯彻'中共中央国务院关于深化教育改革全面推进素质教育的决定'》、《关于加强与保护文物、自然风景等旅游资源,大力发展我省旅游业的意见》(联名)、《关于我省制造业产业、产品结构调整的几点建议》、《关于<四库全书>归回沈阳故宫贮藏的提案》(联名)、《印发<关于推行党政领导干部任前公示制的意见>的通知》(联名)、《农业产业化形式选择和土地流转问题的意见和建议》、《关于<四库全书>归回沈阳故宫贮藏的建议》等提案16件,专题参政议政建言献策3件,分别是《关于我省"十五"计划的意见和建议》、《几点感受、意见和建议》——"大连市工商部门为私营个体经济发展服务的民主评议会"上的发言、《关于农业科技进步的意见和建议》。

由于参政议政成绩突出,师信曾荣获多项奖励。其中,论文《辽宁产权制度改革初探》荣获建设北方香港"碧海杯"献计献策会论文奖、提案《关于开辟"省长与省民"等专题电视节目的建议》(联名)荣获政协辽宁省委员会1996年优秀提案奖、提案《推进农业产业化的意见和建议》荣获政协辽宁省委员会(1998-2000)优秀提案奖。

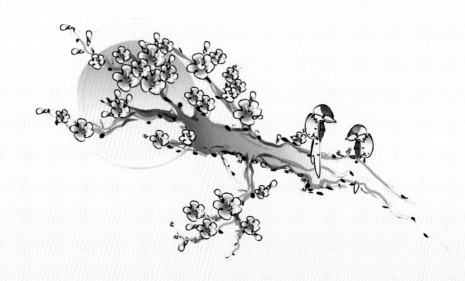

曲　维

曲维，男，汉族，1953年6月10日出生，辽宁省大连市人，致公党党员。

1982年2月于辽宁师范大学外语系毕业后留校工作至今。其间赴日本同志社大学留学，获文学硕士学位，还在日本爱媛大学教育学部任教2年。1991年3月回国后历任辽宁师范大学外语系主任、校长助理，2001年9月任副校长。曲维是第九届辽宁省政协委员、第十届辽宁省政协常委，2006年12月加入中国致公党，2007年11月当选为致公党大连市委主委，2008年1月任大连市政协副主席。现任大连市政协副主席，致公党中央委员，大连市委主委，辽宁师范大学副校长。曲维还担任中国日语教学研究会副会长、中国欧美同学会常务理事等职务。

曲维同志是我国日语界著名专家、杰出的社会政治活动家。他长期从事日本语言文化的教学与研究并积极投身于有中国特色社会主义民主政治建设，为我市的经济、社会、文化的发展做出了突出贡献。

曲维同志在日本学习、工作多年，熟悉日本国情，精通日本语言。多年来，他坚持工作在教学第一线，培养出大批优秀学子，受到社会广泛赞誉，曾荣获辽宁省优秀教师等称号。他理论功底深厚，科研成果突出，先后出版专著、译著、教材等10余部，在国内外发表学术论文50余篇。其中《日本的文字》一书获辽宁省社科联优秀著作一等奖，《新编实用日语外来语词典》获全国优秀图书奖，《日本》、《新编基础日语》等教材在全国100余所大学使用。

任副校长后，一直主管学校的教学工作。他主持完成的《构建新形势下的教学质量监控和保障体系》研究项目获辽宁省教学成果一等奖。辽宁师范大学于2002年和2008年先后两次接受教育部本科教学工作水平评估，均获"优秀学校"的殊荣，这在全省是绝无仅有的。他还发挥身为归国留学人员的优势，为促进中外大学的合作交流做出重要贡献，目前辽宁师范大学已与国外数十所大学建立了校际交流关系。曲维还积极引荐优秀海外留学人才回国工作，引进国外资金设立多项奖学金，还从日本友好团体和个人募集日文图书数万册。

在民主党派工作和人民政协工作方面，曲维同志坚持以邓小平理论和"三个代表"重要思想为指导，认真贯彻落实科学发展观，真诚与中国共产党合作共事，团结全市广大致公党员，开拓进取，锐意创新，紧密围绕省、市的中心工作，深入开展调研，认真撰写提案，积极建言献策，为政府科学决策提供了参考。

担任致公党大连市委主委后，曲维同志团结、带领市委领导班子成员深入开展学习实践科学发展观活动，以政治交接主题学习教育、纪念"五一口号"发布60周年、纪念新中国成立60周年、中国共产党领导的多党合作和政治协商制度确立60周年等活动为契机，加强思想政治教育工作，不断提高政治把握能力、组织领导能力，带领全市致公党员开创了各项工作的新局面。

曲维同志高度重视基层组织建设，在深入调研的基础上，修改颁发了《致公党大连市委基层组织工作条例》。2008年以来，先后组建了旅顺口区支部、大连民族学院支部、大连市友谊医院支部。2009年将沙河口区支部和市中心医院支部组合升格为沙河口区基层委员会，开创了基层组织建设新局面，调动了基层组织的工作热情和积极性。沙河口区基层委员会成立后，举办了"庆国庆首届'华立杯'社区书画摄影工艺品展"，联合大连医科大学支部开展大型义诊活动，在"三保一促"活动中撰写了6篇建言献策文章。2008年9月，在致公党辽宁省委成立20周年纪念大会暨致公党辽宁省基层组织经验交流会上，致公党大连市委有4个支部获省先进支部称号，有7人获省优秀党员称号。西岗区支部的经验介绍得到了省委主委、副省长滕卫平的高度评价。

曲维同志十分重视发挥党派的人才优势，积极服务社会，为构建和谐社会做贡献。四川汶川地震发生后，他及时召开市委领导班子会议，动员全市党员积极投身于抗震救灾工作，共有236名党员捐款捐物总计金额为593万余元。此外，为了充分发挥致公党员中医疗专家多的优势，市委组建了医疗卫生服务团，与旅顺口区长城卫生院签订共建协议，每两周派出两名医疗专家，开设两科专家门诊。

2009年是新中国成立60周年、中国共产党领导的多党合作和政治协商制度确立60周年的大喜之年，致公党大连市委通过开展各种各样的纪念活动，教育广大党员始终不渝地坚持中国共产党领导的多党合作和政治协商制度，坚持走中国特色社会主义道路。如组织各基层支部主委及机关干部赴井冈山等江西革命老区学习考察；举办"庆国庆歌咏、诗歌朗诵会"；召开专题座谈会；看望原"重庆号"巡洋舰起义的梁子冠等老党员等。曲维还在《大连日报》发表了题为《坚定走中国特色社会主义政治发展道路的信念》的文章。

曲维常说：我是一个生长在红旗下，受到党和国家多年培养教育的知识分子，乘着改革开放的春风考入大学并出国留学，又当上了大学教授、副校长，在同龄人中当属"幸运儿"。我对党和国家始终抱有一颗感恩之心，这也是我在国外留学、工作多年后回国任教的主要原因。我要不断提高自身的政治修养、业务能力和参政议政能力，谦虚谨慎，戒骄戒躁，廉洁自律，勤奋工作，不辱使命，为中国共产党领导的多党合作事业的发展和全面建设小康社会做出新贡献。

朱清时

朱清时，男，汉族，1946年2月生，四川省成都市人，中共党员。

1968年12月毕业于中国科学技术大学近代物理系，同年被分配到青海西宁山川机床铸造厂工作。1974年12月，到中国科学院青海盐湖所从事激光化学研究工作。1984年8月，到大连化物所继续从事激光化学研究，历任研究组组长、研究室主任、副研究员、研究员。1991年当选中国科学院院士。1994年开始在中国科学技术大学从事教学科研工作，主持创建中国科学院选键化学重点实验室，历任副校长、常务副校长、校长。1999年5月起任国务院学位委员会委员。1997年1月加入中国共产党。2001年当选第三世界科学院院士，兼任中国科学院选键化学重点实验室主任，曾担任第八、九届全国人大代表、第十届全国政协委员、安徽省科协副主席。现任深圳南方科技大学(筹)创校校长。

朱清时同志是国际知名的化学物理学家，在分子局域模振动、单分子化学等国际科学前沿都取得了十分突出的成果，推动我国的物理化学基础研究在国际占据了一席之地，同时，在激光分离同位素等国家重点工程和关乎我国可持续发展的绿色化学领域也做出了突出贡献。

1975年，他在青海盐湖所开始从事激光分离同位素重大项目研究，一年后成为项目负责人和学术带头人，通过理论分析后制订了激光光压偏析法分离锂同位素方案，自行研制设备并首次实验成功，其研究方案为国内首创，成果鉴定后获1982年中国科学院重大成果二等奖。在大连化物所工作期间，在CaOH自由基的高分辨因子—振—转光谱的研究中，发展了一种先进的激光诱导荧光光谱技术，首次测得CaOH自由基的高分辨光谱，在多原子分子的半导体激光光谱和傅立叶变换光谱研究中，发展了用光谱来鉴别同分异构分子的有效方法，受到国际学术界的重视。1988年以来，在选键化学的一个关键问题——分子的局域模振动的研究中另辟新路，在世界上首次观测到一系列纯粹局域模振动实例，并对它们的高分辨光谱进行了完整的理论分析，建立了包含转动的局域模振动的新理论模型，这些工作为选键化学带来了新希望，成为局域模振动光谱学的开创性工作。在1990年"Spectrochimica Acta"杂志的Thompson奖评选中，朱清时同志等发表的论文在获选的14篇优秀论文中名列第三。他的研究成果推动了分子光谱的发展并为选键化学提供了依据，局域模振动光谱学已成为现代分子光谱学的重要内容之一，他是学术界公认的国际上关于分子局域模振动领域的主要专家之一。在中国科学技术大学工作期间，朱清时同志继续在局域模振动领域进行深入研究，1997年，与日本学者合作，用局域模振动和分子内传能解释了STM实验中的一些新现象，组织物理、化学和材料科学领域进行合作，开展了对单分子化学的研究，并在这一国际上最新重大领域中取得了一系列国内外瞩目的成绩。对硅表面上碳60分子取向的研究，被评为1999年中国基础研究十大新闻之一。他们首次拍摄出的化学键照片，已在英国《自然》杂志上发表，该工作同时被评为2001年中国十大科技新闻，中国基础科学研究十大新闻和全国高校十大科技新闻。

朱清时同志曾在美国加州大学巴巴拉分校和麻省理工学院做访问学者，美国布鲁克海文实验室和加拿大国家研究院做客座研究员，法国格林罗布尔、第戎和巴黎十一大学做客座教授，芬兰赫尔辛基大学客座教授，并作为英国皇家学会客座研究员在剑桥、牛津和诺丁汉大学工作。他在国内外学术界享有很高的声誉，任英国皇家学会会员、中国化学会常务理事、国际纯粹与应用化学联合会会员暨物化部理事、东亚地区研究型大学校长联合会副主席、中国科技史学会副理事长、中国自然辩证法学会副理事长、海外华人物理学会"亚洲成就奖"评议委员会成员。于1994年获海外华人物理学会亚洲成就奖、国际著名学术杂志《光谱化学学报》设立的汤普逊纪念奖、安徽省2000年重大科技成就奖。已发表学术论文140余篇，著有《绿色化学》、《朱清时文集》、《激光场中的量子跃迁动力学》三部专著。他是我国绿色化学的主要倡导组织者之一，多次应邀在重要国际会议上做关于生态经济和绿色化学的报告，并作为主席主持了五次国际绿色化学研讨会，在国内外产生了较大影响。他在中国科技大学创建了"生物质洁净能源实验室"，出版了国内第一本该方面的专著《生物质洁净能源》，为开发新一代可再生能源和人类可持续发展提供了科学依据。作为博士生导师，朱清时同志已经培养30余名优秀的博士毕业生，他们当中有的已经成为科研领域中的杰出人才。他在1998年6月至2008年9月就任中国科学技术大学校长期间，致力于规划和组织学校面向21世纪建设一流大学，卓有成效地推进了学校教学、科研、管理和后勤服务等各项事业的改革与发展。

2009年9月10日，朱清时同志从深圳市代市长王荣手中接过聘书，成为南方科技大学(筹)创校校长。这是深圳市按照国际惯例，借助国际人力咨询机构，历时一年多，在全球选择并通过校长遴选委员会投票后确定的人选。朱清时同志在包括麻省理工学院一位院长和国内几所著名大学的校长或副校长在内的200多位人选中，唯一获得遴选委员会的全票通过。

朱程清

朱程清，女，汉族，1965年4月出生，四川巴中人，九三学社社员。

现任大连市人民政府副市长，省政协委员、九三学社省委常委、市委副主委。1987年毕业于清华大学水利工程系水资源专业，1990年1月获清华大学硕士学位。1990年1月至1995年12月任大连市水利科学研究所助理工程师、工程师。1995年12月至2002年5月任大连市水务(利)局水资源管理处副处长、处长。2002年5月至2006年11月任辽宁省普兰店市人民政府副市长。2006年11月至2008年1月任大连市人民政府副秘书长。2008年1月任大连市人民政府副市长。

1999年3月加入九三学社，2005年任九三学社大连市第九届委员会副主任委员。她始终从坚持完善共产党领导的多党合作和政治协商制度的要求出发，采取切实措施，加强组织建设和思想建设。积极推进领导班子后备干部队伍建设的制度化、规范化和程序化，加强后备干部队伍管理，为培养一支能够与中国共产党真诚合作、适应新世纪、新阶段多党合作事业要求的后备干部队伍做出贡献。曾任政协辽宁省第九届委员会委员，她发挥政协委员作用，选准课题，搞好调查研究。她积极发挥民主党派建言献策作用，先后完成提交了《关于加强大连市水资源统一管理工作的意见》、《关于进一步提高我省高中阶段教育普及率的建议》及《关于解决乡镇职校、幼儿园教师编制的建议》等提案，得到了省教育厅、省人事厅等部门的高度重视。

在大连市水利科学研究所和大连市水务局工作期间，针对大连水资源匮乏的实际，高度重视水资源的可持续利用问题，坚持规划先行、开源节流并重、开发保护并行的原则，全面推行各种节水技术和措施，努力实现水资源运行的良性循环，建立节水型城市。为此，她深入调查研究，先后组织编制完成了《大连市水资源开发利用现状分析报告》、《大连市城市供水水源规划报告》、《大连市中长期供水计划》、《大连市大沙河流域水资源规划》、《大连市地下水保护区规划报告》、《大连市水资源公报》等多项规划，为大连市水资源的合理开发、科学利用和有效保护提供了决策依据，对全市的生态环境建设起到了积极的推动作用。1994年获大连市科技进步二等奖，1996年荣获"水利部水资源管理先进个人"，1998年荣获"辽宁省水利厅水资源管理先进个人"。

任辽宁省普兰店市副市长期间，努力抓好主管工作。在科技工作中，狠抓市农业科技孵化中心和示范基地建设，引进农业新品种，组织开展"百名专家服务农村，百项技术富裕农民"等多个科技活动，均收到较好的效果。在教育工作上，完善了农村"以县为主"的义务教育管理体制，解决了农村教师工资统筹问题，全面完成危旧校舍改造工作，全面实施农村义务教育"两免一补"政策，整合了职业教育资源，在全市率先实施教师下乡支教制度，使教育教学质量大幅提升。在卫生工作上，非典防治期间，她深入一线，健全市乡两级防保体系，确保了辖区无非典病例或疑似病例发生，新建改造农村乡镇卫生院，全市达到一乡一公办卫生院标准；完善了120急救体系，形成方便快捷的急救体系。在文化广电工作上，对网吧娱乐服务营业场所进行专项整治活动，实施了"村村通"有线广播电视工程。2003年普兰店市政府获"辽宁省学前教育达标工作先进单位"，卫生局党委被大连市委评为先进党委，普兰店市计生协会被评为大连市先进单位。

任大连市副市长期间，主管教育、卫生、文化、体育、人口计生等工作。她坚持科学发展，与时俱进，倡导"民需我为、我为民乐"工作理念，致力开拓创新，全力破解难题，力求取得实效。强化了教育优先发展地位，提高教师待遇水平，从2008年1月起，规范了全市教师津补贴，全市纳入事业单位管理的各级各类教职工工资大幅提升，达到公务员平均工资水平。大力推进素质教育，全面提高教师水平，强化教育内涵发展，各涉农县市全部达到提高普九标准，其他区全部进入双高普九行列。全市教育呈现出统筹协调、健康发展的态势；全面贯彻落实医疗卫生体制改革，全力推进卫生重点建设，新建传染病医院、中心医院二期工程全面竣工投入使用，城乡基层服务体系更加完善，突发公共卫生事件应急处置能力显著提高；全市文化基础设施建设加快推进，人民文化俱乐部和现代博物馆改造，汉墓博物馆等一批项目已相继启动，部分已投入使用，农村文化"五个一工程"的实施，极大地丰富了农民的文化生活，多项文化工作迈入全国先进行列；围绕"稳定低生育水平、统筹解决人口问题、促进人的全面发展"的中心任务，积极整合计生资源，统筹推进城乡人口计生工作综合改革，为城市经济社会发展创造了良好的人口环境。组织完成了奥运会火炬和残奥会火炬传递任务，多项大型体育活动在创新中发展提升。2008年被辽宁省政府授予"辽宁省奥运安保工作先进个人"并记个人二等功。

朱葆琳

朱葆琳，男，汉族，1921年7月出生，浙江省金华县人，民盟盟员。

1943年7月毕业于浙江大学化工系，学士学位。1948年毕业于美国得克萨斯大学，硕士学位。1949年2月，朱葆琳怀着科学救国之志，毅然回到祖国，在浙江大学化工系任副教授，1953年2月在广州华南热带作物研究所任研究员，翌年到大连化物所工作，历任研究组组长、研究室主任、科技处处长、副所长、所学术委员会副主任。曾兼任全国化工学会理事，大连市化工学会副理事长，大连市科技顾问委员会顾问，大连理工大学、华东理工学院、北京化工大学兼职教授等职务。曾当选第三、四届全国人大代表，辽宁省、大连市人大代表，大连市政协委员、常委，民盟辽宁省委常委，全国先进生产者、辽宁省优秀专家、大连市劳动模范等。1996年5月病逝，终年75岁。

朱葆琳是大连化物所化工及相关领域的领导者和奠基人、我国最早开展化学反应工程研究的学者之一、著名的化学工程学家。早在1954年，他就率先开展了固定床催化反应器传热、传能、传质及用网络与模拟计算机相结合的方法求得固定床反应器内的温度分布与浓度分布，为催化反应器的工程设计提供了理论基础，处于当时国际领先地位，对我国化学工程学科的发展做出了重要贡献。

20世纪50年代，由他领导开展了物质在色谱柱内运行规律的研究，得出描述气液色谱溜出曲线的一般方程式及在进样时间任意时溜出曲线的变化规律；研制出用于分析微量和复杂组分的氢火焰离子化鉴定器、毛细管色谱仪及实验室制备色谱纯化合物的大型制备色谱仪，获1964年全国工业新产品一等奖和1966年国家发明奖；研制出工业生产色谱纯有机试剂的工业色谱仪及快速色谱仪。这些科研成果当时已经接近世界先进水平，促进了我国色谱研究和色谱分析仪器的发展。

20世纪60至70年代，作为负责科研工作的业务副所长，他先后多次有效地组织、领导了多管塔制备重水及石油气深冷分离等工作，及时总结和提出了许多关键的指导性学术观点，使这些工作取得了重大成绩。在他的精心组织领导下，经过8年的艰苦努力，在国内首次研制成功氢氧燃料电池系统，获得国防科委重大科技成果奖。他较早地意识到环境保护的重要性，20世纪70年代初期，面对辽宁地区"三废"任意排放，环境污染十分严重这一现状，积极查阅资料，搞好实地调研，毅然将辽宁地区环保中存在的问题向省领导反映，获得领导的重视，授权省科委、沈阳化工研究院和大连化物所组成联合调查组，全面调查辽宁地区的环境污染问题。他不辞劳苦，深入基层，走遍了抚顺、本溪、鞍山以及沈阳等污染严重的地区，组织有关人员编写调查报告，并亲自向省委负责同志提建议、作汇报，推动了辽宁地区"三废"工作的治理力度。正是由于朱葆琳对环保工作的重视，促使大连化物所成立了环保研究室，在他的指导下，该研究室在"炼焦终冷水吹扫脱氰"、"大连染料厂酸性硝基氯苯污水处理"、"北京

875电影胶片厂显影废水净化处理"、"北京印染厂废水治理"等项工作研究中，做出了重要贡献。

20世纪80年代初开始，他以敏锐的科学洞察力和深厚的学术基础，瞄准国际上新兴的气体分离技术膜分离过程，亲任攻关组组长，果断地组织力量，开展了气体分离膜及其应用过程的研究与开发。在他的精心组织和直接领导下，研制出高性能中空纤维膜氮氢分离器，并成功地应用于从合成氨弛放气中回收氢，打破了国外产品在我国的垄断，奠定了我国气体膜分离技术的产业化基础，先后获得1986年中国科学院科技进步特等奖、1992年中国科学院科技进步一等奖和1993年国家科技进步二等奖。为表彰他在此项工作中的杰出贡献，1991年中国科学院授予他"七五"重大科研任务先进工作者和科技开发先进工作者称号，1994年大连市政府授予他大连市科技金奖。

在其40多年的科学研究和技术开发生涯中，他注重理论联系实际，强调科研要面向国民经济建设，在扎实的理论研究基础上，发展实用、高效的工业应用技术。他提出了许多有独到见解的科学研究方法论观点，强调科学研究工作需要创新，善于发现新学科和交叉学科的生长点，敢于承担重大科研攻关任务。在他的领导带动下，大连化物所的化学工程学科从小到大，由弱变强，逐步形成了由分离工程、催化反应工程、电化学反应工程和生化反映工程有机结合、门类较为齐全、在国内外享有盛誉的科技群体，为我国化工学科技术的发展以及国民经济建设都做出了重要贡献。

他是一位学识渊博、治学严谨、才华横溢的科学家，也是一位辛勤耕耘、无私奉献的园丁，作为大连化物所最早带研究生的导师之一，他对青年科技工作者的培养倾注了满腔心血，在工作中既严格要求，言传身教，悉心指导，又非常重视科研工作思路和职业道德的熏陶，为他们的锻炼成长创造条件，一大批经他培养指导过的科技工作者，现已分别成长为院士、学术带头人和科研骨干。

朱葆琳追求真理，拥护中国共产党的领导，是一位爱党、爱国的民主党派人士，在新中国即将成立之际，毅然放弃在国外继续攻读博士的机会回到祖国，参加社会主义建设，于1952年加入中国民主同盟。40多年来，他深刻理解并努力践行"荣辱与共，风雨同舟"的方针，在担任人大代表、政协委员、民盟辽宁省委常委等职务期间，认真履行职责，积极参政议政，为大连经济、科技、化工、环保等领域的发展做出了重要贡献。

朱蓓薇

朱蓓薇，女，汉族，1957年3月23日出生，陕西杨凌人，中共党员。

1982毕业于大连工业大学制糖工程专业并获工学学士学位，同年留校一直从事教学科研工作，历任食品科学与工程系主任、教授、博士生导师，现任生物与食品工程学院院长，辽宁省食品科学技术学会理事长，中国食品学科教学指导委员会委员，中国食品科学技术学会理事，中国焙烤食品与冷冻食品协会理事，辽宁省营养学会副会长，国家教育部"海洋食品教育部工程研究中心"主任，"国家农业部贝类加工专业分中心"主任。1978年加入中国共产党。2004年在日本冈山大学获农学博士学位。

20世纪80年代的科研条件非常艰苦，为了把科学技术尽快转化为生产力，朱蓓薇同志走遍了东北三省和山东、内蒙古等地区，她的第一个专利"粒粒橙悬浮果粒饮料生产技术"就引起了饮料行业的一次技术变革，产生了巨大的经济效益。后来开发的"多肽营养豆奶"被国家指定为中小学生豆奶，同样产生了巨大影响。她还在色素、食用菌多糖、五味子等农产品加工中做了大量工作，部分专利技术已经实现产业化。培育出多个国家、省级驰名商标和知名品牌，直接经济效益超过30亿元，间接经济效益累计超50亿元。

20世纪90年代以前，海参深加工可以说是一项世界空白，虽然海参营养丰富，但保鲜、贮藏、运输、加工也非常困难，她通过大量的调查研究，从理论上揭示了海参自溶的本质，提出通过控制条件可抑制和利用自溶这一新理论，在水产养殖加工领域引起了轰动，她主持的"海参自溶酶技术及其应用"项目，获得了2005年国家技术发明二等奖，原创性地建立了海参深加工理论，从根本上解决了海参"贮藏难、加工难、食用难"的三大瓶颈，填补了国内外海参深加工技术领域的空白，由此拉动了海参从育苗、养殖到精深加工的产业链条，使海参产业成为我市农产品加工领域的支柱产业之一。除"海参自溶酶技术及其应用"获国家奖以外，她又荣获了包括何梁何利基金科学与技术创新奖等在内的16个国家、省、市奖项，申报发明专利51件，其中国际发明专利3件，授权27件。她总是把这些作为奋斗的基石，勤勤恳恳、兢兢业业地工作在科研工作的第一线。继海参之后，她又把自溶酶技术进行了扩展应用，先后在鲍鱼、牡蛎、海藻等水产资源深加工技术方面进行了系统研究与产品开发，取得了多项科技成果，形成了比较完整和独具特色的海洋食品深加工理论与技术体系，引领着我国海珍品精深加工领域的发展方向，为奠定我市水产品深加工在全国的领先地位、提高我国的农（水）产品加工业的技术水平做出了突出贡献，成为大连海参深加工产业的创造者和海珍品深加工产业的领跑者，得到了水产界同仁的充分肯定，促进了我国海参产业的飞速发展，科技界同仁称她为"揭示海参奥秘的先行者"，农民朋友称她是

"让海参变黄金的女财神"。

　　她是我国农（水）产品加工领域的知名学者，在教学和科研中治学严谨，勤勤恳恳，任劳任怨，总是把自己积累多年的经验、最新的学术进展，毫无保留地传授给学生，尤其在学生毕业环节上，充分将教学、科研、科技开发有机地结合，以培养实用性人才和创新性人才为目标，使学生真正得到锻炼。同时，先后指导博士、硕士研究生40多名。主编及参编著作、教材8部。发表科研论文100余篇。逐步成为大连食品科学学科的带头人，在她的带领下，大连的食品学科在学术梯队建设和人才培养方面都取得了长足的进步，现已成为东北地区的龙头，推动了我省的食品学科的快速发展。2008年被辽宁省教育厅评选为"攀登学者"。曾获辽宁省劳动模范、全国"星火科技先进工作者"、"东北地区老工业基地振兴杯"先进个人、辽宁省"五一"劳动奖章获得者、辽宁省优秀科技工作者、全国"三八红旗手"、辽宁省百千万人才工程"百层次"人选、辽宁省十佳科技女杰、辽宁省优秀教师、辽宁省巾帼发明金奖、大连市劳动模范、大连市十佳科技工作者、大连市优秀教师等多项荣誉和称号，享受国务院特殊津贴。她在科研上最显著的两个特点是自主创新和成果转化，从事教学科研工作近30年，逐渐成为东北地区从事农产品特别是海产品深加工研究领域的权威，在业内有较大的影响力，先后主持完成了国家973计划、863计划、"十一五"科技支撑计划等一批国家重点研究项目，主持承担了科技部国际科技合作计划、国家农业科技成果转化资金、国家科技成果重点推广计划、国家自然科学基金和省市科技攻关、校企合作项目共计100余项。

　　她不是那种把科研成果、获奖证书锁进保险柜的人，而是能把科技成果变为金钱的人，作为一个普通的高校教师做出了非常不平凡的事情，这是她最难能可贵的地方。她始终把科研成果能否实现产业化放在科研立项的首位，当前，重理论研究、轻实际应用的问题依然存在，为此她说："我要把产业化工作进行到底，尽我所能真正地为企业做些事情，为农民做些事情"。

大连统一战线代表人士风采录

078

衣宝廉

衣宝廉，男，汉族，1938年5月29日出生，辽宁省辽阳市人，无党派人士。

1962年9月毕业于吉林大学化学系，同年10月到大连化物所师从郭燮贤院士攻读研究生，1967年研究生毕业后留所工作，历任研究组长、研究室副主任、主任，大连化物所第四、五届学术委员会副主任，大连新源动力股份有限公司董事长，燃料电池国家工程研究中心总工程师，先后被评为大连市劳动模范、辽宁省劳动模范，曾任第七届辽宁省政协常委，现任大连化学物理研究所研究员，博士生导师，中国工程院院士，大连新源动力股份有限公司名誉董事长，国家863《电动汽车重大专项》和《节能小能源汽车》专家组成员，燃料电池发动机责任专家。

衣宝廉主要从事化学能与电能的相互转化及其相关领域的研究与开发，是我国燃料电池研究的领军人物和燃料电池事业的奠基者和开创者之一。

1967年，他开始进行碱性燃料电池研究，成功制备出高活性银氧电极和Pt-Pd/C氢电极，对电池氢循环动态排水进行理论分析，实现了单电池的稳定运行。1969年，大连化物所承接了航天氢氧燃料电池研制任务，他作为该任务总体组领导成员，在朱葆琳先生、袁权院士的领导下开发成功至今仍具先进性的静态排水、反应气路并串联、分室结构和空载两节电池实现电压调整等多项技术，研制成功以液氢为燃料的500W A型和以肼分解气为燃料的300W B型电池系统。他具体领导了燃料电池系统与液氢和液氧分系统的北京联合试验和航天环模实验，1978年该项目通过科学院鉴定，获两项国防科委科技成果三等奖。20世纪80年代，他主持了"七五"攻关任务"水下用千瓦级燃料电池"的研制，先后成功开发了碱循环实现排水和排热的双石棉膜型燃料电池，研制成功室温氢氧复合催化剂，将燃料电池排出的尾气复合成水，满足了燃料电池在水下零排放的要求；成功开发了适于水下应用的氢氧燃料电池系统，通过了专家组验收。当时，由于受国际影响，我国燃料电池研究整体处于低潮，一些研究人员纷纷放弃燃料电池研究转入其他研究领域，他却婉言谢绝了老领导、老恩师的邀请和安排，坚定地固守在燃料电池领域。

20世纪90年代是大连化物所燃料电池研究进入全新时代的开始，也是中国燃料电池研究在国际上博得一席之地的起步阶段。当能源紧缺与环境保护成为全球共同面临的紧迫问题时，燃料电池作为高效、节能、环保的绿色发电装置，越来越受到各国政府与科技人员的重视。他积极编写我国开展燃料电池研究的可行性报告，报送中科院与国家科技部，推进了以质子交换膜燃料电池为主攻方向的中科院重大任务和科技部"九五"攻关任务——燃料电池技术的启动。1995年，质子交换膜燃料电池被列为"九五"攻关任务重点，他制定了总技术方案和实施路线，开发出纳米级Pt/C、Pt-Ru/C电催化剂、憎水厚层电极、亲水薄层电极、膜电极三合一和薄金属双极板制备与电池组装技术以及两种电池组密封和内增湿、无功耗尾气循环增湿与自增湿等技术，成功组装出100W、30kW等多种不同功率的电池组，依据燃料电池极化、膜透气量与开路电压的关系等理论，分析提出了在电池组运行前检测与定位不良单池的有效方法，迄今国内外尚未见有类似报导。进行了电池内水传递与平衡，流场与电流密度分布，电池组各节单池间反应气分配等应用基础研究，为改进电池设计，提高电池性能奠定了基础，仅用了短短一年时间就研制出我国第一台质子交换膜燃料电池，达到了国际同类产品的先进水平。他主持的"九五"攻关任务"熔融碳酸盐燃料电池关键部件制备与千瓦级电池"开发出的LiAlO2粗细粉料制备和隔膜制备技术已具备小批量生产能力，成功组装和运行了千瓦级电池组，申报中国发明专利5件，该成果获得辽宁省技术发明二等奖。

"千瓦级质子交换膜燃料电池"被我国电化学研究泰斗查全性院士认为是"国内首先独立开发成功的这类燃料电池系统，是我国燃料电池发展的重要里程碑"，于2000年获得辽宁省科技进步一等奖。2001年，由6台5kW电池组组装的30kW电池系统作为中巴车动力源，成功研制出我国首台燃料电池轻型客车。衣宝廉和他的团队在质子交换膜燃料电池的开发过程中，获得几十件授权发明专利，形成了我国的自主知识产权。质子交换膜燃料电池的成果，获得"九五"国家重点科技攻关优秀科技成果奖，他本人获得由国家四部委联合授予的"九五"国家重点科技攻关计划先进个人称号。世界著名燃料电池企业加拿大Ballard公司的副总裁在参观了大连化物所的电池后说"你们的燃料电池研究水平是世界第一流的"。2008年在北京奥运会、残奥会运行的VIP用燃料电池汽车中有多辆就装载了新源动力公司提供的燃料电池发动机。在66天的奥运会与残奥会的运行过程中，实现无故障运行4500公里，不仅得到科技部、汽车公司与社会公众的认同，还获选到美国加州参加燃料电池车的示范运行。

为了促进燃料电池产业化，在科技部、中科院、大连化物所的支持下，2001年3月，大连化物所、长城电工等5家国内企业注资5000万元成立了新源动力股份有限公司，衣宝廉亲自出任公司董事长和总工程师。该公司旨在开发燃料电池批量生产技术和开拓市场，并承担国家电动汽车燃料电池发动机的研制等工作，2006年上海汽车集团入股新源动力，极大地促进了车用燃料电池的发展。基于大连化物所在国内外燃料电池领域的贡献和影响，2006年11月，国家发改委批准的国家燃料电池工程中心在大连成立。

他热爱党、热爱祖国、热爱人民，非常关注我国的能源领域研究，重视后备人才的成长，培养了7名博士后，40余名博士、硕士，其中多名学生分别获得中科院、省政府颁发的多项冠名奖。他笔耕不辍，先后在国内外学术刊物上发表论文近200篇，发明专利150余件，编写了两本专著，其中应化工出版社之约撰写的专著《燃料电池——原理、技术与应用》于2003年付梓发行，在国内同行中享有很高声誉。

齐春生

齐春生，男，汉族，1953年出生于云南省，中共党员，国家一级编导。

1959年3月考入大连杂技团，同年参加工作；先后做过演员、舞美和行政等工作；1984年担任大连杂技团副团长，同年9月加入中国共产党；1991年担任大连杂技团团长，全面主持工作；现任大连杂技团团长兼党委书记。曾荣获中国文联金菊奖（终身艺术成就奖），全国中青年德艺双馨奖，大连市"金苹果"奖，全国五一劳动奖章，大连市劳动模范，辽宁省经济与社会发展十大改革先锋等称号。还兼任中国杂技家协会副主席，辽宁省文联副主席，大连市文联副主席，国家舞台艺术精品工程专家评审，全国"文华奖"评委，国际杂技评委，大连市政协委员，中国文学艺术联合会第六、七、八届文代会代表，大连市侨联文化艺术委员会副会长。

齐春生同志所编导的杂技节目多次荣获国家、省、市和国际杂技比赛奖项。特别是他于2004年编导的杂技节目《大连女孩——车技》，被同行称之为"车技节目的一次大革命"，该节目曾获金狮奖、第六届全国杂技比赛"金奖"和"编导奖"，第六届中国武汉光谷国际杂技节"金奖"和当届唯一"创新奖"，第27届法国"明日"杂技节"银奖"和当届唯一"表演之星奖"和"特别奖"，意大利第24届罗马国际金色马戏节"金奖"，法国玛希第16届国际马戏节"金奖"。

齐春生于1991年出任团长后，首先为职工解决住房问题。在各级领导支持下，1994年团里20多户职工喜迁位于景山小区的新居，而那时他自己依旧住在岳母家。1992年，由于大连市进行城市规划，需要杂技团搬迁，为建新团址，齐春生在市委、市政府及局领导的大力支持下，积极进行资金筹措和整体规划，于2000年6月建立了占地8000多平方米的现代化办公大楼，它是集排练厅、演出部、外联部、展览室、灯光音响室、舞美设计室、宣传策划室、学生宿舍、食堂餐厅于一体的办公大楼。

齐春生特别注重培养人才，抓住各种机会选派专业人员外出学习，并积极引进人才。实现了在册演员的平均年龄由37.5岁下降到现在19.2岁，完成了队伍的新老交替，剧团人才储备基本形成了梯队式特点。

齐春生还注重传播中华优秀文化，近十年来，大连杂技团经常在法国、荷兰、日本等50多个国家和地区进行演出，不仅将丰富多彩而又富于中国民间特色的杂技表演呈现给国外观众，还积极参加当地慈善机构组织的义演募捐活动。把中国人民热爱生活的美好祝愿带给当地人民，成为传播中国和谐文化的使者。2007年与法国巴黎沙特丽歌剧院合作推出杂技版现代歌剧《西游记》，并于2007年6月18日在英国曼彻斯特国际电影节上首演，演出获得巨大成功，英国《泰晤士报》艺术评论版亮出"五颗星"的满分，该剧至今仍在国外巡演。2007年大连杂技团着手改编创作杂技版童话剧《胡桃夹子》，获得法国、德国、西班牙、瑞士、荷兰、比利时等国的极大欢迎和高度评价。

　　齐春生积极探索实践之路，18年来，从机制创新到结构调整，从投资多元化到全力塑造品牌，从与外商合作创作演出到独立创作自己版权艺术产品，实现了在制度和管理上的创新，使剧团注入了新的发展动力，使各项建设都有了不同程度的提高，在一定程度上促进了艺术生产的发展，走出了一条适合大连杂技团艺术生产、艺术营销、艺术管理的全新道路。

何大川

何大川，女，汉族，1938年8月出生，四川人，民革党员。

何大川同志1958年毕业于重庆市第二机器制造学校，1959年被分配到大重集团公司设备处工作，曾任大重集团润滑厂厂长、高级工程师，1998年退休。近50年来，她怀着对祖国的忠诚，敬业爱岗、自尊、自强，在机械润滑事业中做出了杰出贡献。

1983～1996年，她9次被评为集团公司劳动模范，8次被评为大连市劳动模范，5次被评为辽宁省劳动模范，2次被评为辽宁省特等劳动模范，1988年获全国"五一"劳动奖章，1989年获全国劳动模范称号，多次荣获全国、省、市"三八红旗手"，曾荣获1993年全国各民主党派先进个人，1996年获辽宁省统战系统经济建设先进个人。她是有突出贡献的、享受国务院特殊津贴的专家，1989年国务院侨办授予她全国归侨侨眷优秀知识分子称号，辽宁省电视台、省侨办联合拍摄的表彰她作为归侨侨眷先进个人的专题片曾在中央电视台以及省市电视台多次播出。20世纪90年代，她曾当选中共十四大代表、第九届全国人大代表、第十二届大连市人大常务委员，曾任第九届民革中央委员、民革辽宁省第九届委员会副主任委员、民革大连市第五届委员会主任委员。

位卑未敢忘忧国，心中铭刻报国志。何大川同志出生在四川省开江县一个普通教师家庭，她从小立志报效祖国，尽管在极"左"思潮横行的年代因"家庭问题"受到许多不公正的待遇，但丝毫没有动摇她这份决心。1968年，参加工作不久的她看到马路上汽车背着个庞大的煤气袋艰难爬行，而车间的润滑废油却白白扔掉，她想，如果把废油回收利用，不仅能够为企业节省大量资金，也能为国家分忧解难。废油利用的工艺在当时是很多人想解决而没能解决的问题，难度可想而知。她没有畏缩，去书店、图书馆查找资料，到化工厂、高等院校向有经验的工程师、教授请教，利用业余时间反复实验。经过整整三年的努力，废油利用再生工艺通过了有关部门的鉴定，很快在全国推广。废油利用一年就为企业节约资金140多万元，何大川成为企业、机械润滑行业一颗耀眼夺目的新星。

改革开放以来，许多企业购进国外先进设备，为解决"洋设备"依靠进口润滑油的问题，她刻苦钻研、反复实验，发明了"胶体润滑剂"、"不锈钢切削液"等200多个品牌的润滑油，填补了国内空白，打破了"洋润滑油"在"洋设备"上的垄断。她在短短一年时间里接待了80多家企业的技术咨询，她研制成功的综合分析换油法、固体润滑等工艺，被国内外企业广泛采用，加快了进口设备润滑油国产化的进程。

大胆创新，敢于向润滑界权威挑战。吊车漏油问题是一个全国性难题，她经过长期观察、思考，大胆提出了改稀油润滑为厚油润滑的建议。这个想法一提出，立刻受到了一些人的怀疑，甚至是非议。但她没有被权威吓倒，而是认真分析问题，自己动手干。经过一次又一次的实验，她成功了，用她开发的产品，吊车由过去的一年换两次油变成现在的三年换一次油，只这一项每年就能为企业节约7万多元。之后，她又先后研制出金属加工切削液、高速磨削液等系列产品。多年的研究使她成为润滑油（液）的专家，曾先后发表了《废油再生》、《固体粉状切削剂》、《综合换油分析法》、《MCA治漏技术》、《设备润滑》、《机械设备用油标准》等30多篇（部）论文和著作。其中，多篇被评为全国、辽宁省、大连市优秀论文，"不锈钢切削液研制"获国家科技进步二等奖，"设备润滑消耗定额"被评为大连市科技进步三等奖。她受邀参加全国总工会、妇联举办的"巾帼英雄"报告团，在北京等地区做报告200余场，主持举办了各类培训班50多期，培训专业人员2万多人次。其技术成果在各地开花，为企业创效益逾亿元。《人民日报》以"润滑大王"、"大川下海"等题目相继作了报道。1992年4月，民革中央主办的《团结报》在头版整版报道了她的事迹，先后被全国多家媒体转载。

作为人大代表、民革党员，她始终不忘自己的责任。在2000年的全国人民代表大会九届三次会议上，由何大川领衔、辽宁省代表团32名人大代表联名就1999年烟台"11.24"特大海难事故有关问题向交通部提出质询，这是当时我国有史以来规格最高的一次质询案。该质询案前后历时一年多，期间她受到过威胁和阻挠，但人大代表的使命和责任使她坚持了下来，得到了时任中共中央总书记江泽民、国务院总理朱镕基等党和国家领导人的亲自过问，质询案结束后她大病了一场，但能够给受难者家属一个完整的交代、能够为我国海事救助事业的发展尽一份力，却让她感到无比自豪。除了积极参政议政，她还真心地关心、帮助身边的每一个人。即使她现在退休了，不是人大代表了，百姓还是叫她何代表，她还是像原来当代表时候一样，经常向各级政府部门提建议、写文章、打报告。她曾为一名农民工子女上学跑了几十趟学校；曾为帮助一濒临破产的企业，她不辞辛苦地做调查、找问题、查资料，为企业出谋划策；曾为帮助受骗上当的老百姓追回自己的钱，她义务地奔波劳碌；曾为帮助社区老人休整健身场所，从写申请报告到请款再到施工是全程操心；甚至是工友夫妻关系不和、婆媳关系不融洽，她都出面帮助解决。很多时候，大家一有问题，都会想到求助她。

何大川同志，是新中国培养的第一代科学技术人才，她把她的一切奉献给了社会主义建设的伟大事业和多党合作的政治事业。现今年逾古稀的她，面对着过去的荣誉和两大箱子的奖章、奖状，没有沾沾自喜，有关部门建议她把自己的一生写书出版，有人愿意出钱支持，都被她婉言谢绝。她表示，是党的正确领导、是党统战政策的指引，才有了她发挥自身才能、实现自身价值的平台，真正需要纪念的不是她，而是这个时代！如今已退休多年的她，仍然没有停下脚步，她还有梦想：她希望能把一生所学的知识、她的体会、她的感悟、她的教训和她的经验告诉年轻人，扶植年轻人，让他们抓住眼前的机遇，迅速驶入改革开放三十年的快车道，实现她没能实现的梦。她说她作为新中国成立60周年的见证者，正享受着祖国60年光辉灿烂的伟大成果，正体味着和谐社会建设带来的幸福感觉，她希望她能为新中国尽自己一份微薄之力！

吴汝舟

吴汝舟，男，汉族，1925年11月生，上海人，祖籍江苏武进，民盟盟员。

1949年毕业于国立中正医学院，学士学位。毕业后就职于大连大学医学院（现大连医科大学）。1950年，吴汝舟怀着保家卫国的豪情参加了抗美援朝手术队，在医院条件差、药品器材极其困难的情况下，日夜兼程地工作，救治了大量"最可爱的人"，出色地完成了党和人民赋予的历史任务和重托，大连医学院党委隆重召开表彰大会，授予他们集体二等功。1953年在天津卫生部骨科医师进修班第一期进修。历任大连医科大学（南迁时改名遵义医学院）助教、讲师、副教授、教授，大连医科大学附属第一医院骨科主任、硕士研究生导师。1991年被授予国家级有突出贡献专家称号，终生享受国务院特殊津贴。1999年参与成立大连市骨科医院，至今仍工作在临床一线，任学科带头人、骨科主任、教授。

自1949年开始，吴汝舟从事临床医疗、教学、科研工作至今已有60余载。学术上造诣高深，有较高的理论水平和丰富的临床经验，20世纪五、六十年代，他出色完成本职工作外，还无私帮助市内各大医院开展新技术、新疗法，一同进步为病人服务。长期以来，他进行了骨折愈合、脊髓损伤、脊柱疾病、关节疾病等基础理论实验研究和临床诊治研究工作。专长脊柱外科和关节外科的临床诊断与治疗，提出了不少有效的创新治疗和手术方法，如："带血管蒂肋骨移植"、"脊髓损伤局部低温灌洗疗法"、"骶孔钢板内固定"、"僵硬型脊柱侧凸三期复合手术疗法"、"离断小腿移位再植"、"腰骶神经根异常"等；对中西医结合治疗骨伤进行了深入实验研究和临床应用，发表了"过伸练功法力学原理探讨"、"中药三期论治骨折"等，均取得满意疗效和突出成绩，受到医学界的广泛认同和重视。

吴汝舟在教育界和医务界有较高声誉。1979年起，历任中华医学会贵州省、辽宁省骨科分会副主任委员；大连市骨科分会主任委员、名誉主委；辽宁省技术职称评审委员会委员；中共大连市委老干部局、大连市卫生局老干部保健咨询专家服务组成员；大连市人民政府医疗事故技术鉴定委员会副主任委员；中国康复协会理事；中国脊柱脊髓损伤专业委员会委员；全国颈肩腰腿痛研究会委员；大连市残疾人福利基金会康复协会副理事长；大连市中西医结合学会第二、三、四届理事会理事、骨科组组长；大连医学院医学教育研究所教研员。担任中国脊柱脊髓损伤杂志编委、颈肩腰腿痛杂志编委、美国中华骨科杂志编委、医师进修杂志编委、特约编辑等。

吴汝舟科研成果累累，多次获部、省、市奖励。在国内外学术会议和杂志发表新技术、新疗法，疗效突出的论文110余篇；《骶孔钢板复位内固定治疗腰椎滑脱》等论文多次获市科技进步奖；《三期复合手术治疗僵硬性特发性脊柱侧弯》技术复杂、疗效突出，荣获辽宁省、大连市科技进步奖一等奖，首开我省医学界问津省一等奖的先河；《腰骶神经根异常与腰腿痛》被收录于美国1989 MedLine 数据库和

美国国家医学杂志 "Cumulated index medicus" 1990.31卷。主编和参编共15部著作，其中，《外科手术学》获全国科学大会优秀出版奖，《实用外科手术学》获省政府科学技术进步奖。

在教学方面，他孜孜不倦，默默贡献。担任医科大学教学工作，勤奋教育，直至退休，培养了数十届学生；曾在外科学、骨科学、外文班授课，见习、实习查房；临床上，精心培养各级医师、硕士研究生，言传身教，一丝不苟，诲人不倦，严格要求，为大连医科大学培养了第一批骨科临床硕士研究生，为国家培养了大批优秀专业人才，如今桃李满天下。多次获得省、市、院"先进教师"、"优秀统考辅导教师"、"先进教育工作者"、"高校先进工作者"、"优秀教育工作者"、"优秀高教研究积极分子"等称号。为推动骨科科学研究，他将所得的全部科技进步奖奖金献与骨科，设立"科研奖励基金"。

莫道桑榆晚，余霞尚满天。退休后，市级各大医院邀请他去协助指导工作。作为一名资深医学教育家，他始终以培养人才、提高各院的医疗水平为己任，无私奉献，将自己毕生积累的技术和经验毫无保留地传授给中青年医师，使各医院的骨科医疗水平不断提高。1999年，大连市卫生局在大连市第二人民医院挂牌成立市民盼望已久的市级骨科医院。吴汝舟被聘任为骨科主任、学科带头人。历经十年发展，医院日益壮大，已细分为多个专科，培养出数十名中青年骨干医师，形成了人才梯队。如今，市骨科医院医疗质量日益提高，新技术、新项目硕果累累，达到国内先进水平，为骨科医院今后的发展打下了良好基础。吴汝舟教授至今仍在一线继续工作，会诊、手术，深受医师和广大病人的信任。多次被评为"大连市优秀老年卫生工作者"，"大连市十佳老年卫生先进工作者"。

吴汝舟曾担任民盟第五、六、七届中央委员；民盟辽宁省委第六、七、八届副主任委员、常委；民盟大连市委第七、八、九届副主任委员、常委；第七、八届全国人大代表；大连市政协第五、六、七届委员和常委；中共大连市委、市政府特邀研究员、市咨询委员会委员等。他一贯坚持中国共产党领导的多党合作制，认真贯彻党的"长期共存、互相监督、肝胆相照、荣辱与共"的方针，在担任政协委员、人大代表期间，工作、参政两不误，每年在全国人大会议和市政协会议时，会前参与社会视察与调研，多方收集选民和盟员的意见和建议，会上积极建言献策，每次会议均提案10～20余件，受到重视和采纳，有的付诸实施。

为响应党的"支边支农"号召，省盟决定组织全省老专家赴营口市缺医少药的老边区人民医院协助指导。时任省盟医药专门委员会主任的吴汝舟亲自参加并兼任医院骨科顾问，他五年如一日，利用业余时间，每月一次乘火车前往营口，开设专家门诊、进行病房会诊及手术，培养提高医院当地医师水平的同时，还无偿为当地和临近市县的患者解决疑难病症，深受政府和百姓的欢迎。

20世纪90年代，有大批离退休老专家，他们均有丰富临床经验，德高望重，硕果累累，却赋闲于家，疑难病人无法找到他们。为发挥他们的余热和技术专长，继续为病人服务，吴汝舟在民盟市委的支持下，组织数十名盟内外专家教授，成立"民盟大连高级医学专家咨询门诊"，进行门诊治疗、医院会诊、家庭出诊，献爱心，解除病人疾苦。

建国60周年也正是吴汝舟从医执教60年，现虽年逾85岁，但仍然活跃在门诊、病房、无影灯下，为疑难病人精心诊治，给予他们希望与生命；始终以严谨求实的作风、创新的意识，要求和培育年轻一代，勤学苦练，快速成长，赶超前辈。

吴建安

吴建安，男，汉族，1913年出生，湖南长沙人，中共党员。

吴建安同志于1931年考入马尾海军学院，1936年毕业后，在"平海"舰任见习官、"楚同"舰任上尉航海付。抗日战争时期参加过武汉保卫战、长沙金口战役等大小战役多次。1944年作为优秀军官代表中国到英国参战，参加过地中海战役，后到英国格林尼治皇家海军学院学习，1946年毕业。1947年回国后，任"太平"舰少校副长、国民党海军总部作战署参谋、科长、"惠安"舰长，参加了国内、国外反法西斯战争，一直反对内战。1949年4月参与领导国民党海军海防第二舰队在南京八卦州起义，提供大小300余艘船只主动支援人民解放军渡江。新中国成立后历任华东海军司令部参谋，大连海军学校教研室主任，海军水面舰艇学校副校长，海军水面舰艇学院副院长，辽宁省政协第四届副主席等职务。1982年加入中国共产党，是全国政协第五、六、七届委员。1955年被授予海军少校军衔，1962年晋升为海军中校军衔。2008年3月5日逝世，享年95岁。

吴建安同志年轻时在国民党海军工作，留学英国格林尼治海军大学，接受资本主义教育，但他感受了国民党的贪污腐败无能，目睹帝国主义对中国人民的侵略和压迫，随着反法西斯战争的深入以及全国革命形势的发展，逐步认识到只有共产党才能救中国。

1949年4月20日"惠安"舰舰长吴建安同志将泊在南京所有的海防编队由南京江面撤出，集结在草鞋峡八卦洲笆斗山一带，故意按兵不动，等候由上游撤出的军舰一同起义。4月23日，吴建安召集各舰长和舰队长开会，决定组织起义，最后大小二十五艘军舰起义成功。解放军代表登舰，请求帮助渡江，吴建安等人在三汊河口集中了民船和大小火轮300余艘，帮助解放军数万人顺利渡江。现今在南京军事博物院仍保存着吴建安亲笔在海图上用红蓝铅笔标注三汊河三百余艘船的泊位。毛泽东、朱德同志曾在贺电中称其为"南京江面上的壮举"。

1951年，吴建安同志被调到大连海校，开始从事海军人才教育培养工作，为建设一支强大的海军做好人才力量的储备。吴建安同志从一名普通的教员做起，认真学习马列主义、毛泽东思想，消除封建主义残余思想，在思想上彻底转变为共产主义者，他刻苦钻研军事理论科学，勤奋为党工作，工作上取得了很大的成绩，并于1982年光荣地加入了中国共产党。因为解放战争身患伤病，但他从不向组织上提要求，全力以赴地扑在工作上，带病坚持工作，从一名教员成长为教研室主任、系主任、学校副校长、学院副院长，为新中国的海军建设做出了应有的贡献。

1993年7月离休后，吴建安同志一如既往的心系海军和学院建设与发展，力所能及地建言献策。他生前立遗嘱遗体捐献给医学研究机构进行医学研究，充分体现了他作为一名共产党员的无私奉献精神和高尚情操。

吴明熹

吴明熹，男，1936年12月出生，汉族，籍贯辽宁，美国侨眷，致公党党员。

曾任大连市人民政府副市长、致公党中央副主席兼秘书长、全国政协常委兼副秘书长。

吴明熹同志1957年7月毕业于大连师范专科学校，1962～1965年在大连教育学院进修获物理系本科学历。1957～1983年历任大连市金县第三中学教导处副主任、大连市金县第一中学副校长。1984～1989年历任大连市金县教育局副局长、大连市金州区教育局局长、大连市金州区政协副主席。1989～1996年3月任大连市人民政府副市长。

好学上进的吴明熹在学校里是一个成绩优异、表现突出的学生，1957年毕业时，校方推荐他到沈阳体育学院任教。面对这样一个诱人的工作，他却主动要求去一所乡村中学教书，吴明熹当了26年的物理教师，默默地耕耘，把人生美好的青春韶华留在了那所乡村学校里，一步一个脚印地走完了乡村教师那段漫长的人生之旅。

1989年3月，在大连市第十届二次人民代表大会上，吴明熹同志被增选为副市长，以党外人士的身份走上了大连市政府的领导岗位，分管文化、教育、卫生、体育、计划生育、广播电视等项工作。吴明熹在任期间，深入基层调查研究，言语朴素而本色，行为务实而稳健。人大代表一度反映农村缺医少药问题，于是吴明熹会同卫生局的同志深入县乡，从培训乡、村医生入手，搞城乡医疗机构对口帮扶，送医下乡，给予人财物支持，最终完善了乡、县、市三级卫生网络，提前5年完成"初级卫生保健"任务；为了提高大连市英语教学水平，吴明熹亲自主持每年从国外引进10多位外籍英语教师与大连的英语教师交流学习。教师的水平提高了，学生们也受益匪浅；为解决教师住房问题，吴市长跑上跑下，多方协调，5幢28层的教师大厦终于矗立在大连市的黄金地段，它俨然成了大连市尊师重教的标志，这种由政府统一组织建楼群，既节省财力又形成良好社会效益的思路被国家教委称之为"大连效应"，而后李岚清副总理在教育系统建房工作会上号召在全国推广。1990年以来，大连市的国家卫生城市称号、大连服装节、大连万达足球队等精神文明建设领域，都不同程度地渗透着吴明熹的心血和汗水。

1995年7月，吴明熹同志加入中国致公党，同年12月，在致公党第十届四中全会上增补为致公党中央委员、中央常委、中央副主席兼秘书长，1997年11月当选为致公党第十一届中央副主席兼秘书长、2002年12月当选为致公党第十二届中央副主席，是第八届全国政协常委兼副秘书长、第九届全国政协常委。

吴明熹同志注重发挥中国致公党与海外联系广泛的特点，积极开拓海外联谊工作新局面。1998年5月，他率领中国致公党访问团一行6人，应美国洪门致公总堂和墨西哥洪门民治党蒂华纳分部的邀请，访问了美国和墨西哥，参加了在克利夫兰举行的美国洪门致公总堂第21届恳亲大会。访问期间，吴明熹率领代表团热情地宣传了中国共产党领导的多党合作和政治协商制度的优越性，并介绍了致公党在国内社会政治生活中的地位，密切联系当地华侨华人社团，为进一步开展海外联络工作打下了坚实的基础。

在广交朋友开展侨务工作的过程中，吴明熹认识到：那些学成回国的留学人员是一笔祖国建设不可多得的宝贵财富，要吸引有报国之志的留学人员带着技术、资金回来为国家做贡献。1998年，吴明熹带领中国致公党中央联合调研组就建立海外留学人员创业园的课题，在北京、上海、苏州、南京、大连等地进行深入调研的基础上，提出了建立归国留学人员创业园，以筑巢引凤的方式，成为归国留学人员高新技术企业"孵化器"的意见。该意见于1999年形成了致公党中央关于建立"海外学子创业园"的建议，并在当年的全国人大、政协两会上作了重要发言，得到了党和国家的重视和采纳。

从一位非党人士到一位民主党派的领导人，吴明熹同志对民主党派的工作有了更成熟的理解。"民主党派中既有社会知名度高的社会活动家和专业上的学术带头人，又有熟悉党派工作又善于组织管理的党务工作者。参政议政不是所有的人都能做到的，这是旗帜性的人物、专家学者所做的工作；同时，我们还需要为参政议政搞好服务，把领导的思想付诸现实的党务工作者。我们就是要做一名"乐于奉献、甘当人梯"的优秀党务工作者，要无愧于先人，也要无愧于后人。"

吴厚刚

吴厚刚，男，汉族，1964年8月4日出生，辽宁省大连市人，中共党员。

1980年在大连獐子岛修造船厂工作，1988年起在大连獐子岛渔业集团有限公司先后任财务办总会计、财务办副主任、副经理、经理、副总经理、总经理、董事长。2001年4月至今任大连獐子岛渔业集团股份有限公司董事长兼总裁，硕士学位，大连市人民代表大会常务委员会委员、中国渔业协会副会长、大连海参商会会长、大连市工商业联合会副主席、中共辽宁省第九届、十届党代表，大连市人大十二届、十三届、十四届代表。

从2001年起，在吴厚刚同志的带领下，獐子岛渔业产值一年越过一亿元关口，直到今天的10亿元。獐子岛渔业2006年9月28日在深圳证券交易所中小企业板成功挂牌，成为中小企业板上市的首家东北企业，为长海、为大连、为辽宁争得了荣誉。吴厚刚同志作为一名企业家，由于他在中国海洋渔业上的突出贡献，他先后当选为大连十大杰出经济人物、市优秀中国特色社会主义建设者，辽宁省五一奖章获得者，获辽宁省优秀建设者奖章、大连市优秀企业家等荣誉。

把海岛建成中国渔业的海底银行，让獐子岛渔业成为受人尊敬的、世界卓越的海洋食品企业是吴厚刚同志的理想和奋斗目标。2001年之前，包产到户这种以土地为主要资源的农村生产经营模式被广泛地应用到海洋资源开发上来。当时，刚刚完成了从政府官员到企业领导者转型的吴厚刚已经敏锐地意识到，这种所有制形式多数追求短期效益，既缺乏政策支持，也缺乏管理、技术、资金支持，难以大规模开发海洋资源。而且由于短期行为较多，往往重视海洋开发，忽视环境保护，"竭泽而渔"的结果使有限的养殖海域资源遭到破坏和污染。獐子岛渔业决定耕海牧渔，采用走股份制、集约化规模经营海洋开发的路子，形成了独特的"獐子岛模式"。在吴厚刚同志的决策下，獐子岛渔业每年向海中苗种投入不少于4000万元，每年用500万元专门用于海洋生态监测和保护。他认为，把钱存进海底，海底会为企业带来丰厚的收益。

2007年3月初大连地区遭受了严重的风暴潮影响。使地处黄海深处的长海县受灾惨重。海上养殖台筏被风浪打坏多处；养殖产品出现丢失、死亡现象；上千条养殖船只被风浪打沉或击碎；陆地大批养殖物资被卷入海中。尽管自己也是受灾企业，獐子岛渔业却毅然决定拿出一千万元，为长海县养殖业户设立抗灾自救周转金。同时，他们还筹集了一个亿的收购资金，作为抢收全县养殖业户产品的结算资金，保证兑付及时。这样的事情经常会被獐子岛渔业当作分内之事。2002年初，大连长海县个体浮筏养殖虾夷扇贝丰收，外地加工企业压价收购，獐子岛渔业从发展浮筏养殖业，维护养殖户利益，增加养殖户收入的大局出发，以高出市场20%的价格，大规模收购、加工浮筏虾夷扇贝，使1000多位养殖户增加收入

500万元。

2005年，獐子岛渔业发起了"五合一"模式，这是由政府、银行、企业、科研院所和广大养殖业户共同参与的一种新型的合作模式。由政府搭建平台，科研院所提供科技支持，獐子岛渔业和农业银行分别向养殖业户提供发展资金，并由獐子岛渔业通过市场管理、人才等优势带动养殖业户扩大规模，增产增收。通过整合和调动各种社会资源，带动大连、山东、福建等地10000多户养殖户增产增收。2008年12月，獐子岛渔业与海洋岛乡合作，投资开发海洋岛20万亩海域，开辟另一种共同创富模式。

吴厚刚同志不止一次地说过："心态决定态度，态度决定性格，性格决定命运，我们要有感恩的心，感谢父母、感谢师长、感谢学校、感谢企业、感谢上司、感谢同事。" 2006年，福布斯中国慈善榜的榜单上赫然出现了大连獐子岛渔业。也许1个多亿的年利润在很多中国企业当中并不算显眼，但獐子岛渔业却以高比例的社会捐助引起了公众的注意。2005年底一次就向长海县捐200万元人民币资助寒窗学子，"这是长海县自建县以来得到的最大一笔教育捐赠"；向长海县其他社会福利事业捐款188.45万元，共计捐款388.45万元支持长海县教育事业和其他社会福利事业；2006年4月向大连水产学院捐赠319万元，这也是水产学院自建院以来得到的最大一笔捐赠。2006年獐子岛渔业支持教育事业539万元；2006年6月支持希望工程资助贵州省贫困学生助学款20万元。2007年7月5日，向大连市希望工程、大连市青少年发展基金会捐款14000元；仅2005～2006年捐赠善款千万元。2008年5月12日四川汶川大地震当日，通过大连慈善总会向灾区捐款100万元，吴厚刚同志个人向灾区捐款10万元，同时发动党员及全体员工捐款21万元。

2006年9月，獐子岛渔业向长海县慈善总会捐赠200万元，设立生态岛建设基金。2007年6月，在36个世界环境日来临之际，獐子岛渔业向大连市慈善总会捐赠了100万元，设立了大连獐子岛渔业环保卫士基金，大连市环卫工人成为第一批受嘉奖者。该基金项目将每年一次，表彰在保护环境、治理环境方面做出贡献的各界人士。仅2006年向镇、村投资中心股东分红高达7900多万元，2007年向镇、村投资中心股东分红高达3400多万元，仅两年时间就向镇、村投资中心股东分红高达1.1亿元，这些都为改善海岛生态环境、卫生医疗、科技教育发挥了积极的作用，提高了长海人的生活质量。福布斯2006中国慈善榜獐子岛渔业排位51位。吴厚刚同志荣获2006年中国慈善榜中国慈善家称号。

2007年5月，吴厚刚同志代表獐子岛渔业、同时也代表中国水产养殖业登上联合国世界养殖水产品贸易大会讲坛，其"天然的海产珍品，标准的过程管理——黄海北部贝类生态养殖与安全管控"的主题发言，博得世界养殖界专家长时间的热烈掌声。"做受人尊敬的、卓越的世界海洋食品企业"。现在，吴厚刚同志把这确立为獐子岛渔业的总体发展战略目标，他认为，这也是獐子岛渔业作为中国渔业龙头企业必须承载的责任。在吴厚刚同志看来，这对獐子岛人来说并不是遥远的梦想。獐子岛人需要追求的，绝不仅仅是经营业绩上的数字目标，而是创建世界渔业百强企业的路上，企业在品牌形象、企业管理水平、国际市场运作等多方面综合水平的体现。让海岛的渔民因獐子岛渔业而富裕，让中国渔业因獐子岛渔业而令世界瞩目。

吴 超

吴超，曾用名吴先诚，男，汉族，1922年9月5日出生，广东省澄海县人，中共党员。

吴超1939年自泰国回国后，先后在云南昆明华侨补习班、云端中学、昆华高职附中、保山华侨中学、广西桂林中学读书，1942年在重庆中共地下党领导的"新知书店"从事进步书籍出版工作，1943年在重庆复旦大学新闻系学习并参加华侨同学进步组织活动，后在地下党的安排下奔赴中原抗日根据地参加新四军。1946年5月任山东胶东光华书店经理。1949年10月任广州三联书店副经理、工会主席。1951年任旅大中日图书发行公司经理、党支部书记。1952年7月至10月在中共旅大市委党校学习。1952年10月至1955年4月在中共东北局党校学习。1955年5月至1959年2月任中共旅大市委宣传部学习室副主任、主任。期间，1957年在中共旅大市委整风办公室帮助工作。1958年8月至1959年2月在中共辽宁省委理论教员训练班学习。1962年4月当选旅大市侨联主席。1962年7月兼任旅大市人委侨务处副处长。1972年9月至1974年12月任旅大市民政局党委常委。1974年12月至1978年4月任中共旅大市委统战部处长，1978年4月任旅大市外办(侨办)副主任、党组成员、市侨联主席。1985年离职休养，被聘为市侨联顾问。吴超同志曾当选为辽宁省政协第四、五届委员，大连市政协第四、五届委员，中国侨联第一、二届委员，辽宁省侨联第二、三届副主席，旅大市侨联第一、二届主席，大连市侨联名誉主席、顾问。2005年，吴超同志荣获中共中央、国务院、中央军委颁发的《纪念抗日战争胜利60周年》荣誉勋章。2009年6月病逝，终年85岁。

吴超同志系爱国华侨，在青年时期就具有强烈的爱国思想。抗日战争爆发后，他从泰国回国积极参加抗日救亡运动。在复旦大学读书期间，积极参加地下党组织的进步活动，组织抗议日本侵略者的集会、游行等活动。响应中国共产党的"爱国华侨青年积极参加抗战"号召，毅然放弃学业，在中共地下党的安排下，冒着生命危险，闯过敌人一道道关卡，奔赴中原抗日根据地，成为新四军第五师一员。在师长李先念的指挥下，参加过著名的"中原突围"等战斗。抗日战争结束后，新四军改为华东野战军，开赴华东解放战场。吴超随部队转战到山东，开始从事党的图书发行工作。在新民主主义革命时期，吴超同志无论是在抗日、解放战场，还是在党的图书发行工作战线，始终对党和人民忠心耿耿，鞠躬尽瘁。

新中国成立后，吴超同志调任旅大中日图书发行公司工作，奠定了我市图书发行事业的基础。他担任中共旅大市委宣传部学习室副主任、主任期间，为推进我市党的理论研究做了大量工作。

1959年8月，旅大市成立了归国华侨联合会筹备委员会，吴超同志作为旅大市人委华侨事务处负责人，开始筹备建立旅大市侨联工作。在市侨联筹委会两年多的工作期间，吴超在市人委的领导下，认真宣传党的侨务政策，在全市归侨、侨眷、归国华侨学生中开展时事政策教育和政治思想教育工作。当1959年印尼当局掀起大规模排华运动时，筹委会立即组织全体归侨、侨眷、归国华侨学生进行座谈，揭露印尼当局反华排华的反动本质。1960年当印度当局利用中印边界问题掀起反华浪潮后，筹委会又组织讨论拥护我国政府在处理中印边界问题上的庄严的立场，使广大归侨、侨眷、归国华侨学生受到了一次深刻的爱国主义教育。筹委会还妥善安置了因东南亚某些国家掀起反华排华浪潮，被迫返回祖国的侨胞的工作和学习，对海外华侨华人起到了很好的影响，大批爱国青年纷纷回国参加社会主义建设。认真贯彻党的各项方针政策，调动归侨、侨眷、归侨学生的积极性，大力争取侨汇，为社会主义建设做出了贡献。

1962年4月，在旅大市第一次归侨、归侨学生代表大会上，吴超同志当选为市侨联主席。吴超同志带领市侨联班子成员，在党的领导下，在上级侨联和有关方面的关怀指导和支持下，围绕党的中心任务，团结教育全市归侨、侨眷、归侨学生在建设社会主义总路线的指引下，跟共产党走，走社会主义道路，积极参加社会主义建设。动员归侨、侨眷积极参加增产节约运动，开展红旗竞赛活动。组织归侨、侨眷中工程技术人员组成服务队，支援农村建设。"文革"期间，海外关系被当作反动的社会基础，备受歧视，侨联组织陷入瘫痪。在这种严峻的形势下，吴超同志不顾个人安危，以自己微薄的力量为保护归侨、侨眷的人身安全而奔走呼号。十一届三中全会召开后，侨联工作全面恢复，吴超同志又回到侨联工作领导岗位。在市委的领导下，他积极落实党的侨务政策，拨乱反正，平反一大批冤假错案，消除因"文革"给华侨、归侨带来的各种担忧和疑虑，使许多海外华侨重新回到祖国，使广大归侨侨眷感受到党的温暖。他带领侨联干部努力工作，迅速恢复各级侨联组织活动，将全市归侨侨眷凝聚在党的周围，为改革开放做出贡献。1985年5月，吴超同志离休担任市侨联顾问后，依然关心侨联工作，提出许多很好的建议意见。他关心侨界青年成长，给他们讲革命传统，教育他们热爱党、热爱社会主义，树立革命的理想，做新时代的优秀青年。吴超同志谦和待人，工作严谨，在广大归侨侨眷中享有极高的声誉和威望，为我市侨联事业的发展做出了重要贡献。

吴　襄

吴襄，男，汉族，1910年10月生，浙江苍南县人，民盟盟员。

吴襄是我国著名生理学家，生理学的一代宗师。曾任大连医学院（现大连医科大学）生理学教授兼教研室主任，中国生理学会理事，辽宁省生理学会名誉理事长，中华医学会大连分会生理学分会名誉主任委员，《中国医学百科全书》生理学分卷副主编，《中国大百科全书》生物学分卷编委兼该卷生理学分支主编，《生理科学进展》杂志主编、顾问，生理学名词审定委员会顾问，政协辽宁省第五、六届委员会常委，民盟辽宁省第七、八届委员会顾问，民盟中央科技教育委员会委员。

1934年毕业于南京中央大学（现南京大学）教育行政系，获教育学士学位。1936年在著名生理学家蔡翘教授指导下做南京中央大学医学院生理科助教，1941年秋、1944年先后被提升为生理学讲师和副教授。抗日战争胜利后，于1946年秋被派赴美国留学一年，先在明尼苏达大学医学院生理系M.B.Visscher教授指导下，从事循环生理研究，获科学硕士学位；后又至纽约哥伦比亚大学医学院生理学系，向M.I.Gregersen教授进修血液生理学。回国后，于1948年晋升为教授。1949年初参加前大连大学医学院的创建工作。1949年7月出席中华全国自然科学工作者代表大会筹备委员会会议，8月接受前大连大学医学院之聘，担任生理学教授兼生理学教研室主任。1954年受中央卫生部委派，去民主德国莱比锡市参加国际性巴甫洛夫学说讨论会。1969年随校内迁贵州遵义。1978年因健康原因至北京休养，曾兼任北京市结核病研究所以及北京协和医学院（今协和医大）的生理学顾问，并担任中国中医研究院学术委员会院外委员。1983年春调回复办的大连医学院，任教授兼生理学教研室主任。

吴襄从事生理学教学和研究长达50余年。1938年开始做了大量国人各项生理水准（也称生理常数）的调查统计工作，先后调查了肺活量、血液（红、白细胞计数和血红蛋白浓度）、血型（ABO和MN血型）、生长率、感觉器官生理（视力、视野、听力等）和基础代谢率等诸多方面，分别在《中国生理学杂志》（英文版）和《中国生理学会成都分会简报》（英文版）发表。在此之前，没有国人生理常数的系统调查，只能沿用国外标准，此方面研究填补了我国生理学研究领域中的空白，开创了研究国人生理常数之先河。1942~1944年，探索兔血清中有关平滑肌收缩物质的化学本质，所写论文刊在中国生理学会成都分会简报上。在抗美援朝时期，大连作为伤病员转移治疗的重要基地，急需大量血源，而人们对输血后对身体究竟有何影响缺乏了解。吴襄带领教研室同志，研究并发表了《输血者血液的亏损与恢复》，阐明一次献血200~300ml，血浆蛋白浓度24小时内即行恢复，红细胞比容和血红蛋白一般在第三周内也完全恢复，解除了献血者的思想顾虑，有力地支援了志愿军伤病员输血治疗的需要。1954年和1955年，为改善产业工人的劳动条件，开展劳动生理研究，他亲自带领年轻同志深入太原钢厂，冒着50~60℃高温，进行劳动生理的调查。20世纪60年代初，投身针刺机制研究。到了20世纪80年代，已年届古稀的吴襄教授仍时刻关怀着中国生理学的全面发展，有感于我国当时尚无人从事肾脏生理学的实验研究，而这方面的研究不仅关系到国内生理科学的全面发展，也是为临床的肾脏病学发展奠定基础，是保证我国人民健康所必需。于是他带领教研室中青年教师建立肾脏生理学实验室并开展研究工作，翻译肾脏生理学专著，且于1984年在《生理科学进展》上著文呼吁国内同道共同开展这一空白领域的研究，有力地推动了我国肾脏生理学的研究。他一生的研究，贯穿着基础研究与生产实践相结合以及为工农兵服务的指导思想，为开创我国的生理科学事业做出了重要贡献。

吴襄在我国生理学教材建设和人才培养方面有口皆碑，具有不可磨灭的历史功绩。早在20世纪30年代，就编写出版了我国第一本中文生理学实验教材。1947年编著《生理学大纲》，并先后六次修订再版，被国内许多高校和台湾医学院校采用，广为流传，在海内外产生了重大影响。他参编和主编了全国医学院校的生理学教材及大型生理学参考书。主译了《呼吸生理学》、《肾脏生理学》等专著。编写了《近代生理学发展简史》。1951～1953年，受卫生部委托，连续举办三届生理学高级师资进修班，为新中国输送了当时极为宝贵的生理学教学和科研骨干，如今他们也都成长为院士、教授、硕士和博士研究生导师。吴襄特别重视和关心年轻一代生理学工作者的培养和成长，对学生和年轻教师关怀备至而又严格要求。他经常谆谆告诫青年教师：三尺讲坛，身系教书育人重任，绝不可掉以轻心。他对青年学子言传身教，诲人不倦；既严格要求，又爱护备至；既教书又育人，成为医学教育界的一代楷模。1995年12月吴襄病逝之际，他培养的在美国工作的研究生发来唁电说："他那坦诚热情的待人态度，授之以学，教之以德的育人精神，诫之以骄满而励之以谦虚的为学之道；以及倾囊相授，毫无保留的阔宏胸怀，使我每每思念着他。他的离去不仅使我们失去了一位生理学界的前辈，更失去了一位如父亲般亲切的师长"。50多年来他为祖国培养的优秀医学人才难以计数，1991年国务院颁发证书，表彰他为发展我国高等教育事业做出的突出贡献，并于同年享受政府特殊津贴。

宋宝韫

宋宝韫，男，汉族，1941年10月2日出生，浙江省绍兴人，中共党员。

1962年毕业于浙江大学金属压力加工专业，获得工学学士学位。1962～1983年在大连铁道学院任教。1983～1985年被公派到法国巴黎国立高等机械工程学院（ENSAM）进修，并获得工学博士学位。1985年至今在大连铁道学院（现更名为大连交通大学）任教，历任连续挤压工程研究中心主任、系主任、副院长、教授、博士生导师等职。在教育界、学术界有很高声誉。现任中国机械工程学会塑性工程学会常务理事，辽宁省机械工程学会塑性工程学会副理事长，塑性工程学报、中国铁道科学和铁道学报编委。

宋宝韫同志大学毕业后到大连铁道学院任教以来，工作积极努力，即使在动乱的年代也没有放弃过自己所钟爱的事业，1983年被公派到法国巴黎国立高等机械工程学院（ENSAM）进修，潜心研究连续挤压技术，并以优异的成绩获得了博士学位。1985年，他放弃了国外优越的科研、生活条件毅然返回祖国，在大连铁道学院建立了我国第一个连续挤压工程研究中心，以极高的工作热情投身于科学研究，所研究的连续挤压技术取代传统加工方法是有色金属加工领域的一次革命，它的出现将加热、轧制、挤压、拉拔等工序简化为一道工序，生产周期短、能耗低、零排放、无污染，实现节能40%，节材20%，使有色金属加工和电线电缆制造行业实现了产业升级，并形成了一个连续挤压专用设备制造集群。相继研制成功我国第一台杆料和颗粒料两用的KLJ250连续挤压机、SLJ350双槽连续挤压机、SLJB350连续挤压包覆通用机和TLJ300、TLJ400铜连续挤压机，工艺水准达到国际先进水平，打破了国外对连续挤压技术在中国市场的垄断局面，不仅实现了连续挤压技术设备的"本土化"，填补了国内空白，更打开了国际市场，向世人证明中国也是具有生产连续挤压设备能力的大国。目前已被成功应用于加工铝及铝合金的管材、双金属复合导线、有线电视同轴电缆（CATV）、铁路通信信号护套电缆、光纤复合架空地线、高精度电磁线、电气化铁路接触线及铜导体等产品。荣获三项国家科技进步奖和八项省、部级奖，为有色金属加工领域所做的贡献已得到国内外同行的充分肯定。曾先后完成国家和省、部、市级科研项目三十余项，目前，已有近500条生产线以交钥匙工程方式在国内28个省、直辖市投产运行，并出口到美国、德国、法国、意大利等三十余个发达国家和地区，为祖国创造了可观的经济效益和社会效益。

20多年来，宋宝韫同志在教书育人的岗位上辛勤耕耘，先后在国内外学术刊物上发表论文120多篇，培养博士生、硕士生四十多位，先后被评为辽宁省劳动模范、全国铁路优秀知识分子、国家级有突出贡献的中青年专家、全国铁路优秀科技工作者、中国铁道装备学科带头人，并荣获全国"五一"劳动奖章，国务院与大连市政府特殊津贴获得者。

他长期担任学校的领导工作。坚持以马列主义、毛泽东思想、邓小平理论和"三个代表"重要思想为指导，深入学习贯彻科学发展观，树立正确政绩观，认真宣传贯彻执行党的路线方针政策和上级党组织的决议，围绕中心，服务大局，在大是大非面前，立场坚定，旗帜鲜明，能够妥善处理改革发展稳定的关系，始终在政治上同中央保持高度一致，高举中国特色社会主义伟大旗帜，将理论学习和教育教学相结合，为教育引导全院教师勇于实践、开拓创新，以饱满的工作热情投身于教学科研做出了不懈努力。

　　他热爱党、热爱祖国、将自己全部精力扑在工作上，为我市经济、教育、科研事业的发展做出了积极贡献。

张大煜

张大煜，男，汉族，1906年1月21日出生，江苏省江阴县人，民盟盟员。

张大煜是我国催化科学的先驱者之一，著名的物理化学家，中国科学院大连化学物理所、兰州化物所、山西煤化所的创始人。张大煜1929年毕业于清华大学。1933年在德国德累斯顿大学获工学博士学位，曾任西南联大、上海交通大学教授，北京清华大学化工系主任，兼任中央研究院化学所研究员等。1949年6月任大连工学院教授、系主任，兼任大连大学科学研究所（大连化物所前身）副所长、所长。1955年当选为中国科学院首届学部委员。1977年调往中国科学院感光化学研究所任学术委员会主任。多次当选为中国化学会副会长。曾当选为第一、二、三届全国人大代表，第五届全国政协委员，大连市第二、三届政协副主席。张大煜为大连民盟早期的领导人之一，先后担任民盟大连市委第一、二届副主委，民盟辽宁省委第一届副主委，民盟中央第二、三届委员。1989年2月病逝于北京。

1929年张大煜以优异成绩从清华大学化学系毕业，同年考取公费留德，在德累斯顿大学主攻胶体与表面化学，获工学博士学位。1933年回国曾任清华大学教授、化工系主任，西南联大、上海交通大学教授，兼中央研究院化学研究所研究员等职。他是研制人造液体燃料的先行者，抗日战争时期，在昆明创办了利滇化工厂，首创用云南小龙潭的褐煤经干馏生产当时急需的汽车燃料。抗战胜利后，张大煜从昆明到上海，他亲眼目睹知识分子在旧中国无法实现强国富民的理想，1948年底经上海地下党负责人介绍毅然离开上海经香港来到东北解放区参加革命与建设。

1949年4月，大连大学创办伊始，张大煜即出任化工系教授、系主任，同时担任大连大学科学研究所（后改名为东北科学研究所大连分所）副所长、研究员。1952年该所归属中国科学院领导，并先后更名为工业化学研究所、石油研究所及大连化学物理研究所，43岁的张大煜即身负重任，担任起研究所的领导，为思考和筹划研究所的长远发展方向殚精竭虑。基于新中国经济建设发展对石油的巨大需求，利用原满铁试验所的燃料研究基础，他做出了研究所应以液体（和固体）燃料为重点的战略规划。他组织开展了煤焦油、页岩油的加氢、水煤气合成燃油等重大项目研究，又在国内率先开展了汽油馏分环化制甲苯和当时世界崭新的铂重整研究，取得了重要成果，1956年获得科学院的首届自然科学三等奖，并组织力量在煤炭资源分类和评价、炼焦煤性能测定等方面开展了研究，并在中国科学院和燃料工业部的支持下，组建了石油研究所和煤炭研究室，为大规模发展我国的能源研究工作奠定了基础。

张大煜既是一位善于选定科研目标和方向的杰出科学家，又是一位卓越的科研工作组织者。他根据国家的需求，在大连化物所的基础上分别成立兰州化物所、山西煤化所，亲自兼任所长，为其长远规划、发展做出了历史性的贡献。历史证明，这些规划和发展布局仍然具有高度的前瞻性和现实意义。

张大煜在工作上一向重视并善于听取来自各方面的意见。他经常强调，一个研究所必须具有良好的学风才有生命力，尤其是要有民主的学术气氛，集思广益，凝聚广大科技人员的智慧和力量，发挥大家的积极性和创造性。大连石油研究所于1955年成立了"学术委员会"，这是中科院所属研究所成立的第一个学术委员会。在张大煜任学术委员会主任期间，积极主办各种层面和类型的学术研讨会，活跃思想、开拓创新、促进学科间的交流渗透，营造了浓厚的学术气氛。

20世纪50年代中期，他亲自推动、主持了水煤气合成液体燃料的研究，获得第一批国家自然科学三等奖，但获奖名单中却没有张大煜的名字，这充分体现了科学家的大家风范。20世纪50年代，化学激光刚刚出现，陶愉生副研究员向张大煜所长建议开展化学激光研究，他经过审慎的调研并根据他的敏锐的洞察能力做出决定，积极热情地支持陶愉生的研究计划，立刻从当时所内最强的研究、技术人员中抽出陶愉生、张荣跃、沙国河、顾玉昆等五人成立课题组从而使我国化学激光出光时间只比美国晚了一年。目前，经过几十年的发展，化物所的化学激光研究在世界上占有重要地位。同样大连化物所的色谱科学发展亦是经张大煜多方努力争取将其列入20世纪60年代第一个十二年国家科学规划中，为大连化物所色谱科学和技术的发展提供了平台。早在20世纪50年代人们还不知道什么叫燃料电池的时候，他同朱葆琳联合开展了氢氧燃料电池的研究。现在燃料电池已经是化物所一个重要研究领域，国际上也是一个十分热门的能源转化命题，这充分显示出张大煜在科学研究上的远见卓识。

张大煜十分重视技术支撑系统的建立。重视充实和发挥中高级技能人才的作用，从设计到加工，提供测试手段和自制设备，成为研究工作的坚强后盾。当年石油化学研究所经过张大煜等多年实践总结凝练出的体制：分析室、基础室、应用基础室、合成室、化工室和技术装备室，适应了石油化学研究发展的需要。至今石油研究院所大体上都采用了这样的研发体制。实践证明，强有力的技术支撑系统，对提高研究所自主创新的综合研发能力具有十分重要的作用。当时，大连化物所在科学院几个化学所中是具有较强开发能力和能承担解决重大科研项目的研究基地之一。

20世纪50年代末期，根据国防发展需要，研究所承担了"两弹一星"任务，张大煜积极组织力量，出色地完成任务。"高效精密蒸馏法生产重水"研制成功，在重水生产上闯出了一条适合中国国情的道路；"含氟气体色谱分析方法及仪器"研制成功，解决了核工业部在浓缩铀方面的分析测试难题，获全国科学大会奖；"制取超纯氢的方法"研制成功，排除了液氢生产中的一大障碍，获国家发明二等奖。

1962年，张大煜又承担了科学院下达的"高性能炸药"攻关任务，并担任攻关组组长。为氢弹引爆提供性能可靠的炸药，此项任务由兰州化物所研制成功，获国家发明二等奖。另一项是"固体润滑"任务，为第一颗人造卫星解决短波天线和太阳能帆板的滑动运控问题，也是由兰州化物所研制成功，张大煜关心和支持固体润滑学科的创立和发展，特别将大连化物所的一台电子显微镜给了兰州化物所，这台电子显微镜在固体润滑材料的研究中起到了很重要的作用。

20世纪60年代初，国外开始采用催化净化新流程生产合成氨原料气，它被誉为合成氨工业的一次革命。应化工部的重托（任务书是当时国务院总理签字的），张大煜毅然承诺把三个催化剂的攻关任务接了下来，组成三结合攻关组，由张大煜任组长。他在研究催化剂的关键技术上发挥了重要的指导作用，仅用不到一年的时间，研制成功三个高效催化剂并在工业上迅速获得推广应用，使我国的合成氨工业水平从20世纪40年代提高到60年代水平，为我国合成氨工业的现代化做出了重大贡献。

"文革"期间，张大煜遭受无辜迫害，身心受到长期严重的摧残。张大煜提出的表面键研究与科研设想也根本无条件开展，以致抑郁忧愤成疾。但是，就在这重重压力之下，他仍多次要求开展磁场对化学反应影响的基础理论研究，不断提出建立催化剂库等发展催化科学的新建议，坚持为科学而献身。由于张大煜在诸多方面的贡献，深得当时主持国防科委工作的聂荣臻元帅的器重，亲自委托其规划、筹建国防材料研究院并任副院长。1977年，张大煜被调到中国科学院感光化学所任顾问兼第一届学术委员会主任，他培植了严谨的优良学风，并为界面与光催化研究的实验室创建、学科的建立和仪器设置等做出了贡献。

数十年来，张大煜为我国科学事业、教育事业和催化科学的创建与发展倾注了全部心血，建立了不可磨灭的功绩。张大煜学识渊博、治学严谨、谦虚和蔼、待人宽厚，善于发挥他人之长，团结共事，深得科技人员普遍推崇和敬重，在学术界享有崇高的威望。他在组织和发展我国的人造石油、石油炼制、催化科学、化学工程、色谱、激光、"两弹一星"国防科研和相应的理论研究等方面都有卓越的贡献。发表学术论文40余篇。1955年当选为中国科学院首批学部委员(院士)。在他几十年从事化学教学与科研组织工作中，身体力行，言传身教，带出一大批卓有成就的科研骨干，很多人已成为学科带头人或领军人物，在他教过的学生中涌现出的两院院士达几十位，人们尊敬地称他为"敬爱的导师"、"一代宗师"。

张礼京

张礼京,男,汉族,1937年8月9日出生,江苏省南京市人,无党派人士,全国内燃机学会理事,辽宁省铁道学会理事。

1959年毕业于上海交通大学内燃机车专业。1959年9月至1965年9月,任大连热力机车研究所(现大连机车研究所)技术员。1965年9月至1979年9月,任大连热力机车研究所工程师。1979年9月至1981年9月,任大连内燃机车研究所研究室副主任、主任。1981年9月至1997年9月,任大连内燃机车研究所副所长、高级工程师、教授级高级工程师、所技术委员会副主任。1997年9月至2000年6月,任大连内燃机车研究所正处级调研员等职。同时,由于在内燃机车专业领域有较深造诣,曾于20世纪90年代初期被认定为大连市优秀专家,1965年荣获旅大市先进工作者,1980年荣获大连市劳动模范。作为党外知识分子代表,曾担任大连市沙河口区人大副主任(不驻会),大连市第九届人大代表,辽宁省第七届人大代表,全国第八、九届人大代表。2000年6月退休。

张礼京同志长期从事铁路内燃机车的设计、研究与开发,尤其擅长内燃机车总体设计。多次组织大型内燃机车试验,主持设计了多个型号的内燃机车,为我国内燃机车发展做出了重要贡献。享受国务院专家津贴。

1959年大学毕业后,他被分配到大连热力机车研究所工作,主要从事内燃机车走行部的研究和动力学模拟试验工作。1963年,在全国铁路第一届学术讨论会上,发表了"机车通过圆曲线的动力学模拟理论"一文,并被编入会议论文集。1965年,参加了飞龙型2000马力液力传动内燃机车走行部的设计。期间,翻译了大量俄文参考资料,还通过自学掌握了日语。1965年10月晋升为工程师。

"文革"开始后,在科研工作受到严重冲击的情况下,他仍然坚守工作岗位,坚持开展机车总体性能研究工作。经过深入调研分析,围绕当时还没开始研制的12缸240柴油机配液力传动,提出了货运6000马力,客运3000马力液力传动内燃机车的多种总体设计方案,为我国北京型内燃机车的发展提供了必要的先期研究成果。

1969年,他参与组织并提供的6000马力机车设计方案被制造工厂采纳。之后即参加了该型机车的总体设计、试制、组装及试验,在实践中边干边学,积累了丰富的工作经验。由于设计理念的严谨和超前,使得这台当时世界上单机功率最大的液力传动内燃机车成功地行驶在我国的铁路线上。

20世纪70年代中期,他根据对牵引旅客列车所需功率的计算,以及对东风型改进机车牵引客车缺点的分析结论,积极建议主机制造厂重点转向3000马力客运机车的研制。在参与完成一号车总体设计制造之后,对二号车的总体设计布局提出了改进意见,完满解决了中速柴油机重量大、机车轴重分配困难的难题。在限制机车总重条件下,做出了合理的机车总体设计。在三号机车设计中,又对机车辅助附件进行了合理的布置，使得机车设计基本定型。该型机车由于具有功率适合、自重较轻、柴油机指标好的特点，经过实际使用表明是当时国内最省油、机车实际效率最高的客运内燃机车。

1969～1974年，张礼京同志亲历了从提出方案到施工设计的多方案机车设计全过程，同时还参加了从部件制造到组装、试验的机车制造全过程，积累了丰富的实践经验，为日后成为我国内燃机车总体设计专家奠定了基础。

1975年，张礼京同志承担了我国唯一的内燃机车定置试验台的设计、建造和调整试验总指挥工作。主持提出了全面现代化改造的总体方案，组织采用电测功、电阻耗功、可变轨距、高温试验、高原试验、电脑数据分析和高精度油耗测量等最新技术，将原有的蒸汽机车定置台改建成现代化的内燃机车综合性能试验台。1979年在第一次试验东风4型内燃机车时，对试验台进行全面调试。经过全方位调整，试验台达到了设计指标，表明其功能符合国内实际需要。作为国内唯一的大型机车试验台，由于设计施工中采用了多项先进技术，有些功能已超过当时国外同类试验台，达到了国际先进水平。同年，作为中国铁路技术代表团成员，随团考察了日本高速铁路，向铁道部提出我国应起步发展高速铁路的建议。1980年，机车试验台通过铁道部鉴定，正式投入使用。该试验台先后获得铁道部科技进步二等奖、"八五"国家科技进步二等奖。

此后，张礼京同志带领他的团队在这个机车试验台上完成了我国东风系列、东方红系列、GK系列、北京型以及出口巴基斯坦、缅甸、尼日利亚等国家的30多种型号内燃机车的牵引热工试验，为这些内燃机车的改进、定型提供了重要的科学依据。至今，该试验台仍用于新型机车的开发试验和进、出口内燃机车的调整及性能试验。

1981年11月，张礼京同志担任大连内燃机车研究所副所长，主管科研开发工作。走上领导岗位后，他依然保持认真、严谨的工作态度，在履行管理职责的同时积极参与重要课题的研究。先后主持了东风型机车综合技术改造及整车性能试验、机车提功率和省油耗的技术改造、东风5型调车内燃机车部级鉴定试验、12V240Z和8240Z型柴油机的国际标准试验、12V240Z型柴油机提功率到3000马力的技术评价和改造、工矿用1080马力液力换向调车内燃机车总体设计及开发；组织开展了多项进口机车部件国产化工作；主持完成了近30种专用检测设备的研发等多个科研项目，推广后取得了良好的经济效益和社会效益。1985年，他随团考察了美国、德国、奥地利等国家的铁路试验技术，取得了联合国工业发展组织援建项目，通过引进国外先进的电子装备，提高了大连机车试验台的测试水平。由张礼京同志发起设计的大连城市轻轨电车，以清洁环保著称，早已成为大连市一道亮丽的风景。

作为第八、第九届全国人大代表，每次去北京参加全国人大会议前，都广泛联系选民，深入调查研究，认真听取各方面意见和建议，自觉地履行党和人民赋予他的神圣职责。在全国人大全体会议期间，曾就解决偏远地区孩子的教育问题建立乡镇寄宿式中小学、加强轨道交通装备研发、扩展大连周水子机场建设等方面问题提出议案、意见和建议，得到了全国人民代表大会和国务院有关部门的重视。

张礼京同志热爱党、热爱祖国、热爱人民，以国家发展为己任，无论是作为普通的科技工作者还是身居领导岗位，几十年如一日，他始终站在科研开发前沿，以一丝不苟、严肃认真的工作作风和敏锐的专业洞察力，关注国内外内燃机车和轨道交通技术的发展动向，积极投身科学试验和设计制造第一线，为我国铁路内燃机车事业的发展做出了重要贡献。

张传吉

张传吉，男，汉族，1954年出生，辽宁省大连市人，民进会员。

现任民进中央委员、民进辽宁省委副主委、民进大连市委主委、辽宁省政协常委、大连市政协常委，大连市城乡建设委员会副主任（正局级）。

1972年大连第十六中学毕业下乡，任青年点点长、团支部书记，1978年3月考入辽宁财经学院基建系，1982年1月大学毕业留校任教。1987年任讲师，1992年任副教授，1996年任教授。1994年兼任东北财经大学图书馆副馆长。1988年获经济学硕士学位，2006年获经济学博士学位。1996年任大连市房地产管理局副局长，1999年4月任大连市城乡建设委员会副主任至今。1993年1月至2003年1月任大连市政协第八届、第九届常委，2006年任大连市政协第十届常委，2008年1月任大连市政协第十一届常委。2003年1月当选为辽宁省第十届人大代表，2008年1月任辽宁省政协第十届常委。1996年7月至2006年11月任民进大连市委副主委、民进辽宁省委委员，2002年12月任民进中央委员，2006年11月任民进大连市委主委，2007年5月任民进辽宁省委副主委。

大学任教期间，张传吉在教书育人和投资经济、城市经济研究方面成绩突出，有较深的造诣，多次获得优秀教师光荣称号和科研成果奖，在国家、省级刊物上发表论文近百篇，出版学术专著多部。他编著的由中国建筑出版社出版发行的《建筑业价值工程》，对我国建筑业应用价值工程起到奠基和重大推动作用。他经过深入研究后撰写的《对我国城市建设融资体制改革的思考》一文，受到国家有关部门的高度重视，并被多家刊物登载。他组织进行的《大连市建筑业信用评价体系研究》被列入了大连市建设科技重点课题。他撰写的《以科学发展观为行动指南促进经济社会又好又快发展》一文，在中国民主促进会中央机关刊物《民主》等杂志上刊载，为我国如何尽快度过国际金融危机，保证经济社会持续快速发展积极建言献策。

1996年，张传吉在大连市第一次面向社会公开选拔副局级以上领导干部考试中，凭借基础知识、策论、答辩三关三个第一的优异成绩，走上了大连市房地产局副局长的岗位，成为大连市民主党派成员经过公开选拔考试任职副局级领导职务的第一人，因此张传吉备受社会各界的广泛关注，扩大了中国共产党领导的多党合作制度的积极影响。后因工作能力出众，被任命为大连市城乡建设委员会副主任，先后主抓计财处、招标处、法规处、培训中心、供热办、燃气处、联合收费处、造价处、科教处、预算处、交易中心、档案馆、投资公司等处室（部门）的具体工作。面对主管工作范围广、事情杂、担子重、责任大的局面，张传吉坚持把"为市民建家园"作为自己的工作信条，立足基础埋头实干，通过大量繁杂细致的基础工作，建立起了建筑行业招投标基本保障体系，使得大连市的招投标制度建设工作走在了全国张传吉主持建委与多部门联合下发的《关于加强房屋建筑和市政基础设施工程项目招标投标行政监督管理工作的通知》，建立起了全市统一的招投标信息监管平台。2006 年，以张传吉领导开发的《大连市投标单位投标行为监控系统》为开端，启动了大连市建筑业信用评价体系建设，使招投标市场秩序进一步规范。

张传吉在主抓建设工程合同担保工作中，以锐意进取和扎实开拓的精神，率先在辽宁省出台了《大连市建设工程合同担保实施办法》，在辽宁省建设工程合同担保工作经验交流会上，大连市的经验受到专家普遍认可并得到推广。他负责的大连锦绣园小区获得国家建设部试点小区建筑规划金牌、设计规划金牌、施工质量金牌、科技进步金牌，并获得建设部国家城市住宅建设优秀试点称号。他参与领导的大连市供暖体制改革工作，为全国提供了新鲜经验，获得全国供暖体制改革试点城市称号。他主抓的城市公共事业联合收费工作，完成了系统平台的升级改造，方便市民就近缴费，荣获了全国建设系统思想政治工作先进单位和辽宁省建设厅文明单位标兵、文明窗口称号。他负责的利用可再生能源降低建筑耗能工作成绩突出，获得全国海水源热泵试点城市称号。他负责的城市供热与建筑节能工作，成为国家建设部与财政部试点城市，获得世界银行环境保护基金资助。他积极参与英特尔芯片项目引进工作，被中共大连市委、大连市政府授予英特尔芯片项目引进工作先进个人称号。他曾先后指挥了辽宁大厦改造、辽宁老干部活动中心建设、辽宁省委会馆建设、友谊宾馆改扩建工程、省政府机关楼改扩建工程等一系列省、市重点工程，多次受到上级领导嘉奖。他还参与指挥了大连市人大办公楼改扩建工程、市民主党派新办公大楼建设、星海湾岸坝基础设施改造、网球馆建设、飞机航线综合整治、新妇产医院建设、新三八医院建设、海事大学图书馆建设、周水子国际机场建设等几十项关系城市环境、市民生活、城市发展等方方面面的建设工程。这些项目高标准、高质量的如期完工，无不凝结着张传吉为滨城现代化建设和市民生活安居乐业所付出的心血和汗水。

自加入民进以来，张传吉在做好本职工作的同时，始终注重加强理论学习，特别是邓小平理论、"三个代表"重要思想和科学发展观的学习，注重统战理论和多党合作理论的研究，不断提高自己的政治鉴别力、政治敏锐性和参政议政的能力、组织领导的能力、合作共事的能力。在他担任省、市政协常委期间，始终坚持把参政议政作为履行参政党职责的重要方面，以高度的政治责任感和使命感，把自己的学术专长和实践结合起来，围绕大连市的经济社会发展和百姓最关心的难点、热点问题积极建言献策。曾多次被民进中央、民进辽宁省委、大连市政协和中共大连市委统战部评为"参政议政先进个人"，多项建议获得省、市政协优秀提案。在2006年末中共大连市委召开的民主政治协商会上，张传吉通过大量调研，率先向大连市委、市政府提出大连市城市中心北移拓展大连发展空间的建议，受到市委市政府的高度重视，引起了大连市各界的广泛关注，对大连城市化、现代化、国际化起到了重要推动作用。在市政协十届五次会议上，他撰写的《关于城市中心北移拓展城市发展空间的建议》被评为市政协重点提案。在市政协十一届一次会议期间，他撰写的《关于做好大连城市规划修编的建议》，进一步完善了大连在新的起点上城市空间发展的设想。在辽宁省政协大会上他撰写的《关于发展我省海水淡化装备制造业的提案》、《关于辽宁省加快建设环境交易所及配套产业承接基地的提案》得到省市领导的极大关注，对大连以至于东北地区生态文明建设和提升辽宁沿海经济带核心功能发挥了积极作用。他在参加市委、市政府、市政协组织的民主协商会、情况通报会、座谈会以及重大视察等活动中，代表民进大连市委就和谐大连建设、城市发展规划、经济发展大计、推进老工业基地振兴、推进全市干部作风建设、行政效能建设、重点项目建设等，都提出了独到的意见和建议。他撰写的《关于民主党派思想政治建设科学化问题的研究与思考》被评为2009年度全市统战理论研究优秀成果一等奖。

2006年，张传吉当选民进大连市委主委，他坚持发扬接受中国共产党的领导，坚持爱国、民主、团结、求实，坚持立会为公的优良传统，坚持民主集中制，着眼大局，在思想上和行动上始终与党中央保持一致，通过自身的人格魅力、渊博学识和身体力行，在会员中享有很高的声望，具有很强的凝聚力和影响力。他注重加强领导班子建设和党派自身建设，团结带领全市民进会员，积极履行参政党职责，为推进中国特色社会主义民主政治建设，为推动大连经济发展和社会进步，尤其是在推动教育文化出版事业中发挥了应有的作用，做出了积极贡献。2006年换届以来，民进大连市委开展参政议政课题调研百余次，提出调研报告、提案、建议、社情民意信息上千件，被各级人大、政协列为重点建议的有60多件，高质量完成了技工人才教育、保护建筑遗产、推动民办教育发展、企业退休人员社会化管理、大连城市中心北移拓展城市发展空间、大连城市规划修编等专题调研成果，得到市委市政府的高度重视，大连民进参政议政和反映社情民意信息工作，多次受到民进中央、民进省委和中共大连市委的表彰。2008年，《大连建设国家级生物产业基地相关对策问题研究》调研报告获中共大连市委统战专题调研一等奖。民进大连市委共组织会员参加各种报告会、座谈会、理论学习112次，举行各项大型活动133次。民进大连市委组织的15支志愿服务队，在"爱在滨城 共建和谐"和"三保一促"活动中，积极在引资引智上搞好牵线搭桥，在科技创新上搞好咨询服务，在产业提升上做好对接合作工作，据不完全统计，近两年，民进市委会为数万市民和农民提供免费教育、卫生、法律、就业、劳动保障、农民工维权等义务咨询服务，参与活动的会员达480多人次，大连民进会员奉献爱心1780多万元，扶贫助学捐款920多万元。

张传吉主委非常注重思想政治建设和对优秀中青年干部的培养选拔工作，将思想政治建设的重点放在充分发挥参政党职能作用、加强领导班子思想作风建设、骨干队伍建设、机关作风建设上。机关多次召开学习座谈会，围绕加强机关作风建设和制度建设以及建设高效服务创新学习型机关进行座谈讨论，推动了机关工作的制度化、规范化和程序化建设。此外，还开展多种形式的教育活动，从会员的思想实际和提高整体素质的需要出发，抓住继承发扬民进光荣传统、会章会史教育、向先进典型人物学习和坚持走中国特色政治发展道路等主题，通过举办骨干会员和新会员培训班，召开经验体会交流会和对优秀青年干部进行基层岗位的实践锻炼，通过参政议政的平台培养人、选拔人等多种方式，使大连民进会员的整体素质得到了明显提高，党派优势逐步凸显。

从三尺讲坛到政府领导，从普通会员到班子带头人，在每个转变过程中，张传吉都坚守自己是人民公仆的普通一员、民进会员的普通一员的信念，在不同的岗位上为推动科学发展，促进社会和谐奉献自己的满腔赤诚。他始终坚持爱党爱国，坚持弘扬"继承传统、以党为师、立会为公、参政为民"的价值理念，坚持以身作则，加强修身自律，以自身的模范行为去带动、感染、鼓舞、影响民进会员，为把大连民进建设成新时期更具活力的参政党地方组织而努力工作。

张华民

张华民，男，汉族，1955年4月28日出生，山东省烟台市人，中共党员。

张华民同志是归国留学人员的杰出代表，作为"文革"后第一届大学生，1982年2月毕业于山东大学化学系，随后考取国家公派出国留学生，到日本九州大学深造。1988年3月获日本九州大学工学博士学位后，到日本企业研究所进行了半年的实习研究，同年10月回国，就职大连理工大学，先后被聘为讲师、副教授、教授。1992年10月，他再次以高级访问学者的身份先到日本九州大学做了半年合作研究后，又以客座研究员的身份，到日本东洋CCI公司工作，1996年4月，应聘到日本关西新技术研究所做主任研究员，担任能源环境研究室主任。2000年5月，作为中国科学院"百人计划"引进人才，到大连化物所工作，先后担任燃料电池工程中心主任、所长助理、大连化物所－韩国三星公司燃料电池联合实验室主任，大连化物所－博融液流储能电池联合研发中心主任，质子交换膜燃料电池关键材料组组长，研究员、博士生导师。

在日本期间，他先后主持了甲醇及天然气重整制氢技术，质子交换燃料电池及磷酸燃料电池相关技术的研究开发项目，申报发明专利12项。同时，积极参与组织"在职留日博士联谊会"回国服务活动，应中央统战部和国家人事部的多次邀请，回国参观考察。2000年初，他向日方提出辞职请求回国，对方很惊讶地对他说："在我们研究所中国籍研究人员中，你的职务最高，年薪已超过1000万日元，回国后能给你多少薪水？"张华民回答："回国后我也不知道具体能拿多少年薪，估计是四五万元左右吧，不是钱的问题，我感到我的人生应该在中国"。该领导听后感慨地说："既然你谈到了人生的高度，我很敬佩你的选择，接受你的辞职"。

张华民同志自2000年开始液流储能电池的研究和开发，同年8月，担任燃料电池工程中心主任，在老一代科学家的指导下，组织科技人员刻苦攻关，成功地开发出国内首台30kW质子交换膜燃料电池发动机，与相关单位合作，开发出中国第一台以燃料电池发动机驱动的中巴车。"十五"期间，作为科技部"863"电动汽车重大专项课题负责人主持并完成"燃料电池发动机2"课题一期和二期研究开发工作，项目经费近4000万元。作为首席科学家，主持了中国科学院知识创新二期重大项目"大功率质子交换膜燃料电池发动机及氢源技术"的研究开发工作，项目经费4500万元。在上述项目资助下，完成了50kW、75kW、100kW车用质子交换膜燃料电池发动机的研发工作。与有关单位合作，成功地开发出燃料电池城市客车，提高了我国燃料电池技术在国际上的地位和影响。2005年成功研制出10kW全钒液流储能电池系统，于2006年3月通过科技部组织的专家组验收，专家组一致认为"该成果达到国际先进、国内领先水平"。2006年与大连银河金属材料有限公司合作，联合申请了科技部863能源领域目标导向项目，项目经费480万元，建立了2kW级全钒液流储能电池试验系统，自2007年7月6日开始运行以来，截至2009年9月17日已无故障、连续运行803天，累计运行时间超过19200小时，实现充/放电循环4850次以上，电池模块的能量转化效率未见任何衰减，结果表明，开发的全钒液流储能电池具有优异的可靠性与耐久性，为其工程化和产业化开发奠定了坚实的基础，目前该系统仍在继续运行。他带领研究组人员成功地开发出目前国内最大的额定输出功率为100kW，储能容量为200kWh的液流储能电池系统，经专家鉴定一致认为"研制成功的100kW级全钒液流储能电池系统为国内首创，达到国内领先，国际先进水平"。2008年10月，他的研究团队与博融(大连)产业投资公司合作，注资2200万人民币，成立了大连融科储能技术发展有限公司，推进液流储能电池的产业化开发。2009年8月，他作为项目首席科学家，又成功申请到973项目"大规模高效液流电池储能技术的基础研究"，项目经费2800万元。

张华民同志潜心致力于质子交换膜燃料电池、液流储能电池的研究开发，并大力推动其产业化进程，带领研究组人员刻苦攻关，为质子交换膜燃料电池和液流储能电池的产业化开发做出了突出贡献。曾担任中国能源学会理事、金属学会材料科学学会理事、中国宇航学会空间能源专业委员会委员、中国汽车标准化委员会电动汽车的技术分委员会委员、中国科学院能源委员会委员，入选"首批新世纪百千万人才工程国家级人选"，2002年享受国务院津贴。先后获得省部级科技发明一等奖2项，二等奖1项，获得国家四部委颁发的"九五"国家重点科技攻关计划优秀科技成果奖1项，通用中国科技成就二等奖1项。当选首届大连十大环保人物。共发表研究论文150余篇，申报发明专利90余项，其中国际专利20项，已授权专利42项。

张存浩

张存浩，男，汉族，1928年2月出生，天津人，祖籍山东无棣，民盟盟员。

1947年毕业于中央大学化学系，1948年赴美留学，在依阿华州立大学化学系读研究生。1950年获美国密西根大学硕士学位，于当年10月返国。先后任中国科学院大连化学物理所副研究员、研究员、副所长、所长，1980年当选为中国科学院院士，1981年被聘为国务院学位委员会学科评议组成员，1984年当选为中科院化学部常委。1992年当选为第三世界科学院院士，1998年当选为国务院学位委员会委员。先后任中科院化学部副主任、主任，中科院主席团成员，《化学物理通讯(阿姆斯特丹)》国际编委，英国化学会法拉第会志国际编委，国际纯粹与应用化学联合会执行局成员，《光谱化学学报》编委，北京大学、清华大学、南京大学、中国科学技术大学、复旦大学、南京化工大学兼职教授，浙江大学名誉教授，香港中文大学荣誉理学博士，中科院化学研究所兼职研究员，国家自然科学基金委员会主任、名誉主任，中科院道德建设委员会副主任，中国工程院主席团顾问。现任中国科协副主席，中国科学院主席团成员。曾当选为中共"十三大"、"十四大"代表，"十四大"主席团成员，第八、九届全国政协常委，第三届全国人大代表。

张存浩1928年2月出生于天津一个知识分子家庭，祖籍山东无棣。其姑父傅鹰是享誉中外的化学家，中国科学院首届学部委员，曾任北京大学副校长。姑母张锦23岁时在美国获得化学博士学位，是我国化学领域较早的女博士之一，后任北京大学教授。早年从美国学成回国的傅鹰和张锦夫妇从1937年起将张存浩带到自己身边，极尽教育启蒙之责，他们献身祖国教育和科学事业的举动，以及强烈的民族自豪感和爱国主义精神，对张存浩影响很深。他自幼好学，在家庭环境熏陶下，日渐养成严谨、独创的治学态度，以及重视理论与实践结合的学风和素质。

1938年张存浩入重庆南开中学学习，1940年转入福建长汀中学，1943年考入厦门大学化学系，次年转入重庆中央大学化工系(1946年学校迁回南京)，1947年毕业。1948年赴美留学，先入依阿华州立大学化学系读研究生，后又进入密西根大学化工系学习，1950年获密西根大学化学工程硕士学位。他放弃了继续攻读博士学位的机会和优越的工作生活条件，当年10月即启程返国。

回国后，张存浩到东北科研所大连分所(中科院大连化学物理研究所的前身)的"燃料第一研究室"工作。当时水煤气合成石油是世界性热门课题。他急迫地要为新生共和国的建设事业贡献自己的才学，在我国催化科学奠基人张大煜的指导下，张存浩开始与楼南泉等人全力投入水煤气合成液体燃料的研究。经过一段时间的潜心钻研，张存浩和同事们终于研制出一种性能很好的催化剂——高效氮化熔铁催化剂，并创造了新的工艺——氮化熔铁催化剂流化床水煤气合成石油，取得了"小试"和"中试"的成功。张存浩在解决流化床传热与反混问题上也有所贡献。1956年获首届国家自然科学三等奖。组织上对年轻人取得成绩给予诸多鼓励，1955年6月，中国科学院成立学部，张存浩作为青年代表出席了科学界最高学术机构的这一会议。同年9月，27岁的张存浩当选为全国青年社会主义建设积极分子。次年一月，又作为全国政协的特邀代表，到北京参加全国政协会议。

20世纪50年代末，紧张的国际形势迫使中国必须独立自主并迅速地发展国防尖端技术。张存浩很快转入火箭推进剂研制这一对他来说几乎是全新的领域。他和楼南泉负责领导火箭推进剂和发动机燃烧方面的研究，在这项重要前沿课题中，取得了一系列重要成果。这项在1964年完成的成果获1982年国家自然科学三等奖。"文革"期间，火箭推进剂研究室迁往三线，张存浩作为"五七大军"的一员，全家人一起被下放农村一年半的时间。如此卓越、从事这样重要工作的科学家被迫中断研究，无疑是对国家的一个损失。

1973年中科院大连化学物理研究所正式成立了"化学激光研究室"，这是一项真正的尖端高技术，以当时的中国科技水平来搞这项研究，难度是很大的，而这项工作又需要相当多的光学知识，对张存浩来说，意味着又一次"改行"。但以他的性格，愈是新的、愈是难的前沿研究，就愈不惧怕。经过他和何国钟、沙国河、杨柏龄等人的艰苦攻关，超音速燃烧型氟化氢、氟化氘激光器终于诞生了。这一项目获1979年国防科工委科技成果二等奖。此项成果相当于当时美国发表的水平，为发展我国国防高科技事业做出了重要贡献。

20世纪80年代以来，张存浩领导了激光化学和分子反应动力学的研究，取得了多项达到国际先进甚至领先水平的成果。研究成果获得1997年、1999年国家自然科学二等奖等。他还获得1997年中科院自然科学一等奖，2000年第八届陈嘉庚化学科学奖，2002年何梁何利科技进步奖。张存浩从事科学研究40多年来，发表学术论文80余篇，其中三分之二以上发表于国际知名刊物。1993年发表于《科学》上的"Dou-ble Resonance Spectroscopy and Molecular Dynamics"一文及1995年发表于美国物理学会的《J.Chem. Phys》上的"Evidence for Quantum Interference in Collision-induced Intramolecular Energy Transfer within CO Singlet-Triplet Mixed States"一文，更是独具创见。培养硕士、博士生30余名。

张存浩还是一位基础研究的卓越领导者。1986年后，张存浩担任中科院大连化学物理研究所所长，领导全所科研人员围绕解决国民经济和国防技术尖端科学问题，开展任务攻坚，同时致力于学科建设和基础建设，使这个有着悠久历史和光荣传统的老所焕发出新的生机和活力。担任所长的张存浩学风民主，严于律己，宽厚待人，善于发挥大家的长处，能广泛团结不同意见的人共事。他非常重视科技人才的发现、培养和使用，对一些有才干的中青年科技人员，他敢于大胆提拔并委以重任，竭力为他们创造脱颖而出的良好环境和条件。

1991年，张存浩被任命为国家自然科学基金委员会主任，受党和政府及诸大科学家的重托，肩负起科学基金管理工作的重任。科学基金制在我国还是一个初步尝试。在工作中张存浩坚持贯彻唐敖庆老主任倡导的"依靠专家、发扬民主、择优支持、公正合理"的评审原则，有效发挥了科学基金评审的学术交流作用。他针对不同时期科学基金工作的特点，适时提出"控制规模、提高强度、拉开档次、鼓励创新"及"加强基础、突出创新、调整结构、提高绩效"等一系列资助政策，科学基金日渐形成较完善的资助格局和较成熟的管理模式。在他的领导下，国家自然科学基金委员会制定了一系列鼓励青年人才成长的政策措施，为支持我国高层次青年科技人才培养发挥了巨大作用。

张　毅

张毅，男，汉族，1902年11月1日出生，湖南省宁乡县人，民盟盟员。

1921～1926年在湖南湘雅医学院学习。由于在学校积极参与反军阀统治、反对列强侵略的学生运动，张毅同志被学校当局认为是过激分子，于1926年被开除了学籍，转入武汉医学专科学校继续学习。他仍积极参加当时的革命活动，不久参加了叶挺将军率领的部队，在北伐军中担任上尉军医，经常出现在硝烟弥漫的战场上，为抢救英勇的北伐军战士而忘我工作。后随叶挺部队到了南昌，参加了举世闻名的"八一"南昌起义。1929年初，到上海中央大学医学院（现上海医科大学前身）学习。由于他学习刻苦，成绩优异，1932年，被留校任药理科助教、讲师。1935年，他考取了庚子赔款留英，先后在伦敦大学生理系和爱丁堡大学药理系攻读研究生。在哺乳动物心脏的新陈代谢、心脏能量来源以及药物或缺氧时对心肌代谢的影响等研究方面取得优异成果，在英国《实验生理学》（季刊）上发表了《关于哺乳动物心脏新陈代谢的研究》等5篇论文，获医学和哲学博士双学位。他的导师克拉克（A.J.Clark）一再挽留他继续留在英国共同搞科学研究，但他认为自己是中国人，不能贪恋异国的物质生活和科研条件，应该把力量贡献给自己的祖国，因而在学成后毅然携眷离开伦敦，回到了灾难深重的祖国。

1938年7月，张毅同志回到了母校上海医学院，先后任药理科讲师、副教授、教授兼药科主任和上海天丰药厂厂长。除教学外，他克服了当时实验条件差的困难，因陋就简地继续从事有关心肌代谢的实验研究，并对局部麻醉药的药理作用进行了探讨，发表论文10余篇。1949年2月，他在地下党的安排下，冒着生命危险，秘密地离开上海，绕道香港，来到大连，迎接中华人民共和国的诞生。从此，他找到了理想的归宿，并把自己的后半生献给了新中国的医学教育事业。

到大连后，他积极参加了大连医学院的创建，先后任药理组主任、教务长、副院长、院学术委员会主任。1969年，又随学院南迁遵义，任遵义医学院药理学教研室主任、副院长，主管全院教学科研工作。他根据革命和建设各个时期的需要，在继承老解放区办学的优良传统基础上，适当吸收国外医学教育的先进经验，结合我国实际，反复为学校制定和修改教学计划。1958年以后，有的院校教学计划年年修订，政治运动冲击教学，随便破课程体系或立课程体系，搞大合大改，但他始终把不断提高教学质量和实现培养目标放在首位，不受大合大改的影响。为了保证各个时期教学计划的实施，他认真细致、积极稳妥地组织全院各科室进行落实。1963年，卫生部肯定了大连医学院在贯彻《高教六十条》中提高教学质量所取得的成绩。

1958年后，张毅同志先后任旅大市副市长，第三、第四、第五届全国政协委员，大连市政协副主席，第三、第四届民盟中央委员，民盟辽宁省、贵州省委副主任委员，民盟旅大市第三、第四、第五届委员会主任委员，为大连市民盟组织的巩固和发展做出了重要贡献；卫生部学术委员会委员，中国药学会副理事长兼贵州省分会名誉理事长，中国生理科学会理事兼贵州省分会名誉理事长、中国生理科学会药理学会名誉主任委员。此外，他还担任全国性学术刊物《生理科学进展》顾问、《中国药理学报》编委。他十分重视专业学会组织在传播科学知识和交流学术经验中所起的重要作用，并积极参加学会的组织和领导工作。1979年9月，当时他已重病在身，还不辞辛劳，亲自出席在成都召开的全国药理学会成立大会和12月在南京召开的中国药学会第四届年会，分别作了《我国药理学的回顾与展望》和《中国药学会第四届年会总结》发言，为学会工作者树立了光辉榜样。1980年9月当《中国药理学报》问世时，张毅同志已卧病在床，他翻阅着自己写的创刊词，微笑地说："祝中国药理学报越办越好。"

张毅治学严谨，诲人不倦。在教课期间，他认真备课，在精练内容上下工夫。他讲课一贯以少而精、逻辑性强闻名全校，深受广大师生欢迎。有的教师曾说："张教授讲课，一句也不能丢。"他在培养研究生和青年教师时，总是教导他们要重视科学的思维与开创精神，这样即使在简陋的条件下，也能创出高水平的成果。20世纪50年代，他的第一批研究生就是在这种思想指导下较好地完成了毕业论文。他主张放手让青年去实践，到科学的大海洋里去游泳。他反复强调事实是科学研究的基石，有多少事实讲多少话，不要夸大，也不要缩小。他经常为青年教师逐字逐句地修改讲稿，进行检查性听课。从20世纪50年代到70年代他先后培养了多批研究生，主办过高、中级药理师资进修班，还接收过许多由全国慕名而来的进修生，他为我国培养了一大批药理学专业人才，分散在国内外，其中绝大多数已成为所在单位的负责人或骨干。此外，对各地专程来访或来信求教的同志，他总是亲自接待，亲自回信，耐心指导，满腔热情地给予鼓励和帮助。1980年下半年，他已身患癌症晚期，当腹腔巨大的肿瘤迫使他不能坐着书写时，他就躺在床上，把研究生的论文稿垫在墙上，侧着身子为他们一字一句地修改论文。

张毅在上海医学院讲授药理学时，都是沿用外国教材。这些书不符合我国国情，理论脱离实际。中华人民共和国成立后，早在1951年，他就为大连医学院编写了第一本药理学教科书——《应用药理学》。他历来主张教科书要重点突出，要有科学性、逻辑性、要简明扼要，既能反映国内外新成就，又要通俗易懂。他认为讲课要少而精，教材也要少而精，书不能越写越厚。1979年，他为《基础药理学》编写总论时，根据他多年来对药物作用的理解和构思，从五个方面归纳并提出了药物作用的基本规律，既简化了内容，又便于学生理解和掌握。30多年来，由他主编、编写和主审的药理学教科书或参考书共12部，多数为全国高等医药院校及医疗、研究单位所采用。这些教材、参考书内容丰富新颖，有些属国内权威性著作，深受广大读者和药理工作者的欢迎和好评。为了编写这些教材，他几乎放弃了自己全部休息时间，并乐此不疲。1980年，他已卧床不起，还对家人说："我还有5名研究生未毕业，还想编几本书，如果再给我一年时间，我就满意了。"他在生命的最后时刻，想到的仍是为人民多做贡献。

张毅同志在病重期间仍念念不忘他为之奋斗30余年的大连医学院和遵义医学院，关心两院的办学，关心人员的去留，体现出他对医学教育事业的一片赤诚之心。在他弥留之际，他要求组织上将其遗体进行解剖，并将肿瘤做成标本，献给教学、医疗和科研。他把一切献给了党，献给了人民，献给了医学教育事业。

李士豪

李士豪，男，汉族，1914年5月22日出生，1992年1月8日逝世，广东省梅县人，九三学社社员，中共党员。

李士豪同志1936年于交通大学唐山工学院土木工程系获学士学位。同年，去美国康乃尔大学深造，1938年获该校水利工程硕士学位，并被录取为美国芝加哥大学数学系研究生。从1939年到南京解放前夕，李士豪同志任原中央大学水利系教授。在中央大学任教期间，他曾任重庆行政院水利委员会视察工程师、南京水利部工程师、水利部器材司技正兼帮办。

李士豪同志在抗战期间就以满腔爱国热情倾向进步，在1941年他就参加了中国共产党支持的重庆自然科学座谈会(即九三学社的前身)，学习辩证唯物主义和历史唯物主义，了解解放区的情况和讨论中国的前途。在此期间，周恩来同志曾和他亲切交谈并给了他很大鼓励。李士豪教授是九三学社的创始人之一，1946年5月4日，九三学社在重庆正式成立时，李士豪教授当选为十六位理事之一。李士豪同志于1949年2月，途经香港、朝鲜来到原大连工学院任土木系教授兼任系主任。李士豪同志担任大连工学院的土木系、水利系主任长达十七年之久，呕心沥血，为建立、发展大连工学院，为水利系的建设，为培养新中国的水利建设人才做出了很大的贡献，许多老校友至今还非常想念李士豪教授。李士豪教授还曾担任过大连工学院科研处处长、教务处处长、中国共产党大连工学院党委委员、大连工学院学术委员会副主任、水力学教研室主任、教育部高等学校工科力学教材编审委员会委员等职务。

李士豪同志长期积极参加科协、学会的活动。在20世纪50年代初，他积极参与了筹建旅大市科协及旅大市土木工程学会；20世纪50年代后期，辽宁省科协成立后，他任副主席，一直到1987年1月；他还担任过中国力学学会理事，力学学报编委，中国水利学会理事及名誉理事，中国水力发电工程学会理事及名誉理事，辽宁省水利学会副理事长及中国水利学会水力学专业委员会副主任等职务。他为科协和各学会做了大量工作，在国内有较大的影响。

李士豪教授是原大连工学院水利系创始人之一，水利工程专家，建校初期即来校任教的知名学者，他曾教授过水文学、治河工程学，长期教授水力学，并于1956年开始指导研究生。在繁忙的行政工作和教学工作的同时还积极开展科学研究，在20世纪50年代初他就开始研究护坦上水流脉动压力，对电测技术在水利界的应用起了很大的促进作用。李士豪同志身体力行，贯彻科研必须和生产实践相结合的原则，他曾负责、参加过许多工程项目的科学研究，如：白山水库泄洪设施、海龙进水塔振动、水下爆破、碧流河水库溢流坝、乌溪江水库底孔水力学及闸门振动、清源水库侧槽式溢洪道等，对工程设计提供了必要的依据和许多合理的建议。李士豪教授于1985年离休后，还主编了土建、水利类的《流体力学》，完成了国家科学基金项目"空泡动力学及其应用"和国家"七·五"攻关项目"三峡工程深孔、底孔重叠布置双层过水方案"的研究，这两个项目所取得的成果都获得了国内同行专家较高的评价。

1956年夏秋之际李士豪教授受九三学社中央委员会委托筹建旅大市组织，并担任筹建九三旅大组织召集人。经过他的努力，在1956年12月9日，成立了"九三学社旅大直属小组"。1957年4月14日，九三学社旅大分社筹备委员会成立，李士豪教授任筹委会副主任委员兼组织部长。1983年12月、1989年1月，李士豪教授分别当选为九三学社第七届、第八届中央委员会委员。1984年6月28日，九三学社大连市第五届委员会召开，李士豪教授德高望重，任九三学社大连市委员会顾问，直至1992年1月8日，李士豪教授不幸逝世，终年78岁。从20世纪50年代直到他逝世，李士豪教授热心社务工作，始终坚持对九三社员进行社章社史教育，以切身体会讲述九三学社与中国共产党风雨同舟的历史，要求社员坚持中国共产党的领导，走有中国特色的社会主义道路。李士豪教授在九三学社的带头作用和做出的卓越贡献，是有口皆碑的。

李士豪同志自从1956年6月加入中国共产党以后，他的精神飞跃到了更高的境界。他淡于名利，从不替自己打算，真正做到了一切交给党安排。他平易谦和，扶掖后进，关心群众。他生活非常简朴，虽是二级教授，常乘硬座车出差，当周围同志有困难的时候，他经常慷慨相助。他还孜孜不倦地教育子女，勉励他们全心全意为党为人民工作。李士豪同志在"文化大革命"中，受到了很大的冲击，但他毫无怨言。他虽已于1985年离休，但他始终坚持以一个共产党员的标准严于律己，为祖国的四化发挥余热。

一心操戈为教育，半点未曾留自己；春蚕到死丝方尽，蜡炬成灰泪始干。李士豪同志如春蚕，像蜡炬，为党的教育事业和水利事业，默默地奉献了他的大半生。李士豪同志培植的桃李已开遍五湖四海，他高尚的品德将永远激励我们为建设有中国特色的社会主义而奋勇前进。

李 才

李才，男，汉族，1952年7月出生，辽宁省锦州市人，民建会员。

李才于1968年参加工作，1982年辽宁财经学院大学本科毕业，获经济学学士学位。1986年毕业于东北财经大学投资经济专业，获经济学硕士学位。之后较长时间内一直在东北财经大学投资系从事教学工作，曾任投资系副主任、教授。1996年调任大连市计划委员会副主任，2001年调任大连市政府经济研究中心副主任、研究员，2003年调任大连市统计局副局长，2005年调任大连市政府发展研究中心主任。多年的高校教学工作和经济管理工作，形成了李才治学严谨、工作认真的工作作风。自任大连市政府发展研究中心主任以来，李才多次参与大连经济发展规划的制定、辽宁沿海经济带开发的研讨，带领全体人员公开出版学术专著5部，在全国省级以上刊物公开发表学术论文80余篇，获国家级科研奖1项，省部级科研奖5项，为大连市的经济发展和推动辽宁省沿海经济带建设做出重要贡献。

李才同志曾任民主建国会大连市委员会第十、十一届副主任委员，现任民建中央委员，民建辽宁省委副主委，民建大连市委第十二届主任委员，辽宁省政协常委，大连市政协常委。在党派工作中李才继承发扬民建的光荣传统，始终坚持自觉接受中国共产党的领导，坚定不移走中国特色社会主义政治发展道路，发挥个人才智，带领民建大连市委为多党合作事业做出了突出贡献。作为大连市政协委员，他发挥自身知识渊博、参政议政能力强的优势，认真履行参政议政职能。怀着对百姓、对社会强烈的责任感，每年都会对一些民生问题进行调研，并且形成高质量的提案。在就任民建大连市委副主委期间，李才主抓参政议政工作，使民建大连市委的参政议政工作的质量和水平上了一个新台阶。2001年《关于加快建设我市北方人才高地的建议》、2002年《全力推进我市个体私营经济的跨越式发展》、2003年《关于构建多元化投融资体系，推进"大大连"建设步伐的建议》连续三年被列为1号提案，受到市委市政府领导的多次批示，2003年1号提案还荣获"优秀提案特等奖"。

2006年底，李才同志高票当选民建大连市委第十二届主任委员。在新的领导岗位上，李才不辱使命，不负众望，带领民建市委班子开拓创新，各项工作取得了新的成绩。他注重加强领导班子建设，通过积极认真深入开展各种形式的政治交接主题教学活动，夯实了继承民建优良传统、坚定不移地走中国特色政治发展道路的思想政治基础，提高了班子成员的政治把握能力、参政议政能力、组织领导能力和合作共事能力。他重视组织发展工作，强调从建设适应时代和多党合作事业发展需要的高素质参政党的高度，做好组织发展工作，严把组织发展质量关，发展了一批高层次的会员，提高了民建整体素质。他非常看重参政议政工作，认为参政议政是民主党派的第一要务，也是民主党派履行职能、发挥作用的重要形式。在他的关心带领下，近三年来，民建大连市委的参政议政工作取得了喜人成绩。民建大连市委所提提案荣获2007年辽宁省政协一号提案和2009年大连市政协一号提案，重点提案10件，其中市领导督办提案2件。在2007～2008年的专题调研中，民建市委中标9个调研课题，有6篇调研报告分别获得一、二、三等奖。2009年专题调研中，中标课题7项，其中短期课题有4项被市领导批示。在2009年市政协开展的征文活动中，共向市政协交稿22篇，有13篇分别获得一、二、三等奖，并荣获市政协颁发的唯一一项组织奖。针对民建会员中企业家比例较多的特点和优势，李才强调民建企业家应该饮水思源，回报社会，要把社会服务当成是一项长期的任务，要充分发挥民建企业家会员的自身优势，积极全面地开展各项社会服务工作，为构建和谐社会做贡献。2007年以来民建市委发动会员积极参与大连市各民主党派开展的"爱在滨城"活动和民建中央"思源工程"，捐款60余万元援建了庄河冯屯、大房身和朝阳凌源董杖子等3所希望小学，为推动教育事业发展做出了贡献。捐款580余万元，在普兰店市同益乡庆阳村修建一条长度为8公里的引水渠及拦水坝，建一座总蓄水量为400000立方米的蓄水平塘。2008年"5.12"汶川大地震后，民建大连市委共向灾区捐款捐物折合人民币735万元。共开展捐资助学、扶贫帮困活动近200余次，筹集资金折合人民币近2300万元，为和谐大连建设做出了应有的贡献。

　　李才就任民建大连市第十二届主任委员已经三年。这三年，民建大连市委在李才主委的带领下，自身建设、参政议政、社会服务等工作都迈上了新的台阶。李才以对民建组织的挚爱之情和他卓越的领导才能，团结带领全市民建会员坚定不移地走中国特色政治发展道路，积极履行参政党职能，不断推进自身建设，为促进多党合作事业做出了积极的贡献。

李 宏

李宏，男，汉族，1955年11月生，农工党党员。

1984年毕业于中国医科大学英文医学班。先后在中国医科大学肿瘤研究所、日本癌症研究所和瑞士洛桑大学医学院从事肿瘤分子遗传学方面的硕士、博士和博士后课题研究。1994年满怀报国志向学成回国，到沈阳医学院筹建并主持分子生物学研究室工作，取得了突出的业绩。2001年调入大连医科大学，担任细胞生物学教研室主任、教授、肿瘤研究所所长、辽宁省高校癌症基因组学重点实验室和辽宁省癌症基因组学重点实验室主任。他还是辽宁省肿瘤基础和应用研究创新团队学科带头人和辽宁省生物化学和分子生物学优秀中青年学科带头人。

在中国医科大学肿瘤研究所工作期间，李宏在国内率先建立系列性人胃癌裸鼠移植模型，并从中筛选出具有高自发转移潜能的胃癌移植瘤系SY86B，并很快在国内的基础研究和抗癌治疗等领域中推广应用，取得了良好的社会和经济效益；该项成果通过省级科研成果鉴定，获得了1988年卫生部和1989年辽宁省科技进步三等奖。

国外留学期间，李宏作为项目组主要成员参加日本文部省和厚生省科研项目。在多阶段肝癌发生的遗传学基础方面具有独到的见解和发现，所发表的一系列学术论文受到国际同行的普遍认可和频繁引用。在瑞士洛桑大学主持神经肿瘤生物和遗传学实验室工作期间，他以良好的工作业绩圆满完成了瑞士国家科学基金资助的科研项目；在国际著名期刊上发表多篇学术论文，其中，1993年底发表在Cancer Research上的论文，被认为是CD44与肿瘤转移关系的经典作之一，目前已被他人引用百余次。

1994年学成归国，筹建并主持沈阳医学院分子生物学实验室的教学和科研工作，其间，先后承担或参与40多项国家和省部市级科研项目以及横向课题，其中包括3项国家自然科学基金，2项卫生部优秀青年人才基金和一项辽宁省优秀青年科研人才基金。在"肿瘤侵袭和转移的分子机制"和"中枢神经系统肿瘤的遗传学特点"等研究领域取得了多项科研成果。曾在国家自然科学核心期刊和国际著名杂志上发表一系列学术论文，有3项成果通过鉴定并获辽宁省和卫生部科技进步3等奖，沈阳市科技进步1等奖以及辽宁省教委1、2等奖。先后荣获卫生部优秀青年科技人才、辽宁省优秀青年科技人才、沈阳市青年科技拔尖人才、国务院政府特殊津贴、国家人事部有突出贡献中青年专家、沈阳市劳动模范和沈阳市优秀专家等荣誉和称号。

2001年，李宏负责筹建大连医科大学细胞生物和分子遗传学实验室和肿瘤研究所。经过近8年的快速发展，他领导的实验室已经具备了在组织、细胞、基因和基因组水平高起点地开展正常细胞生理活动，病变细胞的病理学、细胞生物学、肿瘤免疫学和分子遗传学等特征的基础和应用基础研究的实验条件，形成了一支结构合理、素质较高、学术思想活跃的学术团队。他们在"胃癌的基因组学特征与胃癌相关基因筛选认定"和"髓母细胞瘤生长、分化和凋亡相关基因解析"等课题研究中取得具有国际先进水平的科研成果。他以独特的创新性思维,在国际上首次研制出"高品质多用途高通量冰冻组织芯片"、"冰冻组织特定区域的定点捕获和核酸/蛋白提取"、"高密度多用途细胞爬片制备和操作装置"等独创性实验技术并在生命科学的相关领域推广应用。这些成果受到国家自然科学基金的重点资助并得到国家基金委领导的充分肯定和好评。

李宏先后承担或参与了30多项国家和省部市级科研项目以及横向课题,其中包括6项国家自然科学基金课题(其中一项为按重点项目管理的专项基金),一项国际合作课题,一项辽宁省教育厅重大基础研究项目,8项省创新团队和重点实验室基金。在"胃癌的基因组学特征与胃癌相关基因筛选认定"、"髓母细胞瘤生长、分化和凋亡相关基因解析"、"生物医学研究新技术和新方法的开发与应用"等课题的研究中取得大量创新性学术成果和具有独创性的技术方法。在国家自然科学核心期刊和国际著名杂志上发表50多篇学术论文,其中SCI收录论文24篇,总影响因子达到75.788(2008)。有4项成果通过鉴定并获辽宁省自然科学2等奖、辽宁省科技发明3等奖、辽宁省科技进步3等奖及大连市科技进步1等奖。申报国家发明专利6项,目前已获得两项,另有四项正处于实审期。鉴于其较深的学术造诣,李宏被国际知名杂志Cancer Letter聘为编辑,并担任多个国家一级和二级学会的副主任委员、常委或委员。

虽然承担繁重的科研任务,但其不忘其教师本职,以良好的职业道德和学术道德素养,严谨的治学态度潜心培养本科生、留学生、硕士和博士研究生以及博士后研究人员。多年来,承担了五年制英文班,留学生以及硕士生和博士生的细胞生物学教学工作,参与了三本国家规划本科教材的编写工作,从而在教学、科研、人才培养和学科建设等方面取得了突出成绩。在研究生培养方面,共培养博士生9人,硕士生7人。由他指导的博士研究生程晓馨的论文获辽宁省优秀博士毕业论文(2006)。他在承担繁重的教学、科研和研究生培养任务的同时,还协助兄弟院校指导和培养十多名硕士和博士研究生。目前,他们在各自的工作岗位上成为专家能手,发挥着重要的作用。李宏同志还将多年积累的、珍贵的科研材料/实验试剂无偿地提供给兄弟单位,受到人们的普遍赞誉,为推动我国分子肿瘤学研究事业的发展做出了应有的贡献。其获得的科研成果已向省内外二十多家单位推广应用,产生了良好的社会和经济效益。这些都充分体现出其在科技工作中着眼大局、资源同享、携手共进的协作精神。

李宏先后被评选为大连市劳动模范、大连市优秀发明专家、大连市优秀专家、大连市归国留学人员创业英才标兵。他领导的年轻实验室于2004年12月被批准为辽宁省高校癌症基因组学重点实验室,2006年被批准为辽宁省癌症基因组学重点实验室,2007年被评为辽宁省创新团队。

李　灿

　　李灿，男，汉族，1960年1月出生，甘肃省永昌县人，无党派人士。

　　1983年，考取中国科学院大连化学物理研究所硕士研究生，1986年又考取该所博士研究生，此后赴日本东京工业大学留学，1989年获得了理学博士学位。回国后，他重点围绕催化材料、催化反应和催化光谱表征展开研究工作，获得中国科学院自然科学二等奖。先后到比利时新鲁汶大学、美国西北大学、英国利物浦大学、日本东京大学和美国里海大学进行博士后短期访问教学工作。在此期间，他开始致力于解决拉曼光谱用于催化研究面临的灵敏度低和荧光干扰的难题，利用西北大学良好的实验条件进行了一些早期探索性研究，回国后，全身心地投入到催化表征研究的紫外拉曼光谱仪的科技攻关之中，终于成功地解决了内反射椭圆收集光镜、催化原位研究的外光路系统以及紫外区增加光通量等技术难题，研制出国内第一台用于催化研究的紫外拉曼光谱仪，该成果获中科院发明二等奖和国家发明二等奖，得到国内外同行的重视，为此，美国、加拿大、法国、荷兰、西班牙、日本的一些实验室以及国内20余个单位与李灿研究组进行合作研究。

　　1998年开始，他担任大连化物所催化基础国家重点实验室主任，继续深入紫外拉曼光谱研究，建成第二代紫外共振拉曼光谱技术，并开始商业化生产。同时，进一步拓展研究领域，采用无机−有机杂化合成将均相手性催化剂引入纳米孔中进行手性催化等，在纳米孔中的多相手性催化研究中取得新的成果。2001年以后，他又对自己的研究方向和领域进行了重大的调整，为了解决可再生能源和环境问题，决定开拓一个更富挑战性的陌生的领域——太阳能科学利用研究。太阳能是可再生能源的重要组成部分，对于解决未来环境问题具有极其重要的战略意义。经过近7年的积累，他发展了光催化剂表面异相结和异质结概念并发现纳米光催化剂表面异相结和异质结可以大幅度提高太阳能光催化制氢性能，引起光催化学术界的极大关注。最近，李灿研究组利用双共催化剂发展了三元光催化剂体系，产氢量子效率达到90%以上，这是迄今为止报道的光催化产氢最高的量子效率，该成果发表后，美国《化学与工程新闻》立即进行了大篇幅的报道，评述为近年来催化和表面研究方法的新进展。同时，日本东京大学光催化研究专家K. Domen教授也给予了高度评价，认为该工作提供了一种人工设计高效光催化剂的方法。李灿作为主要负责人之一，参与组织了"中国科学院太阳能行动计划"，并牵头在大连化物所筹建"太阳能光化学转化研究中心"，相信中心的建成将会进一步加快太阳能科学利用的研究，为我国清洁能源的发展做出更大贡献。

　　李灿现任催化基础国家重点实验室主任，中法催化联合实验室中方主任，大连化物所学位委员会主任，中国物理学会光散射委员会主任，中国化学会催化委员会主任，国际催化学会理事会主席，研究员，博士生导师。2002/2003年度被法国巴黎皮埃尔玛丽居里大学聘为教授，被澳大利亚昆士兰大学聘为荣誉教授。2003年，年仅43岁的李灿增选为中国科学院院士，成为当时中国科学院最年轻的院士之一。2005年当选英国皇家化学会Fellow、第三世界科学院院士，2008年当选欧洲自然和人文科学院院士。先后培养硕士、博士和博士后60余位。共有10余种国际权威学术刊物邀请李灿担任编委和顾问委员。已经在国内外学术刊物发表正式论文400余篇，其中300余篇发表在国际学术刊物上。在国际Elsevier Science B.V. 系列中主编论文集一本。申请中国发明专利近50件（20余件已授权）。被国际学术会议邀请做报告和大会特邀报告50余次，此外在国内外著名大学讲学和国际会议上作学术报告200余次。如2004年在法国巴黎举行的有2100余人参加的第十三届国际催化大会上，李灿作为中国学者首次被邀请做60分钟大会邀请报告；2005年在第七届欧洲催化大会上做邀请报告；2006年底在第四届亚太催化大会上做大会特邀报告；2007年在美国能源部催化战略研讨会上做大会特邀报告；2008年在英国贝尔法斯特举行的第五届世界环境催化大会上做大会报告。曾多次主持国际学术会议。

　　他的研究成果得到国际学术界的广泛认可，在国际催化界有着重要的影响，分别获得中国科学院自然科学二等奖、发明二等奖和国家发明二等奖，中国青年科学家奖、香港求是科技基金杰出青年学者奖、何梁何利科学技术进步奖、中国科学院杰出科技成就奖等。2004年，他获得国际催化奖（国际催化奖是国际催化领域的最高荣誉，此奖每四年一次，每次仅奖励一人），这是我国学者第一次获得此殊荣。

　　他热爱党、热爱祖国、热爱人民，作为优秀的无党派代表人士，李灿当选为全国政协委员，兼任大连市政协副主席。他坚持中国共产党领导的多党合作和政治协商制度，认真贯彻党的"长期共存、互相监督、肝胆相照、荣辱与共"的方针，积极履行参政议政的职责，所提出的提案得到政府有关部门的高度重视，在科学研究工作中取得了突出成就，为我国催化领域在国际上所取得骄人业绩做出了巨大贡献。

李祉川

　　李祉川，原名金沂，字福源，男，汉族，祖籍广东省中山县，1907年6月8日生于上海，致公党党员。

　　李祉川1913年在山东威海刘公岛入小学。在这甲午风云的战场，童年李祉川即树立了反帝爱国的思想。1919年五四运动波及威海，少年李祉川积极参加抵制日货运动。1920年入天津南开中学。1925年"五卅"运动中，他积极投入示威游行队伍，深入街巷村舍进行宣传，同时仍以优秀成绩通过毕业考试。同年夏又以优异成绩考取清华大学与上海交大两校，经选择，入上海交通大学机械系学习，1929年毕业。先后在津浦铁路浦镇机车厂、胶济铁路四方机车厂实习机车修理及车辆制造。曾与他人合写"铁路车辆制造"一文，在中国工程师学会会刊上发表。1932年李祉川任津浦路浦镇机车厂工务员。时值"一·二八"战事兴起，日军侵入上海，李祉川义愤填膺，与前线将士同仇敌忾，奔走募捐，支援蔡廷锴将军领导的十九军抗击日寇。

　　1932年李祉川赴美国普渡大学研究院学习制冷工程，从业H.G.Venemann教授，以"Thermodynamic Properities of Certainfood"（一些食品的热力学性能）一文取得硕士学位，论文的结论和数据均被Venemann教授所著的《制冷学理论与应用》一书采用。毕业后在美国富力冷冻机厂工作，常到乡村及城镇安装制冷设备，在实践中提高，使技术与理论更加成熟。

　　1934年8月，李祉川回国，应聘入永利化学工业公司塘沽碱厂，并立即从事设备的改进工作，大大减轻了工人的劳动强度并改善了操作环境，取得了良好的经济效益。在20世纪30年代李祉川就独到地致力于提高设备热效率，节省了大量的能源。

　　1936年底，李祉川接任技师长。不久，爆发了卢沟桥事变，塘沽沦陷，李祉川等人将厂里蓝图在烧碱炉内集中烧毁，以免资敌。事后，为保证后方兴建新厂，李祉川受命带领8名技师，不惧艰险，多次往返天津塘沽，闯入已陷敌手的塘沽碱厂校核实物尺寸、结构及设备布置等，一丝不苟。历经四个月，整理出一套完整的纯碱竣工图纸资料，绕道香港、广州、武汉，行程万里，历尽艰辛，把这套资料安全运到重庆，使永利艰苦创业的结晶得以保存，从虎口中夺回珍贵的资料。到重庆后，李祉川和永利同仁在范旭东（爱国实业家、中国化学工业的奠基人）率领下，立即组织技术工人，利用拆迁内运的加工机器，以最快的速度在嘉陵江边建立起铁工厂，投入抗战建国的实践。

　　1938年12月李祉川奉命到纽约参加新法制碱(后称侯氏碱法，再后称联合制碱法)的实验和设计永利川厂的碱厂。1940年夏李祉川回国参加永利川厂建设，任设计部长，为建设大后方，发展华西化工做出了贡献。1946年侯德榜电令李祉川携塘沽碱厂整套竣工图纸赴纽约永利办事处工作，为战后十大化工厂进行设计、采购设备和培训人员。在美国期间，李祉川利用一切机会，广泛收集资料，积极培训人才，时刻准备报效祖国。

全国解放，祖国呼唤着有才之士回国建设。当时中美关系恶化，器材禁运。1951年李祉川毅然放弃在美国华昌公司高薪的任职机会，假借到英国旅游之便，甩掉美国官方控制，携全家五口悄然离美，经伦敦转船过埃及、亚丁、新加坡、香港到广州，于7月回到北京。投入祖国怀抱后，李祉川首先将永利碱厂的全套图纸完璧送回塘沽碱厂，并愉快地接受了永利公司任命的设计部长之职。从1952年起至1978年，李祉川一直主持设计、科研和施工技术工作并组织解决了大量的技术难题和关键问题，为我国化学工业的发展做出了应有的贡献。

"文化大革命"中李祉川受到了不应有的冲击，全家下放农村。1972年，他回到大连化学工业公司，先在设计处工作，后任公司副总工程师，继续为提高产品质量，改善环境做了大量工作。除指导设计人员完成了许多改建车间工程设计和设备设计，还承担了援越化肥厂和援阿纯碱厂设计文件的审定工作，以及辽阳化纤厂引进技术几千万字资料的翻译复制件的主审工作等。

20世纪80年代以来，年逾古稀的李祉川勤奋之志不减。工作之余，犹积极著述，先后主编了600万字的《化工厂机械手册》和134万字的《纯碱工学》，主持翻译了《美国化工厂机械手册》，还同他人合著《侯德榜》、合编《侯德榜选集》等，继续为我国化工机械和纯碱工业的发展出力。

在社会工作方面，李祉川也卓有建树。1960年，他出任大连市政协第三届委员，并于1978年当选为第五届副主席。1980年以来，他连续当选为辽宁省政协第四、五、六届常委和大连市人民代表大会常务副主任，还受聘担任大连市众多社团的理事、理事长、高级顾问等社会职务。在这些方面，李祉川同样认真负责，努力工作，积极提出意见和建议。仅1988年以来针对辽宁省及大连市农、渔、外贸、机电、邮电、交通、教育方面提出有分量的建设性提案就达30多件，卓有贡献。在担任大连市人大常委会副主任期间，李祉川分管经济，在加强标准计量体系和产品质量监督检查机构建设，加强环境保护管理等方面做了许多工作，收到了明显成效。

李祉川老人晚年丧妻，为纪念爱妻于梅韵女士，倾历年薪俸和稿酬的积余，设立"梅韵教育基金"，鼓励三好学生和优秀教师，为促进我国教育事业的发展添砖加瓦。为表彰李祉川的功绩，《辽宁省人民政协报》曾撰文报导，大连市政协连续三年评他为"为四化建功立业积极分子。"

李祉川治学严谨，知识渊博。对年轻技术人员严格要求，诲人不倦，工作勤奋、严谨，为人民服务不遗余力；终生廉洁自律，生活俭朴，待人谦诚宽厚。他的高尚品德和对祖国建设的贡献，受到广大群众的尊敬和爱戴。1987年，李祉川获中国化工协会授予"从事化工工作50年、为科技发展做出积极贡献"荣誉证书，享受国务院为表彰贡献突出的专家的特殊津贴，并被化学工业部命名为"对化工事业做出突出贡献的老专家。"

李祉川老人晚年虽身患重病，但他仍热切关注着国家的发展，人民的喜忧，忠心耿耿于他的事业，孜孜不倦地工作，终因常年劳瘁，于1995年1月12日逝世，享年87周岁。

李桂莲

李桂莲，女，汉族，1946年3月27日出生，大连普兰店市人，中共党员。

这位中国服装业的传奇人物，从1979年创业至今整整30年，是中国改革开放30年来企业发展史上的一棵常青树。1987年2月8日的《人民日报》报道了中国十大农民企业家的故事，李桂莲是其中唯一的女企业家，那十个人如今还活跃在商界的只有她和万向集团掌门人鲁冠球。

30年的时间里，李桂莲把一个85人的农村缝纫作坊发展成为拥有11000名员工的大型国际化服装企业。如今的大杨集团已经是中国西服出口的冠军企业，跻身"世界服装行业500强"之列，并受邀加入世界经济论坛全球成长型公司社区。李桂莲亲手创立的高级男装品牌TRANDS（创世），已经成为当今中国顶级男装品牌的代表。股神沃伦·巴菲特、世界经济论坛主席克劳斯·施瓦布教授等众多国际精英人士都已成为创世的忠实客户。

同时，李桂莲也以其在服装业界的不凡成就获得了国家和社会的高度认可。她曾连续当选第七、八、九、十届全国人大代表，多次受到党和国家领导人的亲切接见，并先后被评为"全国劳动模范"、"全国最佳农民企业家"、"全国优秀乡镇企业家"、"全国乡镇女企业家标兵"、"香港紫荆花杯中国杰出企业家成就奖"等多项荣誉称号。

在黄土地上创业的奇女人

认识李桂莲的人，都说她是一个奇女人。1979年9月，李桂莲在自己的家乡——距大连经济技术开发区60多公里外的杨树房镇，创办了新金县（现普兰店市）杨树房服装厂。招工那天，厂门前车水马龙、热闹非凡，几百人前来报名。经过3天的考试后，85名妇女留了下来，成为了大杨的第一批员工。也是从那一天起，李桂莲和这些姐妹们开始了艰苦的创业征程。

由于货源和技术的局限，她们开始时只能加工椅垫、套袖、工作兜等，举步维艰。尽管如此，李桂莲，这个只读过4年书的厂长却立下了大目标："要做就做最好"、"以产品质量求生存"。1981年的春天，市内一家大服装厂厂长找到李桂莲，说他们与一家美国公司签订了一项条绒西服加工合同，每件西服由46块面料组成，要求3天内拿出样品，准备去西欧参加博览会。如3天拿不出样品，另选厂家，还要索赔。

为了保质保量准时完成任务，李桂莲与员工们干了三天三夜，400件西服终于赶制出来。当李桂莲和技术人员赶到机场把样品送到外商面前时，外商吃惊了。外商对样品很满意，但不相信是农村小厂做出来的，当即退了机票，非要到工厂亲眼看看不可。他们来到工厂就直奔车间，顺着车间流水线逐道工序查看，并撕破一件西服做破坏性试验。最后外商满意地笑了，连声夸"OK，OK"，并当场拍板，

16000件条绒西服全在这里做。工人们高兴地回家拿来爆竹燃放了起来。从此，国际市场的大门向着小小的服装厂訇然开启。

1992年，大杨集团获得了外经贸部授予的进出口自营权，从而可以直接与外国公司接订单、做生意，走出国门寻找市场和目标客户。随之，大杨集团开始进入高速发展期：1993年，大杨集团正式成立；1995年，创办了一个属于自己的品牌——创世；2000年6月，大连大杨创世股份公司在上海证券交易所上市。

如今，大杨集团已经拥有30余家子公司，年产西服1000余万件，产品出口到英、美、德、意、日等二十几个国家和地区，"大杨缝制"的美名享誉世界。

要为社会打造一个百年企业

作为一个有头脑的兴村富民领头人，从大杨集团建立伊始，李桂莲就有一个想法：她要为社会创造一个百年企业，打造一个卓越的百年品牌。

1995年，她创立创世品牌，并于1997年在北京人民大会堂召开"中国服装创立世界名牌新闻发布会"，隆重推出"创世"，并向世界宣布："让中国服装与世界大牌一争高下"。

她请来意大利的国际著名服装工艺大师路易吉·布劳迪先生、日本的国际著名服装设计大师古川云雪先生、美国的国际营销专家戴维·玛格丽特先生等国际顶尖的服装专家。2006年，大杨集团还重金聘请了阿玛尼的前首席设计师凯特林·伊万诺先生加盟，担任创世品牌的设计总监。这样一支世界一流的品牌团队，为"创世"走向世界提供了全方位的支撑。

2005年年底，"创世"西服的高品质得到最好的肯定。中国国家主席胡锦涛出访欧洲，全程都穿着"创世"西服。

2009年5月，应世界股神巴菲特的邀请，李桂莲赴美国访问，参加了伯克希尔·哈撒韦公司的股东年会。年会上，巴菲特全程穿着"创世"为其量身定制的西服。比尔·盖茨、合伙人查理及其家人、拉斐酒庄的继承者罗斯希尔德家族成员、可口可乐公司前总裁、以色列前首富及美国商界巨头，纷纷预订"创世"西服，成为"创世"的粉丝。巴菲特先生在给大杨的题词中写道："三十年卓越，缝制男装新高度"。

"做世界一流服装工厂，立全球一流服装商社，创国际一流服装品牌"的三块金牌战略，在李桂莲的手中逐步实现，大杨集团也开始在全世界声名卓著。

热心社会公益事业

创业初始，李桂莲就有个心愿：让家乡农民都富起来，过上好日子。

30年来，她一直支持杨树房镇的建设，先后投资数亿元，在家乡杨树房镇建设工业小区、大杨国际服装工业园；陆续兴建了十多家大型服装企业，为当地及周边地区创造上万个就业岗位。同时，她投资上亿元，用于发展家乡的农业、教育、文化、医疗和社会福利等事业。

近年来，李桂莲投资近千万元，在辽宁北部贫困地区创办了十余所创世希望学校，并与集团的中层以上干部与阜新市80名贫困学生结成帮扶对子；投资600万元，建设大连市农村一流水平的杨树房镇中心小学。

2008年10月至今，全球金融风暴肆虐，李桂莲带领大杨万余名员工，在夺取2008年的大丰收之后，2009年上半年又实现了时间过半、任务过半、达到了20%增长的目标。

如今，李桂莲正在实现她的另一个心愿——让更多的中国人享受到"大杨缝制"的高品质着装服务。在创立30周年之际，大杨集团推出了一个全新的网上直销品牌——酷格部落（Yousoku），这是一个专门为中国的年轻新锐所打造的品牌。今天，她要让中国的年轻人也感受到大杨缝制的高尚品质。"我不但要让有钱有权的精英男士感受大杨的品质和品位，我更要让中国的年轻新锐们穿得起我的西装……我希望大杨可以见证中国未来精英的崛起。"

李颖生

李颖生，女，汉族，1915年7月2日出生，湖南长沙人，民进会员。

李颖生1937年毕业于湖南大学化学系，1949年参加革命。自参加革命工作以来，在党的领导和教育下，她的思想政治觉悟不断提高，她热爱党、热爱社会主义，积极申请加入中国共产党，工作勤勤恳恳，兢兢业业，尤其是在化学教学方面成绩卓著，多次受到奖励，她先后担任过中学副教导主任、民进大连市委秘书长、副主委、民进辽宁省委委员、第三届全国人大代表、大连市政协常委、副秘书长。1984～1988年任民进大连市委顾问。

在大学读书期间，李颖生受"一二·九"学生抗日救亡运动的激励，于1936年到上海实习时，参加了上海学生救亡运动会。回湘后，与长沙的"学救"、"妇救"、"文救"等救亡团体的负责人经常联系，参加其集会，商讨各团体如何开展救亡工作。1937年7月抗日战争爆发，是时刚刚大学毕业的李颖生在长沙自治女校任教导主任，而后又在长沙自治女校、国立第十一中学、湖南省立九中、溆浦县中和湖南女中任教导主任、化学教师和女生指导等，1950年调来大连。

来大连后，李颖生先后担任大连（旅大）育才学校副教导主任，大连（旅大）师范和大连（旅大）师范专科学校化学教师。她工作认真负责，虚心学习并运用先进的教育理论指导教学，教学效果优异；工作中，她联系群众，关心学生，作风正派，深受同事和学生的好评，曾被评为大连市优秀教育工作者、大连（旅大）师范学校先进教育工作者、大连市劳动模范，是当时大连仅有的两名一级教师之一。

1956年，李颖生加入了中国民主促进会，并和蒋永维、于乐等同志一起组建大连市民进组织。

1959年，李颖生调至民进大连市委，先后任秘书长、副主委兼秘书长。她虽身居领导岗位，但十分平易近人，经常深入民进基层组织和会员中，关心会员的思想工作和生活情况。她为人谦虚诚恳，正直善良，深受群众信赖。她热爱党，热爱社会主义，于1964年光荣地被选举为第三届全国人大代表。

李颖生像许多老同志一样，在"文化大革命"期间，深受"四人帮"迫害，于1970年，下放到庄河高阳，受到批斗，被关进牛棚。她虽身处逆境，但还念念不忘向当地农民传授文化知识，她虽然不能亲自授课，就先给子女讲叙、备课，再让子女给当地村民上课。她还用微薄的薪水给农民们购笔、笔记本等。李颖生的举动得到公社、大队以及村民的好评。虽然身处困境之中，但她坚信"四人帮"的倒行逆施是不会长久的，寒冬必将过去，神州大地将迎来美好温暖的春天，坚信有伟大的中国共产党、全国人民，"四人帮"的罪行必将受到历史的审判。

1976年，在粉碎"四人帮"后，李颖生从农村回到大连，她积极参与恢复大连民进组织和拨乱反正工作。

中国共产党十一届三中全会的胜利召开，使李颖生受到极大的鼓舞。此时她虽已退休，但不顾年迈体弱，怀着要把"余热"献给党的统战工作的赤诚之心和良好心愿，热心会务，关心会员，深受广大会员拥戴。

1980年，在民进大连市第五次会员代表大会上，李颖生被选为兼职副主委。1984年，在民进大连市第六次会员代表大会上，被推选为顾问。

李颖生退休后，仍然以极大的热情关心大连民进的工作，经常坚持参加民进大连市委组织的各项活动，有时身体不好，就请人陪同前来参加民进离退休会员支部活动。李颖生退休后，先后向家乡捐献近万元支持教育事业。2004年，李颖生在病重期间，提出了要把自己的遗体捐献给医疗事业。2008年四川汶川发生地震后，李颖生又派子女捐献500元钱支援灾区同胞。

李颖生一生热心教育事业和民主党派工作，她虽然做的每件事都很平凡，但平凡中却体现了她的一颗赤子之心和高尚的情操，值得我们永远学习。

杜两省

杜两省，男，汉族，1958年12月出生，山西省临猗县人，民盟盟员。

1977年考入辽宁财经学院（现东北财经大学）基建系，1982年1月毕业后留校任教。1983～1987年攻读东北财经大学投资经济专业研究生，获经济学硕士学位；1995年获经济学博士学位。1991～1992年作为中加交换学者赴加拿大圭尔夫大学经济系研究加拿大对华直接投资，1994年赴世界银行经济发展学院为世界银行培训网编写宏观经济管理培训教材。杜两省同志现为东北财经大学经济学院教授、国民经济学专业和西方经济学专业博士生导师，曾先后担任中国工业经济协会个人会员，中国固定资产投资建设研究会理事，辽宁省人民政府学位委员会学科评论组成员。杜两省1989年加入中国民主同盟，现为民盟大连市委副主任委员，先后担任大连市政协第九、十、十一届常委、市政协经济委员会副主任、大连市青年联合会常委、大连市地税局特约监督员等。

多年来，杜两省以治学严谨、勤勉踏实的作风感染着周围的师生。他潜心研究不同层次的教学方法，1997年获全校优秀教学一等奖，1998年起享受大连市政府特殊津贴，2001年获全校中青年教师教学大奖赛一等奖，并被评为财政部跨世纪学科带头人；在投资理论、西方经济学研究领域方面取得了丰硕的学术研究成果，先后在《中国社会科学》、《经济研究》等国内外重要学术刊物上发表学术论文80余篇；出版专著《投资与经济增长》和《转换经济增长方式与调整投资方式的研究》；翻译出版了《宏观经济学前沿问题》和《宏观经济学中的政治经济学》；独立完成了1990年国家社科基金青年基金项目课题《投资与我国经济持续稳定和协调增长的研究》；参与完成"六五"国家经济学科重点科研课题《基本建设投资效果研究》、"八五"国家社科基金重点项目《转轨时期的货币政策及宏观调控体系的研究》等多项课题；主持完成了"九五"国家社科基金重点项目《转换经济增长方式与调整投资方式的研究》、国家教委优秀年轻教师基金项目《转换经济增长方式过程中的投资改革调整》、2009年国家社科基金项目《内部收益率的区域差距与企业投资诱导系统：推进西部大开发战略新举措研究》等课题。

自担任大连市政协常委以来，杜两省同志始终致力于参政议政工作，围绕国家经济发展提供了众多颇有价值的意见和建议。积极参加市政协组织的各项视察活动、各项会议，积极建言献策，讲真话、讲有用的话、讲建设性的话。他所提出的提案和参与完成的建议案受到市有关领导的重视，例如，参与完成的"亚洲金融危机对大连经济的影响及政府的对策"建议案、"建立反腐败的控制系统"的提案，关于建设智能型城市、大力发展民营经济、建设区域性国际航运中心与发展临港产业、走新型工业化的道路、建立以循环经济为主导的城市发展模式、发展廉租房解决城市住房问题以及率先在全国建立指数化的城市最低生活保障制度的建议，受到市政府领导和决策部门的重视与采纳。他撰写的"转变经济增长方式，提高经济增长质量和效益的研究"专题调研报告、提出的"关于大连市抢抓国家十大产业振兴规划发展机遇的建议"以及"对创建中国北方科学发展示范城市，促进我市经济社会平稳较快发展的建议"，更得到时任大连市市委书记张成寅同志的重视和高度评价，并对这些调研和建议做过详细的批示。

自1989年加入中国民主同盟之后，杜两省同志始终以盟员的标准严格要求自己，积极参加盟组织的活动，甘心为盟组织贡献自己的热情和力量，努力为盟内其他同志提供机会，支持和帮助盟员做好专题调研工作，从而逐渐得到了盟领导和广大盟员朋友的信任和支持。

杜两省认为，是中国特色的政党制度为他提供了发挥作用的平台，中共东北财经大学党委对统战工作的重视为他提供了充分的机会，他所研究的经济学专业为他提供了参政议政的优势，因此，他更珍惜自己民盟盟员的身份、市政协常委的荣誉与责任。作为一名教师，杜两省同志治学严谨，为国家培养优秀的人才；作为一名政协委员，杜两省同志努力发挥参政议政的作用，围绕国家经济发展提出有价值的意见和建议。

杨延宗

杨延宗，男，汉族，1958年10月21日出生，河北省深县人，农工党党员。

1988年毕业于大连医科大学心内科专业，硕士学位。1990～1993年在意大利罗马大学留学。1999～2000年分别在美国芝加哥Loyola和纽约州立大学Syracuse医学中心做访问学者。2001年5月任大连医科大学附属第一医院内科教研室主任。2003年11月任大连医科大学附属第一医院心内科主任。2004年6月获得武汉大学博士学位。2005年11月担任大连医科大学附属第一医院副院长。他是我国心脏病学领域的著名专家学者，具有很高的声誉，现任北美心律学会委员，中华心电生理和起搏学会常委，中国生物医学工程学会心律分会副主任委员，中国医药生物技术协会心电学技术分会常务委员，辽宁省心电生理与起搏学会副主任委员，辽宁省医学会心血管病学会副主任委员，大连市心电生理与起搏学会主任委员等职。同时担任《中华心律失常学杂志》、《中国心脏起搏与心电生理杂志》、《中国介入心脏病学杂志》等十余家国家级学术期刊的常务编委或编委。2004年1月任大连市政协常委。

杨延宗具有高度的事业心和责任感，以精湛的医术服务广大患者，以高尚的医德带领大连医科大学附属第一医院的医护人员忠实履行救死扶伤、教书育人的光荣职责，在教学、医疗、科研等方面取得优异成绩。

1994年，他在国内首次用中英文两种语言利用电脑和多媒体向本科生进行临床心内科学和诊断学的教学，制作1200多张多媒体图片、幻灯片，将抽象问题一一化解，取得了良好的教学效果，《健康报》给予了专题报导。他主要从事心律失常基础性研究与临床治疗工作，在国内较早地进行了阵发性室上性心动过速介入治疗的基础实验研究，20世纪80年代便在"中华心血管病杂志"发表了经直流电消融房室结的动物试验研究相关文章，1992年率先在东北三省开展食道心房调搏、心内电生理检查、床边飘浮电极起搏、导管射频消融术、心脏生理性起搏、心内除颤器等项技术，先后帮助国内50多家大医院开展了心律失常的介入性诊断和治疗工作，已对500余例患者进行了治疗，成功率达81%。成功开创了国内房颤国际研讨会，对我国心电生理领域的快速发展起到了积极的推进作用，在世界上首次提出的"肌袖性心律失常"新概念，更是让人耳目一新，并根据心内电生理检查和肌袖电隔离的结果，对这一类心律失常进行了命名、分类和总结，多次被特邀在国际、国内大型会议上作专题报告。他提出的"肌袖性心律失常"新概念丰富了临床心脏电生理学和心电图的知识，中央电视台健康之路栏目对此作了专题讲座，2003年他创建了国内第一家房颤的专业网站。2004年代表全国房颤工作组创办了国内第一本"房颤通讯"医疗专刊，主编出版了国内第一部肺静脉电隔离治疗房颤专著。目前进行的心房颤动的发生机制和非药物治疗的研究课题在国内处于领先水平，至今已完成各类心内电生理检查、导管射频消融治疗快速性心律失常和心脏起搏等3500余例，各种指标均达到国际和国内先进水平。1995年被认定为"全国导管射频消蚀技术培训中心"之一。1997年被北美起搏和心电生理协会认定为起搏和心电生理国际培训点之一。2002年被中华医学会批准为中华医学会心血管介入治疗培训基地。2008年成为卫生部心律失常治疗培训基地，开始培训专业资质的学员。"中心"每年均有多篇论文在国际有影响的会议上进行交流，对扩大我国心电生理的国际影响做出了积极的贡献。

在大连医科大学青年教师的培养上倾注了大量心血和精力，提出并实施的"高深的学科造诣、高超的教学艺术、高尚的人文精神"三者有机结合的教育理念，为青年教师的成长起到了重要的指导作用。推行"以科研服务教学，用激励机制推动教学"的培养方式，建立完善的培养与选拔机制，委派优秀青年教师出国研究并承担主干课教学；打破等级观念，建立并兑现青年教师科研启动基金，在国家级重点科研项目中启用青年教师；通过系列讲座、技能培训、考核评价相结合、参加社会实践等多种形式，走内涵发展的道路提高青年教师的综合能力。在医疗、科研及教学工作中，始终注重教育先行的工作理念，1993年以来先后培养硕士研究生39名、博士研究生10名，培养专科进修生60余名。加大与世界医学先进国家的学术交流与联系，先后与意大利、法国、瑞典、日本、美国等国同行建立了良好的合作与协作关系，建立互利共赢的教育教学模式，被瑞典隆德大学医学院特聘为博士生导师。先后选送10多名优秀研究生和年轻医生到国外学习深造（现已全部学成回国），为我国医学专业人才的培养做出了积极贡献。

近年来，他在心律失常研究领域内颇有建树，主持国家和省级科研课题6项（国家自然科学基金2项），获得国家、省级科技进步奖5项（国家科技进步二等奖1项）。在国际、国家级医学杂志发表论文近200篇，其中SCI文章6篇，主编和参编书籍20余部，近十年来，先后70余次在国内和国际会议上被推选为主席团或学术委员会成员参加和主持会议。先后获得中华医学会大连分会先进个人、大连市归国留学人员创业英才、大连市优秀专家、辽宁省优秀专家、大连市"五一"劳动奖章获得者、卫生部有突出贡献中青年专家、中华医学会心电生理和起搏分会心房颤动基础和临床研究杰出成就奖、中国介入心脏病学杰出贡献奖、中国房颤研究和治疗学术贡献"开拓进取奖"等荣誉称号，2000年被国务院批准享受政府特殊津贴。

作为民主党派的市政协常委，他意志坚定，立场鲜明，真心诚意做中国共产党的诤友，自觉接受共产党领导，坚持中国共产党领导的多党合作的政治协商制度，深入学习贯彻邓小平理论、"三个代表"重要思想以及科学发展观，积极参政议政，认真履行职责，为深化医疗卫生系统的改革，提出了很多合理化建议，他爱岗敬业、勤奋工作、充分发挥自身优势，为我国的医疗卫生、教育、科研事业的发展做出了积极贡献。

杨 赤

　　杨赤，男，汉族，1961年2月26日出生，辽宁省大连市人，民进会员。

　　国家一级演员，全国第十一届政协委员；辽宁省第八届、第九届政协委员；民进辽宁省委委员、民进大连市委委员；中国戏剧家协会辽宁分会副主席；袁派优秀传人，大连市文联副主席，大连市戏剧家协会主席；辽宁省第九届青联副主席。1972年入大连艺术学校京剧科，先学老生，后改花脸，师从曹艺斌、刘金昌等。1977年毕业留校，又得李长春、方荣翔、费玉策、萧德寅、文涛等前辈教益。1982年拜袁世海为师，深受袁先生喜爱，二十年间师徒往来切磋技艺从未中断。1984年调入大连市京剧团。1996年入中国戏曲学院研究生班进修，艺事更臻成熟。2000年底，担任大连京剧团团长一职。

　　多年的刻苦学习、辛勤努力和舞台实践，杨赤的京剧演出技巧精湛，在国内外产生了广泛影响。杨赤嗓音洪亮浑厚，工架优美，文武兼备，兼工铜锤、架子，基本功扎实，尤以架子花脸深得袁世海表演艺术三昧，外在形象和内在气质酷肖袁世海，被誉为"小袁世海"。他不仅能演以唱为主的"铜锤花脸"戏，还能演"唱、念、做、打"并重的"架子花脸"以及以武打、翻越为主的"武花脸"戏。使杨赤初露头角的是1980年，实验京剧团排演了由马明捷、闻占萍改编的《秦英征西》，年仅19岁的杨赤扮演的秦英能文能武，唱念做打"四面出击"，赢得了观众的好评，在大连、上海、杭州连续演出了30多场，场场爆满。自20世纪80年代起，杨赤便声名鹊起，曾先后出访英、法、德、日、台湾、香港等二十余个国家与地区，著名戏剧理论家曲六一如此评论杨赤："现在舞台上的花脸演员，我看没有一个能比得过杨赤的"。在"一净难求，十净九裘"的京剧界，他别具一格的艺术风格格外抢眼，多年的艺术积蓄如井喷般爆发了，尤其是那出堪称艺术精品的袁派剧目《九江口》，年仅21岁的杨赤与年近七旬的恩师袁世海一前一后，分别扮演大将军张定边，这件事成为京剧界的一桩美谈。1983年，杨赤获得大连市优秀表演奖。1986年，在辽宁省京评剧青年演员大赛中获得总分第一名。1990年，在北京举办的徽班进京200周年纪念活动中，他的《九江口》一炮打响，在强手如林的首都舞台名声大振，获得第八届中国戏剧梅花奖，使大连戏剧界在全国大赛中实现了"零"的突破。

　　担任大连京剧团团长期间，杨赤大刀阔斧改革，科学民主管理，使大连京剧团摆脱了困境，焕发了生机。20世纪80年代后期至90年代末，受影视、外来文化以及多种娱乐形式的冲击，戏剧陷入低谷，由原来的"一枝独秀"变成了"门庭冷落车马稀"。大连京剧团——这个东北四大京剧院团之一，曾经有过几度辉煌的国有艺术团体，却处于非常尴尬的困难时期。2000年底，杨赤摆脱了金钱物质和多方面的诱惑，走马上任，挑起了大连京剧团团长的担子。此时偌大个剧团，服装道具破旧，几十年没有添置，用大庙改成的小剧场四面透风陈旧不堪，几乎难以维持正常的演出，财务账面只有4000元钱……面对剧团的困境，面对这样一个烂摊子，杨赤放开手脚，展示了他艺术管理方面的才能。在上级部门的支持下，他以改革为突破口，对剧团进行了人事制度、收入分配制度等方面的大胆改革，打破了收入的大锅饭，从全国招募青年艺术人才，想方设法开拓演出市场。短短几年，大连京剧团有了可喜的变化，修缮一新的麒麟舞台成为大连的一景；剧团每年演出120场以上，演出场次在全国京剧院团中名列前茅；由杨赤发起，大连京剧团承办的大连迎春京剧晚会，已连续举办了七届。2006年，大连京剧团被评为省级重点京剧院团。2007年，大连京剧团由团改为院，更名为大连京剧院。

近些年，杨赤扛起传承和发展袁派艺术的大旗，为弘扬光大袁派艺术不遗余力。1999年，他将袁先生60年代演出过的《西门豹》剧本拿来，经过反复加工修改，又请来中国戏曲学院的导演金桐先生执导，把这出戏搬上了舞台。杨赤带着这台戏进京参加了建国五十周年献礼，赴江苏参加了第四届中国艺术节，先后获得文华新剧目奖、文华优秀表演奖，艺术节优秀剧目奖、优秀表演奖、上海白玉兰奖。2002年底，袁世海先生逝世，为使袁派这一深受观众喜爱的艺术流派不因创立人的故去而"人逝艺衰"，杨赤在一年多时间里先后担纲排演了《李逵探母》、《野猪林》等袁派经典剧目，举办了多场袁派艺术专场演出，成为传承、探索、弘扬光大袁派艺术的领军人物和学术带头人。为了更好的继承和发展袁派艺术，他又把目光投向了新剧目创作，精心策划了新编历史剧《风雨杏黄旗》的排演。在杨赤的主持下，这台戏自2007年8月立项，获第五届中国京剧节金奖，由中央电视台多次播放，2009年6月中旬，杨赤带领着大连京剧院部分演员与国家京剧院一同赴台北，在当地引起强烈反响，《中国时报》《联合报》和中视、华视、非凡电视台等众多台湾媒体对演出做出大量报道，既弘扬了京剧艺术，展现了大连京剧艺术的风采，也开启了大陆新创作剧目赴台演出的崭新一页，其意义极为深远。

杨赤的艺术成就得到社会各界的肯定和广泛赞誉，先后被评为大连市"十大杰出青年"、辽宁省劳动模范、全国青年"德艺双馨"艺术家、辽宁省优秀专家和大连市优秀专家等称号，并先后荣获第十一届"中国戏剧梅花奖"、第一届"梅兰芳金奖"、文化部第九届"文华表演奖"、第十二届上海白玉兰戏剧表演艺术奖"主角奖"，主演《风雨杏黄旗》获第五届中国京剧艺术节"金奖"。

作为民进会员，杨赤充分发挥自身优势，认真履行参政议政职责，积极参与社会服务活动。多年来，他积极撰写提案建言献策，带领大连京剧院坚持"三贴近"，积极为基层服务，配合省市有关部门，圆满完成夏季达沃斯、服装节、大连公交百年晚会等重大活动的演出任务，并积极参加市里的一些大型公益活动。2008年他提出的关于在中小学生当中开展京剧进校园的提案受到市委市政府的高度重视，2009年，大连京剧院与中山区教育局联合开展的国粹京剧进校园活动正式启动，计划用2到3年的时间，在大连市50所中小学组建京剧试点班，向青少年普及京剧艺术。

杨学明

杨学明，男，汉族，1962年10月11日出生，浙江省德清县人。

1982年毕业于浙江师范大学物理系，获学士学位。1985年1月，在大连化物所获硕士学位，1991年8月，在美国加州大学圣巴巴拉分校获化学博士学位。随后在美国普林斯顿大学、加州大学劳伦斯伯克利国家实验室做博士后。1995年11月到台湾中研院原子与分子科学研究所继续从事科研工作，任副研究员，2000年8月晋升为研究员。2001年8月至今，任大连化物所研究员，博士生导师，分子反应动力学国家重点实验室主任。2003年起，任大连化物所所长助理。

杨学明在国内外分子反应动力学领域享有很高的声誉，2002年8月入选中科院百人计划，2006年当选美国物理学会会士，现任科技部973项目首席科学家，《化学物理学报》主编，《化学进展》、《中国物理》、《中国科学-化学》编委，《国际物理化学杂志A/B/C》高级编辑，《国际物理化学评论》编委，《国际化学物理通讯》咨询编委。杨学明是国家杰出青年基金获得者，国家百千万人才入选者，享受国务院政府特殊津贴专家，省百千万人才工程入选者，省优秀科技工作者，中科院研究生院优秀教师，大连市优秀专家，大连市五一奖章获得者，大连市特等劳动模范，大连市星海友谊奖获得者。

杨学明是我国著名的物理化学家，在二十年的科研生涯中，他利用自行研制以及原创的国际领先的科学仪器，在化学反应动力学研究方面取得了系列性的、备受国际瞩目的研究成果，共发表学术论文170多篇，主编英文专著一部。他采用分子束技术探索基元分子反应动力学，将实验研究推进到了前所未有的高水平上，并通过与理论学者的合作，解决了该领域长期以来存在的国际公认的一些科学难题，特别是对化学反应过渡态及共振态的动力学研究做出了重要贡献，相应成果连续两年被选为"中国十大科技进展新闻"。近年来在重要国际会议上的特邀报告达30多次，研究成果在国际学术界获得了高度评价，得到了国际同行的充分肯定。杨学明为提升我国物理化学的研究水平以及在国际学术界的地位做出了突出的贡献，他领导的分子反应动力学国家重点实验室在较短的时间内成为世界级的反应动力学研究中心，在2009年科技部组织的评估中，该国家重点实验室首次被评为优秀。

由于令人瞩目的成绩，杨学明在国内外学术界获得了多项奖励，如美国JILA访问学者奖，国际ISI的经典引文奖，国际自由基会议Broida奖，海外华人物理协会亚洲成就奖。2007年，获中国科学院杰出科技成就奖（唯一个人奖得主）及辽宁省自然科学一等奖。2008年获首届周光召基金会的杰出青年基础研究奖、何梁何利科技进步奖（唯一化学奖得主）以及国家自然科学二等奖。

早在美国从事博士后研究工作期间，杨学明就在国际分子反应动力学的基础研究领域初露头角。1995年底，他到台湾"原子与分子科学研究所"工作，继续奉行"研究是我人生的追求"这一信念。他潜心做学问，苦心钻研，精心设计出一台台新型的分子束装置，阐明了多项重要的化学反应模型，获得了一个个国际奖项，1999、2000年他的两篇重头文章陆续在国际顶级学术刊物Science上发表。此时，事业如日中天的他，可以有很多选择，然而杨学明却把目光投向了祖国大陆，他敏锐地察觉到"在国内做出一流研究成果的环境已经形成了"。杨学明做出了他一生中最重要的抉择，踌躇满志地回到了阔别16年之久的大连化物所，得到了研究所和中科院等上级部门的大力帮助和强有力的经费支持。

杨学明勇于向世界级难题挑战，2001年就开始研究"氟加氢反应共振态"这一前沿课题，并立志破解这个困惑科学家们几十年的"世界级谜团"。经过长时间的反复、周密考虑，2002年，杨学明亲自绘制蓝图，设计仪器的主真空腔体及附件，并进行了一系列独具匠心的优化，与国际上同类仪器相比，该装置具有明显的优势和独到之处，各项指标均处于世界领先水平。从设计、主体加工到配套设备到位、整体安装、全面调试仅用了两年多时间，于2004年建成。在杨学明领导下，研究组利用这台新装置取得了骄人的战绩：1篇著名国际会议(Gordon会议)特邀报告，3篇国际顶级刊物Science论文，3篇国际重要期刊PNAS论文，2次入选"中国十大科技进展新闻"。

杨学明注重科研团队的建设，在他的努力下，带出了一支老中青相结合、特长互补、勤勉奋进的队伍，并使之发展壮大，成为设备先进、经费充裕、人才济济、硕果累累的研究集体。自2001年起，在短短的七、八年间就培养了博士生12人、硕士生1人，其中3人获中科院院长特别奖，1人获2007年中科院院长优秀奖。由杨学明指导的学位论文"F+H2反应的高分辨交叉分子束研究"被评为2008中科院优秀博士学位论文。

20年来，杨学明始终活跃在反应动力学前沿阵地，他几乎把全部心血和精力都献给了自己热爱的科学研究工作，他所获得的一系列突破性进展迅速地把"中国的分子反应动力学"带到了国际前沿。

杨烈宇

杨烈宇，男，汉族，1918年8月29日出生，四川省铜梁县人，农工党党员。

1942年毕业于武汉大学矿冶工程系，工学学士。1944年加入中共中央南方局领导的"中国青年民主社"，1946年加入中国农工民主党。1951年5月至1953年8月任大连京华公司、大连钢厂工程师。1953年9月到大连海运学院任教，历任金属工艺学教学研究室主任、轮机系副主任、副教授、船舶金属研究所所长、学位委员会副主席、教授、博士生导师、一级教授等职。1958年8月被错划为"右派"下放劳动，"文化大革命"期间下放农村劳动。杨烈宇同志在教育界和学术界有很高声誉，曾任国务院学位委员会第一、二届工学学科评审组博士生导师评审成员，交通部高等学校教师职务评审委员会副主任兼机电学科组长，中国离子热处理委员会委员，全国维修研究会顾问，辽宁省工程机械维修学会名誉理事长，大连热处理材料学会名誉理事长，中国发明协会第二届委员会副会长，辽宁省发明协会副会长，大连市发明协会名誉会长，大连市政府科学顾问委员会副主任，大连市第二、三届科学技术协会主席，大连市科学技术协会名誉主席，大连市职工技术协会名誉会长等职。杨烈宇同志是农工民主党领导人之一和重要社会活动家，曾担任农工民主党第九、十、十一届中央委员会副主席，农工民主党大连市委第一、二、三、四届主任委员，第七、八届全国人大常委会委员，第六届全国政协委员，大连市第八、九、十、十一届人大常委会副主任。1993年11月病逝，终年75岁。

杨烈宇同志是我国著名的科学家、教育家、杰出的社会政治活动家。他终生献身于科学和教育事业，献身于社会主义民主和法制建设，并为我市经济发展和改革开放做出了突出贡献。

1942年自武汉大学毕业后，先后在四川省乐山、成都、重庆等地企业、公司任技术员、工程师、厂长等职，寻求"工业救国"之路。1953年，他应聘大连海运学院任教，以极大的热情投身教学和科研活动。他一个人担负起金属热处理、冶金及高温加工和金属工艺学三门课程的教学任务，既编教材，又带学生实习，还建立了比较先进的实验室，开展科研工作。1957年被错划"右派"、遭受迫害期间，忍辱负重，孜孜探索，坚持发明创造，研究解决了永久磁铁、铝热法冶炼铁铝钼耐热钢、化学抛光金属、电热元件代热材料、低碳马氏体等众多技术难题。还率领乡镇企业研制出了鞍钢七号高炉冷却壁和风口大套关键部件，工艺达到国际先进水平。

粉碎"四人帮"后，杨烈宇同志迎来了人生第二个春天，以极大的热情投身到教学和科研事业，致力于船机修造工程、离子轰击渗扩技术、物理气相沉积技术的教育和研究，取得了多项重大科研成果，不仅填补了国内空白，而且还居于世界先进水平，为我国航海高等院校船机修造工程专业的建设和发展、创新做出了重大贡献。他研制的"离子氮碳钛三元共渗新工艺"技术首次转让新加坡，开创了我国向新加坡出口技术的先例。仅1981～1992年底，他先后完成了几十项重大科研项目，获国家、部、省、市科技成果奖23项，国家发明专利3项。先后培养了20多位硕士生、博士生，撰写、主编、主审、编校教材和专著20多部，发表科研论文120多篇。杨烈宇同志在几十年教学、科研和交通事业中成绩卓著，先后被评为大连市劳动模范、特等劳动模范、辽宁省先进工作者、劳动模范、全国交通战线劳动模范、双文明建设标兵、全国高校优秀科技工作者，并获全国"五一"劳动奖章，1990年被国务院批准享受政府特殊津贴。1988年被载入《中国当代发明家词典》、1991年载入《中国当代名人录》、1991～1993年连续3年被载入美国传记研究所出版的《世界杰出名人录》。

杨烈宇同志始终坚持中国共产党领导的多党合作和政治协商制度，认真贯彻党的"长期共存、互相监督、肝胆相照、荣辱与共"的方针，在担任全国人大常委会委员、全国政协委员期间，认真履行职责，积极参政议政，每次去北京参加全国人大、政协会议前，都深入基层，联系选民，广泛调查研究，认真听取各方面意见和建议，自觉地履行党和人民赋予他的神圣职责。在历次全国人大全体会议及常委会会议上就一些重大的问题提出议案、意见和建议，得到了全国人民代表大会、全国政协和国务院有关部门的重视与采纳。他非常重视社会主义法制建设，为《义务教育法》、《专刊法》、《海商法》、《科技进步法》等法律制定做出了积极贡献。为推进大连经济发展和对外开放，他不顾年迈有病，不辞辛苦，殚精竭力亲自收集纂写材料，先后两次在全国人大常委会会议上呼吁，并多次联络全国人大常委会委员，提出议案和建议，得到了全国人大常委会领导和国家有关部门的重视，他多次就影响和阻碍我市经济发展的实际问题，献计献策，奔走呼吁。

杨烈宇同志是农工民主党早期党员，长期担任农工民主党中央和地方组织领导人，他坚定不移地接受中国共产党的领导，即使身处逆境，也矢志不移。他曾多次在农工民主党干部会议和地方组织会议上以切身感受教育引导广大干部和党员坚定不移跟党走。他始终认为，民主党派接受共产党的领导是历史的选择、历史的必然，农工民主党的历史，就是一部接受共产党的领导，同共产党密切合作的历史，是马列主义同中国革命和建设实践结合的一个创造。在他担任农工民主党大连市委(旅大)主委期间，始终从坚持完善共产党领导的多党合作和政治协商制度要求出发，采取切实措施，加强各级领导班子建设、组织建设和思想建设，使全市农工民主党各级组织与同级中共党组织建立了亲密无间的合作关系，为推进大连经济、科技、教育、医疗卫生及各项事业的发展做出了重要贡献。

杨烈宇同志热爱党、热爱祖国、热爱人民，以天下为己任，用生命去奋斗，把一切都献给了他所热爱的事业。他曾在一首诗中写道："漫道风花逐水流，自有晚霞染春秋"，1957年被错划"右派"，十年动乱期间又遭受迫害，历经坎坷，几经挫折，信念始终不变。1989年5月，他应邀西欧四国进行学术访问期间，北京发生了动乱，有的外国公司用高薪聘请，让他留在国外，他不为所动。访问结束回国后，立即主持召开了农工民主党市委(扩大)会议，要求全市农工民主党基层组织同中国共产党坚定站在一起，旗帜鲜明的反对动乱，并以农工民主党中央委员会副主席的名义致电东北三省农工民主党省委，以统一思想，为社会稳定、共产党领导的多党合作事业做出了积极贡献。

杨烈宇同志把自己的一切都献给了祖国，献给了人民，生前留下遗言，把自己的遗体捐献给医学事业。

杨盛烈

杨盛烈，男，汉族，1930年9月24日出生，湖南长沙人，致公党党员。

1952年毕业于浙江大学化工系，1987年加入中国致公党。曾任大连化学工业公司技术员、值班工长、工程师、技术组长、分厂副厂长、总厂副厂长、总工程师，致公党中央第九届、十届委员，致公党辽宁省委第一届、二届副主任委员，致公党大连市工委主任委员，致公党大连市委第一、二届主任委员，辽宁省十一届人大代表，大连市政协第五、六、七、八届副主席，中国化工学会理事（34届），辽宁省化工学会常务理事（83～90届）。

杨盛烈同志毕业后被分配到大连碱厂（其后又称大连化工厂、大连化学工业公司）工作，无论是从事车间技术革新还是规划公司的发展和技术改造，他都全身心投入，勤勤恳恳，任劳任怨。近四十年的心血全部奉献给了他热爱的化工事业。新中国成立初期，国家经济建设急需纯碱等化工基本原料，曾遭到日本侵略者毁灭性破坏的大连碱厂用最短的时间全面恢复生产，但随着纯碱产量的不断提高，大连碱厂对周边环境的污染也日益加剧。为了革新古老的纯碱生产方法，提高生产效率和消除环境污染，1957年国家决定研制新的纯碱生产方法，在大连组成联合攻关小组开展"联合制碱法"攻关，杨盛烈同志参加了这项艰巨的任务并担任联合制碱中间试验技术课题负责人。在杨盛烈同志的带领下，全体科研人员经过大量试验，终于为我国工业规模联合制碱装置提供了一套完整的基本工艺数据。其后他又投身我国第一套联合制碱装置的生产准备和试车、试生产工作，担任技术组长和专责工程师，在艰苦的工作和生活环境里，他克服重重困难，与多方配合，边试验、边生产、边设计、边修改，闯过一道道技术难关，历经四年多的艰苦努力，使联合制碱生产彻底过关，实现纯碱工业重大技术革新，从而在全国各地广泛推广。

民主党派恢复活动后，杨盛烈同志被吸收为大连市政协委员，1982年6月当选为市政协副主席，1990年11月他调任市政协驻会副主席，在努力干好本职工作的同时，他积极参与市政协各项活动。在他分管的对外联络委员会、经济科技委员会工作中（第八届政协将经济科技委员会调整为经济委员会），积极宣传"和平统一、一国两制"方针和党的统战工作政策，加强对外交往、积极开展海外联谊工作活动，拓宽交流交往领域，广交、深交朋友，不断扩大爱国统一战线，进而为发展外向型经济牵线搭桥，引智引资，献计献力。他和委员们围绕全市经济工作的有关重要问题，进行专题研讨，1995年就扩大全省对外开放问题组织研讨，形成了《进一步扩大对外开放的几点意见》并在省政协常委会上发言。为了深入开展建言献策活动，他组织市政协经济委员会同民主党派开展一年一度的建言献策论文评选活动，每年收集的大量论文汇集成册，拓宽了民主党派参政议政、建言献策的渠道。

　　1989年，杨盛烈同志担任致公党大连市委员会主任委员后，团结带领市委领导班子，加强自身建设，积极做好组织发展工作和基层组织建设工作，至1996年换届时，已有党员277名，建立了14个基层支部和3个市委直属小组，奠定了组织发展的坚实基础。在此期间，致公党大连市委又根据工作需要设置了直属市委会的妇女工作委员会、参政议政工作委员会、老龄工作委委员会、社会服务工作委员会4个专门的委员会，积极开展参政议政、海外联谊、社会服务等项工作。杨盛烈同志充分发挥致公党"侨"、"海"优势，积极引进技术和人才，1992年致公党大连市委通过海外华侨成功为大连西太平洋炼油厂引进"尾气脱硫装置"全套技术和设备，总价值1460万美元，为大连带来巨大经济效益。1995年杨盛烈同志向来连视察的致公党中央常务副主席杨纪珂汇报大连市发展情况并促成与时任大连市长薄熙来会面交流，杨纪珂回京后于7月10日在中共中央召开的"九五"计划和2010年规划征求意见会上，就今后15年把大连市规划建成北方金融中心一事向党中央国务院提出建议。

　　杨盛烈同志热爱祖国、热爱党、积极拥护祖国统一大业。他不仅在科学技术领域里有重大突破，为大连市经济发展做出突出贡献，而且为致公党的发展、壮大打下良好基础。杨盛烈同志现虽然已经退休，但是他仍一如既往地牵挂着国家的化工事业和致公党的发展并为之而努力。

沈正志

沈正志，男，汉族，1929年11月出生，辽宁省大连市人，民进会员。

辽宁省首批化学特级教师，原大连市第十四中学校长，是一位在基础教育战线工作了40多年并做出突出贡献的优秀教育工作者。曾荣获大连市中小学模范班主任、辽宁省中小学模范班主任、辽宁省优秀教师，大连市优秀教育工作者(7次)、辽宁省优秀教育工作者、全国优秀教育工作者，大连市特等劳动模范(5次)，辽宁省劳动模范(2次)，辽宁省五一劳动奖章、全国五一劳动奖章获得者等荣誉称号。1956年加入中国民主促进会，1970年任民进辽宁省委常委，1984年任民进辽宁省委副主委，1986年任民进中央委员，1988年任民进大连市委副主委。1981年当选大连市沙河口区人大代表，是第八届大连市人大常委，第六届、第七届全国人大代表。

沈正志1948年考入沈阳工学院化工系，因家境贫寒，1950年不得已从就读了才一年的大学辍学回家，从事小学教育，以资助家庭生活，从此开始了他投身教育工作的生涯。他先是到大连市育才学校、小平岛第二小学任小学教师，1953年下半年被调到大连十中(后改名为辽师附中、四十六中、辽师大附中)任化学老师、班主任。"文革"期间，蹲过牛棚，多次被批斗，并于1970年被下放农村。1972年，沈正志返城回原单位复职任教，当时"四人帮"横行，学校被践踏得不像样子。面对这种情况，沈正志非常气愤，他"顶风上"，从抓学生的学习态度入手，狠抓学生的品德纪律教育，对学生提出严格要求，他的这种做法遭到驻校工宣队的指责。亲朋好友劝他接受"文革"被批斗的教训，别太认真，可是他全然不顾，并坚定地说"教师不管学生，是误人子弟，只要我站在讲台上，我就要对党对人民对学生负责。"在最严峻的日子里，他知难而进，经受住了考验，在广大师生中赢得了威望。粉碎"四人帮"之后，沈正志把全部身心都投入到教学工作上。沈正志家离学校十几里路，每天都是第一个到校、最后一个离校，在校工作长达十三四个小时，三十年如一日，从没因私事请过一次假、迟到一次。他一有时间就钻研业务，不断改进教学方法，使学生成绩普遍得到提高。他的教学经验被广泛重视，曾应邀多次举行全市性公开课，给全市教师上辅导课，他的《初中化学复习指导》由大连教育学院刊印，《初三化学单元练习》(中学化学补充习题丛书)由辽宁教育出版社出版，《化学教师要善于培养学生实验兴趣》由工人出版社出版。

沈正志以教书认真、育人严格、从严治校、以身作则著称，在基础教育战线享有盛名。40多年来，无论是当教师还是任学校领导，为了不断提高教学水平，探索教学规律，切实把学校建设成为培养"四有"人才阵地，付出了全部心血，他的辛勤劳动受到领导和师生们的一致赞誉。沈正志在教学实践中，最突出的特点是用大纲指导教学，重视实验课。"文革"前他所教的历届学生在升高中、中专化学考试的成绩，均为全市第一。他教的80届毕业生大学本科录取率达到98.7%。他不仅是位非常出色的化学老师，也一直是位优秀的班主任，他在担任30多年班主任期间，曾先后担任过十九个班的班主任，不管是好班、差班、乱班，也不管是三四十人的小班、九十多人的大班，在他的带领下，都先后被评为学校的先进班级，无论老师、学生，还是学生家长，都无不称赞地说："不管多乱的班级，一到沈老师手里，马上就变样。"1984年，沈正志担任辽师大附中副校长，同时兼任教导主任。尽管主持全面工作任务繁重，但他仍然坚持教三个毕业班的化学课，而且做到了领导工作井然有序，教学工作成绩卓著，显示了一个具有丰富经验的中年知识分子的聪明才智和魄力、干劲。1987年，辽宁师范大学与经济技术开发区联办开发区中学，特聘沈正志做首任校长。这是在大连开发区刚刚成立时新建的一所学校，教师来自四面八方，水平参差不齐，学生基本是农家子女，一切都得从头做起。面对这样一所学校，他首先狠抓教师、学生的思想教育，通过个别谈心、走访、组织参观访问、听报告等多种形式，启发全校老师提高政治觉悟，教育学生努力学好文化课。经过三年的努力，在他的主持下，刻苦钻研的学习精神、文明礼貌的仪表行为和团结友爱的师生关系在这所学校蔚然成风，1989年高考时这所学校的升学率已达69.2%，在全市中学中名列前茅。

　　沈正志同志作为大连市一名入会很早的老会员，始终坚定地依靠党的领导，积极靠近党组织。"文革"中，他被迫下乡，经历坎坷，却从未动摇过对党的信念。党的十一届三中全会后，沈正志同志回城重返教育战线，把对党对社会主义的深厚感情化作教书育人的强大动力。他在积极教书育人的同时，热心民进会务工作，在做好他所在学校老师和学生思想工作、保持学校正常教学秩序的同时，积极与民进大连市委会其他领导一起多次举办学习班、研讨会、座谈会，教育民进广大干部和成员在思想政治上与党中央保持一致，积极参政议政，为大连的经济建设和社会进步建言献策。沈正志同志虽然在2005年（享年75岁）离开了我们，但他忘我的工作态度、饱满的政治热情和对教育事业竭忠尽力的精神永远留在我们心中。

140

沈丽荣

沈丽荣，女，汉族，1953年9月21日出生于大连，祖籍山东省荣成县，日本侨眷，无党派人士。

1982年1月毕业于辽宁师范大学政史系，被选送到大连市妇联任办公室秘书，1984年任办公室副主任，1988年任调研室主任。1990年8月下派至沙河口区任区长助理，1992年1月任副区长。2000年6月任大连市城市管理综合执法局局长，2002年9月任大连市政协副秘书长。2007年12月当选大连市侨联第七届委员会主席。2008年2月当选第十一届全国人大代表。曾当选中国妇女第九届全国代表大会代表，第九届辽宁省人大代表，第八、十届大连市政协委员，现任中国侨联第八届委员会委员、第十届辽宁省政协委员、辽宁省侨联第八届委员会副主席、辽宁省党外知识分子联谊会副会长、第十一届大连市政协常委、大连市无党派人士联谊会常务副会长、大连市海外联谊会副会长等职。

1982至1990年在市妇联办公室与调研室工作期间，除完成本职工作外，她还兼任大连市妇女运动理论研究会秘书长，创办《大连妇运》刊物和参与创办《大连妇女报》（《现代妇女报》前身），既当记者，又做编辑。此外，还为编纂《大连市妇联沿革史》、《大连市妇女运动史》做了大量工作。她的多篇理论研究文章被国家级刊物刊用。《提高心理素质，增强承受能力——女领导干部气度浅谈》在《中国人才》上发表；《从沿海地区妇女就业流向看发展女性职业教育的战略对策》在辽宁省妇女运动第三次理论研讨会上发表；《城镇女性就业新困境及对策思考》在《中国妇女报》上发表，该文获"全国妇联优秀调查报告"一等奖。1984年针对职业女性家务繁重现状，对全市保姆行业进行了调查摸底，形成调研报告，为成立大连市首家"家政服务公司"提供了理念和思路。她深入全市城乡调查筛选，首次推出"全市妇女之最"。1990年她主持了以全市第一个女劳模、第一个女火车司机等80多个"女子之最"为主体的"三八妇女节"纪念活动，在社会上引起强烈反响。

1990年8月下派至沙河口区任区长助理，1992年任副区长，是大连市区县政府中唯一分管城建工作的女区长。先后分管过城建规划、工商、环保、公安司法、劳动体改、民政信访、文教卫生、经济科技等20多个部门，身兼防台防汛、小区治理等10余个总指挥。完成了路街整治、小区治理、消防安全、交通秩序整顿和外来人口管理等群众反响强烈的老大难问题。她所分管的多项工作走在全市全省乃至全国前列。初级卫生保健、社区服务、双拥共建、交通管理、城市建设等项工作均获省级先进，爱国卫生、城市管理、工商行政管理、社会治安综合治理、公安消防安全管理、外来人口管理等项工作均获市级先进，其本人连续多年获得省、市级荣誉称号达50余项，先后被市政府记功表奖3次。1990年，她起草的社区教育模式，得到市委市政府充分肯定，并在全市推广。1993年，国家卫生部在沙河口区召开全国城区初级卫生保健工作现场会，推广了沙河口区的工作思路，该区成为全国第一个城区初保试点区。1994

年她率先在沙河口区进行垃圾清运方式改革，撤掉垃圾箱，实行袋装清运，并研制了供全市推广使用的垃圾袋。市政府召开现场会，在全市推进环卫改革。1996年她积极探索殡葬改革方式，倡导文明祭祀，在全市建起了第一个树葬"圣林"，深受群众欢迎。1997年，她提出社区服务必须实行政府行为与市场机制相结合，并据此制定了《关于发展社区服务业若干规定》，推进社区服务向深层次发展，沙河口区被民政部授予全市唯一的"全国社区服务示范区"。她善于协调，在人员经费极其紧张的情况下，发动驻军驻区单位，完成了大量治理任务，其中，10余公里的马栏河的清淤治理工程，未花财政一分钱。她还注重理性思维，撰写和发表了《应用系统方法指导城建工作》、《从建设北方香港格局出发强化城区地名管理》、《借鉴西方政府制度，加大我国机构改革力度》、《克服形式主义是当务之急》、《非权力影响与合作共事能力是党外干部的从政要素》等十余篇文章。

2000年6月任大连市第一任城市管理综合执法局局长，是大连市第一个担任政府部门正职的党外干部，也是全国综合执法系统唯一的党外女局长。面对组建之初"无党委、无行政班子、无办公场所、无办公经费"的状况，她锐意改革，建章立制，实行"六统一"、"五规范"。"六统一"即统一执法文书、统一执法依据、统一执法标志、统一执法服装、统一财务账户管理、统一罚没收据；"五规范"即规范执法主体、规范执法依据、规范执法程序、规范执法权限、规范执法行为等。强化队伍管理，从源头上防治腐败，制定了《行政执法过错责任追究制度》等62部规章制度，实施《行政处罚权限细则》，对113部法律法规行政规章的行政处罚的自由裁量权进行严格限制，使我市相对集中行政处罚权制度改革试点工作走在了全国的前列。2002年，国务院法制办在连召开现场会，对我市综合执法工作给予高度评价。中国城建管理监察专业委员会会刊《城建监察》专版对此做了全面介绍。《辽宁经济日报》头版头条分别以《"大连模式"演绎新型执法》、《执法局也是一所大学校》等做了连续报道。她撰写的《相对集中行政处罚权是依法行政的必要途径》、《关于相对集中行政处罚权有关问题的对策思考》等文章，在《城市开发》杂志发表后，引起广泛关注，先后被《新华丛书》、《中国改革回顾与展望理论文献》转载，并被国家发展研究中心、中国社科院联合评为《中国改革开放优秀理论成果选》一等奖。

2002年9月任大连市政协副秘书长，分管办公厅联络接待工作、全会期间的宣传工作等，并协助主管主席分管经济委、外事委、科教文卫体委等工作。她注重接待工作制度和礼仪建设，圆满完成多位国家领导人、外国政要及海外侨领等大批重要团组接待任务。2006年，她在接待任务繁重的情况下，克服重重困难，做了大量协调工作，仅用一年时间，就完成了市政协委员户外活动中心项目建设工程。全会期间，她负责新闻报道工作，一丝不苟，不辞辛苦，审核稿件数百篇。2003年她当选为中国妇女第九次全国代表大会代表。2006年在中央社会主义学院学习期间，她代表辽宁班学员作了《关于党外人士搞好合作共事的几点思考》的发言，引起较大反响。

2007年12月，她当选市侨联第七届委员会主席后，坚持围绕中心，服务大局，履行职能。为进一步凝聚侨心，汇集侨智，发挥侨力，维护侨益，她带领班子成员不断探索侨联工作新思路、新机制、新载体、新领域，先后在十几个国家和地区设立了海外联络处，聘请海外华侨华人中的"四有人物"担任荣誉职务，扩大海外联谊网络，为招商引资引智牵线搭桥；成立市侨联青年、妇女、经济、科技、对外联络、文化艺术、教育、体育、法律服务等专门工作委员会，创建侨界阳光女性沙龙、侨界新生代俱乐部，成立老归侨侨眷联谊会、侨界理论研究会，开设侨联网站，推出首批"大连侨界之最"和"侨界优秀人物名录"，推选侨界"科技之星"、"巾帼之星"、"杰出青年"等，最大限度地团结广大归侨侨眷和海外侨胞，为促进经济社会发展发挥了桥梁纽带作用。

她认真履行人民代表和政协委员职责，积极参政议政，建言献策。1992年以来，她曾担任过全国、省、区三级人大代表和省、市、区三级政协委员，并提交了许多有见地的建议和提案。2008年她当选第十一届全国人大代表以来，在全国人大会议上提交了"关于支持大连长兴岛临港工业区升格为国家级经济技术开发区"、"建立大连自由经济区"、"助推大连市建设东北亚国际贸易交易中心"、"大力发展低碳经济"、"从严治假拯救民族诚信危机"等建议20余件，引起国家有关部门的重视。其中《关于改进我国"绿卡"工作的建议》、《关于加紧治理渤海污染的建议》被中央统战部《零讯》增刊采用，报送中央领导参阅。

　　她注重机关作风建设，提高人员综合素质。建章立制，明确职责。树立"讲学习、讲正气、讲人格、讲团结、讲奉献"的良好风气，提高机关工作人员的学习、组织、创新与服务能力，建设"学习型、创新型、节约型、运动型"机关。在她的影响和带动下，机关全体同志团结一致，忘我工作，不计代价，超负荷、高效率地做了大量扎实有效的工作，得到上级主管部门和侨界群众的好评。机关全体干部均被授予全国、省、市级荣誉称号。中国侨联主席林军来连调研，对市侨联工作予以高度评价。市侨联分别在全国侨联经济科技、文化宣传、参政议政、信访等工作会上作了经验介绍。市侨联被评为"全国侨联系统先进基层组织"。

迟尚斌

迟尚斌，男，汉族，1949年9月19日出生，辽宁省大连市人，中共党员。

1969年入选辽宁省青年足球队，1970年直接入选国家足球队，1979年起任国家队队长，1982年退役。1983年进入北京体育学院攻读运动心理学，1985年毕业后任北京部队足球队主教练，1987年4月到日本进修，随后任日本大阪钢巴队青年队主教练，并率队获1994年日本青年联赛冠军。1995年7月回国，任大连万达足球队主教练。曾荣获"万宝路甲A联赛最佳教练"称号；1996年"大连市特等劳动模范"称号；1996年中国足球最佳教练；1997年全国足球甲A联赛"最佳教练金牌"奖；1998年当选由全国球迷投票评选的"最佳教练"称号；2000年1月，被《中国体育报》评选为中国足球世纪球员。

小时候，迟尚斌家住在大连市体育场附近，大连浓厚的足球氛围让迟尚斌深深地爱上了足球。迟尚斌15岁进入大连市少年足球队，开始接受足球系统训练，后来得益于自己在足球上的天赋，顺理成章地进入省队、国家队。

1980年在第12届世界杯亚太区预选赛中，迟尚斌作为队长，率领国家队队友们奋勇厮杀，先后取胜朝鲜、科威特、沙特等劲旅，虽然中国队最后折戟沉沙，但正是从那时起，点燃了国人对进军世界杯的希望之火。迟尚斌在国家队踢球12年，当了8年国家队队长，代表国家队打了将近三百场国际比赛，为大连足球争得了荣誉。

1987年，在北京部队足球队任主教练的迟尚斌感觉到应该进一步充实自己，毅然动身以自费公派的形式去日本大阪体育大学做了两年的研修生。进入大学学习半年后，有关方面知道迟尚斌辉煌的足球生涯，邀请迟尚斌去日本松下电器青年足球队执教。在执教的同时，迟尚斌还为日本其他的青少年足球队提供技术上的帮助。后来松下电器青年队更名为日本大阪钢巴队青年队，1994年，迟尚斌率领该队获得日本青年联赛冠军。

在日本的八年，迟尚斌的身份是中国留学生，在日本的中国留学生几乎都认识这位差点带领球队进入世界杯的国家队队长，同时迟尚斌被推举为日本关西地区中国留学生协会会长，迟尚斌经常会举行一些中日文化座谈会，有时候还组织中日两国的学生在一起踢足球，促进沟通和交流。

1995年的7月5日，阔别家乡8年之久的迟尚斌再次踏上了故乡的土地，接手万达队对他来说是一次挑战，为了家乡足球，迟尚斌明知道困难重重，却依旧知难而进。迟尚斌大胆启用一批年轻球员。1996年，率领万达队夺得联赛冠军。1997年，率领万达队成为第一支卫冕冠军队，创下联赛55场不败纪录。

离开大连万达队之后，1999年率领厦门远华足球队夺得全国足球甲B联赛第一名。2000~2002年，在中国国家队辅佐主教练米卢，而中国男足也是第一次打进了世界杯决赛圈。2003年，执教河南建业队，并率领全队夺得全国足球甲B联赛第二名。在执教这些球队的过程中，迟尚斌憨厚为人和深厚的足球理念得到了多方一致的认可。迟尚斌把自己的一切都献给了大连足球，献给了中国足球。

邱大洪

邱大洪，男，汉族，1930年4月6日出生，浙江省湖州人，九三学社社员。

1951年毕业于清华大学土木工程系，同年到大连工学院任教。1991年当选中国科学院院士。现任大连理工大学教授，大连理工大学土建勘察设计研究院总工程师，海岸和近海工程国家重点实验室主任。学术委员会主任、顾问。第八届全国政协委员，第九届全国政协常委，九三学社中央委员，国务院学位委员会第二、三、四届学科评议组成员，国家自然科学基金会第二、三、四、六、七届学科评审组成员，国家教委科技委员会学科组成员。曾任国际近海力学及极地工程会议流体力学委员会委员，中国海洋学会、中国海洋湖沼学会常务理事，中国海洋工程学会副理事长，《海洋学报》、《水利学报》、《海洋工程》、《港口工程》、《海洋通报》等杂志编委等职。先后获国家级有突出贡献专家，辽宁省优秀教师，国家高校先进工作者，省、市优秀专家等称号。现任中国海洋工程学会名誉理事长，英文版《中国海洋工程》编委会主任。

邱大洪院士是我国著名的港口、海岸和近海工程专家，毕生从事科学研究和教育工作，主持并参与多项重大海港工程设计，对我国港口工程建设做出了许多重要贡献，也为我市经济发展和改革开放做出了突出贡献。

1951年自清华大学毕业后，邱大洪放弃留校任教的机会，走上了大连工学院的讲台。1952年跟从我国著名力学家钱令希院士从事新中国第一个海港工程专业的创建工作。1958年大连要建设一座当时亚洲最大的渔港，年仅28岁的邱大洪是海上工程全部设计任务的技术总负责人，工程1966年建成投产。1973年为解决我国输出大庆原油的急需，邱大洪又成为我国第一座现代化10万吨级大型原油输出码头大连新港设计的主要技术负责人之一，在设计和研究中采用多项创新技术，1978年大连新港工程设计和研究获得全国科学大会奖，其后获国家建委全国70年代优秀设计金奖。1985年以来担任"大连理工大学土木建筑设计研究院"总工程师，参与并主持了多个工程项目的设计研究工作。1987年，他作为总工程师主持了大连渔港万吨级泊位的设计工作。1994年，邱大洪院士主持了大连新港的技术改造设计，将10万吨和5万吨两个泊位分别改造成为15万吨乃至20万吨和8万吨泊位，大连新港为我国出口创汇发挥了重大作用。作为负责人参加国家重点工程连云港集装箱码头双排管桩结构试验段的研究设计，提出了双排管桩新结构方案，解决了一系列关键技术问题，组织完成了试验段的扩初和施工图设计，编写了研究报告，经国家教委科技司组织鉴定，认为该结构为国内首创。1999年的烟大铁路轮渡项目南部码头的选址方案，邱大洪院士作了大量的研究论证工作，现已建成投入营运。1980年以来，邱大洪主持完成国家"六五"攻关项目1项，国家自然科学基金3项（其中重点基金1项），国家教育部基金4项，交通部规范项目1项，国际合作项目2项，还先后参加了秦皇岛油港、海军浮码头、连云港集装箱码头、深圳赤湾港集装箱和散粮码头、海南岛油码头、广东珠江崖门出海航道、上海洋山港、国防动员委"019工程"等工程的模型试验、设计、技术咨询和顾问工作。1983～1984年，作为高校联合设计组组长主持了国家"六五"科技攻关项目《混凝土多用平台可行性研究》的研究工作，1986年获国家教委科技进步一等奖。

邱大洪院士把教书育人作为自己的天职，在教学第一线辛勤耕耘了50年。他先后主讲过"港及港工建筑物"、"工程水文学"、"波浪理论"等多门专业基础课和专业课。1966年以前，每年都指导本科应届毕业生结合工程实践做毕业设计；1978年后，重点指导研究生，已培养了一批硕士生、博士生和博士后科研人员。他作为主要学术领导人的海岸工程学科（专业），1988年首批被批准为国家的重点学科（专业）。邱大洪坚持教学、生产和科学研究工作相结合，在浅海波浪、波浪力和不规则波等研究领域开展了一系列创造性的工作，他既重视学科前沿课题，又重视理论的工程应用及施工技术的创新，发展了浅水区非线性椭圆余弦波的工程应用理论和试验验证，得到了不规则海浪和椭圆余弦波对常见海工结构作用力的实用计算法，系统地研究了波浪在海床中的渗流与海工结构的相互作用，其研究成果为海岸工程设计提供了更符合实际的科学依据。发表著作有：与他人合编我国第一本港口工程专业教材《港及港工建筑物》；主编了通用教材《工程水文》；编著了研究生教材《波浪理论及其在工程中的应用》；与他人合编了《波浪渗流力学》。1981年以来发表学术论文近130篇。

为响应国务院"振兴东北老工业基地建设"的号召，围绕大连东北亚国际航运中心发展需要，邱大洪院士全力投入到"大连湾综合开发利用"的研究中，以发展的、战略的眼光看问题，不仅考虑2020年的中期规划，还考虑2020～2050年的发展需要，并提出了"开发三山岛，整治大连湾，建设人工岛"的长远方案。为解决大连主城区和新市区之间日益拥堵的交通问题，并为后备集装箱深水港的建设奠定基础，邱大洪院士提出隧-岛-桥跨海交通、建设人工岛和深水港、整治大连湾的综合开发利用大连湾的战略构想，并主持了整个项目的研究，相关课题包括社会经济影响、跨海交通概念设计、人工岛概念规划、海洋生态环境影响、通航安全影响、潮流数学模型及潮流物理模型等，对大连湾综合开发利用进行了较为全面的研究和论述，得到大连市政府和专家的高度评价和重视。

1986年邱大洪主持筹建了海岸和近海工程国家重点实验室，1990年通过国家验收后被批准对国内外开放，1994年通过国家评估验收，获得国家再次投资建设经费，1997年5月实验室通过了国家计委委托国家自然科学基金委组织的第二次评估，获得了国家计委又一次下达的仪器设备更新改造经费。目前实验室拥有多套达到国际水平的实验设备，研制开发的"液压伺服多向不规则波造波机系统"和"基于PIV和LIF的速度场、浓度场同步测量系统"于2000年分别获得辽宁省科技进步三等奖。邱大洪院士在作为海岸和近海工程国家重点实验室主任和学术委员会主任期间，及现在担任学术委员会顾问期间，严格把握学术研究方向，将实验室建设与国家重点学科建设、"211"学科建设有机地结合起来，推进实验室学术研究和开放，建立起"开放、流动、联合、竞争"的运行机制，为中青年科技人员创造了良好的科研环境，取得了很好的成绩，组建起一支高水平的研究队伍。2001年通过国家教育部"211"重点学科建设项目验收，2002年通过国家教育部重点实验室的仪器设备更新改造项目验收，2001年港口、海岸及近海工程二级学科再次被评为国家重点学科。在邱大洪院士的领导下，实验室同国际、国内同行间的学术交流与强强合作十分活跃，在国内外同行中具有很好的声誉。

多年来，邱大洪院士在港口工程建设、教学、科研、实验室建设、国家重点学科建设中都做出了杰出的贡献。1985年被授予辽宁省优秀教师称号，1988年批准为国家级有突出贡献的科技人员，1990年国家计委、国家教委授予国家重点实验室建设先进工作者称号，1990年国家教委、国家科委授予全国高等学校先进科技工作者称号。近年来，多次获得辽宁省和大连市的优秀专家称号。

邵春亮

邵春亮，男，汉族，1935年5月出生，天津市塘沽人，中共党员。

1961年毕业于大连工学院，留校任教工作至今，现为大连理工大学民族预科班班主任，电信学院教授。邵春亮同志自1986年起，担任大连理工大学民族预科班班主任，至今已经有23年。期间，1995年，年届六旬的邵春亮本来已到退休年龄，但由于他出色的专业课教学水平，以及在做民族学生工作方面的丰富经验和突出成绩，被学校返聘为"礼聘"教授，继续从事专业课教学并担任民族预科班班主任。如今，他已74岁高龄，仍然继续坚持在教书育人工作第一线。关心爱护学生，刻苦钻研业务，兢兢业业，任劳任怨，为教育事业、为民族团结进步事业做出了积极贡献。

一是视生如子、关怀备至的慈父般爱心。邵春亮同志说："教育就是爱，爱是教育的出发点，也是归宿。特别是对这些民族娃娃，更要有爱心、有耐心。"他视这些民族学生为己出，把慈父般的关爱，毫无保留地倾洒在学生身上，从学习到生活，从思想到日常行为规范，都给予他们无微不至的关心和呵护，使一个个远离父母、远离家乡的民族学生，在大学校园同样享受到了亲情般的温暖，他也因此赢得了学生们对他以"老爹"、"老爷爷"称呼的真情回报！

一个8月的酷暑天儿，蒙古族学生王刚踢足球时，左臂摔成粉碎性骨折，住进了大连医科大学附属第二医院，邵老师整整陪护了他十天。医院大门守得严，早上六点前才进得去。邵老师每天早早起来，煮了鸡蛋和嫩苞米，抢在六点前赶到医院，给王刚洗脸、擦身、打饭，一直忙到大夫查房时，再赶紧往家里跑，照顾他自己86岁的老母亲吃早饭。同室的病友羡慕极了："你老爹真好！""哪里！那是我的老师！"病友们惊愕了，不是骨肉亲情，怎能照顾得如此周到？

父母离异的蒙古族学生胡云峰，一上大学便断了经济来源，即使有助学金也只够勉强维持生活。于是，邵老师家就成了他的"家"。假期返校，邵老师辗转在新疆给他找了个押瓜车的差事，有挣的，有吃的，还省路费。回到学校，他给老师抱来一个比枕头还大的新疆西瓜："老师，我挑的，一路枕过来的……"瓜切开，却酸了。邵老师紧紧握住胡云峰的手，流着泪说："这瓜有你的体温，酸了也是甜的……"

邵老师独闯果子沟的一段经历，还是为了学生。每逢寒假要结束的时候，总有一部分新疆学生打电话向他请假，说因为大雪封山无法及时赶回学校上课。为什么"封山"就不能按期返校？这成了他放不下的心事。他决定亲自走一趟看个究竟。2004年8月份，69岁的邵老师自费只身来到新疆伊犁，从北疆往西南，坐车在公路上行驶了3天，行程4000余公里。被学生称为封山的路段，就是两山夹一谷，峭壁嶙峋，蜿蜒数公里的果子沟，是伊犁通往乌鲁木齐的必经之路，如此地形地貌，赶上大雪纷飞，公路交通中断，学生自是出不来。他理解了那些孩子求学的不易，也更清楚了那些千里之外的父母把孩子交给学校的牵挂。

二是胸怀大局、牢记职责的强烈责任心。邵春亮虽为一名大学普通教师，却胸怀祖国，心系边疆，把自己的工作同民族的团结进步、祖国的繁荣富强、边疆的和谐发展紧紧地联系在一起，时刻牵挂在心上，落实在教书育人的实际行动中。邵春亮同志常说："少数民族地区是祖国的重要一部分，建设好这些地区，关键还得靠少数民族。把这些娃娃培养教育好，将来他们回到民族地区会发挥更大的作用。"他正是以这种高度的大局意识、责任意识，全身心地投入到他所钟爱的教书育人事业，把一届届民族预科班学生，培养成一个个品学兼优的好学生。

在大连理工大学，一届届的民族班是个叫得响的品牌。邵老师有自己独特的带班诀窍："尊重+爱护+研究"。由于担心因为民族习惯、生活习惯、饮食习惯不同，不经意间给学生带来伤害，每次接班前，他都要反复熟悉每位同学的资料，从名字、民族、家庭、经济来源、毕业中学、习惯爱好，到照片上的长相特征。第一次与同学见面，邵老师几乎就能准确地叫出每个人的名字，让学生们大为惊讶。

邵老师常说："如果你去西部那片热土走一趟，亲自感受一下那里人们对发展繁荣的渴望，你就没有理由不关心爱护来这里求学的孩子们。父母大老远地把孩子托付给我们，我怎么也得让他们放心啊。将来学生的成才，就是对咱们这些当老师的最大回报。"没有慷慨激昂的表白，平实而朴素的话语透着使命与责任。

三是扎根教学一线、刻苦钻研业务的高度事业心。邵春亮虽然把主要精力都投入到了这些民族学生身上，但他的专业教学水平也和他的班主任工作一样出色。为了弥补担任班主任工作占用的时间，他经常挤占业余时间，利用假期、休息日进行备课、编写教材、撰写论文等，不断提高业务水平。每次上邵老师的课，130人的大课堂，学生们都会早早去教室占座，课堂上紧紧盯着老师，全神贯注地听讲，少有迟到早退，更没有人逃课。邵老师每次讲课也特别卖力气，一堂课下来，常常是汗流浃背。同学们评价说：邵老师是一个受人尊敬、招人喜欢的好老师。上邵老师的课，就一个字"爽"！他的教学科研成果也非常突出，所讲授的专业课《电路原理》课程和教材都是自己编写的，是学校的名牌课程，深受同学们的欢迎。他还编写了《电路分析学习指导》，作为学生们的辅导教材。邵老师被学校聘为"礼聘"教授。

四是执著坚守、甘于奉献的恒心。邵春亮同志坚持二十多年如一日，始终坚守在民族预科班班主任和专业课教学工作第一线，特别是在退休之后，仍然没有离开自己热爱的教育事业，没有离开自己心爱的学生。他不辞辛劳，不厌其烦，执著坚守，甘于奉献，耐得住寂寞，守得住清苦，经得住诱惑，难能可贵，令人钦佩。

1986年的金秋之时，邵春亮老师与电子系新疆少数民族班的38名学生结缘，也从此开启了一名有着30年党龄，对民族团结大义有着深刻理解的人民教师爱的闸门。

来自维吾尔、哈萨克、锡伯、蒙古、俄罗斯等7个民族的新疆孩子，面对一个全新的世界，充满了好奇和陌生。晚上不想睡，早晨起不来，高兴起来手舞足蹈，大跳迪斯科。孩子们习惯新疆的作息时间，和大连差两个小时。有的性格率真可也执拗，甚至有点儿随心所欲，不成规矩，让人挠头。

课堂上，邵老师宣布约法"若干"章：不准迟到早退、不准旷课、不准酗酒、不准打架……必须有时间观念、纪律观念、价值观念……早晨，他从南山的家里跑到西山宿舍叫醒学生出操；晚上再陪他们到熄灯，直到听到鼾声才悄悄离开。夜阑人静，邵老师跑下山坡，穿过公路，等回到教师住宅区，两米多高的大铁门已经上了锁。也顾不上君子风度了，只能翻门而入。整整五年，上千个日日夜夜，上千个两公里的往返。一次，他从铁门上重重地摔了下来。"老师，您别再来了，我们听话。"学生们懂得心疼，年过半百的老师却坦然一笑，一如既往。

民族班有专用教室，邵老师将在办公室、课题组的工作任务，如备课、批改作业、写文章、阅文献都挪到教室里干。事先与任课教师打好招呼，悄然坐在最后面，一直守候在"现场"，对学生上课、自习、写作业、学习态度、学习情绪、学习纪律，了如指掌。天气骤变时，有的学生最容易借口不来上课。不管刮风下雪或大雨倾盆，邵老师一定要到寝室查看，保证上课时一个都不能少。

不管当初入学时多么不懂规矩的"调皮蛋儿"，个性多么桀骜不驯，都在与邵老师这日复一日"零"距离的融合中，心甘情愿改掉了不良习惯，学会了自律。寝室里、食堂就餐的饭桌、上课间休的教室，是师生沟通谈论最热烈的地方，学习、生活、人生、交友、恋爱婚姻，话题广泛，无所不包，老师引导点拨，学生向老师敞开心扉，那是双方心的贴近，思想的默契。

邵春亮同志的辛勤耕耘，赢得了学生和家长们的高度赞誉，也得到党和政府的充分肯定。大连理工大学，连续三次被授予"全国民族团结进步先进集体"荣誉称号，邵春亮本人也多次荣获"辽宁省民族团结进步先进个人"、"大连市优秀教育工作者"等称号。2009年被教育部授予"全国优秀教师"荣誉称号，并荣获"全国民族团结进步模范"个人荣誉称号。

如今的邵春亮老师，可谓是桃李满天下。仅以民族预科班为例，这二十多年来，经他亲手培养出的少数民族学生就有600多名，涉及30多个民族，他们正在为祖国边疆地区民族事业的繁荣发展贡献着自己的智慧和力量。

屈伯川

屈伯川，男，汉族，1909年11月16日出生，四川省泸县人，中共党员。

1926年起，先后在南京国立东南大学附属中学、上海吴淞中国公学和金陵大学预科学习。1928年夏，考入南京中央大学化学系。在校期间，在中国共产党地下组织领导下，积极参加抗日爱国学生运动，反对国民党"攘外必先安内"的反动政策。1932年，遭到反动当局迫害，愤然离校。其后，在四川泸县和广西桂林第三高中任教，热情向师生宣传抗日救国的道理，很受欢迎。1934年9月赴德国留学，先后在慕尼黑工业大学、柏林工业大学、德累斯顿工业大学学习和从事科学研究，1937年获化学工程博士学位。1935年5月，在柏林参加了党的秘密外围组织"反帝大同盟"（后改为中华民族解放先锋队，即"民先队"）。

1937年7月抗日战争爆发，屈伯川满怀救国之志返回祖国。1939年10月，跟随陕甘宁边区政府主席林伯渠和中共四川省委书记吴玉章由重庆到达延安，是革命根据地极少数在国外获自然科学博士学位归来的高级知识分子之一。在那里，他实现了由爱国主义者到共产主义者的转变。先后在中央财政经济部、新华化学工业合作社任职。1940年9月加入中国共产党，同年，他积极参加了我党领导的第一个自然科学工作者的群众组织——陕甘宁边区自然科学研究会的筹备工作，并任驻会干事负责人。该会对于调动科技工作者参加边区经济建设和文化建设发挥了重要作用，在中国科技史上写下了光辉的一页。同时，他又参与筹建我党领导的第一个自然科学方面的高等院校——延安自然科学院，任教育处长。当时培养的学生不少后来成为我国社会主义革命和社会主义建设的中坚。1944年后，任陕甘宁边区建设厅工业局副局长、晋察冀军区工业部试验所所长等职。

1946年底，屈伯川根据党中央部署，赴东北开展工作。1947年5月起，历任大连理工大学前身——关东工业专门学校校长、大连大学工学院院长兼化学科学研究所所长。1950年7月大连工学院独立，他被中央人民政府任命为院长、党组书记。

屈伯川强调继承和发扬革命根据地的优良办学传统，同时又十分注意吸收国内外办学的成功经验，努力使两者有机地结合，把学校办成新型的、现代化的社会主义大学。他坚决贯彻党的教育方针，始终把坚定正确的政治方向放在首位，在全国理工科大学中首批建立了学生思想政治教育工作体系。他积极倡导教学改革，切实提高教学质量，坚持用先进的科学技术知识教育学生。他不断进行德、智、体诸方面教育工作的探索与改革，为祖国培养高级专业人才。他在建校伊始就把科学研究作为学校的重要任务，在组织教师编写、出版教材、翻译最新著作的同时，自1952年起就组织他们培养研究生，1954年学校成立研究部，并建立了一批当时在国内具有先进水平的实验室。他组织多学科教师协同作战，成功地完成了"三大港口"(我国第一个现代化的渔港、第一个现代化原油输出港和第一个现代化的军港)的设计。他尊重知识、尊重人才,一再强调"建设一流大学必先建设一流教师队伍",从学校创办之日起,就注意广揽人才,吸收了一批优秀的专家、学者,并积极通过派出留学、外出进修等各种渠道培养青年教师,使学校的师资队伍不断扩大,水平不断提高。他以身作则,带头培养优良的校风和学风,在广大师生中积极倡导理论联系实际,努力为国家社会主义经济建设服务,教书育人,刻苦学习,艰苦奋斗等优良传统。这些优良校风,正被一届又一届毕业生继承和发扬,在社会主义现代化建设中形成巨大的物质力量。建校初期底子薄、基础差,屈伯川带领全校师生员工白手起家,1954年就受到高等教育部的肯定与鼓励,1960年又被党中央确定为全国26所高教部直属重点高校之一。1956年,他光荣地当选为中国共产党第八次全国代表大会代表。

"文革"中,屈伯川被批判遭迫害,直到1972年3月才恢复工作。虽身处逆境,他仍坚信党,坚信社会主义,实事求是,坚持原则,做了不少力所能及的工作。

党的十一届三中全会后,屈伯川被重新任命为院长兼党委副书记。他老当益壮,锐意改革,"先他人之所见,为他人之未所为",为把学校办成一流的社会主义大学而操劳。他亲自率团出国考察、访问,选派教师出国进修、参加国际学术会议,邀请外国专家来校讲学。他知难而上,积极争取,使我国和外国合作举办的第一个培训高中级经济管理人才的基地——中美合办的中国工业科技管理大连培训中心设在大连工学院,并在短短两个月之内完善地做好了准备工作,受到了中美两国政府有关部委和专家的一致赞誉。同时,也为学校开展国际学术文化交流创造了极为有利的条件。他下力气抓学科建设,改造了一批老学科,使一批新兴学科获得较快发展。在他的领导和关怀下,学校扩建了现代化的港池、建起了北方高校中最大的船池、装备现代化的计算中心等。他站在战略高度加强研究生培养工作,使学校在1981年就成为国务院首批批准有权授予博士、硕士、学士学位的重点大学之一。基于大学生的德育教育是一门科学,是有其内在规律的认识,在他的领导和支持下,学校于1980年率先成立了既是思想政治工作机关,又是从事教学、科研的学术机构的德育研究室,同时把学生辅导员队伍纳入教师系列,成效显著。后来,教育部肯定和推广了这一经验。

1981年9月,屈伯川响应党中央号召,主动退出第一线,出任学校名誉校长。地位虽有变化,但他为党工作的决心始终不渝,一如既往地为学校的兴旺发达不辞辛劳,并且把视野扩展到了大连市、辽宁省和全国的教育事业。他帮助大连市在学校分院的基础上办起了市属大学——大连大学,出任辽宁省高等教育学会副会长,并在《中国高等教育》、《高等工程教育研究》等杂志上发表了《高校要加快培养高级专门人才》等学术论文数十篇。1983年5月,联合南京大学名誉校长匡亚明、浙江大学名誉校长刘丹、天津大学名誉校长李曙森上书党中央书记处,提出"关于将50所左右高等学校列为国家重大项目的建议",当即得到邓小平等党中央、国务院领导的重视,并经逐步充实、完善,付诸实施,为今日举世瞩目的"211工程"在舆论等方面做了准备。1986年,他被评为大连市优秀共产党员;1988年,获国家教委"老有所为精英奖"。

从1940年筹办延安自然科学院开始,屈伯川从事党的高等教育事业长达半个多世纪。他认真学习马列主义、毛泽东思想和邓小平理论,努力贯彻执行党的方针政策,团结师生,辛勤办学,功绩卓著,桃李满天下。从1947年出任关东工专校长起,他领导学校的筹备、建设和改革工作整整53年。他呕心沥血,励精图治,勇于开拓,善于抓住历史机遇,带领师生员工在一个台阶、一个台阶地向上攀登的进程中增强自信心和凝聚力,深受广大群众的拥护和爱戴。大工美丽校园的一草一木,大工万千学子的种种贡献，无不凝聚着老院长的点点心血。大连理工大学已由1949年只有100多位教职工和462名学生的单科性工学院，发展到具有3600多位教职工和31000多名大学生、硕士生、博士生规模的多科性理工大学，已成为在国内外有较大影响，综合实力居于我国同类高校前列的高层次人才培养和科学研究的重要基地之一。对此，老教育家屈伯川做出了不可磨灭的重大贡献。可以说，大连理工大学本身就是屈伯川同志的一座丰碑。由于对新中国高等教育事业做出的富有特色的重要贡献，他在我国高教界享有较高威望。他的生平事迹、教育思想和实践，1986年被收入我国第一部大型传记集《中国现代教育家传》一书，成为"新中国高等教育发展与改革的历史经验与规律研究课题组"首次向社会推出的当代中国14位高等教育家之一。1997年1月，由原国务院总理、屈老延安时代的学生李鹏同志题写书名的《屈伯川教育文集》，已由高等教育出版社出版。

屈伯川的一生，是为共产主义事业奋斗的一生，是革命的一生，忠于党、忠于人民的一生。他把自己的毕生精力奉献给了中国人民的解放事业，奉献给了党的社会主义教育事业，奉献给了学校的建设事业。早在1991年，他就写下遗言，表示身后"不要开遗体告别仪式"，把"遗体献给大连医科大学附属医院供教学、科研使用，把骨灰送给大连理工大学，同绿化用肥料混合，洒在学校绿化园地"，深情地表达了他对党的教育事业的无限忠诚，对大连理工大学这方热土的无比热爱，同时，也展现出了一个老共产党员感人至深的高风亮节。

林纪方

林纪方，男，汉族，1913年12月5日出生，上海市人，原籍四川华阳县（现今成都），民盟盟员。

1934年7月毕业于上海大同大学化学系，理学士。同年赴日本京都大学工业化学科进修3年。抗日战争爆发后，林纪方同志毅然回到祖国，投身于我国教育事业，充分体现了其高尚的爱国主义情操。回国后，林纪方同志历任西安东北大学、成都光华大学、四川大学教授，1950年任东北工学院教授，1952年9月调至大连工学院（现大连理工大学）任教授。1956年12月4日加入中国民主同盟。在大连工学院工作期间，曾先后担任化工机械系系主任、校图书馆馆长、校学术委员会副主任、化学工程研究所所长、博士生导师。林纪方同志在教育界和学术界有很高声誉，曾任中国化工学会常务理事，中国工程热物理学会理事，中国化工学会化工传递学组组长，辽宁省化工学会副理事长，国内多个化工类学术期刊的编委和顾问委员等职。

林纪方同志是中国民主同盟大连市委早期领导人之一和重要的社会活动家，曾担任民盟辽宁省委第六届委员会副主任委员，民盟大连市第七、八届委员会主任委员，第九、十、十一届委员会名誉主任委员，民盟辽宁省委顾问，辽宁省第三届人大代表，大连市第八届人大代表，政协辽宁省第四、五、六届常委，政协大连市第一、二、三、四届委员，政协大连市第五、六、七届副主席。2003年8月21日病逝，享年90岁。

林纪方同志是我国著名的教育家、化学工程和工程热物理专家，他将毕生精力贡献给了我国的化工高等教育和化学工程科研事业，为我国的社会主义建设做出了卓越贡献。

林纪方同志长期从事化工传热、沸腾和冷凝传热方面的研究，他所领导的科研队伍始终站在我国化学工程研究的前列。20世纪50年代，他率先在我国领导并主持了沸腾传热的研究，获得大量的传热性能数据和规律性结论。20世纪60年代，开展的"人工汽化核心"和"多孔表面强化传热"研究得到国家科委的认可，1962年国家科委将我国的重点科研项目"国28"相变传热的研究任务交付给林纪方同志带领的化学工程研究室。20世纪70年代，在全国率先开展了多级闪蒸和多效蒸发海水淡化技术的基础研究，从小试、中试到工业化装置的设计，获得了大量的基础实验数据和分析检测方法，为我国蒸馏法海水淡化技术的发展奠定了坚实的基础，其中很多数据和设计方法已经成为现在我国蒸馏法海水淡化手册和工程设计的重要参考依据，研究成果先后获得了辽宁省和大连市的重大科技成果奖和教育部科学技术二等奖。20世纪80年代以后，林纪方同志又开展了沸腾和冷凝强化传热、滴状冷凝传热、升降膜蒸发器、食品冷冻保存、化工热力学等方面的研究工作，并率先提出了改变表面微结构实现滴状冷凝的新途径，他在滴状冷凝传热机理及其非线性突变特性、滴状冷凝传热计算、促进滴状冷凝表面材料和制备以及滴状冷凝传热的工业化应用等方面取得了国内外瞩目的研究成果，使我国保持了在该领域的世界领先地位。林纪方同志一生科研工作硕果累累，曾先后在国内外学术刊物和学术会议上发表200余篇学术论文。

林纪方同志是我国首批硕士、博士研究生导师，从教60余年来，他呕心沥血，著书授课，桃李满天下，为新中国的化工领域培养了众多的杰出人才，曾编写《化学工程计算》和多部化工机械教材，参与《化学工程手册》（第一版）第七篇传热和第八篇传热设备与工业炉、全国《化工原理》及《化工传递过程》等手册和教材的编审工作。在培养研究生工作方面，自20世纪60年代以来（"文革"期间中断）为国家先后培养了20多位硕士研究生和12位博士研究生，他们中许多人已经成为国家有关部门和学术部门的领导人，其中牛津大学首位华人教授、博士生导师崔占峰就是林纪方同志的博士研究生。

林纪方同志归国后，一直为我国高等教育和科学事业而奋斗，献身社会主义祖国的建设事业。他对学问的严谨、认真，得到了大家的公认。课堂上，林纪方同志学识渊博、学风严谨、善于传授，主讲的"化工原理"课程条理清晰、生动风趣，被学生们评价为一种享受。课堂下，他是良师，更是益友，始终对国家的未来充满信心和热爱。他以长者的学养和修为言传身教，告诫年轻同事和自己的学生应倍加珍惜来之不易的安宁团结的科研学习环境，应时刻铭记自己是一个中国人，要把热爱祖国、关心政治、关心国家大事当成生活的一部分来对待。尽管在新中国成立后的一些政治运动中，林纪方同志曾受到过冲击，特别是"文革"中受到严重迫害，但是他对于祖国的赤诚之心自始至终，始终如一。耄耋之年，他还经常用"老骥伏枥，志在千里"来激励自己，继续关心国家、学校的改革和发展，坚持每天到图书馆浏览国内外的学术期刊。林纪方同志严于律己，宽以待人，儒雅、和蔼、幽默的为人给大家留下了许多深刻而美好的印象。在学术和教育领域外，他也多才多艺，泼墨吟诗、精通文史，精悉英、日、德、俄等多国语言，特别是书法作品更显其人文功底，成为国内外友人的收藏佳品。

林纪方同志热爱社会主义，拥护中国共产党的领导，与党肝胆相照，荣辱与共，是中国共产党的诤友、挚友。他坚持四项基本原则，拥护党的路线及改革开放以来的大政方针，是中国民主同盟辽宁省和大连市的早期成员和主要负责人。在长期连续担任省市人大代表和政协委员、常委、副主席期间，他以极高的政治热情参政议政，为辽宁省、大连市的经济发展和社会进步事业做出了重要的贡献。作为民盟地方组织的领导人，在盟员心目中，他是尊长，也是亲人。曾经有一个盟员因为工作和领导出现了一些矛盾，自己无法排解，心情烦恼，连续数天到林主委家中谈心求教，林纪方同志当时已年过八旬，家人担心他的身体，不希望他过于操劳，但是林纪方同志却依然每天很有耐心地开导这位盟友，并积极帮助盟友和学校进行沟通，最终为盟员打开了心结、解决了难题，这件事体现出了林纪方同志作为党派组织地方领导人德艺双馨的不凡人品和善始善终的可贵责任感。

林纪方同志把自己的一切奉献给了祖国，奉献给了人民，奉献给了以化工教育科研为核心的伟大祖国高教事业，奉献给了大连民盟的发展和建设。林纪方同志的一生，充分展现了大连市统一战线成员的动人风采。

林铁铮

林铁铮，男，汉族，1923年3月1日出生，台湾台中市人，台盟盟员。

1947年9月毕业于日本早稻田大学，先后在日本东京培玉县川越油脂化学所、日本东京隆昌化学工业株式会社、飞雁化学研究所、大安工业株式会社、三江物产株式会社工作。1956年7月，怀着科学救国之志，他毅然回到祖国，同年11月到中国科学院大连化学物理研究所工作，历任副研究员，研究员，题目组组长。曾兼任中国光学学会光谱专业委员会委员，辽宁省机械工程学会理化检验学会理事长，大连市光谱学会副理事长，大连市计量测试学会副理事长，大连市机械工程学会理化检验分会副理事长。曾当选为第六届辽宁省政协常委，辽宁省和大连市台联理事等职。

林铁铮长期从事有机元素和原子光谱分析及基础研究工作，在页岩油稳定性、油品评价、有机元素分析、污染分析化学方面做了大量的工作。在从事油品评价研究中，提出了用空气精制法进行页岩油稳定性的研究方法，建立了各种油品常量及微量评价方法，首次对大庆原油进行了油品评价，为大庆原油的开发利用提供了可靠的科学数据。同时，先后建立了用于石油、煤及催化剂的微量和半微量有机元素分析方法；用于有机痕量分析的石油气、煤气、大气中含硫、氧、氮有害痕量杂质的测定方法；用于农田灌溉水、染料厂和彩色胶卷厂生产污水等各种污染物的测定方法等，为所内外测定了大量试样，为我国油品评价、微量有机元素分析难题的解决以及国防和工业的健康发展做出了贡献。1966年，林铁铮以自己的科研实践经验，编写了《近代有机元素分析》一书，由科学出版社出版发行。在此期间，还用日文、英文在国外刊物上发表了多篇有意义的文献。

1978年起，林铁铮作为题目组组长，开始从事原子光谱分析的研究工作，在他的领导下，建立了各种AAS、GFAAS、ICP方法，在圆满完成所内外大量试样测定工作的同时，研制成功了QG型自动氢化物发生器，填补了国内空白，性能达到国际水平，1981年通过中国科学院沈阳分院组织的专家组鉴定，1982年获得中国科学院科技成果二等奖、辽宁省科技成果三等奖。研制成功的ZWG101型测汞仪，于1980年通过国家水电部、中国科学院和一机部联合组织的专家鉴定，并获1982年中国科学院科技成果二等奖。1986年，他的火焰原子吸收法测润滑油中的金属含量研究，通过大连石化公司和大连化物所的联合鉴定，获大连市科技成果三等奖。林铁铮和他的研究团队曾连续三年被评为中科院大型精密仪器管理和协作的先进单位和先进个人。

1986年，他的专著《原子光谱文献综说》一书，由大连市光谱学会出版发行，该书囊括了原子光谱分析领域的突出成就，充分反映出他对原子光谱的最新进展有着广泛而深入的了解和研究。2008年4月，中国化学会、中国光学会和光谱学与光谱分析期刊社联合为林铁铮颁发荣誉证明，以感谢他对中国光谱学的发展和交流做出的杰出贡献。

作为研究生导师，他培养了多名研究生，其中，有的已经在南开大学等高等院校担任教授，成为国家的栋梁之材。

林铁铮热爱祖国、热爱人民，拥护中国共产党的领导，作为一名民主党派代表人士，在兼任第六届辽宁省政协常委，辽宁省台联理事和大连市台联理事期间，能够广泛调查研究，积极建言献策、自觉履行党和人民赋予他的神圣职责，肝胆相照、荣辱与共。同时，他还利用自身学术和语言方面的专长，积极为招商引资牵线搭桥，为我市的经济发展做出了积极贡献。

武定国

武定国，男，满族，1926年9月15日出生，黑龙江省哈尔滨人，中共党员。

1949年2月，国民党海军"重庆"号巡洋舰武装起义主要发起人和领导人之一，荣获"二级解放勋章"。历任海军大连舰艇学院教员、教研室副主任、研究部研究员等职。曾任辽宁省第五届政协委员，第六、七届常务委员，第八届委员，大连市第五、六届政协委员。

武定国1946年考取了国民党海军赴英受训"潜艇训练班"，并于同年赴英学习。在英国，分别在英国皇家海军鱼雷专科学校和荣誉号练习舰上学习受训。1948年5月随重庆号回国。1949年1月，武定国和鱼雷上士王颐桢，就起义事件达成一致，并成为起义的军事骨干力量。在武定国的提议和王颐桢的补充建议下，起义组织定名为"士兵解放委员会"（以下简称解委会），并最后发展成27人。2月25日凌晨在上海吴淞口发起重庆号武装起义，在重庆舰舰长邓兆祥的带领下，解委会成员仅用半小时就将部分官员全部拘禁，并发布了《告士兵同学书》及《告海员同志书》，稳定了军心，起义顺利成功。

重庆舰起义的影响是巨大的。毛主席和朱总司令在给重庆舰发的贺电中说：你们所走的道路乃是爱国的国民党军事人员所走的唯一道路，中国人民必须建设自己的强大的国防，除了陆军，还必须建设自己的空军和海军，而你们就将是参加中国人民海军建设的先锋。

新中国成立后，武定国同志全身心致力于海军院校建设，为海军培养了大量人才。曾任《海军基准教材》航海学编写组副组长，主持该书的编写。曾是中国航海学会第一、二、三届理事、学术委员会委员。任该学会《常用航海名词、术语、代号统一方案》调研编写组长，并通过国家标准，荣获部级三等奖。1991年参加联合国教科文组织海上丝绸之路综合考察泉州国际学术讨论会，并宣读《郑和下西洋》论文。此论文为多家刊物转载，并刊登在《郑和下西洋研究文选》上。代表性著作有《海军航海基准教材》、《中国航海史（现代航海史）》等。发表论文20余篇，主要有《关于黄海北部及渤海分道通航制的研究》等。曾立三等功2次，被评为先进工作者1次。

武定国同志长期担任省、市政协委员，他认真履行职责，多次就省市有关问题提出提案和讨论意见，曾多次在大会上发言。1997年时任代省长闻世震在听取七届三次会议大会发言后的讲话中，曾就武老的发言专讲了一段表扬鼓励的话："这些建议，也正是我们着手研究准备解决的问题。比如武定国同志《批判通货膨胀刻不容缓》的发言具有重要的参考价值。定国同志的发言，从治本治标两方面提出了很好的建议。"

武献华

武献华，男，汉族，1955年8月出生，安徽省泗县人，民建会员。

1982年毕业于辽宁财经学院（现东北财经大学）基建系，并留校任教，1987年和1992年先后获得东北财经大学投资专业硕士学位和统计学专业博士学位。2002～2003年在美国大学做访问学者，谢绝优厚的国外条件，按时回国效力，并为学校募集到价值近万元的专业书籍。曾任投资系副主任、金广建设管理学院院长。现为东北财经大学副校长、教授、博士生导师，兼任中国工程造价专业教育委员会委员、中国投资学会学科建设委员会副主任、辽宁省投资经济研究会副会长、安徽建筑工业大学客座教授。1993年加入中国民主建国会，曾任民建东北财经大学支部主任委员、民建大连市委副主任委员、大连市政协第八届委员、第九届常委，辽宁省政协第九届委员。现任民建辽宁省委主任委员、民建中央常委、全国政协常委、辽宁省政协常委，大连市归国留学人员联谊会会长。

自1982年留校任教以来，武献华一直站在教育教学工作第一线，潜心教学，严谨治学，良好的教学效果深受学生的欢迎和专家的好评，曾获得东北财经大学首届奖教金一等奖。多年来，他专心于学术研究，关注国内外投资理论前沿的最新发展，在投资理论与工程经济等研究领域取得了丰硕的科研成果。1996年，获东北财经大学学术专著一等奖；承担的国家"六五"重点课题《投资效果系数的计算》、《论投资回收期》被收入由薄一波同志撰写序言的《基本建设投资效果研究》一书。1995年以来获得各级政府、研究学会和学校的各种科研奖励30余项，出版专著5部，教材、工具书20余部，省和国家级课题30余项，在省级以上刊物发表论文60余篇。

专心于教学科研工作之余，武献华还具有较强的事业心和责任感，在组织领导、管理、协调诸方面都有较强的能力，具有强烈的开拓创新精神。2001年担任金广建设管理学院院长以来，他积极探索校企联合办学的学院发展新模式，实现了东北财经大学与金广建设集团的合作办学。他还积极推进本科和研究生教育改革，开拓研究生教育新模式。2002年，与北京现代卓越教育集团合作，实现在职研究生教育与美国认证的"项目管理"资格考试相嫁接，2003年，在他的带领下，金广建设管理学院一举通过建设部高等教育工程管理专业水平评估，成为当时全国通过评估的十所大学之一，是其中唯一的一所财经大学。从2003年始，工程管理专业的毕业证书同时获得英国皇家建造师协会、英国各大学的承认。他还利用在美国做访问学者的机会，积极推动东北财经大学与美国Marywood University建立互换留学生的合作关系，2005年，互换留学生工作已经启动，两名东北财经大学学生已经完成在美学业。

在1996年担任大连市第八届政协委员、第九届政协常委期间，围绕大连市经济建设积极参政议政，多次提出有关大连市经济建设方面的意见和建议，被市政协评为"建功立业政协委员"。2003年起担任辽宁省政协常委以来，围绕东北老工业基地建设等重大问题已提出7项提案，提出的"打造诚信辽宁"的提案受到省发改委领导的重视。2006年提出的"构建我省再就业支持体系"的提案受到省劳动与社会保障厅和主管领导的高度重视，催生相关政策的出台。由于多年来在参政议政方面的突出表现，2007年辽宁省政协授予武献华同志"政协委员参加活动积极分子"称号。

2007年1月当选大连市归国留学人员联谊会会长以来，工作认真负责，积极参与联谊会工作计划的制定、推动各项任务的完成。为2007～2008大连市海外学子创业周主题论坛的举办、欧美同学会大连创业报国基地落户大连等尽心竭力，且卓有成效。

作为中国民主建国会会员，武献华坚定不移地接受中国共产党的领导，致力于多党合作工作。1996年任东财大支部主任以来，该支部一直是民建大连市、辽宁省先进支部，个人多次评为市"先进会员"。当选民建省委员会主任委员后，在民建中央、中共辽宁省委的领导下，率领全省8000名会员较好地履行了自己的职责，各项工作跨上了新台阶，连续两年获得省政协"一号提案"，由省政协主席亲自督办。2009年提出的《标本兼治 确保我省经济平稳较快增长》的省政协"一号提案"，所提建议几乎全部被政府采纳，最终形成30条可行措施。积极参与民建中央设立的"思源工程"建设，2008年全省以755万元的捐资额成为全国第一名。2009年9月4～5日，由民建中央、国家工信部、辽宁省人民政府主办的2009中国（辽宁）非公有制经济发展论坛在沈阳成功举办，创下了历届参会代表人数最多、签约成果最多、论文数量最多、参会代表满意度最高的好成绩，民建辽宁省委作为论坛的主要承办单位之一，受到各级领导的高度评价。2009年6月以来，辽西北地区发生严重旱灾，许多地方粮食绝收，影响到人民的生产和生活。在民建辽宁省委的努力争取下，民建中央向辽西北灾区捐款人民币100万元，为辽宁抗旱救灾取得胜利做出了贡献。

"饮水思源，不忘重托，使命重于泰山"，武献华常常这样告诫自己。他以实际行动践行着他的诺言，勤勤恳恳做学问，踏踏实实参政议政，努力为地方乃至国家经济建设发展做出更大贡献。

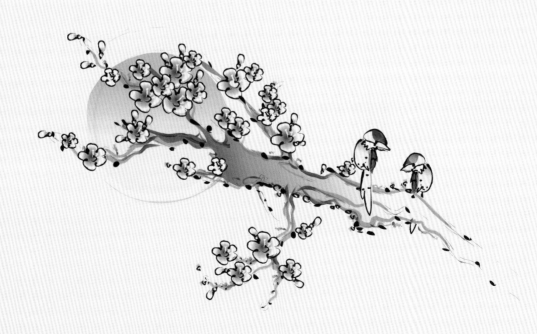

范圣第

范圣第，男，汉族，1950年8月15日出生，辽宁省沈阳市人，民革党员。

1982年毕业于辽宁大学化学系，获理学学士，1985~1989年就读于日本九州大学工学部并获工学博士。1989~1990年任日本三井化学大牟田中心研究所博士研究员。1990~1993年在美国波士顿大学化学工程系做博士后研究工作。1993年10月任大连民族学院化学工程系主任，2001~2005年任大连民族学院副院长兼生命科学学院院长。现任大连民族学院生物工程研究中心主任、国家民委－教育部生物资源与技术利用重点实验室主任、大连市生物化学技术中心负责人、国家自然科学基金评委、《化学通报》编委、大连市民革主委、辽宁省政协委员、大连市政协常委。

范圣第在我国教育界、学术界，特别是在生物工程领域具有很高的声誉，为我国生物工程事业的发展做出了突出贡献。

1982年辽宁大学毕业后留校潜心生物工程学研究，日本留学期间在国际著名刊物发表论文11篇，在日本出版51万字的译著1部，申请日本专利1项，撰写的"维生素B12模型配合物的催化性能及相关的碳骨架重排反应"博士论文，其观点位于酶工程前沿领域，取得的研究成果人工酶(synthetase)得到国外同行的认可。在美国波士顿大学化学工程系工作期间参与National Institute of Health Grant GM-26390的研究工作，从事有关寡核酸(oligonucleotide)的研究，在开发新型抗癌试剂(与DNA化学有关)方面作了大量的前期工作，由于在人工酶、工具酶以及抗癌药物等方面的研究成就，曾获得纽约总领馆馆区优秀留学人员称号。

1993年10月，他回国任大连民族学院化学工程系主任，同年晋升为教授，先后创建了生物化工研究所、化学工程系、国家民委生物化工重点实验室、大连市生物化学工程中心，并担任上述部门的负责人。2001~2005年，他在担任大连民族学院副院长兼生物工程系主任期间锐意教学创新，使民族学院的知名度、影响力得到明显提升。期间采取了一系列行之有效的措施，强化师资队伍建设，加强专业实践基地建设，推行优化课程体系，调整专业课程结构，改进教学方法，强化生物技术产业化，大幅度增加课内教学信息量，提高课内教学效果，积极推行电化教学等辅助教学手段的应用。经过几年坚持不懈的努力，生物工程专业办学特色突出，先后成为国家民委重点学科、大连民族学院生物工程重点学科、辽宁省首批重点示范性专业。

2005年3月，他担任大连民族学院副院长兼生命科学学院院长。任职期间，本着以人为本的原则，对研究方向进行了调整和整合，明确了研究方向，整合人才梯队，实现优化重组，为提高大连民族学院的知名度和对外影响力，加快学院的发展做出了艰苦的努力，积极邀请知名专家来学院考察，创造外出学习交流机会，在他的带领下，生命科学学院已经成为大连民族学院最具特色和优势的学院。范圣第积极投身我国生物工程的科研研究，于1998年、2004年和2008年先后三次申请到国家自然科学基金项目14项，累计支配科研经费达600余万元，"体外修饰维生素B12催化的碳骨架重排"项目已经完成，获得国家民委科技进步二等奖，"酶试剂的制备与开发"与"核酸试剂的合成与研制"获得省科技进步三等奖，已成功开发出5种工具酶和多种DNA、核苷和保护性核苷试剂，顺利完成了国家民委、省科委的多个立项项目。此外，和国外大学、研究机构以及国内一些企业还有横向科研课题。如与日本KIRIN公司联合对一种新抗生素Vicenistatin进行化学结构修饰的工作，由于课题组成员的共同努力和辛勤劳动，给日本KIRIN公司留下了深刻的印象。此外，自1997年以来组织和指导科研团队发表论文100余篇，其中SCI收录近50篇，出版学术著作6部。2006年10月辽宁省省级高校生物工程下游技术重点实验室晋升为国家民委-教育部共建重点实验室；2008年6月生物工程专业教学团队被评为2008年辽宁省普通高等学校省级教学团队；2008年7月化学基础实验教学中心被评为省级实验教学示范中心。他本人1995年获得国家人事部跨世纪学科带头人、优秀归国留学生称号；1996年获得国务院授予的国家特殊津贴享有者的荣誉证书；1997年获得国家教委、国家人事部联合奖励的全国优秀留学回国人员金质奖章及荣誉证书，同年1月，《人民日报》海外版、《大连日报》、《大连开发区报》和电视台等多次报道了他的事迹；1999年获得辽宁省教委科学进步三等奖；2000年获大连民族学院特聘教授称号；2005年获大连民族学院科研标兵；2006年获国家人事部命名的民委系统先进标兵(省部级劳动模范)，同年被大连化物所聘为博士研究生导师；2007年5月获大连市第四批优秀专家称号、辽宁省普通高等学校专业(生物工程)带头人；2009年获辽宁省高等教育教学成果二等奖。

范圣第作为我国生物工程学的专家、学者，始终坚持中国共产党的领导，积极履行参政议政职责，所提出的多个提案得到市委市政府的重视，为大连市经济和社会事业的发展做出了积极贡献。

范希孟

范希孟，女，汉族，1910年8月19日出生，湖南省长沙市人，民盟盟员。

出生后8个月随父亲离开湖南到北京，10岁时母亲病故，从1923年起就读于北京女师附中、清华大学。1933年，范希孟大学毕业后留在清华大学任化学助教。1935年7月至1949年9月，先后任资源委员会南京冶金会助理研究员、重庆炼铜厂助理工程师、重庆动力油料厂研究员、甘肃石油公司甘青分公司研究员。1949年9月，她作为留用人员任甘肃玉门矿务局研究员。1951年6月调到大连工业化学研究所（今大连化学物理研究所）做研究工作。1952年12月31日加入中国民主同盟。

范希孟自大学毕业后，主要从事石油研究工作，对石油诸方面的工作具有丰富的经验，是石油种类鉴定、天然石油炼制方法、无机定性定量分析等方面的专家。新中国成立后，尤其是她来大连后，在党的领导下，她的工作积极性得到了充分发挥，工作积极、主动、热情、认真负责。在石油七厂柴油及燃料油的实测工作中，能够因地制宜，利用简陋的仪器进行操作，对试验数据进行认真检查，从不马虎。因而她所领导的石油产品标准检验方法和航空煤油的研究等方面的工作取得了成绩。1952年9月，在负责防胶剂试制过程中，找到了防胶剂化学构造并试制成功。1953年，汽油防胶剂试验成功，还从丙酮或甲基酮中制出N•N双仲丁基对苯二胺的防胶剂，其性质与性能具有国际先进水平，并填补了我国的空白，与此同时，找出了工业化条件，为发展国防工业和运输事业做出了贡献。写有《延长原油评价及玉门高级润滑油精炼》等论文，与别人合作发表了《接触氢化气相庚醛》、《油扩散式真空抽气机用油液》等论文。1954年8月，先后当选为大连市西岗区第一届人民代表大会代表、中华人民共和国第一届全国人民代表大会代表。

1954年10月7日，范希孟因静脉炎病发，血管突然破裂，在中国科学院大连化学物理研究所逝世，终年44岁。

郑　冰

郑冰，作曲家、指挥家。1956年生于大连，1986年2月28日加入中国民主促进会。1977年从大连艺术学校毕业后，进入大连歌舞团任演奏员；1985年，进入沈阳音乐学院作曲系进修；1993年起分别担任大连歌舞团副团长、大连市戏剧创作室副主任；曾任民进大连市委第九届委员会副主任委员。国家一级作曲家、享受国务院特殊津贴专家，曾被评为大连市优秀专家。

郑冰从小就显露音乐方面的才华。1972年，他考入大连艺术学校，学的是大提琴专业，在那个样板戏的年代，每每一段曲目排练后，不仅他演奏的大提琴乐谱烂熟于心，就是总谱也记得八九不离十，音乐已深深地潜入他的脑海。他开始涉猎作曲。学校没有作曲课，更没有音乐理论书籍，他常常让支持他作曲的老师把他反锁在办公室里偷听古典音乐。后来他尝试着写了一部《大提琴二重奏》，在那个音乐封闭的时期，立即得到大家的喜欢，很快在北京、沈阳等地传开。毕业前夕他写了一部《大提琴协奏曲——太阳》。这是一部带管弦乐总谱的比较完整、成熟的作品，对一个未受过作曲系统训练的十七八岁的孩子来说应该是一个奇迹。

艺校毕业后，他来到大连歌舞团当了一名大提琴演奏员。他的音乐创作也开始"红杏出墙"。1981年，他以一部《海浪》在辽宁省举办的首届音乐作品比赛中获奖。这是一部全新音响的作品，一出炉就得到听众的喜欢，并在音乐界引起争论。自这部正式演出的轻音乐始，郑冰的音乐创作一发而不可收，舞蹈音乐、器乐曲、歌曲，各种形式、各种题材的创作源源不断，也使得郑冰以第一名的成绩进入沈阳音乐学院。

在沈阳音乐学院的进修阶段，郑冰仍然不改求新求奇的特色，尽情驰骋在深奥的音乐理论和音乐创作之中。其毕业作品《第一二胡协奏曲》获得作曲系历史上的最高分。郑冰的《第一二胡协奏曲》，以传统的民族精神和现代作曲技法完美结合实践着自己的艺术主张。1988年，《第一二胡协奏曲》在辽宁省首届交响乐比赛中盖压群雄，荣获一等奖。该作品不仅显示出他把握现代技法的纯熟功底，而且在将我国传统音乐元素同现代技法融会贯通的实践过程中获得了坚实而有效的成果。该作品的问世不仅展示了郑冰作为中国传统音乐现代化的实践家的厚重实力，也凸显了我国第一位采用自由十二音技法创作二胡协奏曲的青年作曲家的崭新风采。一年之后，《第一二胡协奏曲》在美国获"国际新音乐作曲比赛"最高荣誉奖。

近年来，郑冰的艺术表演和作曲等创造了一个又一个辉煌。1991年，在北京音乐厅举行了郑冰现代二胡作品音乐会，演出了郑冰创作的《第一二胡协奏曲》、《第二二胡协奏曲》、《第三二胡协奏曲》、《第四二胡协奏曲（A商调式幻想曲）》、《二泉映月》（改编）等五部大型二胡作品。音乐会轰动京城，听众给予很高评价。郑冰也作为中国写作二胡协奏曲最多的作曲家而载入史册。随后这五部作品由台湾任诗杰唱片公司出版《郑冰现代二胡作品集》CD，并在1992年获台湾地区出版品评奖作曲金鼎奖。作为第一个赴台湾领奖的大陆艺术家郑冰又创造了一个新纪录。最近，沈阳音乐学院的一个研究生以郑冰二胡作品为研究内容的论文通过答辩。1992年，郑冰创作了他的第一部舞剧音乐《极地回声》，全新的理念，新颖的构思，大胆的探索，在第一届全国舞剧比赛中一炮走红，引起强烈反响并获得作曲一等奖。大连国际服装节的开幕式晚会为郑冰提供了施展才华的舞台，从有广场晚会的第三届开始至现在的第20届，郑冰共担任了15届次的作曲工作，他富有激情和时代感的音乐为晚会增光添彩。由此郑冰成为了国内著名的广场晚会作曲家。2001年的世界大学生运动会、2005年的澳门东亚运动会、2008年的北京奥运会都有郑冰的音乐在鸣响，郑冰还因此担任北京奥运会闭幕式的音乐创作室主任。

2001年起，郑冰把创作和生活的重心放到了北京，从此当起了"北漂"。在经历短暂的孤独后，很快就融入了新的环境。一个偶然的机遇，使郑冰签约了舞台剧《功夫传奇》的作曲。该舞剧现在已公演了3000多场，接待过来访的外国首脑人物，还出访欧美做商业演出。一位加拿大的著名音乐经纪人评价说："这部剧的成功，最主要的是来自于它的作曲，毫不夸张地说，我认为《功夫传奇》不比电影《指环王》的音乐逊色。"从此，郑冰在京城陡然声名鹊起，北京作曲界的精英们开始认识了郑冰这个来自大连的"北漂"。由于舞剧音乐创作耗时、繁杂，需要功力、智力、体力，一位作曲家一生能写两三部舞剧亦属正常，但郑冰从2005年开始，每年就创作3部舞剧音乐。下面是郑冰进京后创作的舞剧音乐，包括与舞剧同等规模的其他剧目名录：《女儿风流》（辽宁）、《追逐浪漫》（大连）、《功夫传奇》（北京）、《喜马拉雅》（西藏）、音乐剧《火凤凰》（三亚）、舞剧《大海梦幻》（珠海）、交响京剧《新白蛇传》（北京）、舞剧《碧海丝路》（北海）、芭蕾舞剧《二泉映月》、大型实景演出《井冈山》（江西）、舞剧《周璇》（上海）等。另外还创作了3部电影音乐和6部电视剧音乐。郑冰作曲的话剧《凌河影人》、芭蕾舞剧《二泉映月》分获国家舞台艺术精品工程大奖。

郑冰在作为辽宁省人大代表期间，认真履行代表职责，为基层代言，为政府献策。每当两会前夕，郑冰都会走访基层单位，收集基层对政府的意见和要求，并在两会期间向大会递交建议提案。比如，在《辽宁省的艺术院团结构分布》中，把目前省内的艺术院团按在全国的实力排位和发展空间，合理分配资源，并指出合并、撤销、扩大等文化体制改革的建议；在《城市剧场的功能与市民的文化生活》中，建议将剧场的功能扩大，采取降低票价、政府补贴等方式激活剧场。还有在《艺术创作与文化市场的矛盾处理办法》、《民主党派在艺术团体中的位置》等都有比较实际和可操作性的提议。

金一丞

金一丞，男，1944年出生，浙江上虞人，民革党员。

1967年毕业于浙江大学电机系工业企业电气化及自动化专业，1978至今在大连海事大学任副教授、教授、博士生导师。1991～1993年被总部设在澳大利亚的亚太海运研究中心授予"亚太海运研究奖"，并利用该项资金赴澳大利亚海运学院从事航海模拟器研究。现任交通部航海动态仿真与控制交通行业重点实验室主任，大连海事大学学术委员会副主任，近年来一直从事航海仿真、实时视景生成技术、虚拟现实技术以及计算机图形学等领域的研究工作，现任中国图像图形学会理事、虚拟现实专业委员会副主任、中国航海模拟器教师大会会长、国际航海模拟器讲师大会执行委员。

1994年加入民革，历任民革大连市副主委、辽宁省政协第七、八、九届委员、常委。1997年获大连海事大学先进个人称号；2001年获交通部先进工作者；2002年获国务院特殊津贴；2002年获交通部优秀教师；2002年获交通部吴福——振华奖；2004年获大连市劳动模范称号。

金一丞是我国航海模拟器、计算机图形学和虚拟现实研究领域的著名专家，也是我国航海仿真领域的领军人物，多次承办、协办、组织国内外学术会议，在国内外相关领域具有很高的声望和知名度。金一丞主持研究的"多本船功能完备的航海模拟系统及其开发平台"于2008年获得国家科技进步二等奖，其他项目获省部级科技进步奖3项，并申请发明专利8项，发表学术论文60余篇，为我国航海模拟器置身国际前列做出了重大贡献。

金一丞作为项目负责人完成了973项目"虚拟现实的基础理论、算法及其实现"子课题"海上搜救虚拟训练系统"和具有自主知识产权的"多功能航行安全仿真系统"、"高品质航海模拟器及其开发平台"等交通部项目、"211"工程重点建设项目"多本船功能完备的航海模拟系统及其开发平台"以及"公安海警船艇操纵仿真系统"、"潜艇航海综合训练系统"等科研项目40余项，并成功推广到包括新加坡海军在内的国内外50余家单位，打破了发达国家对我国航海模拟器市场的垄断。2006年为新加坡海军研制的航海模拟器在新加坡通过了国际知名船级社——挪威船级社最高等级航海模拟器的认证，标志着我国研制的航海模拟器已跻身世界前列。

金一丞始终认为，开展科研攻关，必须有一个具有强烈团队意识和凝聚力的科研团队，团队成员的凝聚力和向心力是一个团队的发展之源，团队目标和研究方向则是它的立足之本。金一丞提出带好一个科研团队的标准是"明确的团队目标、凝练的学科方向、持之以恒的研究态度，以及团队成员强烈的团队意识"。金一丞常常告诫大家："搞科研的人有一个'通病'，即喜欢'单兵作战'，但像我们这样的项目，是不可能由单个人完成的，系统设计领域的复杂性也决定了学科交叉的必要，这就使得我们必须依靠大家的力量，而且科研本身也来不得半点马虎，每个人除了把自己的工作做好之外，还要考虑到其他人，团结和务实是团队成功的根本"。

　　作为科研与项目负责人，金一丞胸怀宽广，不占别人便宜，坚持终身学习，不断扩大知识面。当谈到如何能够带好这个团队时，金一丞教授表示首先要做到的一个基本条件便是无私。他说："一个带头人绝对不能只为了自己的利益去做工作，'不自私'是一个带头人的底线。团队带头人要为这个团队中每一个成员的成长和进步负责，使大家能够心情舒畅、充满干劲地投入到科研中。"金一丞对团队成员贴心关怀和实际支持换回的是整个团队强烈的团队意识和凝聚力。

金凤燮

金凤燮，男，朝鲜族，1945年6月22日出生，吉林省延边人，中共党员。

1968年毕业于吉林大学化学系。1970年任吉林省朝阳川酿酒厂助理工程师。1976年考取吉林大学生物化学专业硕士研究生，毕业后到大连工业大学任教。1986年到日本东京大学攻读博士。1988年回国，现任大连工业大学学术委员会主任，博士，博士生导师，辽宁省发酵工程重点实验室主任，辽宁省"特异酶优秀创新团队"带头人，享受国务院政府特殊津贴，2005年获辽宁省优秀专家称号，2006年荣获全国五一劳动奖章，2008年被评为大连市十大归国留学人员创业英才标兵荣誉称号。

大学毕业后经过在部队一年多的锻炼，1970年，他被分配到吉林省朝阳川酿酒厂任助理工程师，作为厂里的技术骨干，他以极大的热情投身到一线生产车间，与工人师傅一同从米糠中提取肌醇、谷维素，一同奋战在流水作业现场，用在学校所学到的知识努力工作，七年的基层实践使他深深感到知识的缺乏。1976年，考取了吉林大学生物化学专业硕士研究生，在校期间，他如饥似渴地学习本专业知识，毕业后来到大连工业大学任教。1986年，作为国家访问学者，到日本东京大学攻读博士，经过两年深造顺利获得了学位，他的导师户田清教授连连称奇，因为自有记载以来，东京大学还没有人在如此短的时间内取得博士学位，当时，这件事在整个学校引起轰动，想挖走他的日本公司相继抛出诱人的条件，然而，金凤燮的心思是尽快回国，用所学到的知识报效祖国。1988年12月，他毅然选择了回国，重新回到所熟悉的教学科研岗位，尽管当时学校的软硬件建设都不尽如人意，他也只是一名普通讲师，没有住房，全家人只能挤在两间学生宿舍里，但在学校领导的大力支持下，他很快在简陋的实验室开展了发酵、微生物学以及酶工程方面等生物工程领域的研究课题。

在他脑海里从来就没有节假日的概念，除完成正常的教学任务之外，只要有时间，他就一头扎在实验室里，埋头科研，即使回家了，突然有好的思路，不论多晚，他也要返回实验室，连实验楼门卫都说，整个实验楼，只要你发现一个房间的灯亮着，那里面一定是金教授。已经完成博士学业的三个女儿谈起爸爸做的菜时都皱眉头——菜没洗干净就下锅炒，现在她们知道，不是爸爸不讲卫生，而是他没有时间，就连上街买菜，脑海里常想的都是研究，每当谈起这些，他乐呵呵地说，这样倒好，给自己省了更多的时间。18年中，他从未休过一个节假日，而最好的休息时间，是在出差的路上美美地睡上一个好觉，或者和南来北往的乘客舒心地交流，这也是他最为放松的时刻。

人参皂苷 Rh2 等稀有皂苷，具有良好的抗癌功能，且对人体无毒性，有较高的保健功能，是医药、化妆品、洗涤剂、人参制品添加剂和保健品的原料。从20世纪80年代开始，很多国家就一直努力开发 Rh2 等稀有人参皂苷，但 Rh2 结构复杂，一直没有产业化，而1986年才开始从事酶工程研究的他，却成为了用酶转化法产业化生产 Rh2人参皂苷的世界第一人。多年的努力终于获得了成功，2003年，在国家科学技术奖励大会上，他凭借其"酶转化法生产RH2等人参稀有皂苷"项目，一举获得了国家科学技术发明二等奖(该奖项一等奖空缺)，并先后获省科技进步一等奖1项，省部级自然科学二等奖2项，国家和省专利奖各1项，发明专利18项中授权12项（含韩国、欧洲和美国授权发明专利），出版著作5部，发表论文210篇，其中SCI收录36篇，SCI他人引用242次。在这些令人欣喜的科技成果背后，渗透了金凤燮同志锲而不舍的努力和追求。

在成绩和荣誉面前，他没有丝毫的松懈，相反却激起了更加孜孜不倦的钻研劲头，对他而言，人参皂苷产业化只是一个开始，以后还要实现甘草、白头翁、穿山龙系列皂苷酶产业化，同时还要研究大豆、黄芩甙酶产业化，要干的事情还有很多。他利用在酶工程方面的研究，使以前不宜酿造啤酒的东北大麦变成了东北地区自主品牌啤酒的重要原料。作为啤酒生产第一大国，以前大部分大麦原料依靠进口，虽然我国东北大麦种植面积很广，但业界一直认为东北大麦皮厚、浸出率低、蛋白含量高，酿造啤酒有缺陷，1996年，受哈尔滨啤酒公司和黑龙江北大荒麦芽公司的委托，他开始研究制麦过程中酶系与麦芽质量内在关系，发现提高制麦过程中果胶酶和蛋白酶活力，可以增加麦芽浸出率和麦汁 α-氨基氮，一举解决了东北大麦不宜酿造啤酒的关键问题，并将东北大麦的皮厚、浸出率低和蛋白含量高等缺点，转化为"糖化力和麦汁 α-氨基氮分别高于进口大麦20%～50%及5%～10%"的优势，同时开辟了特种麦芽在改变中草药配糖体的糖基改变上的新用途。1997年，他开始推广其技术，为北大荒麦芽公司等单位培训了105名技术骨干，麦芽年产量也由从前的几千吨猛增至10万吨，哈尔滨啤酒公司等单位采用该技术以后，8年累计利税29亿，2005年经辽宁省科技厅鉴定，该技术属国内首创，国际先进，其中《东北大麦制麦产酶机制与其应用》获得黑龙江省2009科技进步二等奖。

金凤燮同志始终坚持走产学研结合的道路，并且每个项目都可以带来巨大的经济效益和社会效益，但他却从未想过借此为自己谋利，他总是说："这些科技成果能使多少资源发挥更大的功用啊，能使多少人走向富裕啊，我得继续抓紧时间啊！"

侯毓汾

侯毓汾，女，汉族，1913年8月11日出生，江苏省无锡市人，中共党员。

1935年上海大同大学毕业，1939年7月获美国密西根大学研究生院科学硕士学位；同年回国，先后在上海女中、进德女中、上海中法药学专科学校任教；1942年，云南昆明中央电工器材厂任技术室副工程师；1943年，贵州遵义任浙江大学工学院教授，开设"染料化学"课程；1945年，四川碧山任唐山交通大学教授，兼重庆中央工专教授；1946年，江苏无锡竞至女中教员、教务主任，兼上海国立吴淞水产专科学校教授；1950年沈阳东北工学院教授，筹建染料化学新专业，任教研室主任。1952年在大连工学院（现大连理工大学）教授兼染料教研室主任，20世纪60年代曾任化工系副系主任。中国化工学会理事，染料学会理事长，国家科委化工组染料分组副组长，全国科学大会代表，教育部学位授予单位化工评选组成员，辽宁省高校确定与晋升教授、副教授评委，大连市科技顾问。第三届全国人民代表大会代表，辽宁省政协第一届委员、常委，旅大市（现大连市）第一、八、九届人民代表，中共旅大市第五届委员会委员。1958年和1979年两次荣获全国三八红旗手，还荣获省、市三八红旗手，1960年被评为全国文教战线先进工作者，并光荣出席了全国群英会。

侯毓汾是我国著名染料化学专家。半个世纪以来，从事染料化学及工艺学的教学和研究工作，曾多次主持编写全国统一专业教材，编著有《染料化学及工艺学》、《活性染料》等书，并撰写论文数十篇，成绩卓著，取得了具有开创意义的成果。1944年起指导研究生；1981年起指导博士研究生。侯毓汾教授曾讲授"有机化学"、"高等有机化学"、"染料化学"、"染料化学及工艺学"等课程。为国家培养了大批染料专业教师、科研和生产技术骨干。

她对科研工作十分重视，20世纪40年代开始研究绝缘材料，优选西康云母为原料，云南紫胶作黏合剂，制成各种规格电气绝缘材料，被列为创造发明项目，发表了《云母制品电气绝缘材料的研究》论文。其后，探索用川、黔特产五桔子为基本原料，研究用桔酸合成蒽醌型染料的工艺路线，发表了《桔酸染料的研究》、《桔子工业概论》等论文。20世纪50年代较系统地研究了脂肪酸酰氯的制备，合成长碳链酰氯中间体及其偶氮染料，不同碳链染料对颜色、性能和坚牢度关系的规律，发表了《引入脂肪族酰基和烷基对染料性能影响的研究》等论文。20世纪50年代末，转入研究合成纤维染料和活性染料，发表了《醋酸纤维及合成纤维染料的研究》等多篇论文。20世纪70年代又研究一类新型暂溶性活性分散染料，可用于多种天然纤维，又适用于染锦纶，成为混纺织物单一染料，发表了《合成纤维及其混纺纤维用染料的研究》（Ⅰ、Ⅱ）。1981年作为中国化工教育代表团成员前往联邦德国考察，1982年代表我国首次参加第八届国际染料会议，在大会上作了题为"天然纤维、合成纤维及其混纺织物用活性分散染料的研究"的报告，1983年"活性染料"获国家科技进步二等奖。在她的带领下，精细化工系在全院最早开展了科研工作，首先研制了蛋白质纤维用的长碳链弱酸性染料。自1958年起重点研究活性染料及活性分散染料，使学校科研工作迅猛发展，先后开发和研制了各种活性基的活性染料新品种，为我国活性染料的研制、开发和生产做出了重大贡献。20世纪80年代初又承担国家科技攻关项目"丝绸用染料的研究"，经过潜心研究，有了新的突破，为解决中国丝绸染色质量问题和提高丝绸染色牢度做出了重要贡献，荣获全国科学大会奖(三项)和国家教委科技进步二等奖。1992年当她80岁高龄时，将自己一生积蓄的3万元设立了奖学金，旨在勉励年轻人为中国的染料化工事业做出新贡献，并将珍藏的三百多册图书资料全部捐献给学校图书馆。

姜培禄

姜培禄，男，汉族，1921年9月出生，山东省福山县人，民建会员。

1935～1947年，先后任大连山南电气工厂、大连竹山商会工程部、大连船渠技工、大连同信工程部主任。1947～1958年，先后任旅大建东工业公司经理、公私合营建新水暖器材厂厂长、大连金属工业公司经理。

1946～1951年，先后任土建行业同业公会会长。1950年4月，加入民建。同年4月，任大连工商业联合会会长。1952年12月至1997年4月，连任大连(旅大)市工商业联合会第一届到第十届执行委员会主任委员(会长)。1957～1988年，连任大连民建大连市委员会主任委员。1955年7月至1988年1月任政协大连(旅大)市第一、二、三、四、五、六、七、八届委员会副主席。

1958～1966年任旅大市副市长。在"文革"期间，被下放农村。1978年，恢复工作后，任旅大市副市长兼进出口办公室主任。1978～1988年，先后任辽宁省工商联代主委、主委，民建辽宁省委员会代主委，政协辽宁省第四届委员会副主席，全国工商联第八届名誉副会长，民建中央委员会顾问，辽宁省国际信托投资公司和中国工商经济开发公司董事，辽宁省经济开发公司董事长，丹东市人民政府经济顾问，大连国际海运技术服务公司董事长，中日合作大连佐连咨询公司董事长。曾任第一、二、三、五、六届全国人大代表，第七届全国政协常委。

姜培禄同志半个多世纪的革命生涯中，认真学习马列主义、毛泽东思想和邓小平理论，热爱中国共产党，热爱社会主义。作为知名的民主党派人士，几十年如一日，与中国共产党风雨同舟、肝胆相照。作为一名工商界的领导者，姜培禄同志思想进步，积极接受共产党的领导和主张，拥护党在社会主义过渡时期的总路线，积极组织发动工商界人士参加抗美援朝，组织大连市工商界人士捐献战斗机11架、大炮1门，现金3亿余元，组织动员40辆汽车奔赴朝鲜前线担任军需运输任务，为抗美援朝做出了积极贡献。同时，积极参加"三反五反"、"公私合营"、"一化三改"等社会主义革命和建设事业。1953年，大连地区对资本主义工商业的社会主义改造开始后，姜培禄率先将自己的企业实现了公私合营。这对推动全市工商业的社会主义改造，实现全行业公私合营和合作起到了有利的促进和示范作用。1956年1月，大连市掀起实现全行业公私合营高潮，姜培禄亲自参加全市工商业要求实现全行业公私合营、合作化的申请书起草工作。在政府批准全市工商业实现全行业公私合营时，姜培禄及时组织了规模盛大的庆祝游行活动，以表达全市工商业界广大群众的喜悦心情。姜培禄在推动全市私营工商业胜利完成社会主义改造过程中，做了大量的宣传和组织工作。1978年6月市政协恢复活动后，姜培禄同志任市政协副主席分管提案工作，他以高度负责的态度，扎实深入的作风，紧紧围绕党和政府的中心工作，围绕社会政治、经济热点问题、难点问题建言献策，为加强民主政治建设做了大量工作。十一届三中全会以后，我国进入改革开放和现代化建设时期，姜培禄利用自身的影响和威望广泛同海内外工商界人士进行联络，为我市对外开放、招商引资，促进经济建设和社会发展做了大量的工作，取得了良好的成效。1980年，姜培禄重新出任大连市副市长，主管对外经济贸易工作并兼进出口办公室主任。在此期间，他积极引进外资，筹建了大连外商服务公司、国际大酒店。创建了大连国际海运技术服务公司并被委任为公司董事长。该公司营业后第一年就为国家创汇80余万元。1985年，大连市正在筹建富丽华大酒店，为筹措资金，姜培禄以代表团顾问的身份去新加坡，协助代表团引进外资1160万美元，工程发展到第二期又增资3000万美元。在市委、市政府号召为建设北方香港献计献策活动中，他又为上鼎大厦引进近2亿元人民币的建设资金。晚年离开工作岗位后，姜培禄同志仍然坚持学习政治理论，关心国家大事，关心大连市的经济建设和社会发展，特别是关心非公有制经济健康发展和非公有制经济人士的健康成长，关心工商联的机关建设，表现出了高尚的品质。

施中岩

施中岩，男，汉族，1953年8月出生，浙江金华人，民革党员。

1982年9月毕业于沈阳化工学院化工系高分子化工专业，同年分配到浙江省宁波市水表厂任技术员，1985年4月至1990年2月历任大连市西岗区环保局科长、副局长，1990年2月至1993年2月任大连市西岗区人民政府副区长，1993年2月至2003年7月任大连市环保局副局长，2003年7月至2008年1月任大连市科技局副局长。施中岩同志，2003年1月起任政协大连市第十届委员会副主席，2008年1月任政协大连市第十一届委员会副主席（驻会）至今，曾先后担任政协辽宁省第九届、第十届委员会常务委员。2001年6月加入民革，曾任民革第十届中央委员会委员、民革辽宁省第十届委员会副主任委员、民革大连市第五届委员会副主任委员、第六届委员会主任委员，现任民革第十一届中央委员会委员、民革辽宁省第十一届委员会副主任委员、民革大连市第七届委员会主任委员。

施中岩同志，多年在区、局级领导岗位工作，有很高的组织能力和领导水平，他身为民革党员，始终坚持中国共产党领导的多党合作和政治协商制度，有坚定的政治立场和鲜明的政治信仰，有端正、明朗的世界观、人生观和价值观，他积极献身于社会主义现代化建设事业，为我市的科学发展、社会进步做出了突出贡献。

1993年2月至2003年7月，在十多年的市环保局副局长的工作岗位上，他始终如一地坚持以马列主义、毛泽东思想、邓小平理论和"三个代表"重要思想为指导，创造性地开展各项工作。他十分重视环境保护法律法规的建设和实施，先后组织编发了《环境保护汇编》续编二、三集，出台了多项环境保护法规、规章及规范性文件，加强了对环境保护法律法规落实情况的检查，加大了对环境行政执法责任制的检查监督力度，使我市的环境执法工作得到了全面的提高，曾连续两年在市政府组织的执法责任制检查中名列前茅。他深入基层、深入一线，千方百计想办法、不拘一格求创新。在环境监理工作中，他提出了"拆小并大"的创新方法，组织实施"冬春季烟尘整治大会战"，使城市烟尘整治实现了从单体治理向区域综合治理转变，大连市环境监理工作获省、市先进单位。对环境信访案件，处理及时有效，群众综合满意率达98%以上，先后被省环保局和大连市信访办评为先进单位。在环境宣传教育工作中，积极组织参与环保世纪行、"六五"世界环境日等活动，通过各种形式的宣传教育，使广大市民的环境保护意识不断增强，遵守环保法规的自觉性不断提高。在他的积极努力下，大连市的环境空气质量逐年改善，得到了广大市民和国内外来宾及游客的好评。2001年我市被联合国环保署授予"全球环境500佳"荣誉称号。

2003年7月，施中岩同志由市环保局调到市科技局任副局长，他凭借着对党的事业的无比忠诚和丰富的工作经验，很快适应了新的工作岗位，开创了个人事业的又一片天地。他积极搭建创新平台，拓宽转化渠道，切实推动专利技术产业化发展，2003年在大连召开的"第三届中国专利技术与产品交易会"，取得了前所未有的成效，参观、洽谈人数超过8万人次，达成技术产品交易额104.7亿元，比上一年增长443%，极大地推动了专利技术的转化和产业化。他进一步健全和完善了我市的专利管理规章制度，形成了一整套行之有效的工作机制，为我市专利管理的制度化建设做出了贡献。他在工作中积极探索，不断创新，命名了一批示范单位，加大对国际发明专利的资助力度，通过这一系列手段，培育和开发了一批具有自主知识产权的关键核心技术和专利名牌产品，提高了我市的核心竞争力。他以各种形式的活动、会议为载体，加强对知识产权的宣传和普及，提高公众的知识产权意识，全社会的发明创造能力得到了显著提高，专利资助力度不断加强，专利申请量持续增长，年均增长50%。他重点扶持大项目，加强项目跟踪管理，取得了"植物分子育种新技术"、国家863计划"大连城市水环境质量改善技术与综合示范"等一批具有国际、国内领先水平的新成果。

在担任辽宁省政协常委、大连市政协副主席期间，施中岩同志高度重视政协工作，他认真履行职责、积极参政议政，深入群众开展调查研究，广泛听取各方面意见和建议，先后向省、市政协提交了"促进和发展现代生态农业，尽快实现我市农业现代化"、"关于整合辽宁港口资源，打造东北亚国际航运V型旗舰的建议"、"关于发展我省循环经济的几点建议"、"实施科技强省战略，提升自主创新能力"、"关于加强知识产权保护与管理的建议"等多份涉及国计民生的提案、报告，得到了省、市政协的高度重视和肯定，并多次获得表彰和奖励，在担任市政协副主席期间，他还积极组织对每年的部分政协重点提案的督办工作，通过多方协调、跟踪落实，确保每一项督办提案都得到圆满的答复，为省、市政府决策提供了有力参考，为辽宁省、大连市经济、政治、社会、文化建设做出了贡献。

施中岩同志，作为民革大连市第六届、七届委员会的主任委员，上任伊始就提出要以高素质的参政党为目标建设大连民革，并要求全体党员要搞好政治交接，继承和发扬老一辈光荣传统，履行参政党职能，参政议政、建言献策，以便更好地适应新时期、新形势下多党合作事业的要求。他从思想建设、组织建设、制度建设、作风建设、机关建设等几个方面着手，带领广大党员和机关干部，学习毛泽东思想、邓小平理论和"三个代表"重要思想，学习科学发展观，学习民革党章、党史，学习中山先生爱国、革命、不断进步的精神，通过学习，增强了坚持走有中国特色社会主义发展道路的自觉性和主动性，加深了对中国共产党领导的多党合作和政治协商制度的认识和理解，不断深化与中国共产党的合作关系，大连民革的各项事业取得全面进步。提案工作上，由民革市委撰写的"关于强化公德立法建设、切实提升市民素质"和"关于扎实推进我市新农村建设"等几篇提案获得时任市长的亲笔批示，"关于尽快启动无公害放心果菜工程的建议"、"关于扎实推进我市新农村建设"等几篇提案作为市政协一号备选提案，得到了市委、市政府的广泛关注和高度重视，并作为市政协主席督办提案。在社会服务方面，先后捐资近200万元扶助地方的基础教育事业，为汶川地震捐赠款物25万余元，累计为大连市招商引资上亿元，民革大连市委连续多年获得民革省委"四个一"活动先进集体，并先后被授予民革全国社会服务工作先进集体，各民主党派、工商联、无党派人士为全面建设小康社会先进集体，大连市抗震救灾优秀组织奖等荣誉。在他的带领下，一个团结和谐、参政有为、积极进取、无私奉献的参政党形象真正逐步树立起来。

施中岩同志，始终致力于社会主义建设事业、多党合作的政治事业，他在当选新一届民革市委主委时表示：要以高度的政治责任感、使命感和饱满的工作热情，团结和带领全体党员推动民革事业发展，把中国共产党领导的多党合作和政治协商制度坚持好、完善好，为大连市的科学发展、社会和谐，为早日实现全面建设小康社会的目标而努力奋斗。他是这样说的，也是这样做的，并将继续做下去。

柯若仪

柯若仪，女，汉族，1926年11月1日出生，中共党员。

1949年毕业于中国医科大学并留校任教。1954年调至大连医科大学任讲师、副教授、教授。曾任大连医科大学附属第一医院内科教授、教研室主任。1995年3月离休，享受市地级待遇。历任中华医学会第十九、二十、二十一届理事，中华心血管病杂志第二、三、四届编委，省心血管学会副主任，大连市心血管学会主任委员，大连市科协副主任。辽宁省第五、六届人大代表，多次获省、市劳动模范光荣称号，1992年享受国务院政府津贴，1998年享受省劳动模范津贴。1995年离休后至今作为特聘专家返聘在医院继续为医疗、教学、科研做贡献。近年来，她的事迹被收入《中华人物大辞典》《世界优秀专家人才词典》《中华成功人才词典》《中国世纪英才荟萃》。曾荣获辽宁省"医德医风建设先进个人"称号和校"优秀带教老师"称号，以及国务院侨务办颁发的"全国归侨华侨先进个人"称号。

柯若仪从医近六十年，一直从事心血管的医疗、教学、科研工作，是辽南地区心内学科的带头人，她撰写了大量的文章，《重视梗塞先兆，预防心肌梗塞》获辽宁省重大成果奖。校译全国医学院校教材《内科学》《诊断学》等，主编《冠状循环与临床》，发表心血管方面论文52余篇，译文200余篇。培养了研究生20余名。在柯教授的带领下，心内科成为一个业务精湛、凝聚力很强的集体。她培养的研究生有的已成为国内、省内著名教授，在心律失常、冠心病等的诊断和治疗方面颇有建树。

柯若仪1995年离休后，一天也没离开工作岗位，依然在医疗第一线发挥着作用，她拒绝高薪聘请，不图名不图利，成为离退休老干部的先进代表。她热心科普工作，经常应《家庭医学》、《家庭医药》等杂志约稿，解答群众来信。在市区组织科普宣传，为老干部做科普讲座。1998年荣获市老干部局"老有所为先进个人"、"老干部保健先进工作者"光荣称号，2006年荣获大连市老干部局"大连市先进老干部"荣誉称号。

柯若仪同志还积极致力于中日友好和学术交流事业，每年都接待来访的日本友人，经常给他们写信、发贺卡，他们亲切地称她为"中国妈妈"。

洪承礼

洪承礼，男，1932年12月出生，汉族，辽宁省海城县人，九三学社社员。

洪承礼1955年毕业于大连工学院水利系，1957年大连工学院研究生毕业后留校任教，1986年晋升教授。曾任国家重点工程营口港鲅鱼圈港区建设指挥部总工程师；第一、二届高等学校"港口及航道工程"专业教学指导委员会主任委员；政协辽宁省五、六、七届委员会委员；第八届全国人民代表大会代表。1988年以来任多届中共大连市委、大连市政府特邀研究员、咨询委员。讲授过"普通物理学"（部分）、"材料力学"、"离岸式码头"、"港口工程学"（部分）、"军港工程学"、"土木工程规划"、"港口规划与布置"、"土木工程决策经济分析"等8门课程。在校外讲授过"水运工程项目投资控制"课程。

洪承礼出版著作有《船闸船坞底板计算》，参编《现代海港城市规划》，主编了《港口规划与布置》、《土木工程决策经济分析》。

他曾多次获得各项科研奖励："大连新港设计与研究"，获20世纪70年代国家优秀设计奖；"10万吨级半坞式船台设计"，获首届国家科技进步三等奖；"对港口及航道工程专业的专业课程改革"，获国家优秀教学成果奖；《港口规划与布置》获交通部优秀教材一等奖。

洪承礼于1989年首次提出大连经济技术开发区规划建设的"工业区模式"应向"城市化模式"转变，"大连经济技术开发区应发展成为大连市的副都心"，为改善大连经济技术开发区投资环境吸引外资，首次提出建设现代化综合性城市构想。中共大连市委1992年在制定《大连市经济上新台阶规划纲要1990～2010年》时，采纳了洪承礼的咨询意见。

退休后，2002～2005年任营口港务有限公司独立董事、锦州港股份有限公司独立董事。2003年至今参加国家部委、省、市组织的港口及相关工程的规划立项、核准、工程可行性研究、环境影响评价等各类专家评审会，任评审专家；2005年以来，年评审项目均超过50项。

参编《港口规划与建设》，协助编写《现代集装箱港区规划设计与研究》。1986年获国家级有突出贡献中青年专家称号，获首批辽宁省优秀专家称号、首批大连市优秀专家称号，2007年获大连市荣誉优秀专家称号，1991年起享受国务院政府特殊津贴。

洪祖培

洪祖培，男，汉族，1940年2月17日出生，江苏省海门市人，农工党党员，中共党员。

1965年毕业于中国科学技术大学近代化学系。1965～1990年任大连化物所研究实习员、助理研究员、高级工程师（副研究员）、研究员、科技处副处长、研究生部主任等职。1990～1996年任大连市科委副主任。1996～2000年任大连大学副校长、研究员。1995～2000年兼任大连市发明协会会长。1996～2002年兼任大连市仲裁委员会第一、二届副主任。1989～2002年任辽宁省第六、七届政协委员，第八届政协常委。1993年加入中国农工民主党。1994～2002年任农工党大连市委副主委。1995～2002年任农工党辽宁省委常委。1997～2002年任农工党中央委员。1998～2002年任农工党中央教育委员会副主任。2003年1月加入中国共产党。2003年2月退休。2004～2009年任大连市政协之友联谊会副会长。曾兼任辽宁省、大连市科普作家协会常务理事、全国民营科技促进会常务理事、大连市信息协会副会长、大连市软科学研究会副会长、中国科学院科技政策研究会沈阳分会理事、大连市技术市场管理协会理事长、大连市科技企业协会常务副理事长、大连市科技奖励基金会秘书长等职。

洪祖培同志长期致力于科研、开发、科技管理、大学、研究生教育等，并积极参加社会政治活动。

1966～1969年参加"酮炔法制异戊二烯"重大科技攻关项目和"118"、"1023"国防科技攻关项目。1970～1979年参加航天用氢氧燃料电池A型、B型，我国第一台电化法制氧机、潜艇用大功率燃料电池等国防科研项目，荣获国防科委重大成果奖。1980～1984年创建我国仅有用于金属-半导体催化剂、光电催化研究的程序升温电导实验装置，为金属-半导体催化、光电催化的研究提供了新的"电子化学探针"，取得一批重要科研成果，集中反映在11篇论文中，其中4篇论文分别在中、日、美、法、德等国召开的国际学术会议上发表，引起国内外学者的瞩目，"电导红外学谱法证明Pt/tio2氢溢流"、"金属-半导体催化研究"分别获中国科学院科技进步三等奖。1983～1985年研究成功Pt•Cuo/tio2惰性气体脱氢、氧催化剂，申报了国家专利，并在大连、南京等企业应用。1988年获中科院科技进步三等奖。1981～1990年在国内外科普刊物、报刊上发表科普作品百余篇。1989年撰写出版我国第一部面向青少年的科普著作《化学魔术师——催化剂》，1990年被评为辽宁省优秀科普书籍。

1990～1996年他在任大连市科委副主任期间，为实施大连市"火炬计划"发展高科技产业，为大连市的医药、卫生、环保、交通等社会发展方面的科技攻关做了大量组织、协调和推动工作，积极推进大连市技术市场和民营科技企业的发展，这期间，全市技术合同累计5万5千多项，技术合同成交额累计突破20亿元，居全国单列市前列，分别于1992年、1994年、1996年连续三届荣获国家科委颁发的"金桥奖"。他参与了大连市科学家公寓、自然博物馆等重大工程建设，组织专家论证、工程评估、选址及多方协调工作。积极促进、推动大连市一批研究所深化科技体制改革，面向经济建设完成"转轨变型"，逐步建立了以科技为先导的"科研、设计、施工、生产、经营"的运行机制。1992年底和1993年初他顶住了各方压力，坚决抵制了轰动全国的"长城公司非法集资10亿元"大骗局，使长城公司在大连行骗阴谋没有得逞，为此受到大连市委统战部的表扬，并被媒体与大连市民传为佳话。1993年他与南京紫金山天文台会谈，促成了该台新发现的一颗小行星命名为"大连星"。1994年他总负责牵头联合市建委、公用局、交通局、公安局、规划局、计委等部门与日本国国际协力团合作完成了大连市地铁、快速轻轨工程的勘察、调研、规划工作，提出了从杨树沟到港湾桥以及至老虎滩两条主干线的轻轨工程设想，得到市政府的好评，为现在的大连地铁工程做了一些前期准备工作。

1996～2000年他任大连大学副校长，为大连大学的外事工作、国际文化交流，外国留学生培养、科研及科技产业的开发等做出了贡献。1997～1998年分别被大连市政府授予"突出贡献专家"，享受政府特殊津贴，大连市第八届社会科学优秀学术成果三等奖。

在担任省政协委员、政协常委期间，认真履行职责，积极参政议政，围绕省、市经济建设、社会发展、科技文化教育等提出提案、意见和建议，多个提案被评为优秀提案并被采纳。他始终坚持中国共产党领导的多党合作和政治协商制度，认真贯彻党的"长期共存、互相监督、肝胆相照、荣辱与共"的方针。他是1990年首批配备到市政府任职党外副局级干部，他坚持和接受党的领导，做到"以诚待人，以情感人，以理服人，以信取人"，以对党和人民高度负责的责任感，以国家的政策、法律、法规及党的纪律为准则，对政府公务员的廉正行为做好监督，1996年被中共辽宁省委授予"双文明建设服务"先进个人。

洪祖培同志作为农工党中央委员、省委常委、市委副主委在农工党内发挥了骨干领导作用，为大连的经济、科技、教育、医疗卫生事业的发展做出了贡献。1995年农工党中央授予他"学习基本理论先进个人"，1997年农工党辽宁省委授予他"为双文明建设服务先进个人"，1998年农工党大连市委授予他先进个人称号。

祝明仁

祝明仁，男，汉族，生于1935年2月7日，江苏镇江人，九三学社社员。

1957年毕业于华东化工学院（现华东理工大学）硅酸盐专业。1957～1982年在大连玻璃厂工作，先后任工程师、副总工程师、副厂长、厂长等职。1983～1987年任大连市人民政府副市长，分管城乡建设等项工作。他努力抓好主管工作。主编的《当代大连城市建设丛书》被大连市第四届社会科学学术成果评审委员会评为资料工具书类优秀学术成果一等奖。其间先后编写了《当代大连市建设大事记》、《中国大连》等。1988年获辽宁省环境保护委员会授予"为环境保护做出贡献"荣誉证书。

1988年被选为大连市十届人大常委会副主任，1993年之后再次当选大连市十一届、十二届人大常委会副主任。任人大副主任期间，分管科教文卫体方面的工作，认真学习贯彻党的以经济建设为中心、坚持改革开放的基本路线。通过视察、座谈、走访代表，对市人大科教文卫委员会和市人大常委会的工作，从选题到任务安排都能提出正确的指导性意见，指导科技处连续多年提出质量较高的调查报告。在他的领导下制定了多部地方性法规，当时《大连市科技进步条例》是全国第一部地方性科技法规。

1988年2月加入九三学社。1989～1995年先后当选为九三学社大连市第六、七届委员会副主任委员，1996年当选九三学社大连市第八届委员会主任委员，在任社市委主委期间，他积极发挥民主党派建言献策作用，带领社市委领导班子，坚持共产党领导的多党合作和政治协商制度，明确提出要把围绕大连经济与发展参政议政作为社市委的主要任务。两会期间，社市委就社会稳定、改革开放、经济建设等重大问题提出许多具体的意见和建议，大多数被市委、市政府及有关部门采纳。九三学社大连市委员会连续多年被政协大连市委员会授予优秀提案单位。在加强社市委领导班子建设方面，完善集体领导体制，贯彻社中央"集体领导、民主集中、个别酝酿、会议决定"的议事程序，推进机关工作的制度化、规范化、程序化。建立健全岗位责任制，以培养人、关心人、用好人为重点，调动机关工作人员的积极性，增强机关的凝聚力，提高机关工作人员的综合素质与能力。2001年九三学社在大连市召开第九次社员代表大会，由他主持会务工作，圆满地完成换届工作，顺利完成新老交替的任务。

祝明仁同志曾任九三学社辽宁省第二、三、四届委员会副主任委员，九三学社第十届中央委员会委员。

胡 军

胡军，男，汉族，1958年7月31日出生，台湾新竹人，台盟盟员。

现任台盟中央委员、台盟辽宁省委副主委、台盟大连市委主委、省政协常委、市政协常委、国家气瓶试验中心主任、大连市锅炉压力容器检验研究所总工程师、大连锅检所蓝地检验技术公司经理等职务。

1976年9月至1978年1月，胡军同志响应国家号召来到大连市新金县莲山公社成为一名知青。恢复高考以后，他于1978年1月考入大连理工大学（原大连工学院）化工系化机专业学习，1982年毕业后在大连玻璃纸厂任技术员、助工。1984年，因工作需要，他调入大连市锅炉压力容器检验研究所工作。二十多年来，胡军先后承担了多项工作，为我国承压类特种设备检验行业的发展贡献了自己的力量。

胡军同志于1990年起担任全国气瓶标准化技术委员会气瓶检验分会的秘书长，20多年来组织编写了十几个气瓶方面的国家标准和部颁标准，并亲自参与了多个国家标准和特种设备安全技术规范的起草和修订工作，如GB9251-1997《气瓶水压试验方法》、GB13004-1999《钢质无缝气瓶定期检验与评定》、GB13077-2004《铝合金无缝气瓶定期检验与评定》、GB19533-2004《汽车用压缩天然气钢瓶定期检验与评定》、GB16918-1997《气瓶用爆破片技术条件》、GB16804-1997《气瓶警示标签》、GB24162-2009《汽车用压缩天然气金属内胆纤维环缠绕气瓶定期检验与评定》、GB24161-2009《呼吸器用复合气瓶定期检验与评定》、GB17268-2009《非重复充装气瓶》、JB4730《无损检测》等国家标准，2006年以来先后担任了国家质检总局《气瓶设计文件鉴定规则》、《气瓶型式试验规则》、《气瓶安全技术监察规程》等特种设备方面的国家安全技术规范起草小组组长。

1993年他创办了大连锅检所蓝地检验公司，十几年来先后为法国TP公司、意大利TCM公司、日本三井公司、日本三菱公司、韩国重工、中国环球公司、美国哈佛公司、日本东洋公司、芬兰奥斯龙公司、英国克瓦纳公司、美国福陆公司等许多客户提供了多种产品的第三方检验及委托检验服务，为我国锅炉压力容器检验事业得到国际认可、在法定检验任务之外开辟客户委托检验服务业务起到了重要的推动作用。1996年，我国开始实行进口许可制度，胡军同志参加了最早期的审查工作，并一直参与该项工作，自1996年以来，先后多次参加劳动部和国家质检总局组织的审查组，对日本、意大利、芬兰、法国、德国、奥地利、加拿大、美国、英国、新加坡、马来西亚、韩国等十几个国家的锅炉压力容器制造厂进行许可审查，为我国特种设备进口许可制度的开展贡献了力量。

胡军同志作为发起人和项目负责人，申请并组建了国家气瓶试验中心，该项目得到国家经费支持175万元。大连锅检所现已成为国内实力最强的综合性气瓶型式试验机构和气瓶设计文件鉴定机构。该项工作填补了国内特种设备检验检测机构在气瓶型式试验方面的空白。已先后为数十家气瓶生产厂和研究机构设计制造的各种气瓶进行了型式试验，为我国气瓶安全以及气瓶新技术的开发提供了有力的保障。由其出具的试验报告还得到了多家国外知名检验机构和政府部门的认可。现在胡军同志正瞄准更高的目标，向国家申报筹建国家气瓶质检中心。

胡军同志于2001年6月参加国家质检总局组织的"锅容管特国外体制研究"研究组的工作，完成了美国移动式压力容器及压力管道部分的研究和写作任务；2002年5月成为"国（境）外安全监察状况丛书"编写委员会委员；2005年参加国家质检总局特设局"国内外气瓶标准比较研究"课题研究，担任专题承担人。多年来，胡军同志在气瓶标准化方面的工作得到了国家局和气瓶标准化技术委员会的认可，多次代表国家局和瓶标委参加国际标准化组织会议，仅1997年以来就先后五次作为中国气瓶标准化代表团成员赴加拿大、意大利、南非、澳大利亚等国参加ISO国际标准化组织学术会议。

几年来胡军同志主持和参加了多项科研活动，主要有：

2006年国家质检总局特种设备型式试验能力提升项目，担任项目负责人；2006年国家质检总局项目《国内外特种设备标准法规比较研究课题》，气瓶专题负责人；国家科技部国家科技攻关计划：清洁汽车产业化关键技术研究与示范课题《汽车用压缩天然气（CNG）复合材料气瓶标准研究》，担任课题负责人，该课题已于2007年通过国家科技部组织的课题验收；国家质检总局2007年自筹经费科技计划项目《大容积高压力气瓶疲劳试验装置的研制》，担任项目负责人；国家标准化管理委员会2008年质检公益性行业科技计划项目《汽车用液化天然气瓶标准研究》，担任项目负责人。

另外，胡军同志还领导和管理着大连锅检所的科研课题小组，主持所内博士后科研工作站工作，并作为博士后合作导师，指导博士后研究人员1人。

胡军同志还参与了特种设备领域技术书籍的编写工作，主要有：1993年出版的《国外锅炉压力容器安全监察与法规标准综论》，担任美国、日本、德国部分编写人；2005年出版的国（境）外特种设备安全监察状况丛书《美国特种设备安全管理》，担任主要编写人；国家质检总局《国内外特种设备标准法规比较研究课题》气瓶专题承担人；2008年出版的国内外特种设备标准法规比较研究系列丛书《国内外气瓶标准法规比较手册》，担任编委。

胡军同志发表的学术论文主要有：《气瓶火烧试验》，2005年发表在特种设备国际论坛优秀论文集；《马来西亚、新加坡特种设备安全监察考察报告》，发表在"中国锅炉压力容器安全杂志"2004年第2期；《关于GB8334-1999的几点说明》，发表在"中国锅炉压力容器安全杂志"2003年第2期；《美国政府对气瓶的安全监管简介》，发表在"中国锅炉压力容器安全杂志"2002年第2期；《美国气瓶的安全管理》，发表在"中国质量技术监督杂志"2003年第6期。

随着在行业内知名度的不断提高，胡军同志先后担任了多个学术团体的职务，目前担任全国气瓶标准化技术委员会委员、气瓶检验分会秘书长、车用气瓶分会副主任委员、中国工业气体协会气瓶专业委员会副主任委员、中国特种设备检验协会科技工作委员会副主任委员、全国锅炉压力容器标准化技术委员会固定容器分会委员、无损检测专业委员会委员、国家合格评定委员会检查机构特种设备专业委员会委员、国家合格评定委员会实验室特种设备专业委员会委员、国家质检总局安全技术委员会委员、气瓶分委员会主任委员。

胡军同志还是美国机械工程师学会高级会员，同时还取得了多项技术资质，如美国锅炉压力容器检验师协会ASME检验师、中国特种设备协会承压类特种设备高级检验师、检验检测机构评审员、压力容器制造厂评审员、气瓶设计文件鉴定评审员、国家实验室认可委员会技术专家、评审员等。

作为大连市优秀的台湾籍同胞，胡军于1996年5月加入了台湾民主自治同盟。胡军同志坚持中国共产党领导的多党合作和政治协商制度，认真贯彻党的"长期共存、互相监督、肝胆相照、荣辱与共"的方针，不仅在本职岗位上做出了突出的成绩，在担任各级政协委员期间，他尽职尽责地履行着自己的义务，倾听民众呼声，认真履行职责，积极参政议政，就一些民生重点问题提出自己的意见和建议，得到有关部门的高度重视和采纳。几年来，胡军同志为促进大连市的经济、社会发展和两岸的和平发展，发表了多篇文章，积极建言献策，主要有：《鼓励国有企业简化结构加强专业化协作提高经济效益》，1998年获献计献策活动优秀奖；1999年《试论李登辉"两国论"出台的时机及今后的两岸关系》，获大连市统一战线理论研究会二等奖；1999年《完善民主党派参政议政制度 促进我国社会主义经济发展》，获大连市统一战线理论研究会三等奖；2001年《建议我市着手发展游艇产业》，获献计献策活动三等奖；2001年《如何更好地发挥民主党派的监督作用》，获大连市统一战线理论研究会三等奖；2001年《开拓思路，加速发展高品位旅游产业》，被评为政协大连市委员会优秀提案；2003年《"三个代表"重要思想与民主党派的自身建设》，获大连市统一战线理论研究会三等奖。

自2006年担任台盟市委主委以来，始终坚持中国共产党领导的多党合作和政治协商制度，采取切实有效的措施，努力发挥参政党职能，提高协商议政水平，做好提案调研工作；全面加强组织建设、思想建设和机关建设，推动台盟可持续发展；积极加强对台联络，促进扩大连台交往合作；关注社会奉献爱心，展示了大连台盟良好形象。

胡军同志立足本职，踏实工作，兢兢业业，努力奉献，为发展我国的特种设备检验检测事业，推动全面建设小康社会目标的实现，贡献着自己的力量。作为民主党派成员，他为我国的多党合作事业尽职尽责。他深入基层、倾听民声、建言献策、参政议政，充分发挥自身优势，积极开展对台工作，扩大大连与台湾的交流，为全市经济发展，社会和谐稳定做出了积极贡献。

胡国栋

胡国栋，男，汉族，1915年11月1日出生，1992年9月8日逝世，安徽省安庆人，九三学社社员，中共党员。

大连理工大学一级教授，机械工程和内燃机专家，建校初期即来校工作的知名学者，柴油机预混合燃烧理论的奠基者。1937年毕业于北平大学工学院机械系，后任昆明中央机器厂主任工程师。1945年赴美国学习考察，并先后在Cooper Bessemer柴油机厂等几家工厂工作。1948年回国后，在上海通用机器公司任原动机设计处处长。胡国栋教授热爱党、热爱祖国、热爱社会主义制度。1949年响应党的号召支援东北建设，应聘来大连工学院任教，先后担任院教育工会主席、机造系、机械系、二机系和造船系主任、内燃机研究所所长等职。

胡国栋教授热爱教育事业，对所从事的教学和科研工作充满激情、孜孜不倦，贯穿着顽强进取、执著追求的奋斗精神。先后在机械工程、内燃机工程等学科领域讲授多门课程。20世纪50年代末开始招收研究生，20世纪80年代初成为国内首批博士生导师。胡国栋教授长期从事机械加工工艺和内燃机的教学和科研工作，培养出的毕业生、硕士和博士已遍布世界各国。他数十年坚持进行科学研究，对我国内燃机技术的发展做出重要贡献。20世纪50年代研制出柴油机油泵套筒镀铬工艺及精密加工工艺，20世纪60年代开创了柴油机缸内燃烧过程重叠法火焰摄影技术。此后，主要从事柴油机燃烧技术研究，探索新燃烧方式和燃烧机理。在总结多年进行的油膜雾化燃烧试验研究基础上，形成柴油机近似等压燃烧的认识和体系，并创造出独具特色的伞状喷射燃烧系统。20世纪80年代初提出柴油机实现预混合燃烧的新概念及指导原则，以求改造传统的燃烧模式。在国内外发表近百篇学术论文，获得7项发明专利。这些具有开创性的学术研究成果和科研实践，受到国内外众多专家学者的重视，予以高度评价，产生很大影响。先后获得"六五"国家科技攻关表彰奖，国家教委科技成果二等奖及农业部科技进步二等奖，全总授予全国先进工作者、全国教育系统先进工作者称号及国家教委颁发的科技工作荣誉证书。1956年获全国劳动模范称号，1984年获大连市特级劳动模范称号。2009年大连理工大学60周年华诞，获得"功勋教师"称号。

新中国成立以来，胡国栋教授历任全国机械工程学会理事、中国内燃机学会理事、大连内燃机学会理事长。全国人民代表大会第三、五、六、七届人大代表。曾任大连市人民委员会委员、辽宁省政协委员、政协大连市第七届委员会副主席等职。几十年来，胡国栋教授热爱党、热爱祖国、热爱社会主义制度，热情赞扬改革开放的辉煌业绩，宣传社会主义制度的优越性，坚决反对资产阶级自由化。认真学习领会马列主义毛泽东思想，并自觉地运用于科研实践和党派工作中。以强烈的事业心和责任感团结同志，协调关系，调动一切积极因素，严于律己，借出国机会主动做留学生工作，恳切希望他们学成后报效祖国，临终前仍念念不忘要创造条件吸引他们回来共同奋斗。在他的精神感召下，已有数位留学生回国工作。

胡国栋教授1956年加入九三学社，积极参与其中的筹建和组织工作，1957年任九三学社旅大分社筹委会副主委，1958年，他在九三学社旅大分社第一次社员代表大会被选举为主任委员，直到1988年九三学社大连市召开第六届社员代表大会，他因年事已高，主动提请退出社市委领导班子。从1958年10月起，先后任九三学社旅大分社一、二、三、四届主委。1984年任九三学社大连市第五届委员会主委。第六、七届名誉主委。九三学社辽宁省第一届委员会副主委，九三学社第五、六届中央委员会委员、第七届中央委员会常委。胡国栋教授是九三学社大连地方组织的重要创始人和领导人，长期担任大连九三学社的领导工作，坚持正确的政治方向，拥护和贯彻党领导的多党合作政治协商制度，团结周围知识分子为祖国的统一战线工作，以切身感受教育、引导九三社员坚定不移地跟党走。他几十年始终不渝地追随党，并最终成为一名光荣的中国共产党党员。他坚决贯彻民主集中制原则，带领班子成员团结合作，互相配合，采取切实可行的措施加强各级领导班子建设、组织建设和思想建设，使大连九三各级组织与同级中共组织建立良好的合作关系，为推进大连的经济、科技、教育等各项事业的发展做出了重要贡献，为九三学社大连地方组织的发展壮大做出了极其卓越的贡献。

赵国藩

赵国藩，男，汉族，1924年12月29日出生，山西省汾阳市人，九三学社社员，中共党员。

赵国藩1949年6月毕业于上海交通大学土木系结构工程专业，工学学士。1949年上海解放后，进入华东人民革命大学学习。1949年9月至1950年7月，在齐齐哈尔铁路局和兰州大学水利系工作，1950年8月到大连工学院（现大连理工大学）任助教。抗美援朝期间，在810国防修建委员会任工程师，获吉林省一等模范干部奖章。1954年后，历任大连工学院讲师、教授（越级晋升），结构工程博士生导师。1981年3月至9月，在美国北卡罗来纳州立大学做访问教授。1984年至今，陆续兼任上海交通大学、浙江大学、武汉大学等30所高校兼职教授/顾问教授/名誉教授。1984年至今，历任中国土木工程学会理事、中国水利学会名誉理事、中国工程建设标准化协会委员、全国混凝土结构标准技术委员会顾问、纤维混凝土专业委员会主任委员、结构可靠度委员会名誉委员等10多个国内学术职务和国际高耸结构协会(IFHS)理事会名誉理事等8个国际学术职务。曾任《土木工程学报》、《水利学报》及《国际水泥制品与轻骨料混凝土学报》（伦敦及纽约）编委，现任《建筑结构学报》、《工程力学》、《港口工程》等7种国内刊物编委及国际刊物《Cement and Concrete Composites》编委。1985年至今，曾先后30余次应邀担任国际学术会议的主席/主席团成员/分组会主席/委员等职务，1994年起还担任《亚洲混凝土模式规范》研究委员会第1～10届国际常委及1996年第6届国际会议组委会主席。应邀10余次赴美国、瑞士、日本、捷克、新加坡等地大学讲学。1994年7月～2000年2月，担任国家科委攀登计划B"重大土木及水利工程安全性与耐久性的基础研究"专家委员会委员。1997年11月当选为中国工程院院士。

赵国藩60年来长期结合工程建设进行科研和教学，在工程结构可靠度、混凝土材料性能和钢筋混凝土结构设计基本理论研究及培育人才方面做出了重大贡献，在国际同行中也有相当影响。

赵国藩早在20世纪50年代就在国内系统介绍了极限状态设计理论，20世纪60年代在国内首次提出用一次二阶矩法计算安全系数。他在出版的专著《工程结构可靠度》一书中提出可靠度实用计算法及荷载、抗力统计模式，在学术界颇具影响，发行一万多册，被其他学术刊物引用上百次，为我国工程结构可靠度设计统一标准的编制做了大量基础性工作。20世纪90年代，赵国藩专题组进一步提出了考虑变量相关性的广义随机空间内的可靠度分析法和精度较高的二次二阶矩法、四阶矩法、体系可靠度分析法，以及用模糊数学分析正常使用极限状态可靠度等研究。赵国藩还系统地研究了钢筋混凝土、预应力混凝土、无黏结部分预应力混凝土结构的裂缝机理，提出了裂缝控制计算方法，并运用断裂力学理论，用激光散斑法测定混凝土的裂缝特征，提出了混凝土断裂韧度的概率分布模型和混凝土构件裂缝失稳扩展计算方法。他在混凝土静、动力学研究，钢纤维增强混凝土研究，高强混凝土抗震设计研究等方面都有学术建树。

赵国藩曾承担国家7项重大工程关键技术的10项攻关子题。我国20世纪投产的最大电站、能源建设的重点工程——二滩水电站，建设总投资近300亿元。为解决该项工程的关键技术，国家提出"七五"重点科技攻关专题"水电工程筑坝技术——高拱坝体型优化及结构设计的研究"和"八五"攻关专题"高拱坝建设关键技术——高强度大体积混凝土材料特性研究"。赵国藩专题组承担了"七五"攻关专题中的子题"平面应变状态下混凝土本构模型研究"及"八五"攻关专题中的"动荷载下混凝土强度变形特性及其试验方法"、"全级配混凝土宏观力学性能研究"、"混凝土复合型及动态断裂特性研究"三项子题。在"七五"至"八五"期间，根据二滩拱坝大体积、大骨料(最大粒径150mm)、全级配(四级配)拱坝位于地震区须考虑承受动力荷载以及拱坝多轴受力等特点，研究了拱坝混凝土宏观多轴静力性能及动力性能，还应用断裂力学研究了混凝土I–II复合型断裂特性及地震作用下的动态断裂特性。这四项子题被国家电力部分别鉴定为"国内领先，部分国际先进水平"、"国际先进水平"和"部分成果国际领先水平"。"七五"和"八五"攻关专题分别获能源部1991年科技进步一等奖和电力部1996年科技进步一等奖，1998年国家科技进步三等奖；其汇总研究成果"混凝土静、动力学特性研究"获国家教委科技进步二等奖。"七五"国家重点建设项目东风拱坝，须严格防止危害性裂缝，赵国藩专题组承担了"七五"国家重点科技攻关专题"水电工程筑坝技术——高混凝土坝裂缝及其防治"中的子题"混凝土裂缝评定技术"，完成的研究成果被鉴定为达到"国际领先水平"，获能源部电力科技进步一等奖(1991年)和国家科技进步二等奖(1992年)。其相关的两项国家自然科学基金和一项水利水电基金研究成果"混凝土损伤和断裂机理"分别获国家教委科技进步二等奖(1988年)和国家自然科学基金资助项目优秀成果(1992年)。"混凝土静态及动态断裂特性研究"又获国家教委科技进步二等奖(1996年)。赵国藩专题组参加的"八五"攻关课题——普定碾压混凝土拱坝在1989年截流时是世界上已建的最高碾压混凝土拱坝，该项目获1998年国家科技进步一等奖。

在赵国藩完成的科技成果中3项被鉴定为"国内领先，部分国际先进水平"，8项"国际先进水平"，7项"国际先进，部分国际领先水平"，2项"国际领先水平"。获国家科技进步奖8项(一等奖1项，二等奖4项，三等奖3项)，省部级科技进步一、二等奖23项(一等奖8项，二等奖15项)。

赵国藩主编、合编了7本规范，担任2本规范的顾问及1本国际规范国际委员会中的参编工作。专著、合著著作15部，发表的400余篇论文中被SCI及EI收录50余篇。

俯首耕耘数十载，回首间，已是桃李遍天下。赵国藩带领的大连理工大学结构工程专业成为我国首批硕士点，并于1984年创建博士点。他先后培养指导博士生72人，硕士生87人，博士后9人，访问学者2人。毕业的学生中多人已成为长江学者特聘教授/博士生导师/跨世纪人才等。

赵国藩先后获国家级有突出贡献专家，省、市优秀专家，大连市劳动模范等各种荣誉证书21项。1999年，在两院院士大会上，赵国藩获第8届"陈嘉庚技术科学奖"。同年教师节，赵国藩院士在75岁高龄时被辽宁省政府授予辽宁省教师最高荣誉——"辽宁省功勋教师"的荣誉称号。2009年被大连理工大学授予"大连理工大学建校60周年功勋教师"称号。

赵德鹏

赵德鹏，男，汉族，1949年6月7日出生，辽宁省大连市人，农工党党员。

1982年毕业于大连海运学院获学士学位，并留校任教。1985年10月留学日本，1988年3月毕业于日本九州工业大学自动控制专业，获工学硕士学位，并回校任职于航海技术研究所，历任讲师、副教授、教授、博士生导师、副所长等职。1993年11月至1994年11月在日本九州工业大学做高级访问学者。2000～2009年曾任大连海大航运科技有限公司总经理，大连海大船舶导航国家工程研究中心有限公司副总经理等职。

赵德鹏是我国交通领域著名的专家学者。从事航海自动化及海上智能交通系统的研究工作，所涉及的技术领域有航海技术、组合导航技术、计算机软件与理论、人工智能等，其中在空间数据模型、信息的自动获取、多源数据融合的应用研究方面做了大量的工作。编译出版了《电子海图及其应用系统国际规范和标准(S-57)》一书，在国内外期刊、会议文集上发表学术论文40余篇。培养博士研究生6人，硕士研究生30余人。

近二十年来，在赵德鹏的带领下，梯队一班人紧跟学科发展前沿，面向高新技术应用，形成了一个学术水平高、综合实力强的学术梯队，特别是在"十五"建设、"211工程"建设、"十一五"建设中做出了重要贡献。该梯队支撑着国家重点学科/交通部重点实验室——交通信息工程及控制专业/实验室，该实验室已成为航运界重大科研项目的研究基地，成为我国从事交通信息系统的基础研究、应用基础研究、高新技术应用研究及培养航运领域高层次人才的基地。在科研水平、学科建设等方面成为国内外相应学术领域内享有一定盛誉的实验室。

赵德鹏曾担任交通部"电子海图研究与应用课题组"组长，所研制的符合国际标准的电子海图显示与信息系统，曾代表中国在国际电子海图委员会年会上推出，受到国际同行的高度重视，为中国电子海图系统的国际标准化做出了突出贡献。赵德鹏主持完成了"电子海图显示与信息系统"应用平台的研究，并成功地应用于"海上搜救决策支持系统"和"中国船舶报告系统"中。该系统的核心技术于1999年获国家专利，成为国内领先、具有自主产权、符合国际标准的电子海图系统平台。

赵德鹏作为学科带头人先后完成了国家优秀青年教师基金、科技部、发改委、信息产业部和交通部等各类项目20余项。研究开发的"船舶电子海图导航系统"产业化项目被国家发改委确定为"国家重大高新技术产业化示范工程项目"、被国家科技部确定为"国家火炬计划项目"；"船舶综合导航系统研究"项目获国家科技部技术创新基金；完成了交通部攻关项目"三峡库区船舶动态监控系统关键技术研究"；主持申报的"船舶导航系统国家工程研究中心"建设项目获国家发展和改革委员会的立项(总投资1.08亿元)。近年来，先后承担了多项长江数字航道和智能航运系统建设相关科研项目，其中包括长江电子航道图系列标准的制定，南京航道局的电子航道图应用系统，航标与船舶动态监控系统，船舶导航系统等，2007年，承担了交通部一号示范工程"长江南京至浏河口段数字航道与智能航运系统"的建设任务。以赵德鹏为主持人完成的"海上搜救决策支持系统的研究"项目获得辽宁省科技进步二等奖(2001年)、"电子海图导航系统"项目获辽宁省科技进步一等奖(2006年)、"电子海图(航道图)技术及其应用系统的研究"项目获国家科技进步二等奖(2007年)。

赵德鹏自1990年加入中国农工民主党以来，始终坚持中国共产党领导的多党合作和政治协商制度，认真贯彻党的"长期共存、互相监督、肝胆相照、荣辱与共"的方针。在担任大连市第八届政协委员，大连市第十二届、第十三届人大常委会常委、辽宁省人大代表、农工民主党大连市委副主委期间，积极参政议政，广泛调查研究，听取各方面意见和建议，自觉地履行党和人民赋予他的神圣职责，提出了多项关于我市交通建设、东北亚航运中心建设等一些重大问题的议案、意见和建议，为推进大连经济和对外开放做出了积极贡献。

凌茂英

凌茂英，女，汉族，1934年8月出生，四川宜宾县人，民盟盟员。

1956年毕业于贵阳医学院医疗系，留校工作，任病理学助教。1959年12月调至大连医学院任病理解剖学助教，1978年晋升讲师，1983年副教授，1988年教授，硕士生导师。1974年赴中国医学科学院进修一年，1984年赴中国科学院上海细胞所进修半年，先后学习实验肿瘤学和单克隆抗体研制技术。1993年获中美高访名额赴美国ALABAMA大学进行科研合作，回国时顺访日本富山医科药科大学。曾获辽宁省政府和国家教委科技进步二等奖各一次(属重大科技成果奖)。辽宁省教委科技进步二等奖一次。1992年开始享受中华人民共和国国务院特殊津贴至今。从教45年于2000年退休，又被中国科学院大连化物所生物技术部1806组返聘6年，指导博士生学习细胞培养技术。1986年加入中国民主同盟，1988年和1992年两次参加民盟全国代表大会。曾先后任民盟省委委员，常委(第七、八、九届)，民盟大连市委第八、九届副主委，辽宁省政协第六、七、八届委员和常委，大连市沙河口区人大代表(1988年)。1987～1990年任大连医学院工会兼职副主席。

凌茂英同志亲临教学科研第一线，教书育人，获得学生好评，科研思路清晰，勇于创新。1972年为完成国家下达的"攻克老年慢性气管炎"("老慢气")的科研工作，学校指定她担任"老慢气"的实验病理研究。1974年又派她去中国医学科学院进修，学习实验肿瘤病理研究。在国内知名专家杨简教授的指导下，比较系统地观察了去胸腺小鼠全身淋巴结内淋巴细胞消失的情况，和后来发现在裸小鼠体内的变化相同，被同行认为是国内首先发现的病理改变。从此她一边认真地完成教学任务，同时，投入更多的时间，探讨肿瘤发生、变化的规律。1978年参加全国子宫颈癌会议，带去了自己诱发小鼠子宫颈癌动物模型的资料，受到白求恩医科大学妇产科教授的重视，希望利用大医的模型，筛选临床用药。1979年全国肿瘤学术会议，重点探讨肿瘤转移问题，她把重点转向了研究国际上难度最大，也是严重危害人类淋巴道转移问题。由于单纯向淋巴道转移的模型国际上十分罕见，又无文献可以参考，经过艰难探索，刻苦努力，终于建立了仿人体癌肿淋巴道转移的动物模型，这是国内第一个单纯沿淋巴道转移模型。之后又利用克隆化技术，从中分离出了不同转移能力的(高、低转移)瘤珠。1993年，她带着这一对模型瘤珠去美国进行合作研究，重复验证了在国内研究的可靠性。这一研究结果，在美国旧金山全国肿瘤学说会议展示时，许多美国同行提出希望引进这一对模型瘤珠，进行抗癌研究。1997年前后，应上海医科大学中山医院肝癌研究所的邀请，无条件地将如何建立高、低转移模型的技术传授给了他们。中国科学院上海细胞所也引进了这一对瘤珠，并进行合作研究。由于瘤珠的易变性，必须定期进行克隆化，为了保证质量，她亲自进行了四次稳定瘤珠的工作，每次体外克隆结合动物体内的转移实验至少需要一年左右的时间。国家自然科学基金委员会大力支持这项研究，连续给了9年的资助，并在1996年将她的研究列入"资助优秀成果"项目，被特别邀请（当时只有部属院校才能参加）去北京参加重点汇报。基金委要求她利用这一对瘤珠进行以下两方面的研究：一是同源而具有不同转移能力的两个瘤珠，基因上有什么区别？二是它们为什么单纯沿淋巴道转移，找出相关因素。如果能够解决上述问题，将会给人体肿瘤淋巴道转移的控制提供重要的参考数据。至今，这个模型仍然在医科大学内广泛应用。

四川省宜宾县1949年12月和平解放，凌茂英的父亲时任东城镇镇长，与当时的县长同时起义。但是，在1951年肃反运动中，被错判为抵抗解放而获死刑（当时任东城区区长）。1986年底，她的父亲彻底平反，并且在宜宾的地方志上记载是起义人员。凌茂英由于受家庭影响，虽然从1950年就加入了中国新民主主义青年团，并担任过贵阳医学院的团委委员，从大学开始就积极要求入党，但是，一直被拒之于门外。尽管如此，她仍然以共产党员的标准要求自己，敢于与不良现象作斗争。从担任省政协委员开始，就积极反映社情民意，宣传党和政府的决策，获得群众的好评。在本职工作中，任劳任怨，教书育人，多次被学生以年级为单位邀请去做关于"如何正确对待学习、生活和工作的问题"的报告，常常以答记者问的方式回答了同学们关心的问题，深受同学们的欢迎。1992年时任大医民盟一支部主委，和两个支委共同开展了包班（90级4班），关心学生思想健康成长。发动全支部近20个盟员，每人帮助两位学生，深入了解影响学习、生活等诸多问题，并开展了多项校内外活动，在师生共同的努力下，一年之后，该班由落后班提到了中上水平，为此大医民盟一支部获得了民盟省委"优秀盟支部"的称号，并得到了学校党委的肯定。

唐立民

唐立民，男，汉族，1924年6月7日出生，河北省秦皇岛市人，祖籍广东省中山县（现为珠海市），九三学社社员，中共党员。

1946年毕业于天津工商学院土木系。大学期间，唐立民同志不仅努力学习专业课，还是工商学院管弦乐队的首席小提琴手兼队长。大学毕业后，他在唐山工学院任教。1948年8月，留学美国，1949年获密歇根大学土木系结构力学硕士学位，1950年又获数学系（数理统计）硕士学位，同时参加两项科研。抗美援朝战争爆发后，他毅然回国，先在政务院财政经济委员会计划局重工业计划处任职，1952年调至上海航务学院和大连海运学院。自1953年起，任教于大连理工大学。1977年被评为教授。1981年为计算力学学科首批博士生导师。历任数理力学系副主任、工程力学系主任、工程力学研究所副所长、研究生院院长、中国力学学会第三届常务理事、国务院学位委员会第二届学科评议组成员、国家教委工程力学专业教材编委会副主任，辽宁省力学学会和复合材料学会第一届理事长，国际杂志《分析与设计中的有限元》及《计算力学》编委。

唐立民同志是我国著名的固体力学家、教育家，长期致力于弹性理论和计算力学数值方法的研究。自20世纪50年代始，一直从事力学领域的科学研究和教学工作。

20世纪50年代末，他提出的平面多连域问题和空间问题的复变函数方法，解决了当时弹性力学领域中的经典难题，对于克服弹性理论的复变函数方法发展中的障碍具有重要意义，突破了复变函数在力学应用中的局限性。1958年，唐立民同志以三峡水坝输水孔这个重大工程实际问题为背景，开展了对平面多连域问题和三维问题的复变函数方法的研究，解决了苏联弹性理论的复变函数学派所不能计算的多连域问题。在研究过程中他创造性地采用了每个孔中一个奇点的多奇点函数互相联系又各个击破逼近的方法，用同一模式来解决多连域这一类型的问题。其代表作《弹性平面上相邻几个圆孔的应力分析》一文发表在代表国家水平的1959年国庆10年专辑《科学记录》上。其中他提出的非圆孔多连域的一般方法，曾在苏联和美国科学院共同出版的《连续体力学问题》（1961年）论文集中有所介绍。他在1963年发表于《中国科学》的《三维弹性问题的复变函数方法》一文中提出在x-y平面上用复变函数而z方向采用积分方程逐次迭代的方法，解决了一种特殊类型的三维问题。其计算结果可以完全代替这类问题的光弹实验。该文被收录在Gurtin的"Linear Elasticity"文献总结中（载于Flugge物理百科全书，1972）。

唐立民同志是我国最早开展有限元法研究的学者之一，他提出的方法解决了力学领域的多个难题，为我国在国际有限元界赢得一席之地，并推动国内有限元法的深入研究和应用。1965年，唐立民同志开始研究数值方法。1972年，他提出了离散算子方法，这种方法曾被美国《数学文摘》引用，还用于梯形坝应力分布、干船坞底板的实际计算。1978年，唐立民同志又开始进行拟协调元方法的研究，拟协调元法发表后，国外学者称之为"杰出地、成功地用统一框架统一了协调、非协调和杂交元"。卞学璜（原美国麻省理工大学教授，美国工程科学院院士）曾在一系列文章中引用，并纳入高年级研究生的授课内容，其章节题目为"大连工学院唐立民教授提出的拟协调元"。国外有限元界至今仍在研究所谓假设应变法，都没有达到原来拟协调元法的系统性和深刻性。唐立民同志先后发表了关于拟协调元的论文30余篇，推动国内有限元法的深入研究和应用，起到了积极、重要的作用。为此，国家授予该成果国家自然科学三等、四等奖，国家教委科学技术一等奖。唐立民同志本人还获得1990年教委全国高校科技先进工作者称号。我国第一版《力学词典》已将拟协调有限元法作为词条之一纳入书中。2009年6月，在大连理工大学60年校庆纪念学术报告会上，他还以85岁高龄作了"有限元法的误区和修正"的开创性学术报告。

　　唐立民同志不但是位著名力学家，也是一位优秀的思想政治工作者和社会活动家。1937年，他在天津读书时曾参加自发的抗日活动。留美期间，参加了进步组织"中国留美科学工作者协会"，并是密歇根大学的负责人。1950年抗美援朝战争爆发后，他毅然返回祖国。回国后，积极参加土地改革和社会主义建设。1956年加入九三学社。他逐步接受了马列主义、毛泽东思想，从一个爱国的知识分子转变为一名具有共产主义崇高理想的科学家。1978年加入了中国共产党，并被选为"文化大革命"后大连工学院第一届党委委员。唐立民同志是第七届全国政协委员第八届常委，九三学社中央委员和常委、辽宁省副主任委员、大连市主任委员，曾当选为辽宁省第五、第六届人民代表大会代表，大连市政协副主席。他以高度的政治责任感积极开展社会活动，努力学习马列主义理论和党的路线、方针、政策，认真钻研党的文件。他曾在校内外做过数十次报告和讲演，包括传达政协会议，受到社会各界的普遍欢迎。同时，他密切联系群众，平易近人，负责地反映群众的意见和要求，积极贯彻党的统一战线政策。大连市九三学社在他的领导下，团结和带动了一大批知识分子，为大连地区的建设和发展做了大量出色的工作。在对外交往中，不失时机地开展工作，为统一祖国大业贡献力量。

　　50多年来，唐立民同志忠于党的教育事业，全面贯彻党的教育方针，教书育人。对于青年学生的培养，他不仅在业务上严格要求他们，而且对其思想和身心健康亦十分关心。无论是担任工程力学系主任，还是研究生院院长，他始终强调教师一定要搞科研、搞科研的教师一定要从事教学工作；主张一定要把提高教学质量、提升办学水平作为学校的中心任务。他强调创新，对年轻教师的科研教学、对学生的论文，积极灌输这一思想，认为科学研究没有创新就没有发展。他善于吸收西方先进国家的教学方式方法，主张通过"小锅饭"、"seminar"让教师更加关心学生，使学生尽快成长成才。1983年在《光明日报》上发表题为《全面关心学生是教师的天职》一文，就是他多年来教学工作的总结，是他教书育人实践的写照。唐立民同志一贯严于律己、宽以待人、以身作则、廉洁奉公，从不滥用自己的名誉和地位，因此多次受到政府和有关部门的表彰和奖励。他先后荣获1977年大连市优秀教师，1984年大连市劳动模范，1987年大连市优秀知识分子，1990年国家教委优秀科技工作者和全国高校优秀思想政治工作者、优秀共产党员，以及1985年全国民主党派为四化作贡献先进工作者等光荣称号。

唐建武

唐建武，男，1953年5月出生，辽宁省大连市人，祖籍安徽桐城，农工党党员。

自20世纪90年代初以来，先后担任大连医科大学基础医学部副主任、主任，基础医学院院长，大连市卫生局副局长，大连医科大学副校长、校长等行政领导职务，主管和负责教育教学、医疗、研究生和学科建设、财务、外事等方面工作，有较丰富的高校和卫生系统行政管理经验。现任全国政协委员，大连市政协副主席，农工民主党中央委员会常务委员，农工民主党中央教育委员会副主任委员，农工民主党辽宁省委会副主任委员，农工民主党大连市委会主任委员，大连医科大学校长。

在日常工作中，科学定位，真抓实干，全面落实学校的办学指导思想，认真履行校长的岗位职责。依据"以科学育人为根本，以学科建设为龙头，以本科教育为基础，积极发展研究生教育、长学制教育和留学生教育，稳步发展职业技术教育和成人教育"的办学指导思想，组织全校师生从抓好学校新校园建设和内涵发展两方面入手，以国家教育部本科教学水平评估为动力，与时俱进，深化改革，整体推进学校教学、科研、医疗和管理工作协调发展。在其带领下，学校的办学规模和办学层次不断拓展，办学质量和办学水平不断提高，办学条件和办学环境不断改善，综合办学能力和办学效益不断增强。

在认真履行校长职务的同时，作为病理学教授和博士生导师，积极参加教学科研工作，坚持在第一线为本科生、研究生授课。主编卫生部规划教材《病理学》、国家中医药管理局规划教材《病理学》、《病理学与病理生理学复习指南和题解》、《病理学实验教程》、《生物医学基础》等著作教材共10余部，并主编出版了国内第一本全英文版病理学教材《A Textbook of Pathology》。两本卫生部、教育部规划教材《病理学》分别获得国家级教学成果二等奖、全国高校医药教材成果二等奖和省级高等教育教学成果一等奖。主要科研方向为肺癌、肝癌细胞癌基因、抑癌基因、生长因子及蛋白质组学研究，主持承担"小鼠肝癌淋巴道转移相关基因的克隆和鉴定"、"小鼠肝癌淋巴道转移相关蛋白的比较蛋白质组研究"等国家自然科学基金、国家973子课题、国家教育部博士点基金、辽宁省自然科学基金等省部级以上科研项目10余项。先后以第一作者和通讯作者的身份在《中华肿瘤杂志》、《World Jygastroente》等国内外杂志上发表各类论文60多篇，其中10余篇论文被SCI和美国生物学文摘收录。"肺癌不同亚型的蛋白类型、抑癌基因缺失与肿瘤转移等生物学行为"和"肺泡细胞癌及其亚型淋巴移行定植行为的受体和基因研究"等成果获辽宁省科技进步奖、国家教委科技进步奖一等奖1项、二等奖2项、三等奖4项。作为博士生导师和硕士生导师，先后培养研究生40多名，指导的毕业论文获大连医科大学历史上第一篇辽宁省优秀博士论文奖。

多年来获得省级以上各种荣誉称号10余项，多次被评为全国优秀留学回国人员、国务院政府特殊津贴获得者、全国继续教育先进工作者；辽宁省优秀青年科技工作者、辽宁省第一批千百万人才工程人选、辽宁省优秀专家、辽宁省攀登学者、辽宁省名师；大连市劳动模范、大连市优秀专家等光荣称号。

　　唐建武同志作为全国政协委员，农工党大连市主委，大连市政协副主席，热爱祖国，拥护中国共产党的领导和社会主义事业，关心国家大事，积极参政议政，提出多项有意义、有见地的建议。在担任全国政协委员期间，他提出的《关于促进女大学生就业》的提案，引起了全社会的广泛关注；在担任农工党大连市委主委期间，他领导农工党大连市委完成的《关于大连区域性国家航运中心建设的问题研究》等多项调研报告被评为大连市各民主党派专题调研成果一等奖，为把大连早日建成国际航运中心奠定了决策基础；他代表农工党大连市委提出《关于我市在GDP3000亿新起点上推动科学发展的提案》等多项提案，先后被市政协定为一号提案，为我市的经济腾飞起到了积极的推动作用。在本职工作和社会活动中，他能够顾全大局，在搞好本职工作的前提下，积极参加全国和省市政协组织的各项活动，得到省市校各级党组织的高度评价。

徐永平

徐永平，男，汉族，1959年1月5日出生，内蒙古自治区乌兰浩特市人，大连市政协委员。

1978年，徐永平以优异的成绩考入吉林农业大学畜牧系，1981年，徐永平大学毕业留校工作，同年，考取本校研究生，1989年，成为全国为数不多的副教授。在吉林农业大学工作期间，徐永平先后写下了30多篇60多万字的论文，出版了一本专著，为他日后求学创业奠定了扎实的理论基础。

为了更好地学习和掌握世界一流专业理论知识，1990年底，他向加拿大萨斯卡彻温大学发去了求学申请函。扎实的专业基础和极具培养潜力的专业素质，为他敲开了一扇步入顶尖级专业殿堂的大门，很快就收到动物生物技术专业录取通知书（亚洲唯一的名额），享受全额奖学金。1991年1月，徐永平踏上了7年的异国求学路。

在国外的7年，徐永平比在国内更加勤奋努力学习，不仅获得了加拿大萨斯卡彻温大学博士研究生、博士后学位，而且，还受聘于加拿大国家动物生物技术研究中心副研究员、加拿大SEM生物技术研究中心首席科学家、中心主任，加拿大联合谷物集团尤尼研究中心研究员兼总营养师。在此期间，他主持并完成了"类胰岛素生长因子对动物繁殖功能影响的探索研究"、"生长激素与类胰岛素生长因子在动物繁殖功能上互作关系的研究"、"卵黄特异性免疫球蛋白代替抗生素的探索研究"和"IGF-1定位转基因对损伤神经细胞修复的研究"，这些研究成果，都是加拿大国家农业发展基金、医学研究会、加拿大与英联邦合作的项目，徐永平均是第一完成人。由于他发现类胰岛素生长因子IGH-1与生长素GH在动物繁殖方面存在前者放大后者的相互关系，因此成为"第四届国际性成熟控制大会"组委会全额资助赴会的唯一代表，并在会上宣讲论文。在国外，徐永平发表论文共80余篇，其中英文学术论文20篇，国际会议论文8篇，绝大部分发表在被SCI收录的学报上。学术上的研究成果树立了他在这个专业上的权威地位，他被聘为加拿大生物技术研究会理事、加拿大动物繁殖研究会理事、Journal of Endocrinology学报生物特约审稿人、Endocrine学报特约审稿人、Molecular and Cellular Endocrinology学报特约审稿人。专业和学术上获得了成功，各种奖励也接踵而至，徐永平先后获加拿大萨斯卡彻温大学博士研究生全额最高奖学金、加拿大哈特兰得研究方案设计创新奖、第七届世界动物生产大会论文答辩奖、加拿大西部动物繁殖生物学学会研究工作优秀表现奖、加拿大动物科学与生产技术大会优秀论文展示奖等。在加拿大学习和工作期间，完成了多项加拿大国家农业发展基金、医学研究会、英联邦合作项目，研发经费共1139万元，同时取得"卵黄特异性免疫球蛋白代替抗生素研究"和"首次提出生长激素（GH）在繁殖功能上的'双效应子'假说"两项重大学术成就和发明贡献。

经过国外的求学和实践，徐永平不但成为一名成功的科学家，也成为一名成功的管理学家。与此同时，他虽有享受幸福生活的优越条件，但却选择了回国，他要用他在国外所学到的知识报效自己的祖国，使自己的祖国富足和强大，实现自己的初衷和本愿。1998年7月毅然携带妻儿，回到了祖国的怀抱。

从回国创业以来，先后领导创建了以大连赛姆生物工程技术有限公司为首的、生物高技术产品开发经营为主的集团式公司5家，以食品生态安全为主题，以养殖业服务为对象，以天然生物替代抗生素为目标，以卵黄抗体技术、生物天然活性成分纳米提取为核心技术，进行多项系列产品的开发研制与产业化经营。公司一系列高新技术产品的问世，不仅提高了我国畜产品国际竞争力，而且对保障人类食品安全方面也具有重要的战略意义。

徐永平2001年成为国务院总理科学基金（国家杰出青年基金）获得者，并创建了生物技术与营养研发中心和博士后工作站，研发中心现有研究人员28名，其中博士7名，硕士8名，正进行生物技术应用科学的研发工作，博士后工作站已有12名博士进站进行生物技术前沿科学的研究工作。徐永平于2002年开始，担任大连理工大学教授、博士生导师，目前有硕士生22人、博士生27人，共发表学术论文110余篇（其中英文论文20余篇，绝大部分被SCI收录），共申请发明专利8项。2003年9月30日，在人民大会堂受到了国家主席胡锦涛、国务院总理温家宝等国家领导人的亲切接见，并被中共中央组织部、宣传部、统战部、人事部、教育部、科学技术部授予"留学回国人员成就奖"荣誉称号。2004年，以自有知识产权的专利——特异性卵黄免疫球蛋白代替抗生素的产业化项目，被国家发改委列入振兴东北老工业基地高技术产业化示范工程项目，总投资6500万元。2004年11月获得辽宁省百千万人才工程百人层次人选。

2005年9月徐永平以其突出的贡献和事迹被党中央、国务院评为首届华侨、华人专业人士"杰出创业奖"，并被授予了杰出创业奖奖章。2009年9月被大连市归国华侨联合会、大连市科学技术局联合授予"大连市侨界科技之星"荣誉称号。2010年2月被辽宁省人民政府授予"辽宁省优秀专家"称号。

徐永平回国创办企业，用在国外所学的先进技术、先进管理、先进理念报效祖国，为此，以徐永平为董事长的大连赛姆生物工程技术有限公司被中国侨联评为"科教兴国示范基地"。徐永平应邀在北京举行了授牌仪式。其创办的五家企业目前共设有河北省衡水生物农业示范基地、河北省唐山海洋生物工程示范基地、江西省九江生物技术示范基地等六个基地。这些基地为大专院校学生的生产实习和教学实习、新产品的中试推广、科研项目的基础研究、中小学生的爱国主义教育等工作提供全力支持，以实现徐永平报效祖国的伟大理想。

徐光楚

徐光楚，男，汉族，1937年9月12日出生，安徽人，民革党员。

徐光楚同志1956年于鞍山第一钢铁工业学校毕业，分配到鞍钢大连市甘井子区石灰石矿工作。同年，考入东北工业学院函授部采矿专业，1961年本科毕业，历任技术员、工程师、高级工程师和副总工程师。1980～1990年先后任鞍钢土城子矿、甘井子矿副矿长，1990年调入大连市政府经济委员会，任副主任。1996年任大连市政协港澳台侨和外事委员会主任，1997年10月退休。徐光楚同志曾任大连市第十届人大常务委员、大连市甘井子区第十一、十二届人大代表，政协辽宁省第七届委员会常务委员，政协大连市第六届、第七届委员会委员，第八届委员会常务委员。徐光楚同志，1987年7月加入中国国民党革命委员会，曾任民革中央委员会第八届委员会委员，民革辽宁省第八届委员会副主任委员，民革大连市第三届委员会副主任委员，第四届委员会主任委员。

徐光楚同志，生在旧社会，长在红旗下。1948年父亲离开北平去台湾后，在和年迈的祖母生活处于无助中，是在各级党组织的关怀照顾下，才靠助学金修完小学、中学和中专，在职培养读完大学。工作中更得到了单位的放手使用，在主要技术岗位上实践锤炼，并走上领导岗位。因而，徐光楚同志热爱党、回报社会的决心从未因"文革"前后曾受到的某些歧视有所动摇。

在工业战线工作期间，徐光楚同志努力学习，勇于实践，一直是企业生产的技术骨干，即使在1970年前后技术干部几乎全部"下乡"期间，他也是唯一被留在矿山全面负责生产技术管理的。在实践中，他创造性的应用研究成果确定矿山开采边界，组织质量管理，为甘井子矿避免了数千万吨资源损失，延长了矿山寿命。20世纪70年代，主持当时国家重点大型基建项目鞍钢土城子矿建设的技术工作，主持了选址、规划、初步设计，参与了设计、施工和验收投产全过程，多快好省地完成了这一大型露天矿的建设。1978年获得国家颁发的证书，晋级成为鞍钢和国家"文革"前首批工程师，1988年又成为"文革"后鞍钢、省首批由工程师晋级的高级工程师。1981年走上企业的领导岗位后，他在推行企业现代化管理，加强职工教育，培养现代化人才，不断提高自身领导能力等方面，取得了较好成绩，在1986年全国厂（矿）长统考中获得"双优"称号，获得该称号的全国厂（矿）长不足总数的百分之二。

在统一战线工作方面，1987～1996年，徐光楚同志先后担任民革大连市第三届委员会副主任委员、第四届委员会主任委员，在此期间，他始终致力于民革组织的建设和发展、民革自身素质的提高、民主党派基本作用的有效发挥。同时，作为市、区人大常委、代表，省、市政协常委、委员，积极了解和反映社情民意，积极参政议政，其先进的理念和优秀的观点多次在市里举行的经验交流大会上进行介绍和交流。徐光楚同志有深厚的台湾渊源关系，1985年夏，时值其父亲退休，只任台湾"总统府"国策顾问、国民党中央评议委员之际，在国家、省、市统战部门和公安部门的安排下，其一家及同在大陆的兄妹共三家九口得以赴香港与父母会面。1988年其母亲来连探亲，1990年又首次携长女赴台探亲，至今16次携家人赴台。其间，和台湾各界均有接触，与工商企业多有往来，参加过各类两岸民间活动，去过台湾一些地区、工厂企业参观考察和交流。在其1990年调入政府经济委员会任副主任后，在促进两岸的经济交流、招商引资的方面做出了积极的贡献。曾多次受大连企业委托，在台湾实地考察了解他们的合资、合作伙伴。1994年，曾专程赴台邀请台湾知名企业家和工商界人士参加大连在香港举办的对台招商大会，先后拜访了数十位工商界人士，促成了十几个参访团近三百人赴港参会，取得了丰硕成果。在对台交往中，直接促成了一些企业家来连投资和参与大连公益事业。1996、1997年在大连市政协外事委工作期间，在拓展港澳知名企业、知名人士交流交往方面，也颇有建树。曾邀请港澳知名人士来连访问，并参与了大连不少的公益事业。也曾组织文艺团体访问港澳，交流演出，该演出作为大连与澳门方面首次的直接交流交往，为今后大连与澳门的继续交往打下了坚实的基础。

徐光楚同志，作为新中国第一代技术人才，把自己的一切献给了社会主义现代化建设事业、多党合作的政治事业和祖国和平统一的伟大事业，他用自己的实际行动，回报了祖国母亲的养育之恩和党的关怀之情，他用自己的率先垂范，为大连民革的党员树立了楷模，做出了榜样。

徐敬之

徐敬之，男，汉族，1893年出生，山东威海市人，民建会员。

1912年，徐敬之来大连，先后在日商开办的三大利油坊学徒，当职员，后又到三井物产株式会社当植物油料采购员。因为每天和大豆打交道，凭眼、手、口便能断定大豆的品种、质量、水分和含油率，成为大连的大豆行家，使油脂业成为他一生中发家致富的主业。1926年，与人合股开设东和长油坊，相继解决了从东北各地廉价购进的火烧豆、水豆、冻豆的榨油技术，获得高额利润。1937年，相继在烟台、威海、北京、天津、上海、香港等地办企业，购置房地产。所办的企业有：东和长油坊、复昌盛油坊、福聚恒油坊、德和长商店、更生运动鞋厂、兴业窑厂、永和长铁行、隆裕绸缎庄、东和长陶瓷厂等，总资本250万元。

1945年大连解放后，徐敬之从烟台回到大连。1946年，在沙河口区经营新中国成立前置办的70亩果树园。1950年，出任公私合营联合油脂厂副厂长，亲自设计改造了干蒸机，试验成功一种新的榨油法，使每百斤大豆出油由9斤左右提高到14斤左右，创造大连市大豆出油率新成绩。1955年又与工人一起试制成功用铁圈替代油槽榨油，劳动生产率大幅度提高，减轻了工人劳动强度，成本降低38%，当年为企业增收600多万元。

1956年，国家对资本主义工商业进行社会主义改造，徐敬之带动私方人员将私营油脂厂全部并入地方国营旅大油脂总厂，还把自己代管的几十家联合企业的账外生产资料和物资（榨油机900台、锅炉30台和其他设备），均按铁价计算交给工厂，把个人房产（年房租达4万元）和银行存款4万元，都投入到工厂，以支援扩大再生产。另外，拿出5万元作为私股投入到资金周转困难的大连公私合营棉织厂。

抗美援朝期间，徐敬之捐出大部分个人积蓄购买飞机、大炮，动员夫人卖掉金银首饰购买爱国建设公债。

徐敬之热心赞助社会公益事业。大连解放前，他先后参加了"红十字会"和"道德会"等慈善团体。对"道德会"办夜校、设立戒烟所、开办缝纫厂均积极予以资助。他还集资创办大连育婴堂，自兼堂长，解决了弃婴的生存问题。他在威海家乡捐款修建了南虎口村高级小学、温泉汤西佛山小学、风林小学和威海市金线顶中学，并在这些学校设立奖学金，鼓励学生好学上进。这些义举载入了《威海市志》。1953年，大连市工商联集资创办新华初级中学，他捐款5000元，并按月捐款，补贴学校开支。三年经济困难时期，他主动购买10台缝纫机，捐赠给各区工商联，组建工商联家属生产互助组生产自救，帮助困难户解决生活困难。

1954年以后，徐敬之先后被选为大连市第四届人民代表大会代表，中国人民政治协商会议辽宁省第四届委员会常务委员，大连市第四届人民委员会委员，辽宁省工商联合会执行委员，大连市工商联合会副主任委员，大连市民主建国会委员等职。1966年"文化大革命"爆发后，他被隔离审查，银行存款被冻结，并加上许多莫须有的罪名，关押1年之久。临终前嘱咐家属，一旦被冻结的银行存款返还，除少部分留给妻子作生活费外，都捐献给社会公益事业，不要子女继承遗产。

1971年，徐敬之因病于大连逝世，终年77岁。

1978年3月，大连油脂总厂为徐敬之举行隆重的追悼大会，给他平反昭雪，肯定他是一位自觉接受社会主义改造的工商业者，是热爱党、热爱社会主义、反帝爱国的民主人士。他的家属按他的遗嘱，向大连市民主建国会和市工商联捐赠2万元人民币。

袁 一

袁一，男，汉族，1929年3月出生，辽宁省辽阳市人，无党派人士。

1943～1946年在重庆南开大学高中部学习，1950年清华大学化工系毕业，1952年哈尔滨工业大学研究生毕业，1952年大连工学院化工原理教研室任教，1983年晋升教授，博士生导师。曾任化工学院院长、国务院学位委员会学科评议组成员、国家教委科技委员会委员兼化工与工业化学学科组组长、国家自然科学基金委员会学科评议组成员、中国化工学会理事、辽宁省自动化学会系统工程组理事、大连市人大常委会副主任。

袁一教授长期从事化学工程的教学科研工作，曾讲授"化工原理"、"工艺过程原理"、"化工过程模拟与优化"、"化工热力学"、"化工系统工程"、"传递过程"、"无机化学工艺"等课程。

1982～1984年，以访问学者身份赴美国堪萨斯州立大学进行化工工程研究。从事的科研活动涉及化工热力学、化工系统工程、无机化工等领域。

1985年从事的莺歌海天然气开发利用可行性研究获国家教委科技进步一等奖。此外进行的科学研究有大型氨厂系统模拟及优化、化工能量转换过程热力学及热力经济学分析等。开展过程热力学分析及热经济学分析，化工系统计算机模拟软件开发，大型氨厂节能改造系统优化，化工领域人工智能及专家系统等方面的研究。

发表的著作有：以第一作者出版《化工过程热力学分析法》、《大型氨厂合成氨生产工艺》，并发表学术论文多篇。

曾荣获国家教委科技进步二等奖、全国工程设计计算机优秀软件二等奖等。

贾凤姿

贾凤姿，女，汉族，1956年8月出生，无党派人士。

1977年12月考入锦州师范学院政史系哲学专业。1982年毕业，获哲学学士学位。1982年3月被分配到辽宁石油化工大学任助教。1983年任辽宁石油化工大学讲师。1988年3月至1989年12月在中国社会科学院哲学研究生院学习。1995年至1997年任辽宁石油化工大学副教授。1996年在吉林大学"哲学与社会发展"专业研究生班在职学习两年。1997年调入大连海事大学任副教授。2008年7月晋升为教授。

2008年3月荣获辽宁省高等学校优秀思想政治理论课教师称号；2010年3月荣获大连市"五一巾帼奖"（大连地区共10人）；2010年3月荣获大连海事大学"三八红旗手"称号；2009年4月荣获大连海事大学教学名师称号；2007年、2008年、2009年被评为大连海事大学教学质量免检教师；2007年、2008年获校优秀教学一等奖；在2005、2006、2007、2008学年校教学评优中，经学生打分和专家评议，被评为教学优秀。1995年5月荣获校优秀中青年骨干教师；1995年1月荣获辽宁石油化工大学教书育人先进个人；1994年9月荣获辽宁石油化工大学优秀教学一等奖；1993年10月荣获辽宁石油化工大学优秀教学二等奖；1992年11月荣获辽宁石油化工大学优秀教学二等奖；1991年10月荣获辽宁石油化工大学优秀教学三等奖。

贾凤姿始终坚守在教学第一线，善于抓住大学生思想脉搏，把学生是否受益作为衡量教学好坏的第一准绳，开创了思想政治教育的新境界。她秉承以学生为先的育人观，从教28年来为人师表，一直坚持"先育人再教书、先做母亲后做老师"的理念，以真诚的言行博得了学子们的爱戴；她真心热爱教育事业，敬业爱岗，淡泊名利，精于业务，善于钻研，充满激情地讲好每一节课、教育好每一个学生，将枯燥的理论生活化，将高深的思想生动化，把学生是否受益作为衡量教学质量的首要标准，是教师中的优秀代表。

贾凤姿同志的先进事迹主要表现在：

坚定信念，以科学的理论引导学生。贾凤姿同志把马克思主义理论融会贯通在教学的每一个环节中，在做到真学、真懂、真信和真用的基础上，坚持不懈地向学生传播马克思主义理论，注重理想信念教育，引导学生在新的形势下，用科学理论武装头脑，进一步增强对社会主义核心价值体系的认同感。"师者，所以传道授业解惑也。"贾老师，总是迎着学生们的掌声走进课堂，用她笑容可掬的面容、风趣幽默的话语以及充满激情的授课，将马克思主义科学理论生动地传授给学生，她把马克思主义理论课上成了马克思主义学院的"招牌课"，真正地把马克思主义理论课打造成了大学生终身受益的优秀课程，成为了当代大学生世界观、人生观、价值观的"引航"人。

敬业奉献，以高度的责任感、使命感教书育人。贾凤姿同志热爱本职工作，严谨治学，精益求精。她克服右肺大部分切除所带来的困难，全身心地投入到马克思主义理论研究和教学中，科研工作完成出色，教学工作成效卓著，连年被学校评为教学优秀教师和教学质量免检教师，荣获辽宁省优秀思想政治理论课教师称号。

授课精湛，以富有时代气息的理论魅力感染学生。贾凤姿同志在课堂教学中，坚持贴近实际、贴近生活、贴近大学生，注重用大量丰富生动的案例，深入浅出地阐释抽象的理论。她通过多年来的实践，积极开展教学方法创新，及时把马克思主义研究的最新理论纳入课程，着力解答学生关注的重大理论和现实问题；在吃准吃透教材的基础上钻研讲课艺术，使理论课教学充满活力，深受学生们的喜爱。她为了使自己的课常讲常新，每天都关注社会发展的新思想、新动态，包括政治、经济、文化、科技、卫生、体育等，紧跟时代和青年学子思想的步伐，不断地把一些新的内容和马克思主义研究的最新成果及时补充到教学中，激发起学生对思政课的浓厚兴趣，以及对生活、对人生的思考。她在课堂上，经常运用启发式、参与式、研究式、案例式等教学方法，大大增强了思想政治理论课的针对性、实效性、吸引力和感染力，总结出了八大教学创新法。

待生如子，以母亲般的爱温暖学生。贾凤姿同志一直主张"老师既要教会学生科学文化知识，更要教会他们如何做人"，坚持把思想政治教育深入到学生的日常生活中，像母亲一样关怀呵护学生。她积极主动为学生答疑释惑，进行思想疏导，帮助许多学生走出消极情绪的困扰，积极面对未来；她关心学生，力所能及地帮扶贫困大学生；她耐心细致地教导学生勤奋学习，珍惜时光。贾凤姿常说："要先做母亲，后做老师，要用母亲博大的胸怀去温暖每一位学生的心。"每学期新生上课的第一天，贾老师都会把手机号和家里的座机号写在黑板上，让同学们记住。她说，她的电话24小时开机，无论何事，只要有需要都可以找她。

郭可讱

郭可讱，男，1915年3月出生，汉族，福建省福州市人，九三学社社员，中共党员。

1939年北洋大学工学院冶金系毕业，1950年到大连工学院（现大连理工大学）任教，曾任铸工教研室主任，大连工学院图书馆第一任馆长，院教学法委员会主任等职。1980年晋升教授，博士生导师，著名的铸造理论专家，1989年6月逝世。还曾任国家科学发明评选委员会机电小组成员，全国铸造专业教材编审委员会委员，全国铸造工艺及型砂学组副组长，大连市金属学会筹委会代理主任，辽宁省政协常委等职。

郭可讱曾参加过"一二九"爱国学生运动。1945～1947年到美国卡内基工学院和匹兹堡矿业研究所实习，为美国金属学会会员。1949年2月，在上海中央机器公司任高级工程师。上海解放前夕辗转香港、朝鲜来到大连工学院任教。

郭可讱1941～1943年在昆明中央机器厂工作时，成功地制造、安装了云南省第一台3吨炼钢电炉，研制成功高强度铸铁轧辊和1吨炼钢转炉。1957年撰写《研究水玻璃砂冷硬法》，该论文在《铸工》杂志上发表，并在一机部全国铸造科研课题选题会上作了"水玻璃砂研究课题"的学术报告，推动了我国水玻璃砂的普及。1960～1963年，研究铸件粘砂和包砂理论，曾指导青年教师用水模拟法研究铸件缺陷。1978年以后，在全国率先倡导用电子计算机技术来解决古老的铸造学科中的疑难问题，为铸造专业的研究工作打开了新局面。与助手们合作，在国内外刊物上发表学术论文100余篇，获得国家和省、部级奖励8项，承担并完成了多项国家攻关项目和部委的重点科研项目。主持完成的"金属液铜铝净化及新工艺研究"和"铸件凝固进程及铸造应力形成过程的数值模拟"两项成果获1985、1986年国家教委科技进步二等奖，"低压铸造包内液面控制"、"包中吹氮"分别获国家发明三等奖和国防工办四等奖，为大连理工大学铸造专业成为全国铸造专业7个博士点之一做出重要贡献。1988年，国家又将我国试办的两个工程研究中心之一的铸造工程研究中心建立在大连理工大学。1986年，在学校率先实行博士生候补资格审查和淘汰制度，在全国开创了先例。

郭和夫

郭和夫，男，1917年12月12日出生于日本冈山县，原籍四川省乐山县，无党派人士。

1946年毕业于日本京都大学工业化学系，获工学学士学位。1947～1949年任台湾工业研究所技正。1949年5月应聘到大连大学附属研究所(现大连化物所)工作，是大连化物所最早从国外回来的一位研究人员，历任副研究员、研究员、研究室主任、副所长等职务。他在社会和学术界有很高的声誉，曾连续当选为第五、六届全国人大代表，中国化工学会理事，中国化学会理事，大连市中日友好学会会长，大连市侨联副主席。1994年9月13日病逝，终年77岁。

郭和夫是郭沫若先生的长子，著名科学家，终生献身于中国的石油化学事业，献身于社会主义民主和经济建设，为我国的石油化学发展做出了突出贡献，20余次荣获国家、中国科学院、化工部、辽宁省政府授予的科学进步奖等奖项。

受家庭影响，他自幼学习刻苦认真，门门功课成绩优异。1946年自日本京都大学工业化学系毕业后，冒着极大的风险从日本到台湾工业研究所任技正。1949年3月，他和母亲安娜回到祖国大陆，得到了周恩来总理的亲切接见，在周总理的直接关怀下，他被安排到大连化物所工作。1951年，首先研制成功了海昌蓝染料，获东北工业部奖状。面对东北丰富的油母页岩资源，1953年，他率先在国内进行了当时国家急需的页岩油成分分析，并取得了成果。1956年，在担任中油研究室主任期间，组织力量从事油母页岩资源综合利用的研究，为工业生产提供了多种页岩油加工精制的方法。

他十分重视基础理论工作，善于捕捉新的学科生长点。20世纪50年代末期，敏锐地抓住了国际上还刚刚萌芽的前沿性工作——金属有机化学，立即组织力量开展了二茂铁和齐格勒催化剂方面的研究，并在化学固氮机理等基础研究方面取得了成果，获得中国科学院技术进步奖。他提出的许多有机化学的前沿方向，目前已经成为有机化学领域的研究热点，如：不对称催化、有机酶催化等。在烯烃岐化、原子簇络合物研究方面也取得了很大的进展，考虑到基础理论研究离不开结构化学，他还积极建议并组织力量成立了结构化学题目组，开展了大量的结构分析研究工作，并在波谱学、分子力学方面获得了新的进展。

他是国内最早从事石油化学研究的科学家之一。20世纪50年代后期，基于国内已经找到了丰富的石油资源，在他的积极建议下，大连化物所一部分科技力量及时转向了石油化学领域，由他担任石油化学研究室主任。在他的带领下，先后开辟了烃类液相氧化及燃烧化学、烯烃聚合新领域，研制成功的丙烯液相本体聚合新流程、轻汽油氧化制取乙酸丙酸新流程，已在国内化工生产上得到了应用，1978年获全国科学大会奖。针对国内柞蚕丝的独特资源优势，在他的指导下研制成功了柞丝绸后整理剂，基本上解决了柞丝绸的水迹、泛黄、缩水等问题，此外还研制成功了新型选矿起泡剂、维生素E新合成工艺等一系列重要成果，20世纪60年代，国际上金属有机化学飞速发展，络合催化带来了石油化学日新月异的变化，他审时度势，规划了以络合催化、金属有机化学和结构化学三个学科组成的研究室架构。他是大连化物所最早带研究生的导师之一，十分重视对科技人才的培养，多年来，先后培养硕士生18名，博士生6名，成为了研究领域的中坚力量。

粉碎"四人帮"后，面对我国科技水平与国外的差距，他以振兴祖国科技事业为己任，更加夜以继日地投入到科研工作中去。20世纪80年代初期，随着国际上有机氯农药的禁用，在我国唱主角的666和DDT等有机氯农药也停止生产，市场上只有品种不多的毒性高的有机磷农药，由于国内农药市场低毒农药产品紧缺，造成了国外农药趁机大量涌入的局面，郭和夫根据国际上低毒高效的第三代农药发展趋势，敏锐地提出可以用研究室研究的丙烯齐聚产品六碳烯作为甲氰菊酯的原料，在他的带领下，该工作经过几年的艰苦攻关，终于在1986年通过了中国科学院组织的小试鉴定，1987年获得国家科技进步二等奖，经过10年来的工业化实践证明，甲氰菊酯的合成工艺确实是一项流程简单、原料充足、成本低廉的技术。1991年，该技术又获得辽宁省科技进步一等奖，但在获奖者署名时，他坚持要求先把在一线工作的同志名字署上，这是郭和夫几十年来的一贯工作风格，更反映出他的高尚品格。

郭和夫热爱党、热爱祖国、热爱人民，把毕生精力贡献给了科研事业，为我国石油化学生产建设做出了重要贡献，在77岁高龄时，仍然远赴外地调研当地的野生药物资源，不幸突发脑出血，经多方抢救无效，倒在了他一生热爱的工作岗位上，为后人留下了宝贵的物质和精神财富。

郭燮贤

郭燮贤，男，汉族，1925年2月9日出生，浙江省杭州市人，中共党员。

1946年10月毕业于重庆兵工大学应用化学系。1947～1950年任南京中央大学化学系助教。1950年到大连化物所工作，历任题目组长、甲苯任务领导小组成员。1958～1961年任中国科学院兰州化学物理研究所催化研究室主任。1961年回大连化物所工作，历任研究室主任、副所长、催化基础国家重点实验室主任、学术委员会主任等职。1980年当选中国科学院院士，第六、七、八届全国政协委员，曾兼任中国石油化工总公司顾问、中国化学会理事、中国化学会催化专业委员会主任、《催化学报》杂志主编等，并任复旦大学、南京大学、吉林大学、南京工学院和太原工业大学的兼职教授，民盟中央教科文卫委员会委员。1998年6月病逝，终年73岁。

郭燮贤同志是新中国成立后成长起来的第一代催化科学家中的突出代表，是我国催化科学创始人——张大煜教授的主要助手，著名的催化和动力学专家，终生献身于科学和教育事业，为我市经济发展做出了突出贡献。

早在20世纪50年代，他作为研制"合成油碳七馏分脱氢环化制甲苯"催化剂的主要负责人之一，荣获1956年中国科学院首届自然科学三等奖，为我国的国防事业做出了贡献。20世纪50年代后期，为了开发大西北毅然奔赴兰州创建大连化物所兰州分所催化研究室。对中国科学院大连化物所、兰州化物所催化科学的规划和发展做出了重要的贡献。他勤于思考，十分重视催化基础研究工作，早在20世纪50年代末、60年代初就提出了"烷烃芳构化半氢根"机理，有效地解释并计算了各种烷烃芳构化反应的相对速度及其芳烃产物的分布规律，撰写了多篇有关化学吸附覆盖度与反应动力学关系的研究论文。1961年，协助张大煜院士开展"表面键"催化理论研究，提出吸附中心和空位中心都对化学吸附和表面催化反应有贡献等新概念。1964年，协助张大煜院士研制了合成氨新流程三个催化剂，使我国合成氨工艺从20世纪40年代水平提高到60年代先进水平，从而获1978年全国科学大会奖。他积极参与"铂重整及多金属重整"项目的组织实施和研究策略的制定，将成果应用于我国石油化工工业，获原石油部优秀科技成果一等奖。"文革"结束后，他敏锐地感觉到科学的春天就要到来，立即倡议筹办《催化学报》，1980年，由他任主编的我国第一个催化专业刊物《催化学报》创刊，为我国催化研究、学术交流与传播开辟了重要园地。与此同时着手我国化学研究领域的第一个国家重点实验室——催化基础国家重点实验室的创建工作，明确提出工作要以应用基础研究为主，从人员组合到研究室题目组的设立、研究方向路线的制定，无不倾注郭燮贤的心血。同时，对实验室研究课题的设置、仪器设备的购置等问题也都给予了极大的重视和许多具体的指导，为实验室的建设和发展做出了重大贡献。根据多年来在烃类转化方面的研究实践，他提出了"烷烃异构化反应的类三元环机理"，进一步将配位场理论应用于金属载体相互作用研究中，通过CO吸附态的研究深化了对相互作用的认识，对"高分散金属与担体强相互作用机制"提出了新的解释，用同位素方法测定了CO/金属表面上绝对吸附速度和脱附速度，除证实了前人发现吸附支持脱附的(AAD)现象外，进一步发现绝对吸附速度和空位中心密度成正比、脱附动力学是非线性的，以及吸附饱和覆盖度和温度服从Arrhenius公式。在此基础上，提出了"易位吸附"和吸附/脱附协同机理，创造性地阐明了吸附动力学和化学吸附动态平衡之间的理论关系，修正了Kislink方程。

半个世纪以来，他所引领的催化领域研究成果多次荣获国家自然科学奖和科学技术进步奖，在国内外学术刊物上发表300余篇论文，引起了国内外学术界的重视。他一再强调，催化是一门应用性很强的学科，催化基础研究工作应该是在瞄准国际催化科学前沿的同时与国家的国防和经济建设的重大需求相结合。为了使我国催化研究工作在国际上占有一席之地，他积极推进和开展国际学术交流和合作，为提高我国在国际上的学术声誉和地位做了大量的工作，赢得了国际学术界的尊重。他积极倡导并联合了国内催化同行(蔡启瑞院士、闵思泽院士、彭少逸院士、陈懿院士等)，领导组织了国家科委和国家基金委"八五"重大项目"煤炭、石油、天然气资源优化利用的催化基础"，使我国催化基础研究有了长足的进步，有些方面已经达到国际领先水平。他先后被聘为国际催化委员会中方委员，国际烯烃歧化会议主席团成员，还兼任国际分子筛会议和多相、匀相催化会议顾问委员会委员，《Catalysis Letters》杂志编委，在国际催化学术界享有很高的声望，为我国催化科学的发展做出了重要贡献。通过项目的实施，使国内一批中、青年催化科学工作者经受了攀登催化科学高峰的培养和锻炼，几十年来，他培养了几十名硕士、博士、博士后，在国内形成了一批中青年学术带头人和学术骨干。

郭燮贤同志一生追求真理，热爱党、热爱祖国和人民，他提倡加强爱国主义教育，经常以自己的切身经历来勉励青年科技人员，在工作中他敢于负责、勤奋认真，为人刚正，朴实无华，严于律己，宽以待人，以国家、民族和集体利益为重，对个人、家庭、子女和亲属都严格要求，顾全大局，表现出一位正直的共产党人的优秀品质和崇高的思想境界。

钱令希

钱令希，男，汉族，1916年7月16日出生，江苏省无锡市人，民盟盟员，中共党员。

1932年8月至1936年7月就读于上海中法国立工学院，1936年8月至1938年7月在比利时布鲁塞尔自由大学留学，获得"最优等工程师"学位。回国后，先后就职于叙昆铁路、川滇铁路、云南大学、交通部桥梁设计工程处。1943年11月应邀到内迁遵义的浙江大学土木系任教授，1950年担任浙江大学土木系主任。1952年1月，钱令希教授接受大连工学院院长屈伯川博士"三顾茅庐"之邀，到大连工学院任教。历任科学研究部主任、数理力学系主任、工程力学研究所所长、大连工学院副院长、院长、大连理工大学顾问。1955年当选为中国科学院首批学部委员，曾任中国科学院技术科学部常务委员、中国科学院学部主席团成员、中国力学学会理事长、中国高教学会副会长、国际理论与应用力学协会理事、国际计算力学学会常务理事。历任大连市政协第二、三、四、五、六届副主席，全国政协第二、三届委员，全国人大第三、四、五、六、七届代表。2009年4月20日病逝，享年93岁。

钱令希是我国著名力学家、教育家。他终生献身于科学和教育事业，长期从事结构力学的教学和研究，是我国计算力学学科和工程结构优化设计研究领域的开拓者，也是使结构力学与现代科学技术密切结合的先行者与奠基人。他在我国的桥梁工程、水利工程、舰船工程、港湾工程等领域做出了不可磨灭的贡献。

新中国成立初期他出版的著作《静定结构学》与《超静定结构学》为培养土木工程师起到重要作用，至今仍被人们称道。1950年在《中国科学》发表《余能原理》的论文，在学术界产生了深远的影响。1954年和1958年，他先后以武汉长江大桥和南京长江大桥工程顾问的身份，参加了这两座"天堑变通途"的桥梁规划、设计和科学研究工作。1959年，他在我国长江三峡水利枢纽规划会议上提出了建新型大头坝型——梯形高坝的建议。后来，我国兴建的乌溪江水力发电站，就采用了这个坝型。20世纪60年代他和助手一起在《力学学报》和《中国科学》上发表的关于壳体承载能力的论文、固体力学中极限分析的一般变分原理等，为塑性力学中变分原理的发展创出了一条新路，在力学界引起很大反响。20世纪60年代初，在苏联撤出援华专家的艰难时期，他毅然承担了潜艇结构锥-柱结合壳在静水压力下的稳定分析任务，并在"文革"的逆境中，与助手一起协力攻关，取得圆满成功，为我国建造第一艘核潜艇做出重要贡献。这项成果后被纳入国家设计规范，并获全国科学大会奖和国家自然科学奖。"文革"中，他还承担了我国第一个现代化原油输出港——大连油港主体工程的设计任务，主持了海上百米大跨抛物线空腹桁架全焊接栈桥的设计和建造，后来获得全国科学大会奖和国家70年代优秀设计奖。20世纪70年代，他致力于在我国创建"计算力学"学科，倡导研究最优化设计理论与方法。为此，他冒着风险指引一批中青年教师到上海开辟新天地，成为我国将计算力学应用于工程的先驱者。他们研制的一种大型组合结构分析程序被广泛应用到土建、桥梁、造船、航天、机械制造等领域，在工程界、学术界产生了很大影响。20世纪80年代初，由中国力学学会第一届理事长钱学森推荐，他当选为第二届理事长，并成为国际计算力学协会的发起人之一。他在1983年出版的专著《工程结构优化设计》于同年获得全国优秀科技著作一等奖。他于1995年获得何梁何利基金科学与技术进步奖，1998年获得陈嘉庚技术科学奖。2005年，大连市政府为他颁发了大连市首届科学技术奖的最高奖——大连市科学技术功勋奖。

钱令希一生热爱党，热爱祖国，热爱人民，是爱国知识分子的楷模。他早年留学比利时，学业优秀，才华出众，导师非常希望他留在比利时工作。而此时，中国正国难当头，日本发动侵华战争，千百万中国人民生活在水深火热之中，他怀着"国家兴亡，匹夫有责"的赤子之心毅然回国，并马上投入到全民抗战斗争中，参与运送抗日物资的叙昆铁路建设。他把毕生心血投入到祖国的教育和科研事业，无怨无悔、勤勤恳恳，把教书育人当作自己的光荣职责。粉碎"四人帮"后，年过六旬的钱令希在1978年参加全国科学大会时，写下了表述心迹的诗句："献身科教效春蚕，岂容华发待流年；翘首中华崛起日，更喜英才满人间。"

他教书育人，爱护人才，甘为人梯，有口皆碑。从1941年担任云南大学教授起，钱令希从事高等教育事业六十八年。在这半个多世纪中，他教书育人，诲人不倦，一贯倡导在教学中树立"启发式认真教"和"创造性自觉学"的学风，深得学生欢迎。他竭力主张深入工程实际，并身体力行，以充实提高学校的教学与科研。他主张：学校要发展，必须解放思想，摆脱新、旧框框的束缚，大胆进行改革；既搞好教学，又搞好科学研究。他担任大连工学院院长期间，提出加强"学术细胞"，大力推动学校科研管理体制的改革。他自己精心编写教材，授课深入浅出，深受学生欢迎。2002年，已经86岁高龄的钱令希院士，还非常关心学校的本科教学工作，亲自挑选了《工程力学》和《理论力学》两门课程进行全程听课、跟踪，研究如何提高教学质量。由他亲任名誉理事长的"钱令希力学奖励基金会"自1993年成立以来，在他的亲自关怀和指导下已奖励了600多位优秀的青年力学人才，有力地推动了力学学科的持续发展。他先后培养出了胡海昌、潘家铮、钟万勰、程耿东等国内外著名的力学与水利工程大师，为我国教育界和工程界的人才培养做出了积极贡献。

钱令希一生谦虚为人，严于律己，宽以待人。生活中，他谦虚和蔼，风趣幽默，非常乐观；工作中，他治学严谨，无私奉献，硕果累累，是中国知识分子的楷模。

陶锡庆

陶锡庆，男，汉族，1913年12月出生，山东省掖县（今莱州市）人，民建会员。

1928年闯关东到大连，在福顺印刷厂学徒。1934年到1955年，开设永庆印刷厂任经理。1956年公私合营后，任大连印刷总厂副厂长。1948年，任市印刷同业公会会长，1951年，任市印刷纸制品业同业委员会主任。

1950年，大连市工商业联合会成立时，任市工商联监察委员会副主任委员。1952年12月，旅大（大连）市全市统一性的市工商联成立后，任第一届至第八届执行委员会副主任委员。1952年加入民建，为民建辽宁省委员会委员，民建旅大（大连）市第一到第七届委员会副主任委员。"文化大革命"期间，被下放农村。1978年调回大连，恢复原职。历任省市人大代表、政协委员、市政协社会福利基金委员会副主任等职。2000年3月因病去世。

高　光

高光，男，汉族，1922年出生，浙江绍兴人，民盟盟员、中共党员、国民党海军"灵甫"号起义核心组成员。

高光同志1945年3月，就读于北京交通大学，同年去英国皇家海军枪炮学校学习，1948年8月筹建大连海校，从事海军建设工作，1949年策划并参加"灵甫"号起义，1957年被错划为右派。1979年平反后工作于大连医科大学，任副教授，1987年离休至今。

1945年3月，就读北京交通大学的高光抱着"抗日杀敌、为国捐躯"的决心，毅然报考了"赴英接舰参战学兵总队"，赴英两年多系统学习海军知识，于1948年8月归国。回国面对国民党的腐败统治和内战的政策，他心灰意冷。但是，他从中国共产党身上看到了希望，看到了前途。在共产党的感召下，参与了发动"灵甫"号国民党军舰起义。高光是起义核心小组主要成员之一。在起义过程中，高光见到了当时香港地下党负责人，表达了加入共产党的想法，这是他第一次正式提出入党的愿望，但因时境原因未果。

新中国成立后，高光同志被委派筹建新中国第一所海军高等学校——大连海校（现舰艇学院）。白手起家，自编教材、教学大纲、培训教师，为人民海军的建设与发展做出了积极的贡献。

高光同志虽多年受不公平待遇，他却无怨无悔。1979年平反后，高光迎来了他人生的第二个春天，重新走上了讲坛，重新组建了家庭。1987年离休后，他仍然发挥余热，撰写了50余篇文章，发表在有关刊物上，并为学校的发展提出了很多建议。

高光同志虽历经磨难，而爱国主义这根红线，一直贯穿始终。无论是在国外学习，还是在狱中受冤，一直把祖国和人民装在心中，"国泰民安"是他终生所追求、企盼的。对党的执著也依然如故，他常引用"还是那个心，那颗头颅"来表达对党的心声。自从新中国成立前第一次向党组织提出申请入党到现在，他始终坚信，只有共产党才能救中国，只有共产党才能担负起"富国强民"的重任。江泽民主席"三个代表"思想的提出，更使他坚定了入党的信念。于是，他在邓小平同志逝世五周年纪念日，第四次提出了入党，并在举国欢庆十六大的喜悦日子里，迎来了他政治生命中的一件大喜事——被批准入党，而此时他已八十岁高龄。

虽然现在高光同志身患多种疾病，尤其是身受帕金森氏综合症的困扰，行动不便，但是他却拥有一颗为党为人民做贡献的火热之心，正如他在支部讨论会上说的"我还有一张嘴，可以讲；我还有一双手，可以写；我还有躯体，可以捐献"。1999年，高光填写了"遗体和器官捐献志愿书"并已通过公证，他要在生命的最后，发出最后一分光和热。唯一的希望就是：在他的遗体上，盖上中国共产党的党旗。

高满堂

高满堂，男，汉族，祖籍山东平度市大泽山，1955年12月31日出生于大连，无党派人士。

1975年，中学毕业到新金县瓦窝公社陈店大队（大连普兰店市）务农。1979年毕业于大连师专。同年，到大连市第51中学任教。1983年任大连电视台创作中心编剧，从此，正式开始了编剧生涯。2008年加入辽宁省党外知识分子联谊会。

高满堂的第一部短篇小说《后窗》于1978年发表，当时在全国引起了很大轰动。1983年，写出第一部电视剧本《荒岛琴声》，该剧播出后，并没取得成功，他认真总结第一部作品失败的原因，从此开始潜心研究剧本写作。

1987年，由他编剧的第一次涉及"第三者"、"婚外恋"题材的电视剧《竹林街15号》经中央电视台一套黄金时间播出后，在全国引起了轩然大波，各种争论声音不绝于耳，然而，也正是这部敢于直面现代婚姻不和谐的电视剧为他赢得了有生以来的第一个全国大奖——飞天奖，为以后婚恋题材影视剧在中国风靡开创了历史性先河，这部作品，标志着他在艺术创作的道路上开始走上深入反映中国平民的真实生活情感。

1996年，他的编剧创作艺术达到了高峰期，这期间，先后创作了剧本《午夜有轨电车》、《相依年年》、《飞来飞去》、《咱那些日子》、《远山远水》、《抉择》、《突围》、《错爱》、《大工匠》、《常回家看看》、《家有九凤》、《闯关东》、《天大地大》等40余部作品，并多次获得了全国电视剧"飞天奖"一等奖以及全国"五个一"工程奖。四十余部近千集的巨大创作量不仅使他成为全国最高产的剧作家，也成为全国获奖最多的剧作家，仅国内、国际大奖就获得了近四十项，成为了现今影视圈里名副其实的"获奖专业户"。

2008年，电视剧《闯关东》作为中央电视台开年大剧播出，收视率达到了前所未有的高峰，在第七届中国金鹰电视艺术节颁奖典礼上，该剧一举夺得最佳长篇电视剧、最佳编剧、最佳摄影、最佳照明、最佳表演艺术男演员、观众喜爱电视剧男女演员等七项大奖，傲人的创作成就获得了中国文艺界的高度评价，被评为"平民史诗"，《文艺报》、《光明日报》对此进行了专门报道，中央电视台《影视同期声》栏目给予长达15分钟的专题报道，《新闻面对面》为其做了人物专访，中央电视台《焦点访谈》破例为该剧和高满堂制作了一期节目，并给予高度评价，中国电视艺术委员会专门举办了"高满堂作品研讨会"，至今，《闯关东》被评论界公认为完全可以代表中国电视剧制作的最高水平。

辉煌的成就不仅让他享誉国内影视界，赢得了中国平民第一剧作家的美誉，也使大连地产电视剧声名鹊起，开始成为中国电视剧的一个重要部分。他所创作的四十多部电视连续剧几乎涵盖了中国近百年来的平民生活，无论是早期的《咱那些日子》、《家有九凤》、《错爱》，还是近年的《大工匠》都是以关注底层小人物为主，并以历史跨度大，反映社会变迁见长。在谈自己的创作和成功经验时，他总结到，"普通老百姓构成了历史的主体，关注民生，聚焦人物在历史长河中的追求，构成了创作的主线，编剧一定要站在民众之肩，关心他们，与他们沟通、交朋友"。也许正是经历过人生的酸甜苦辣，有了生活载体，写作起来才会得心应手。在写《远山远水》时，他跑到了故事的背景发生地贵州，一呆就是几个月；写《闯关东》时，他走了7000多公里，用了一个半月去采风；《家有九凤》可以说是他积累了四年才梳理出来的故事；写《大工匠》时，他在工厂里断断续续体验了近三年的生活；写《天大地大》，为了寻找一个不同于以往抗战题材的角度，他前往黑龙江山边的小村庄，寻访当年抗日民间英雄，整理出大量的真实历史事件……正是对创作的严谨与认真，使得他的作品都是来自于真实生活的艺术精品。他说："我一直有一个理想，就是'要写出被人没有认识到的东西'，这种理想一直在召唤我，我实际上为这个一直在奋斗着"。这个理想，激励着高满堂一步步地登上了文学艺术的顶峰，创作出了精彩绝伦的作品，在中国影视剧界留下了浓墨重彩的厚重足迹。

高满堂热爱党、热爱祖国、热爱人民，是我市无党派人士中的突出代表，他用赤诚情感奉献着自己所钟爱的事业，编写了一个又一个百姓喜爱的作品，在影视编剧事业上取得了令人瞩目的成就，为繁荣文艺创作做出了积极贡献。

寇庆光

寇庆光，男，1920年出生。曾任中国基督教全国两会常委、辽宁省基督教三自爱国运动委员会主任、东北基督教神学院院长，于1995年病逝，享年75岁。

寇庆光同志高中毕业后，进入东北基督教神学院学习。1954年在沈阳教会被按立牧师。1962年主持大连市基督教会工作，先后当选为大连市基督教三自爱国运动委员会主任和大连市基督教协会会长。

为引导广大信徒团结在爱国爱教的道路上，振兴中华，纯正信仰，搞好自身建设，寇庆光高瞻远瞩、胸怀大业、身体力行，感人至深。

他从20世纪60年代起就与爱国会的成员们，分头走访、谈心，组织信徒中的骨干力量，正确引领群众。每年举办"三自讲座"，从而使大连地区广大信徒受到启迪，更加理解"三自"是中国基督教所选择的唯一的独立自主办教的道路。

由于大连城乡信众逐步增多，为管理好教会工作，在寇庆光牧师的倡导下，从1984年起每年都举办义工培训班，以宣讲圣经上的道理，纠正偏离圣经等现象，讲解宗教政策或有关法规，系统地宣讲三自等。在他的努力下，共举办了8期义工培训班，还深入区县，在当地办了3期培训班。这些工作和活动，进一步提高了大连地区教内的自身建设，使大连两会工作得以继续沿着正确的道路不断深入开展。

他胸怀坦荡，曾"三顾茅庐"去请因历史原因离开教会的两位老牧师，重新出来做教务工作。他一向坚持联合办教的原则，不论在顺境还是在逆境中，总是使大家团结凝聚，做到既有分工又有合作。他还着眼于未来，努力做好培养接班人的工作。通过教牧事工，尤其通过个别交谈，对年轻人深明大义，指点方向，关心生活，晓之以理，动之以情，必要时也进行严肃批评，帮助他们尽快成长，挑起大连基督教两会的重要担子。

他深入基层，积极挖掘教内为"四化"建功立业的典型，举办"为四化建设作贡献经验交流会"，组织典型人物参加"大连市宗教界为四化作贡献表彰会"等。这些活动，对引导广大信徒努力为祖国的建设出力，争做好公民起到了积极的促进作用。同时也受到地方各级政府的欢迎，得到国务院宗教事务局的肯定。

他热心学习时事、政策、法规，关心国内外大事。他十分重视市两会的自身建设工作，组织领导了修订市两会规章制度，并以此衡量自身的工作。他重视学习法律知识，还建议两会成立"法律咨询处"，为一些信徒排忧解难，保护信徒在社会上的合法权益。他一向严守外事纪律，本着内外有别，一面主动交朋友，一面警惕境外渗透，不卑不亢，十分得体。

他一生勤俭、节约。遇到教堂门窗坏了，就与信徒一同动手修缮。时常手持扫帚清扫院内垃圾，或拿起水管浇灌院内花草树木。每逢圣诞节来临，他总是亲手用铁丝将一些零散的松树枝子拼扎成非常美丽的圣诞树，为节日增添了光彩。

他一向以友爱为重。工作虽然很忙，但总是抽些时间看望为教会做出贡献的老信徒，还专门去看望大连市宗教界的一些老朋友。当他调去辽宁省任三自爱委会主任兼神学院院长后，更是呕心沥血、绞尽脑汁地与省两会的各位牧长一同，为省两会的自身建设、筹建东北神学院新楼和培训教务人才方面，脚踏实地地做了大量的工作。

他热心社会活动。曾被选为大连市人大常委和省人大代表。在做好教内各项工作的基础上，积极参政议政，献出爱心和智慧。他是宗教界一位热爱人民、热爱祖国的先进代表。

崔建华

崔建华，男，汉族，1945年8月出生，黑龙江省呼兰县人，民建会员。

1952年8月，在黑龙江省哈尔滨市兆麟小学读书，毕业后升入哈尔滨第十四中学。1962年加入中国共产主义青年团。1964年8月，考入吉林大学物理系。

1970年8月，分配到旅大（大连）市沙河口区革命委员会工作。1978年5月，任大连海运学院物理教研室教师。1984年5月，任大连西岗区人民政府副区长。1986年加入中国民主建国会，曾任民进大连市委副主委。1988年5月，任大连北洋轮船公司经理。1989年4月到1997年4月，任大连市工商局副局长。1997年4月，任大连市工商联合会第十一届执行委员会会长，2000年11月退居二线。曾任中国人民政治协商会议辽宁省八届一次常委，大连市六、七、八、九届委员、常委等职。

崔建华1984年由一名普通教师走上领导岗位，担任西岗区副区长工作。他当时有一个很朴素的想法：感谢党组织信任，感谢党的十一届三中全会以来的各项方针政策特别是对知识分子政策的落实。决心不辜负党和人民的期望，努力把工作做好，以实际行动逐渐把这种感情融合到自觉执行党中央方针政策，努力为群众办实事、为基层服务的工作之中。在他分管的教育、文化、卫生、体育等工作中，不断地树立领导就是服务的观念，热心支持改革并积极进行探索。

1989年任大连市工商局副局长以来，能够认真贯彻执行党的基本路线，注意学习马列主义、毛泽东思想和邓小平理论。作为党外领导干部，自觉参政议政，主动与党组织合作共事，维护班子团结，敢于发表自己的意见和建议，较好地履行自己的职责。他分管的个体、市场工作难度大，涉及面较广，但能知难而进，深入实际，开展调查研究，提出发展市场、鼓励个体和私营经济发展的意见、措施，推动了我市个体经济健康持续发展。在市场建设上，组织本系统在抓好新建、扩建的同时，强化规范化管理，提高管理水平，使市场管理进一步强化。1996年服装节期间，针对无证商贩非法占道、乱设摊点等问题，采取巡逻、定点站岗等方法开展治理整顿，取得了较好的成效。1997年烟花迎春会期间，他按照市政府要求组织开办食品一条街，在时间紧、任务重的情况下，克服工作中的困难保质保量地完成了任务。他坚决贯彻市委、市政府的决定，在市场物价管理、食品卫生管理监督等方面采取了较有力的措施，为稳定集贸市场物价、食品卫生和营业秩序做出了积极贡献。

1997～2000年，任大连市工商联会长期间，按照"宽、深、实、细"的四字工作方法即：宽——解放思想，拓宽思路；深——深入实际，工作要有深度和力度；实——不做表面文章，抓实事；细——考虑问题要周全，工作程序要细化。努力开拓工商联工作新局面。在其引领下，市工商联在贯彻中共十五大精神；积极参政议政，不断提高参政议政的水平；以中介服务为突破口，逐步完善各项服务职能；狠抓项目落实，推动光彩事业发展；发展会员队伍，加强基层组织建设；加强对外联络工作，扩大商会影响；加强工商联自身建设等方面做了大量的工作，取得了较大的成绩。其中：围绕非公有制经济发展理论文章《引导个体私营经济健康发展》被人民日报社收入《经济改革理论研究》大型理论文献中。积极协助、配合市委政研室围绕私营企业发展环境等问题进行问卷调查，并编辑出版了《个体私营经济发展指南》，受到了广大非公有制经济人士的普遍欢迎。为落实光彩扶贫项目，积极推荐光彩中国实业集团同日本公司合作的"光彩一号"环保再生技术等项目，光彩中国实业集团还在中国光彩事业一届三次会议上，获光彩事业特殊贡献奖。同国内外有关商会和商贸团体建立了广泛的联系，市工商联被正式接受为海内外华人友好商会正式会员。协助旅顺口区政府扩大横向联络渠道，加大招商引资力度，经市工商联牵线，旅顺口区在厦门举办"对外开放投资环境说明会"并举行招商活动，共签署合作意向9个，协议金额达6000万元，并促成了旅顺口区商会与厦门思明区商会、泉州鲤城区商会结为友好商会。另外，在以美国为首的北约轰炸我驻南大使馆的事件发生后，他号召工商联各级组织通过召开座谈会等形式，组织广大会员和机关干部，强烈谴责以美国为首的北约暴行，并以此为契机，大力开展爱国主义教育，把满腔的爱国热情化为发展经济，增强国力，做好本职工作的动力。市工商联还代表全市广大非公有制经济人士给全联发去了《坚决拥护中国政府的严正声明，严厉谴责北约罪行》的电文。在揭批"法轮功"和李登辉"两国论"的专项斗争中，他立场坚定，旗帜鲜明，坚决拥护党中央各项有关决定，并在执委以上会员和老会员中开展思想政治工作，坚定了他们在中国共产党领导下，维护安定团结政治局面，加快现代化建设，早日实现祖国统一的决心和信心。

康 白

康白，男，汉族，1928年8月出生，辽宁岫岩人。

1949年毕业于大连医学院，现任大连医科大学微生态学研究所教授，名誉所长。中华预防医学会微生态学分会主任委员、中国微生态学杂志总编辑，辽宁省预防医学会主任委员，全国微生态中试基地总顾问及中日天然药微生态学会(ISNMM)中方主席等。

早年从师于中科院学部委员魏曦教授，在中国医科大学(沈阳)和大连医学院(现大连医科大学)从事于流行病学、微生物学及微生态学教学与科研已达51年。培养大批本科生与研究生，现已成为专业领域的骨干力量。在科研方面，他针对滥用抗生素造成人体内微生态平衡紊乱以及耐药菌株泛滥的问题，提出通过调节微生态平衡进行防治，建立了微生态工程技术，在全国率先研制出五种国家级新药微生态调节剂(促菌生、乳康生、回春生、定菌生、调脂生)。其中，具有明显防止人、畜、家禽腹泻作用的"促菌生"新药已在全国多家药厂生产或做成饲料添加剂，应用于畜牧业；另外还在促菌生基础上开发而成活菌制剂——"乳康生"；用于人肠道疾病防治的双歧杆菌制剂——"回春生"；治疗妇女非特异性细菌病的乳杆菌制剂——"定菌生"经卫生部批准已获国家一类新药证书；"调脂生"已获卫生部保健食品批文。定菌生、调脂生获国家专利。

康白曾获国家发明奖，辽宁省科学技术委员会颁发的科技进步一等奖、二等奖、三等奖，大连市人民政府颁发的科技进步一等奖、大连市科技奖励基金颁发的科技金奖。曾获大连市劳动模范及辽宁省劳动模范、辽宁省特殊贡献者等称号。被聘为大连市政府特邀研究员，享受国务院颁发的政府特殊津贴。

康白教授在国内外学术刊物上发表学术论著100余篇。学术专著有《微生态学》、《微生态学原理》、《正常菌群与健康》、《微生态学研究》、《双歧杆菌》、《康白论文集》及《肠内世界记行》7部，译著《新抗微生物战略》，共计320余万字。

在中华预防医学会领导下，他领导微生态学分会主持8次全国性学术讨论会，并组成12个专业委员会和全国部分省市自治区微生态学分会。《中国微生态学杂志》已出版18卷，对我国微生态学的发展和学术活动起到了有益作用。

在国际学术活动中，先后到日、美、加、德、荷、法、瑞(典)、新、马等国进行科学考察和参加学术会议，对沟通国际学术交流产生良好效果。特别是在天然药(中药)与微生态学方面，中、日双方进行了良好的沟通，促进了学术水平的提高。

梁宗巨

梁宗巨，男，汉族，1924年2月27日出生于广西百色，原籍广东新会，无党派人士。

1946年毕业于复旦大学化学系，曾先后执教于南京伯纯中学、广西西江文理学院、广州培正中学、辽阳辽东师专，1953年到辽宁师范大学数学系任教，1978年任副教授，1980年晋升为教授，1981年成为国内第一位"世界数学史"研究方向硕士学位指导教师。曾任第七、八届全国政协委员，中国科学技术史学会第四届理事会副理事长，中国数学会第三、四届理事会理事，大连市数学会第五届理事会理事长。1995年11月20日病逝于辽宁省大连，终年72岁。

梁宗巨是我国著名的数学史家、数学教育家。他终生献身于科学教育事业，为我市的经济和教育事业发展做出了突出贡献。

为改变我国对整个世界数学史的研究基本空白的现状，他从20世纪50年代初开始从事世界数学史研究，呕心沥血，勤奋治学，经过近30年的辛勤耕耘，于1980年出版《世界数学史简编》。这是国内学者撰写的第一部世界数学史专著，填补了国内一项空白。1981年，由于他的积极努力，中国数学会与中国科学技术史学会在大连召开了第一届全国数学史学术讨论会，筹备成立了数学史分会，梁宗巨任筹备组（后为理事会）成员，为全国数学史研究的发展起了重要推动作用。1984年他担任《中国大百科全书·数学卷》编委和数学史分支副主编，除撰写46个条目（共六万余字）外，还协助组织稿件、审阅条目、提供照片，并对外国数学家译名问题提出系统意见。显示出良好的组织领导才能，严谨的工作作风与认真负责的敬业精神得到编委和同行们的一致好评。1983年他开始主编《数学家传略辞典》，历时六年于1989年出版，是当时国内最为详实的同类工具书。1987年参与科学出版社《世界著名科学家传记·数学家Ⅰ～Ⅵ》（1990～1994先后出版）的编写工作，任副主编，统筹规划，就编写体例、入选人名、确定作者等提出详细方案，并撰稿二十余篇累计19万字。他还是《欧几里得〈几何原本〉》新译本（1990）的主审校，并为之作序和撰写导言，这是该书第一个白话文译本，影响深远。他的著作还有其主编的《自然科学发展大事记·数学卷》（1994）、主编并撰稿的《一万个世界之谜·数学分册》（1995）、任第一作者的《世界数学通史·上、下卷》（1996～2001）等。另有发表的专业研究论文三十余篇。他的学术工作被刊载于《中华当代文化名人大辞典》（1992）、《Men of Achievement》（1993/94）等国内外多部传记名录，受到同行的广泛赞誉。

1969年他参加大连海港科研组，进行可控硅充电器和直流调压器研制的计算工作，第二年便试制成功。1973年参与推广优选法、统筹法和正交试验设计，工作卓有成效。1974年先后在大连石灰石厂、大连油泵厂、大连第二电机厂、大连化工厂等单位"开门办学"，创造了巨大的经济效益，其中仅大连化工厂大检修，就使总工期从一个月缩短为四天半，节约了大量资金。1976年为商检局进行抽样检查，挽回了国家17万美元的经济损失。1978年运用波速比异常、震级频度关系的b值计算、最小二乘法等方法，得出大连发生大地震可能性不大的结论，促成市委暂缓疏散的决定，避免了大量经济损失。

在近50年的教学生涯中，他先后为大学本科生、研究生、教师进修班等讲授各类数学专业基础课和数学史专业课二十余种，培养了大批数学教师和数学史专业研究人才。为北京、上海、广州、辽宁等地的高等院校以及中、小学师生作学术报告科普讲座100余场。他主编的教学用书《中学数学实用辞典》(1987)获第三届全国优秀图书奖和辽宁省优秀图书奖。1991年因为发展我国高等教育事业做出突出贡献荣获国务院颁发的政府特殊津贴证书。他的专著《数学历史典故》(1992)获得第二次全国数学传播优秀图书奖。1993年又获得首届曾宪梓教育基金会高等师范院校教师奖一等奖。1980年被评为辽宁省先进工作者、大连市特等劳动模范。1985年被评为辽宁省模范教师，1986年被评为辽宁省优秀教师、大连市模范教育工作者，1987年被评为大连市优秀知识分子，1989年被评为全国归侨、侨眷优秀知识分子。1994年再次被评为辽宁省优秀教师。曾六次被评为大连市劳模，这些荣誉的取得与他在世界数学史专业以及教学研究方面做出的开创性贡献是分不开的。

梁宗巨拥护中国共产党的领导，热爱社会主义祖国，忠诚人民的教育事业，作为教育界的全国政协委员，在繁忙地进行教学科研的同时，认真履行职责，积极参政议政，为祖国现代化建设出谋划策，每次赴京开会，他都为教育经费不足进行呼吁，为师范教育改革提出建议，开会归来，又不辞辛苦地到基层单位传达会议精神。虽有众多亲属定居海外，但他从未想过移居他乡，信奉"我的事业在中国"。他安于清贫，淡泊名利，专心著述，严谨治学，为世界数学史的教学与研究鞠躬尽瘁，其爱国敬业的品行成为一代知识分子的楷模。

"识贯古今学兼中外巨制名篇垂百世，爱国敬业淳朴严谨德行风骨励千秋"这是中国科学院院士、中国科学技术史学会理事长席泽宗等十位先生为梁宗巨逝世敬奉的挽联，这是对他一生真实生动的写照，表达了学术界的共同心声。

梁辅民

梁辅民，男，汉族，1925年5月出生，浙江省新昌人，民盟盟员。

1946年毕业于国立政治大学铁路管理科。1947年就职台湾省公署交通处，"二二八事件"后回浙，在浙江省立杭州中学担任数学物理教员。1949年参加东北局东北人民政府干部队北上吉林铁路局，任设备工程师，1954年调铁道部东北设计分局任经济及行车工程师。1956～1958年先后任职铁道部第五、第三设计院。1958年被错划为右派分子，遣返原籍。1980年4月平反，回天津铁道部第三勘探设计院工作，担任教授级高级工程师。1987年6月加入中国民主同盟，1988年离休。梁辅民为"烟台—大连公路、铁路两用轮渡"建议首倡者，曾担任民盟辽宁省委、大连市委参政议政工作委员会委员。

1949年秋，已就职于省立杭州中学的梁辅民毅然舍弃了条件优裕的教员生活，作为新中国第一批铁路技术人员来到东北。抗美援朝战争期间，硝烟弥漫，我国东北铁路援朝军事运输十分紧张。此时他提出了拉滨铁路和长图铁路列车的直通办法和取消新站编组站作业、减少中间作业环节等两项重大技术改革措施，大大提高了运输效益，每年可节省工程费和运输管理费两亿元。先后两次获得抗美援朝保家卫国甲等奖，被亲切地誉为年青的蜻蜓工程师。由于疲劳过度，不足三十岁的他患上了肺病及胃出血，住进了医院。

病好后，他被调到天津铁道部第三设计院，并被借调到国家建委，与苏联专家共同研究我国铁路的建设与发展。正当他欲效鸿鹄，振翅高飞之际，突然被打成"后补"右派，遣返原籍浙江农村进行劳动改造。在身处逆境的22年中，他没有失掉生活的信念，更没有失掉辅民报国的赤子之心。他曾经主动帮助有关单位修铁路、盖大楼，主持设计了家乡闻名的新昌大佛寺风景区；他为孤寡送煤送水，还曾经两次冒生命危险抢救落水儿童。

1980年拨乱反正，他重新回到铁道部第三勘测设计院，回到了他所挚爱的铁道事业中。积蓄已久的热望、智慧喷薄而出。他首先与人合写了秦沈三线研究报告。接着，担任了"六五"国家科技攻关项目（重载列车成套技术研究，大同—北京—秦皇岛铁路点线能力研究）负责人，经过一年努力，1985年通过国家鉴定，被评为院级科技进步一等奖，1986年荣获国家科技进步三等奖。这一成果不仅为国家创造了巨大财富，也为长期困扰的五大技术难题提出了解决措施。1987年和1988年，花甲之年的梁辅民先后两次代表中国国际工程咨询公司赴江西对向吉铁路进行专家评审。他从路网规划角度，在评估报告中提出不应按地方铁路标准修建，为迎接九七香港回归，应直达九龙，同时北接九江—北京，构成大京九南北大干线。评估报告报送国家计委后很快得到批准，并被列为国家计划重中之重，1995年提前三年完成。

此时，历经磨难、为中国的铁路建设规划耗尽大半生心血、功勋卓著的梁辅民已年逾花甲，到了离休的年龄。离休之地他选择了大连。

早在新中国成立前，梁辅民执教省立杭州中学期间，便结识了中共地下党员袁微子、浙江民盟的叶知秋等人，成为挚友，通过他们，他阅读了一些马列著作以及当时储安平、费孝通主编的《观察》，立志为祖国的振兴奉献毕生。尽管半生坎坷、身处逆境，他依然满怀赤诚，矢志不渝。1987年他光荣地加入了民盟，实现了多年的夙愿。1988年，离休后回到大连的梁老先生，本可以"刀枪入库，马放南山"，悠然、安适地度过晚年。然而他回连之后第一件事就是到民盟市委报到，并且带着他的"报到证"——已研究、构思多年的"建设大连——烟台铁路、公路两用轮渡建议书"。民盟大连市委热情接纳了他。由此，他找到了实现毕生奉献的另一途径——参政议政。他把多年考察的心血全部奉献出来，移植到他新的生命土壤——民盟大连市委。希望依靠组织的参政议政作用，把它们变成国家和各级政府的社会主义建设的宏伟决策。

离休后，他的视野更加开阔，时而宏观时而微观，提案建议层出不穷，仿佛一眼取之不竭，用之不尽的源泉。

1990年，当他得知盟中央有意向中共中央提出"开发长江三角洲"的建议后，凭自己对浙江家乡的关怀和了解，写了《开发长江三角洲，交通运输要先行》的文章，得到盟中央的支持，并刊载在《中央盟讯》上。

1995年，他应邀出席了东方大港后方通路"金华—宁波铁路可行性研究报告"专家评审会，就此他提出了7项改进建议，得到民盟浙江省委支持并转送中共浙江省委、省政府。

鉴于辽宁的煤炭资源已近枯竭，需从山西供应，浪费大量财力物力。1996年他又撰写了《辽宁与内蒙古联姻，优势互补，共同发展》的提案，既可为辽宁节省大量资金，又可带动开发内蒙古经济发展，得到了民盟辽宁省委和内蒙古区委的高度重视和大力支持。

身处大连的梁辅民，十分关注大连的交通和城市建设，他以行家的眼光、科学的态度，连续对大连的规划方案提出合理的意见、建议，都被纳入民盟大连市委的政协提案之中。1994年，为配合市盟主委王鸿钧研究改进大连的城市道路问题，赴外地考察归来，因急于一口气看完大量的参考资料，导致右眼白内障失明。1995年他写了《从长规划，综合治理，把站北地区建设成另一片青泥洼》的提案。近几年出于对国家能源问题的关切，他发表了"调整交通产业，能源结构，坚决把能耗降下来，减少石油进口，确保国家能源安全，防止环境污染"、"国家振兴东北老工业基地，把大连建设成东北老工业基地，把大连建设成东北国际重要的航运中心，铁路必须配套发展"等建议，得到市领导的肯定。早年写的"开发黄金海岸，促使辽宁经济更上一层楼"，现在已成为辽宁沿海五点一线的战略部署。每年梁辅民都为盟市委的参政议政提供很多素材。

建议的提出乃至最终促成实施，不仅需要眼观六路，胸怀经纶，更需要坚忍不拔的毅力和孜孜以求的责任心。正如尽人皆知的"烟台—大连轮渡建议"，就是依靠盟组织的力量，以十年之不懈努力终被列入"九五"计划的，他的许多建议的最终促成实施要比建议的提出付出更多的心血和艰苦努力。

在回连后二十年的时间里，梁老先生从花甲写到古稀写到耄耋，提案建议近百件，却从未索取过分文的报酬。他从不计较名利二字，正如他自己所说：既不想争功，亦不想发财，唯愿以今生所学报效国家，心里便得到慰藉了。此生也有涯，唯鞠躬尽瘁而已。人到无求品自高，梁辅民正是用自己的智慧和心血乃至健康谱写了一曲曲奉献之歌。诸葛亮《诫子书》云："夫君子之行，静以修身，俭以养德，非淡泊无以明志，非宁静无以致远。"这是梁辅民的座右铭，亦是他一生的写照。

　　随着烟台—大连公路、铁路两用轮渡这一功在千秋的提案逐渐为各级政府认可，列入国家"九五"计划，并最终建成运营，浩瀚渤海天堑变通途，梁辅民的名字也在这一瞬间成为历史的定格，继1996年梁老荣膺"全国各民主党派、工商联为两个文明建设服务先进个人"光荣称号后，十年后的2006年，梁老再次荣获"全国各民主党派、工商联、无党派人士，为全面建设小康社会作贡献先进个人"称号。而梁老二十余年不辍参政志，殷殷之心可鉴，堪为民主党派参政议政的楷模。

梁赛芳

梁赛芳，女，汉族，1934年12月出生于印度尼西亚雅加达，原籍广东梅县，中共党员，系印尼归侨。

梁赛芳1953年6月回国，先后在北京华侨补习学校、沈阳女三中补习文化。1954年9月考入沈阳俄语专科学校。1957年9月大学毕业分配到大连工学院（现大连理工大学）水利系水工专业任英语教员。1983年11月任大连理工大学党委统战部副部长，1985年被评为副教授。1979年5月任大连市侨联第二届委员会兼职副主席。1985年9月至1995年3月任大连市侨联第三、四届委员会驻会主席。1995年3月退职休养。梁赛芳同志曾当选辽宁省政协第六、七届委员；大连市政协第五、六届委员，第七、八届常委；中国侨联第四届委员；辽宁省侨联第二届委员，第三届常委，第四届副主席，被聘为辽宁省侨联第五、六、七届顾问；大连市侨联第五、六、七届顾问。

梁赛芳同志是我市归侨侨眷的杰出代表。身处逆境时，热爱祖国，相信中国共产党。她不论在教学岗位，还是担任领导职务，兢兢业业，克己奉公，认真工作，得到广大师生、统战对象、归侨侨眷和海外侨胞的好评。

梁赛芳是爱国华侨学生。在印尼最进步的华侨学校——雅加达中华中学就读时，受校长李春鸣及班主任张国基华侨领袖爱国思想的熏陶，立志刻苦学习，报效祖国。当祖国遭受日本帝国主义侵略时，梁赛芳立志要回到祖国参加建设。还在小学读书时的她就走上街头，加入到募捐的行列。1953年6月，梁赛芳高中刚毕业，便毅然告别家庭，放弃优越的生活条件，克服重重困难，漂洋过海回到祖国。

1954年，梁赛芳考入沈阳俄语专科学校（辽宁大学前身）。为减轻国家负担，梁赛芳变卖了从印尼带来的生活用品，还主动放弃甲等人民助学金，省吃俭用一直坚持到毕业。在此期间梁赛芳加入了共青团。1957年，梁赛芳分配到大连工学院，因其英语基础较好改任英语教员。年轻的梁赛芳思想要求进步，主动申请到生活比较艰苦的水利系水工专业任教。"三年经济困难"时期，许多归侨学生纷纷出国定居，而梁赛芳却谢绝亲友为其定居香港的安排，克服困难，坚守教学岗位，继续兢兢业业地工作。教学中，她因材施教，主动加班补课，提高了教学质量，得到广大师生的认可。

"文革"期间，梁赛芳的丈夫被错误地打成现行反革命被逮捕入狱、判刑劳改。作为现行反革命家属和所谓有"海外关系"的梁赛芳以惊人的毅力，在忍辱含垢中度过艰难的"文革"十年。十年的辛酸，没有动摇梁赛芳对党、对祖国的热爱，对工作、对学生的责任。1972年，在极度困难时期，梁赛芳再次谢绝海外亲属为其香港定居的安排，继续坚守在自己的工作岗位上。

党的十一中全会召开后，梁赛芳爱人的冤案得到彻底平反，恢复了党籍、公职。从此，梁赛芳又焕发了青春，加倍地努力工作。由于她在工作中做出的成绩，1978年出席了第四届全国妇女代表大会，受到表彰。随后又当选市侨联兼职副主席。同年，已七十八岁高龄的老父亲满腹疑虑回国探望唯一生活在国内的女儿，并决定带她返回印尼。为了打消父亲的疑虑，梁赛芳陪着父亲游览祖国的大好河山，耳闻目睹新中国翻天覆地的变化。一个月的所见所闻改变了父亲的想法，对女儿在国内工作、生活完全放心。临别时，他反复嘱咐梁赛芳，要好好工作，多为祖国做贡献。父亲的一席话，使梁赛芳非常激动，她为父亲终于能理解自己二十五年前的回国选择而兴奋不已。1980年10月24日中央电台《归侨在祖国》栏目慕名采访了梁赛芳并播放了她对国外亲人的讲话录音。1981年，梁赛芳光荣加入中国共产党。1983年，梁赛芳走上领导工作岗位，担任校党委统战部副部长，从一个统战对象成为从事统战工作的领导。1985～1995年，梁赛芳当选市侨联第三、四届驻会主席。十年来，梁赛芳带领市侨联班子成员，认真学习和贯彻党的各项方针、政策，宣传和贯彻《中华人民共和国归侨侨眷权益保护法》，维护归侨侨眷合法权益。梁赛芳以其出色的工作成绩赢得上级侨联的表彰和广大归侨侨眷、海外侨胞的赞誉。

梁增镖

梁增镖，男，汉族，1940年9月20日出生，广东梅县人，致公党党员。

1962年毕业于大连工学院，教授级高级工程师，终身享受国务院特殊津贴，有突出贡献专家。历任机械工业部大连组合机床研究所副所长兼总工程师、大连市机械设计学会理事长；全国、辽宁省、大连市人大代表；致公党中央委员、辽宁省副主委、大连市委主委；大连市政协副主席；市人大常委会副主任；全国侨联委员、省侨联副主席、市侨联主席；大连市海外联谊会名誉会长等职务。

在机械部大连组合机床研究所，梁增镖同志开始了为社会主义现代化建设勤恳工作、努力奉献的人生历程。他长期从事高效自动化与机电一体化产品的研发应用工作，用毕生精力积极探索、勇于实践，不断开拓高新技术领域。曾多次出国进行科技考察、学术交流与联合设计，为许多领域开辟了对外技术经济交流与合作的渠道。在国外工作期间，他夜以继日地翻资料、查数据，优化设计方案，研制的数控机床在国际机床博览会上获得空前成功，为中国人赢得了光彩。他参与编著的《组合机床设计》、合作研究的《机电一体化发展预测与综合分析》、主持研制的全气动工业机器人、示教再现式弧焊机器人等多项科技成果，获得辽宁省优秀科技成果奖、国家科委荣誉证书、全国首届科技贷款优秀成果金奖、国家科技进步三等奖、机电工业部科技进步二等奖、部级科技进步三等奖、国家科技攻关重大成果奖；领导的课题组被评为国家科技攻关高新技术领域先进集体。先后荣获大连市优秀科技工作者、辽宁省各民主党派团体为经济建设服务先进个人、辽宁省优秀归侨侨眷"十佳"先进个人、全国侨联为实现"八五"计划和十年规划做贡献先进个人、机械部科技攻关先进个人、全国归侨侨眷先进个人等荣誉称号。其业绩入典于《中国工程师大辞典》、《全国归侨侨眷知识分子名人录》、《中国侨界模范人物名典》和《龙脉网站》。

作为专业科技工作者，梁增镖同志还兼任着政协、人大、致公党和侨联等领导职务，承担了繁重的社会工作。他在立足本职、爱岗敬业的同时，合理分配、妥善协调，努力弹奏好本职工作与社会工作相得益彰的"协奏曲"。

1984年加入中国致公党，1996年起担任致公党大连市委主委，长期以来，他热爱致公党事业，把牢固树立中共领导的多党合作制度的坚定信念摆在首位，努力加强自身建设，积极履行参政党职能。他注重发挥领导班子核心作用和骨干党员模范作用，带领全市致公党员树立科学发展观，突出创新意识，做到政治方向坚定正确、自身建设不断加强、参政议政成果突出、社会服务丰富活跃、各项工作卓有成效，增强了党派的向心力、凝聚力和亲和力，扩大了致公党的社会影响，为本党事业之兴旺发达不懈努力，取得了令人满意的成绩，赢得了广大党员的衷心拥戴。在他的带领下，致公党大连市委连续多年被评为优秀提案单位；成功主办了一系列重大主题活动；开通了网站；改版了刊物；圆满接待了中南美洲未建交国家的高层人士和华裔青年代表团、海外华侨华人代表团，以及台湾资深洪门领袖等光临大连考察访问。梁增镖同志通过广交朋友、增进感情、达成共识、扩大互信，致力于同海外更加宏大的友好人士群体拓展联谊。2005年，全国政协副主席、致公党中央主席罗豪才，莅临大连检查指导工作时，以"发展迅速、成绩突出、坚持创新、继续努力"为勉励语，对致公党大连市委会的工作予以充分肯定和热情鼓励。

1998年，担任大连市政协专职副主席，分管经济委员会工作。从驾轻就熟的科技工作岗位，转到半路出家的政治协商机构，他努力加强政治理论修养、方针政策理解和社情民意掌握，紧密结合新的工作实践，认真学习邓小平理论、人民政协和市场经济知识，尽快地适应了新岗位的要求。他注重发挥群体智慧，紧密围绕中心工作，积极履行人民政协"政治协商、民主监督、参政议政"的职能，带领市政协经济委员会，不辞辛苦地到省内外企业、农村，广泛深入调查研究，探索破解难题之策。组织写出的《关于充分认识亚洲金融危机对大连的影响及应采取对策的建议案》等一系列建议，多次荣获市政协战略发展研究基金会的嘉奖，受到了市委、市政府的高度重视。

2003年，担任大连市人大常委会副主任。他分管领域的工作对象多为特殊群体，涉及外事侨务、民族团结、社会稳定、国家安全与和平统一等，热点难点问题相对突出，政策性强，敏感度高，具有较强特殊性和复杂性。他坚持以科学发展观为指导，认真贯彻党的方针政策，履行宪法和法律赋予的职权，积极开展各项工作。他热情接待、认真办理弱势群体的来信来访和申诉控告，促进依法行政、司法公正，维护公民合法权益，为构建社会主义和谐社会而尽心尽力。

梁增镖同志还长期兼任大连市侨联主席，按照"服务大局、找准位置、突出重点、发挥优势、凝聚侨心、发挥侨力、集中侨智、维护侨益"的要求，不断努力，使侨联的各项工作始终与时代发展同步，始终充满生机活力。

梁增镖同志非常热爱党的统一战线事业，以"致力为公"的精神，不断践行着"心系中华，励志报国"的心愿。他说："祖国母亲曾用她还不十分丰厚的乳汁哺育我成长，'谁言寸草心，报得三春晖'，我将不遗余力地报效我亲爱的祖国。"

章元琦

章元琦，男，汉族，1919年7月出生，安徽省来安县人，民盟盟员。

1942年6月于金陵大学化学系毕业后，留校任助教，1943年8月，在中央工业试验所从事研究工作，1949年5月，在上海工业实验所工作，1950年7月，受聘到大连化物所工作，历任研究员、研究生导师、研究室副主任、主任，学术委员会委员等职。兼任中国化学工程学会理事、中国海水淡化水再利用学会理事、《水处理技术》编委、《膜科学与技术》副主编、《水处理》（英文版）编委。曾当选为大连市第四、五、六、八、九届人大代表，辽宁省政协第五、六届常委，民盟大连市委委员。

章元琦在化学工程热力学和化工分离方面有坚实的理论基础和丰富的实践经验。

20世纪50年代，他从事抚顺页岩轻油溶剂体抽精制研究、热裂化气迭合固体碱酸催化剂研究、库页岛汽油中甲苯分离研究以及水煤气合成水相产品分离研究等。在这些研究中，利用溶剂精炼法从抚顺页岩油中提取了高质量的柴油，研制成功磷酸催化剂，解决了企业的技术难题，建立了我国第一台100理论板高效精馏分馏柱。与此同时，应用高效蒸馏法自环化油分离硝化纯甲苯，共沸蒸馏法和抽提蒸馏法自铂重整油生产硝化纯甲苯，1956年获中国科学院自然科学奖三等奖。当时，面对我国原子能工业上马，对重水提出需求，在章元琦的带领下，大连化物所先后进行了有关水电解氢—水交换和蒸馏提浓法、双温交换法、高效多管精馏塔用于浓缩重水、浓缩重氨等项工作，创造性地发展了运用于我国的重水分离流程，形成了我国独特的重氢制取技术，据此技术建成了数套工业装置，解决了国家"两弹一星"任务的急需，为我国原子能工业的发展做出了重大贡献，获得1978年全国科学大会奖。

20世纪60年代，大连有机合成厂承担了国家科委重点课题"石油气深冷分离半工业化试验"，由于工作进展缓慢，近十年装置仍不能正常运转，当时，大连市压力很大，市委书记胡明同志亲自出马，向大连化物所求援。大连化物所随即成立了由章元琦任组长的攻关组，深入工厂车间调查研究，开展科技攻关，经过实地分析对工艺流程作了必要的调整，采用分子筛吸附技术，解决工艺气体脱水问题，创造性地研制出高活性、高选择性的催化剂，简化了制取高纯度乙烯的工艺流程，建立了全套生产控制化验分析方法，打通了流程使之正常运转，稳定了车间生产，继而在国内发展出石油气深冷分离的新流程，这一成果荣获辽宁省科学大会奖。

20世纪70年代，他开始进行工业废水净化研究，利用乳化液膜技术，先后进行了含酚污水处理和连续逆流分离柱处理含酚污水等研究工作，参与了辽宁地区"三废"污染问题的调研和废水治理工作，深入到沈阳、鞍山、抚顺等地，通过几个月的实地调研考察取得了大量第一手数据，所形成的调研报告得到省领导的重视，为推动辽宁地区"三废"治理工作的有效开展奠定了基础。1972年，大连化物所筹建环境保护研究室，章元琦作为筹备组的主要负责人，提出了开展膜分离研究的设想，组织开展对国内外情况以及文献资料的收集整理工作，他主要负责的液膜分离过程题目组，对液膜分离、乳化液膜、微空滤膜技术展开调研，经过认真分析研究，在这些领域已取得重要成果，为大连化物所膜分离技术的发展奠定了基础。1975年，他带领科技人员在本溪钢铁厂实地考察研究，并成功地用高炉煤气吹脱焦化厂终冷水中的含氰化合物，脱氰效率达80%～90%，废高炉气仍可作为燃料使用，避免了二次污染。此外，在从事上述分离过程研究的同时，还对相关汽液相平衡、液—液相平衡、非电解溶液蒸汽第二维里系数、溶液混合热及液膜萃取机理和传递速率进行了深入研究，培养了7名硕士研究生，在国内外公开杂志上发表了论文报告28篇。

作为一名民主党派人士，章元琦拥护中国共产党的领导，热爱社会主义祖国，在任大连市人大代表、省政协常委、民盟大连市委委员等职务期间，认真履行职责，积极参政议政，结合所从事的科研工作实际，充分发挥自己在化学工程热力学和化工分离方面的专业知识，在治理污水、保护环境方面，既做了大量的科学研究工作，又作了大量的社会工作，许多议案提案受到政府相关部门的重视与采纳，为我市经济发展、化学工业、环境保护等方面做出了积极贡献。

章守恭

章守恭，男，1910年出生，江苏省吴县人。

章守恭，1931年毕业于南京中央大学土木系。1932～1949年先后在津浦铁路、浙赣铁路、湘潭铁路、桂黔铁路、南京公路局等处任副工程师、主任工程师，其间曾赴美国深造。1949年4月绕香港来到大连，受聘为大连工学院（今为大连理工大学）教授，是大连工学院二级教授，我国著名的土力学、地基基础工程专家。曾任国际土力学协会会员、中国岩土力学学会理事；并长期担任大连工学院学术委员会副主任、学报副编辑、水利系土力学及工程地质教研室主任。章守恭同志曾当选为第三届全国人大代表（1964～1975年）、第五届辽宁省人大代表（1978～1983年）、第一届（1955～1959年）与第三届（1963～1977年）辽宁省政协委员、第一届（1955～1959年）大连市政协常委。

章守恭同志生长在知识分子家庭，他的青少年时代正值军阀纷争，第一次国内大革命失败，外患加剧，国事日非的年代。那时知识分子就业不易，生活艰难。清贫的家庭环境，满目的社会疮痍，激发了章守恭同志对国民党和帝国主义的憎恨，因此他在中学时代就积极参加了抵制日货和反对英帝国主义分子暴力的活动，还热情地援助了省港大罢工的募捐活动，特别是在五卅惨案及八一三事变之后，章守恭同志阅读了《帝国主义经济侵略下的中国》等进步书刊，逐步接受了进步思想，大学时代的章守恭同志对国民党的腐败统治，对反对帝国主义的运动有进一步认识。

新中国成立前章守恭同志长期在国民党的铁路部门工作，他和旧社会中大多数正直的知识分子一样，空有报国之心，实无效劳之机，感到前途渺茫，心情苦闷。另一方面，由于日寇入侵，国民党节节败退，章守恭同志亲临其境，辗转南北，并且目睹了湘桂大撤退的惨状，深切地感觉到国有累卵之危，民受倒悬之苦，对国民党不再抱任何幻想，而寄希望于共产党领导下的解放区，因此曾计划投奔延安，寻求光明，但因困难较多，未能实现，所以他在1949年4月应中共地下党的聘请从南京到上海经香港来东北参加大连工学院的创建工作不是偶然的。

中华人民共和国成立以后，章守恭同志认真学习马克思主义、毛泽东思想，注意克服自己的弱点，热爱共产党，热爱新中国，热爱社会主义，忠诚党的教育事业，勤勤恳恳为党的教育和科研事业做了大量的工作。粉碎"四人帮"之时，章守恭同志年事已高，且体弱多病，但正如老骥知日暮，奋蹄自扬鞭，他坚持带病上班一直到生命的最后一息，在宏伟的"四化"事业中，发出了他余热的光辉，为创建大工做出了贡献。

章守恭同志长期从事铁路、桥梁的施工设计，土力学地基基础工程的教学科研工作，而对土力学及地基基础工程的造诣尤深，他在土力学地基基础领域的多学科方面都做出了贡献。他从不保守，大胆地开拓性地引进新技术、新理论。如20世纪50年代他首先将苏联按塑性阶段设计钢筋混凝土的理论介绍到我国，引起我国在钢筋混凝土设计上的革新。从20世纪50年代起到现在，为解决大连市多项工程建设中的实际问题做了大量工作，得到了好评。

章守恭同志自20世纪60年代就开始从事砂土液化研究工作，并把他的研究成果用于辽阳化工厂的地基基础设计，在海城地震中经受了成功的考验。20世纪80年代起从事土的流变特性的研究，为了适应海上采油的需要，他组织人力从事海上采油平台的排淤施工方案，逝世前正着手进行海洋重力平台桩基设计研究。他亲自带研究生并为研究生讲授海洋地基土动力特性等课程。章守恭同志的研究工作十分重视理论联系实际，注意从社会主义现代化建设中确定研究课题，给年轻的教师带来了良好的影响。

章守恭同志学识比较渊博，除了讲授土力学地基基础方面的有关课程外，还曾讲授过材料力学、建筑材料等课程，他翻译的《钢筋混凝土结构学》一书曾是我国20世纪50年代的主要教材，在国内有一定影响。

1984年10月10日，章守恭同志因公出差去南京，不幸心脏病复发，抢救无效逝世，终年74岁。章守恭同志以他的辛勤劳动，踏踏实实地走完了不平凡的一生。他是大连工学院的开创者之一，是一位好老师，党的好同志，更是我国岩土工程学界的一位先驱者。他的正直、勤恳、博学、不沽名利、平易近人，是留给后人学者的宝贵精神财富，将永远指引着我们不懈前行。

隋鸿锦

隋鸿锦，男，汉族，1965年2月出生，辽宁省大连人，民盟盟员。

1990年9月毕业于大连医科大学并留校任教，1997年7月取得大连医科大学理学博士学位。1993年赴香港大学解剖系学习，并于次年以访问学者身份留学德国海德堡大学。2000年12月破格升为大连医科大学教授，现任大连医科大学解剖教研室主任，硕士生导师。辽宁省百千万人才工程百人层次人选，辽宁省青年学科带头人。兼任中国解剖学会科技开发与咨询委员会副主任委员，中国解剖学会断层影像解剖学专业委员会委员，辽宁省解剖学会理事，《中国断层影像解剖学杂志》、《解剖科学进展》、《中国临床解剖学杂志》编委，2003年起任大连市第十届、第十一届政协委员。

隋鸿锦一贯以"严谨、敬业、求实、创新"的科学精神严格要求自己，具有优良的科学道德和职业风范。长期工作于条件艰苦，以"苦、脏、累"著称的人体解剖学教学科研工作的第一线，任劳任怨。培养研究生30余名。在神经生物学研究中，隋鸿锦教授主要从事癫痫反复发作的机理研究，并在该领域的研究中处于国内领先的地位。通过海人酸癫痫动物模型，在国际上首先发现了海马齿状回颗粒细胞在癫痫发作后出现了树突发芽的现象，并提出了树突的发芽使得颗粒细胞对穿通通路所传递的兴奋的感受增加，穿通纤维对颗粒细胞的兴奋得以加强的理论，为最终揭示癫痫发作敏感性增强的机理提供了证据。1998年获辽宁省教委科技进步一、二、三等奖各1项，1999年获国家教育部科技进步一等奖1项，2001年获辽宁省青年科技二等奖。主持和参与完成了辽宁省教委多项课题研究。目前主持辽宁省科技厅、教育厅及大连市科技局科研课题各一项。发表论文近百篇，其中多篇被国外文摘摘录，并多次在国际学术会议上交流。现已正式出版教材及专著十余部，其中在《神经外科解剖学图谱》、《神经血管——介入治疗解剖学图谱》、《实用人体医学影像断面解剖学》、《心脏——介入治疗解剖学图谱》中任主编，《美容与整形应用解剖学》等中任副主编。

留学德国期间，主修生物塑化技术——一项新兴的高科技生物标本保存技术，为国内引进该项技术的第一人。多年来致力于生物塑化事业的发展，潜心钻研，不断创新，已全面掌握并改进了生物塑化的各项技术。目前已全面实现该项技术的国有化，拥有独立的自主知识产权，已获得国家专利5项，其中发明专利2项，实用新型专利3项，在生物塑化领域处于国际领先地位。多次赴奥地利、澳大利亚、西班牙、德国等国参加国际塑化技术学术研讨会，与各国塑化界专家共同探讨生物塑化技术发展的新动态。并多次到日本、韩国、马来西亚、埃及等国进行生物塑化技术知识的传授，为生物塑化技术的普及及发展贡献一己之力。

为了实现生物塑化产业化，2002年6月，隋鸿锦牵头成立了大连医大生物塑化有限公司，与港商合并，成立了大连鸿峰生物科技有限公司，所开发的生物塑化标本受到了社会各界的关注及业界专家的一致好评。国内的多家医学院校、体育院校、科技馆、自然博物馆等纷纷与其进行技术合作，用先进、无毒无味、易于保存、便于观察的生物塑化标本代替传统的福尔马林标本、剥制标本进行生物标本的升级换代。

作为一名优秀的医学工作者及成功的创业者，隋鸿锦并未满足于现有的成就。他深知一种知识、一项技术只有得到普及才有力量；医学科学的崇高使命，就在于它要为人类的健康做出贡献。一个大胆的决定由此而生——让高科技走进普通百姓的生活，让解剖标本走出象牙塔。2004年，在中国解剖学会的领导下，隋鸿锦教授摆脱传统理念的束缚，顶住重重压力，先后在北京、南京、合肥、成都等地举办了普及医学知识的"人体世界"科普展览。展览以生物塑化标本为依托，展示客观实在的人体结构，向公众进行医学健康科普教育。展览一经推出，就得到了广大观众的极高赞誉及媒体的热力追捧，2004年岁末，中国科学院下属的科学时报和科学网从2004年科普界的风云人物中，评选出"科普十大公众人物"。隋鸿锦教授与著名的华裔物理学家杨振宁教授，国际数学大师陈省身教授等10位专家、学者共同入选，被评选为"最大胆的科普之星"。

为使人类更多了解动物，了解它们的自然属性和进化发展的规律，实现人类与动物的和谐相处，2008年，隋鸿锦教授建立了生命奥秘展览馆，以生物塑化动物标本为主要展示内容，向观众介绍脊椎动物进化的比较解剖学证据，传递生物多样性的内涵，展示生物体本身极大的变异性与统一性。生命奥秘展览的推出得到了各级政府的大力扶持，相继被评选为"旅顺口区科普教育基地"及"大连市科普教育基地"，并成为各大院校热爱自然科学的大学生的实训基地及中小学生的科普教育课堂。

黄　力

黄力，女，汉族，1952年4月出生，台湾省彰化人，中共党员。

1972～1978年在沈铁夏家河疗养院做护士。1978～1982年就读于沈阳中国医科大学。1982年至今就职于大连卫生监督所，先后任卫生监督科主任、大连市职业卫生监督所所长、主任医师。曾任第九、十届、十一届大连市政协委员，全国台联理事，辽宁省台联兼职副会长，大连市台联兼职会长，大连市预防医学会第三届理事会常务理事。

1982年毕业于中国医科大学卫生专业，开始从事职业卫生工作，至今已近30年。她深深热爱职业卫生事业，在自己的工作岗位上辛勤耕耘，为改善工业企业生产环境，保护工人的身体健康，开展了大量工作。黄力同志所在的科室承担大连市内国有大、中型企业的日常性劳动卫生监督管理工作。近年来，随着部分企业的转产、改制，职工的流动性加大，增加了开展此项工作的难度。不论在什么情况下，她始终坚定信念，对自己所从事的事业充满了热情，坚持不懈地努力工作。她经常深入到厂矿企业职业危害较重的作业环境中，开展劳动卫生现场调查，摸清对职业人群身体健康产生影响的职业有害因素和现状，及时向有关部门和领导提供行之有效的预防措施和方案，有力保护了职工的身体健康。开发区某服装厂在来料加工生产成衣的过程中，工人出现不良反应，她带领劳动卫生监督员，根据车间环境中气体检测结果和工人身体检查结果，判断致病因素，提出监督意见，及时制止了中毒事件的发生，保护了工人的身体健康，减少了不必要的经济损失。某钢铁厂在进行金属冶炼过程中，由于管理制度执行不严格，通风除尘设备出现故障，导致部分工人出现中毒症状，在接到接诊医疗单位报告后，她放弃亲人从国外归来全家团圆聚餐的机会，与其他劳动卫生人员和环境检测人员一起，及时奔赴现场，开展劳动卫生调查，详细了解事故发生的全部过程，提出对接触有害气体工人的健康监护要求，向企业提出保护职工身体健康的意见和措施，并依法进行了处理，促进了职业卫生工作在该企业的顺利开展。

她不仅能够依照国家有关法规、条例，秉公执法，严格管理，而且尽自己所能，热情协助企业解决一些职业卫生的实际问题。如有的企业职业卫生人员更换频繁，对本职工作缺乏专业知识和管理经验，存在畏难情绪。她热情鼓励、耐心帮助指导他们克服困难，尽快进入角色。她还多次利用举办培训班、开工作会议的机会，讲解职业卫生基础知识，宣传职业卫生法规、条例，介绍值得借鉴的基层职业卫生工作方法，得到厂矿职业卫生专、兼职人员的一致好评，受到他们的信任和尊敬。由于注重了基层网络职业卫生人员队伍的建设，在伴随国企脱困，职业卫生工作相对处于困境的情况下，她所在科室负责的大、中型企业，能够不断拓宽新的服务领域，为保护职工的身体健康，改善接触有害作业环境条件，及时发现和处理职业禁忌症、职业病人，促进生产开展了较有成效的工作。

作为职业卫生监督所所长，她不断提高自身修养，时时处处起表率作用，善于发挥每个同志的积极性，用其所长，使大家心情舒畅、全身心投入到各自的本职工作。受到企业领导的好评、职工群众的信赖。

多年来，她在平凡的工作岗位上，努力学习专业技术知识，协助上级专业部门或结合本部门工作实际，主持或参与开展了大量调查研究，如：本市20个企业职业肿瘤流行病学调查、全国尘肺流行病学调查研究本地区分题、本市职业病所致经济损失研究、工作场所健康促进等，这些调查结果提供了许多有价值的数据，描述了某种职业病的发病现状和趋势，揭示了职业有害因素所致职业性疾患给国家和企业造成的经济损失和影响，为有关部门制定行之有效的预防措施，准确掌握卫生信息提供了一定依据。她撰写的论文先后在国家级专业杂志发表，在国家级专业会议上交流。先后被评为"市医药卫生优秀中青年技术骨干"、"大连市卫生工作先进工作者"，"市十大优秀女职工"和本单位先进工作者、优秀干部等光荣称号。

黄士农

黄士农，男，汉族，1936年2月16日生于上海，原籍浙江省嘉善县，农工党党员。

1958年毕业于上海同济大学建筑系城规专业。1952年加入中国共青团，1981年加入中国农工民主党。大学毕业后分配到辽宁省旅大市城建局规划室工作，任技术员。正值我国经济建设进入第二个五年计划的第一年，即全身心地投入到轰轰烈烈的建设工作中去。大连是我国重要的工业基地、港口城市，按国家要求，全市开始着手编制城市总体规划收集资料阶段，深入到城市各个区域、县域、农村调查研究，为五个县城完成城镇总体规划布局，对第二个五年计划期间确定在全市的改扩建新建的工业、公建、住宅、道路桥梁工程项目，做出规划合理安排，及时地完成任务。

"文革"期间，干部上山下乡，黄士农全家从大城市迁至安徽省滁县一个古老小城镇落户，虽然在小城镇，但黄士农踏实地工作，得到了党组织的信任，很快被委任城市建设管理工作，修理下水道、道路、植行道树、安装路灯、修民房等等，只要老百姓要求的，他都认真地去服务，得到了老百姓的认可。1973年，黄士农同志着手组建规划建筑设计室工作，并完成了滁县城总体规划编制工作，这张蓝图为近期建设和远期发展发挥了重要作用，滁县从此开始了城市建设工作新的篇章。

大学毕业后，在大连城建局规划室任技术员，1975年任滁县规划建筑设计室主任，担任安徽省建设厅城市规划委员会委员，评审省属各市城市总体规划，1980年任工程师。1981年黄士农一家调回大连市，就任大连市城乡规划局总体室副主任，1984年12月担任城乡规划局副局长，1985年担任大连经济技术开发区规划局第一任局长。

1981年底，黄士农同志加入了大连农工民主党，1987年为农工民主党大连市委员会委员，1983年担任了大连市政协委员，1985年为辽宁省政协委员，1988年为大连市人大代表，1993年为市政协委员。

1981年返连后，历时三年，完成了大连市20年规划宏伟蓝图和近期建设规划蓝图、控制性规划及详细规划等一系列规划。1983年底得到国务院批准，是我国被国务院批准总体规划较早的城市之一。1984年4月中共中央批准大连市建设经济技术开发区，揭示了大连市改革开放新里程，黄士农同志承担了规划选址，开发区总体规划和建设管理工作。其主持编制的开发区10km^{2}总体规划得到了中央批准，和中央领导实地视察的一致肯定。1984年10月15日大连经济技术开发区顺利地投入建设施工，由于总体基础设施费用投资省，投资环境优越，布局合理，着眼近期，兼顾长远发展，各设施技术标准具有先进水平，成为城市总体规划全面指导实施的范例。1988年，黄士农同志被市科协选为大连市科技精英；2004年被中国城市规划协会授予资深城市规划学会会员称号和贡献奖。

黄 为

黄为，男，汉族，1969年11月出生于上海市，祖籍台湾省台中县，台盟盟员。

1991年7月于南开大学化学系有机化学专业毕业，获理学学士学位后，在大连化学物理研究所从事有机合成、均相催化研究工作，先后任研究实习员、助理研究员、副研究员。1995年8月加入台盟，1997年9月考取大连化物所在职硕士、博士连读研究生，于2004年通过博士论文答辩，获得博士学位。现任大连化学物理研究所副研究员；台盟大连市委副主任委员、台盟大连市科技支部主任；2004年1月增补为大连市政协委员；2006年4月当选为大连市青联委员、常委、宗教华侨祖国统一界别工作委员会副主任委员；2007年1月当选大连市人大常委会委员。2010年3月26日经市台联八届六次理事会议通过当选大连市台湾同胞联谊会会长。

黄为同志始终坚持中国共产党领导的多党合作和政治协商制度，认真拥护党的十一届三中全会以来的路线方针政策，拥护并积极投身于改革开放和社会主义现代化建设事业，他不仅是一个思想进步、爱党爱国、工作勤奋、学习刻苦、积极进取的优秀青年科技工作者，同时也是一个热心社会活动的上进青年，身兼台盟副主委、大连市政协委员、大连市人大常委等社会职务。他能够通过积极参加各种社会活动，在为大连市地方经济建设和社会发展作贡献的同时，不断提高和充实自己。

作为一名年轻的科技工作者，黄为同志十分重视综合素质的提高，他利用业余时间学习计算机技术并很快掌握了各种网络技术，在大连化物所组织的全所计算机竞赛中，黄为同志曾获得个人比赛第一名的好成绩。计算机网络技术的掌握，不仅对黄为同志的专业技能提高和尽快获取国际研究前沿信息提供了较大的帮助，同时，也为课题组科研项目研究与国际信息接轨构建了良好的网络技术平台。为了进一步充实自己的科学文化知识，不断提高科研工作能力和水平，1997年9月，黄为同志在不影响本职工作的情况下，考取了大连化物所在职硕士研究生，后由于学习成绩优秀，被批准直接转入攻读博士学位。在学习和工作中，黄为同志妥善处理了科研工作和学业之间的关系，扎扎实实地学习基本功，兢兢业业地做好科研。为了弥补由于工作出差而影响的课程，或由于上课而影响的科研工作，他不仅经常工作学习到深夜，而且连节假日也很少休息。当时由于论文研究工作，经历了从生产实践型转为基础理论研究型的变化过程，再加上孩子的出生，这一切都给黄为同志带来了许多具体实际困难，但黄为同志毫不退缩，以顽强的毅力和努力拼搏的精神，克服困难，坚持做到了工作、学习"两不误"，并于2004年获得博士学位。在日常生活和工作中，黄为同志为人正直、谦和，乐于助人，团结同志，尊敬师长，关心集体，积极参与化物所工会和研究室组织的各项集体活动，表现出较强的团队精神和献身精神。

1998年参加高效低毒农药溴氰菊酯研究，独立承担其中重要中间体二溴菊酸的合成工作，在实验室中获得成功，申请了国家专利，并于2003年获得了国家专利授权（专利号CN 1417191A），参与了生产设备和生产工艺的设计研制工作，于2001年3月开始顺利投产，取得了较好的经济效益。在此基础上，又承担了二溴菊酸生产原料回收再利用的研究工作，该项研究可使主要原料的利用率由原来的60%提高到90%以上，此技术已于2001年8月投入使用，大大提高了该产品的经济效益。2005年负责完成了香料中间体——手性环氧丙烷的实验室合成研究，并在工厂成功放大生产。在工厂生产期间，放弃了周末、元旦的休假，连续在工厂工作，经常工作到凌晨两、三点钟，顶住了巨大压力，独立克服了催化剂生产工艺不完善等困难，按期完成了生产任务。主要贡献是制定了工艺流程，完善了催化剂生产工艺，提高了生产效率和产品质量。目前产品已销往国外，为生产单位取得了经济效益。2005年初，负责完成了氯丙二醇的合成研究，利用简单的工艺完成了样品合成。2005年底完成了1，2-环十二碳二醇的合成研究，提供给美国公司样品10公斤，获得对方好评。2006年到2007年进行了涂料中间体CER-4221的合成研究，采用了先进、独特、安全的合成方法，解决了以往生产方式存在的爆炸危险因素，目前，此项工作完成了实验室的小试工作，中试已在进行当中，先期产品已经销往国外。

黄为同志以其勤奋、严谨的工作作风和求实、创新的科学精神，不断积极进取，在近10年来的科研工作中，先后负责或参加完成了十多项科研项目的研究工作，先后发表学术论文5篇，申请专利1项，并取得了多项研究成果，为我国科学事业的发展做出了贡献。

黄启章

黄启章，男，汉族，1922年1月出生，台湾省彰化县人，台盟盟员，中共党员。

黄启章同志于1937年4月从台湾淡水中学转到大连旅顺求学。当时的旅顺正在日寇铁蹄的蹂躏之下，15岁的他暗暗发誓，一定要学好医术，为中国人民争气，为中华民族争光。经过几年的精心学习和刻苦钻研，他于1944年从旅顺医学专门学校毕业，任该校附属医院医师、外科助教，并在旅顺医学界崭露头角。大连解放后，1945年10月，他圆满地完成了党组织交给他的创办旅顺市立医院的任务，任旅顺市立医院副院长兼外科主任。1947年8月，任中长铁路大连总医院医师。1947年12月，任辽南军区安东后方医院大连医疗队小队长，1948年7月任辽南军区熊岳后方医院医疗队长。1950～1954年抗美援朝期间任旅大医管处第四、第十一战勤医院副院长、院长。1954年11月任沈阳铁路局大连医院副院长兼外科主任，1984年任该院第一院长兼党委副书记，1986年9月任该院名誉院长。他从事外科临床四十余年，医学知识渊博，精通外科理论，对普通外科、胸外科、战伤外科造诣很深；对骨科、泌尿外科、急腹症的诊断与治疗，也有丰富的临床经验。他曾开展过脾肾静脉分流术、纵膈肿瘤摘除术、二尖瓣分离术、动脉导管未闭结扎术、心包剥脱术等研究和临床工作。他治学态度严谨，善于总结临床经验，先后撰写学术论文30多篇，有的发表在《中华外科》等医学杂志上，有的曾在中日肿瘤学术会议上交流。他曾担任中华医学会辽宁省分会常务理事、大连分会副会长，中华医学会外科学会委员。

黄启章同志在长期担任沈阳铁路局大连医院领导期间，以率先垂范、一丝不苟的工作作风而备受医护人员的尊敬。他坚持"三基、三严"（即掌握基本理论、基本知识、基本技能，要有严格的管理、严肃的态度、严密的工作作风）的要求，强调树立全心全意为病人服务的医德医风，倡导并坚持临床病理讲座会制度，着力提高医院的医疗护理质量和管理水平，对沈阳铁路局大连医院的建设与发展，做出了重要贡献。

1949年9月加入台湾民主自治同盟，是我市台盟早期成员。他政治上要求进步，热爱社会主义，于1979年2月加入中国共产党。从1952年开始，相继担任台湾民主自治同盟第二、第三届总部（后改为中央委员会）理事，第四、第五届台湾民主自治同盟中央委员会常委，辽宁省台湾同胞联谊会第一至第四届会长，第五届名誉会长，台湾民主自治同盟大连市委员会第三至第十届副主委，第十一至第十四届主委，第十五届名誉主委。他在长期担任台盟、台联领导职务期间，坚决拥护中国共产党的领导，认真贯彻"长期共存，互相监督，肝胆相照，荣辱与共"的方针，为台盟和台联的建设与发展呕心沥血，尽职尽责，做出了重要贡献。他十分关心大连台胞的生活和工作，经常深入到台胞中，了解情况，倾听呼声，在台胞中享有很高的威望。

黄启章同志还相继担任政协全国委员会第五、第六届委员，第七、第八届常委，政协辽宁省第一至第四届委员、常委，政协大连市委员会第六至第八届副主席。他热爱政协工作，积极参加对国家和地方大政方针的讨论协商，带头参政议政，热忱团结各界人士，注意反映台胞心声，还针对医疗卫生、铁路建设以及对台工作等问题，提出了许多有价值的意见、建议和提案，为巩固和发展爱国统一战线，坚持和完善中国共产党领导的多党合作和政治协商制度，发挥了重要的作用。

黄启章同志时刻关心祖国的统一，关心海峡两岸形势的发展，坚决拥护"和平统一、一国两制"的方针，反对分裂，反对"台独"，反对制造"两个中国"和"一中一台"的图谋。近年来，他多次利用回故乡台湾探亲和进行学术交流的机会，积极宣传大陆改革开放的形势和我党的对台方针政策；热情接待来大连访问和投资办企业的台湾同胞，为促进海峡两岸的交流交往和经贸合作，为和平统一大业，做了大量的工作，深受台胞的拥戴。

黄启章同志在半个多世纪的革命生涯中，努力学习马列主义、毛泽东思想和邓小平建设有中国特色社会主义理论，立场坚定，是非分明；在"文革"期间遭受迫害，虽然身处逆境，但始终坚信共产党的领导，坚信社会主义；他顾全大局，坚持原则，襟怀坦白，光明磊落；他治学严谨，工作勤奋，深入实际，作风扎实；他谦虚谨慎，平易近人，克己奉公，清正廉洁。他的一生是革命的一生，是全心全意为人民服务的一生，也是为祖国统一大业奋斗的一生。

黄垂柳

黄垂柳，男，汉族 1921年10月10日出生，台湾省彰化县人，台盟盟员。

1944年10月毕业于日本长崎医科大学医专部，毕业后在"南满洲保养院"任医师。1946年任大连干部疗养院内科医师、医务科副科长。1952年任旅大市结核防治院医务科长、副院长，1979年任旅大市结核防治所所长。曾任中华全国台湾同胞联谊会理事，辽宁省台联副会长，台盟大连市第五届、第七届候补委员，第六届、第八届、第十一届委员，辽宁省人大第五、六、七届代表、常委，政协辽宁省第三届委员，政协大连市第五届至第七届常务委员、第八届委员，大连市第一届、第二届台湾同胞联谊会会长，中国防痨协会理事和辽宁省及大连市防痨协会副理事长。1981～1982年获大连市劳动模范称号。

黄垂柳同志从医40余年，是大连市著名的结核病防治专家，著有《电焊工尘肺对人体的危害》、《颈部淋巴腺结核》、《清宫医话》等文章，翻译《伤寒论》并在日本出版。曾制定全市性防痨规划与措施，开展不住院全面监督化疗，研究新的结核菌素试验等工作，取得了突出成绩，为控制与降低全市结核病的发病率做出了积极贡献。

1985年旅居日本，1999年7月12日因病在日本逝世，终年78岁。

黄 畎

黄畎，女，1934年7月出生，上海市人，中共党员，农工党党员。

现任大连医科大学附属第二医院教授，享受国务院特殊津贴专家。曾先后担任第八、九届全国人民代表大会代表，大连市政协副主席、大连市人大常委，农工民主党辽宁省委主委、农工民主党大连市委主委等职务。

黄畎出身于高级知识分子家庭，自幼受着"温良恭俭让"的教育，1956年于大连医学院医疗系本科毕业并留校工作。黄畎在自己的青春年华之际适逢父亲蒙受不白之冤，之后又遭遇了"文革"，其间，她又随大连医学院迁移贵州遵义。从大连医学院毕业留校工作，黄畎做皮肤科医生已经五十余年了。在长期的临床工作中，她对皮肤病学进行刻苦钻研，尽力为病人解除病痛。为了攻克皮肤学会领域的各种疑难顽症，她把中医中药和实验病理研究结合起来，潜心研究。1982年，黄畎在贵州工作十四年之后又随学校回迁大连，参加了大连医学院复建后的科研、教学和医疗工作。随着祖国科学春天的到来，黄畎在她孜孜不倦地追求了20个春秋之后迎来了她人生的第二个春天，也迎来了她人生最初的辉煌。自20世纪80年代中期起，她的"银屑病动物模型的研究和应用"、"MSHA绿脓杆菌菌苗治疗银屑病的研究"、"清热活血中药治疗寻常性痤疮的研究"等一系列科研成果获得国家教委和辽宁省科技进步奖。这些科研成果的运用和投产，给无数位皮肤病患者带来了福音，为国家创造了可观的经济效益。身为大连医科大学附属二院皮肤科主任的黄畎，其医德医术众口皆碑。对待患者，她总是和风细雨，精心治疗，让患者增添了几分信赖感和安全感；对待自己的研究生，她是一位严师慈母，从政治上、业务上关心他们成长。黄畎的言传身教深深地影响和感动了她的研究生们，从而使他们审视自己的人生方位，选择正确的生活道路。

50多年的辛勤耕耘，黄畎在皮肤学领域里取得了累累硕果。她撰写论文和译文70余篇，编写著作2部，培养研究生多名，获国家教委、省、市科技进步奖8项。前后多次到日本、美国等国家进行学术交流，2001年和2002年担任中华医学会全国皮肤科学会专业学术会议的组委会主任和大会第一副主席。她曾连续多年荣获大连市"三八"红旗手、市先进科技工作者、先进教育工作者称号。1994年，被评为全国卫生系统先进工作者。她还先后获得大连市劳动模范以及辽宁省统一战线为经济建设服务先进个人等多项荣誉称号。

1986年，黄畎在著名社会活动家、医学教育家、医学科学家、原农工党中央咨监委主席、大连医科大学首任校长沈其震同志的介绍下，参加了农工民主党。从此，她以更饱满的政治热情投入到参政议政领域和科研教学工作中去。从1992年担任农工党大连市委副主委开始，她对农工党事业的发展倾注了极大的心血。1993年底，原农工党中央副主席、农工党大连市委主委、大连海事大学杨烈宇教授突发心脏病去世，刚走上农工党大连市委领导岗位不久的黄畋毅然决然地接过了这副重担。1996年，身兼多职的黄畋又以更大的热情担起了农工党辽宁省委主委的重任。省城沈阳和滨城大连，沈大高速公路近400公里，每年黄畋至少奔波近12次，指导农工党辽宁省委的全面工作。这种"额外"负担，对于一个身体正常的人来讲都有些吃不消，而对于一个年届六旬，身体又有多种疾病的学者来讲，是一种无怨无悔的事业坚守和无私无我的心血奉献。

作为全国人大代表，大连市政协副主席、大连市人大常委，农工党中央委员、农工党辽宁省委主委、农工党大连市委主委，大连国际文化促进会会长，黄畋的社会职务和社会活动接踵而来，但她总是躬身不辍，勤勉认真，为国家和我市的经济发展和社会发展提出了许多真知灼见。在近20年的社会活动中，黄畋一直处于非常繁忙和紧张的生活节奏之中。随着阅历的丰富，黄畋的全局观念和宏观视角在她一系列的真知灼见中显露无遗。1994年，她在全国人大提出《建议制定医师法》，得到了全国人大的高度重视，为后来《医师法》的制定打下了良好的基础；在担任全国人大代表后，每年的全国人大会议，黄畋都会为烟大铁路轮渡的早日建设奔走呼吁；2001年，担任大连市政协副主席的黄畋代表农工党大连市委提出的《关于加快建设我市北方人才高地的建议》提案，被评为大连市政协2001年度一号提案。

黄 罡

黄罡，男，汉族，1924年9月3日出生，辽宁省凤城满族自治县人，民革党员。

黄罡同志1948年7月于沈阳市第二高中毕业，考入中央陆军军官学校(黄埔军校)二十三期一总队炮兵科学习，于1949年11月毕业，同年12月25日于四川郫县参加黄埔军校起义。1950年1月进西南军政大学学习接受革命教育，同年11月转业到沈阳。1951年2月考入东北师范大学地理系，1953年8月毕业分配到大连商贸学校(后改为辽宁商学院与东北财经学院合并为辽宁财经学院)。1959年8月至1961年8月到中国人民大学(原)计划系生产力布局研究班学习两年，又回到辽宁财经学院(现东北财经大学)从事教学工作，被聘为教授。现任大连市黄埔军校同学会会长，省黄埔军校同学会理事。曾任民革大连市委第四届副主委，大连市海外联谊会理事，辽宁省政协五、六、七届委员，省民革委员，中国地理学会理事、全国经济地理教研会理事、港澳经济研究会理事。

黄罡同志在50多年执教生涯中，忠诚党的教育事业，热爱教师工作，抱着终生愿为祖国教育贡献力量的信念，默默无闻地为祖国培养社会主义建设事业需要的人才。在教师平凡岗位上辛勤劳动，教书育人，努力奉献才智。虽经"文化大革命"的冲击度过一段艰难的岁月，粉碎"四人帮"后，精神振奋，加倍努力工作。改革开放后，创建并开设了《经济特区与特区经济》专业课。结合教学和科研实践的要求"著书立说"，编著教材和撰写论文。1983年主编了外经贸部组织的《国际贸易地理》统编教材，作为全国各高校外经外贸专业通用教材，并荣获外经贸部优秀教材二等奖。1987年与中南财经大学合编《中国经济布局概论》，作为计划统计、区域经济等专业教材。1988年参与主编由财经出版社编写组与中国人民大学等校组编《中国商业地理学》。1989年主编的《世界经济特区概论》，作为经济特区与特区经济研究生班专用教材。1990年由全国经济地理教研会与广东省人民教育出版社共同组编《世界城市大全》，黄罡承编了"世界各类型经济特区城市"部分。

黄罡同志始终坚持和拥护中国共产党领导的多党合作和政治协商制度，认真贯彻执行党的"长期共存、互相监督、肝胆相照、荣辱与共"的方针。认真履行职责，积极参政议政，建言献策。结合辽宁和大连改革开放的实际，10多年来共写提案30多份。1993年省政协六届五次会议提出的《实施"大经贸"战略，加快辽宁外向型经济发展的主要措施》，1994年省政协七届一次会议提出的《发挥大连和辽东半岛地理区位优势，加强联合，携手共建，促进环渤海地区经济的起飞》，1996年省政协七届三次会议提出的《对以大连为"龙头"正确处理沿海(龙头)与腹地(龙身)的关系，加快辽宁区域经济协调发展的建议》等被评为优秀提案。

由黄罡同志撰写的论文、报告在国家省市和学院专刊公开发表30多篇，《环渤海经济圈初探》发表在《经济地理》国家级专刊1987年1期7卷，《中俄边境贸易大有可为》发表于《经济地理》专刊1989年4期9卷，《发挥沿海地区的优势，加快大连港口和出口基地的建设》编入《天津社会科学》期刊沿海经济研讨会专题文集中，《对大连辟建自由贸易港区的探讨》编入东北财经大学校刊《财经问题研究》1990年第1期，《加强联合，携手共建，促进环渤海地区经济起飞》编入东北财经大学校刊《财经问题研究》1995年第2期。

黄罡同志担任大连市黄埔军校同学会会长以来，组织黄埔同学认真学习贯彻邓小平同志提出的"和平统一、一国两制"方针，江泽民主席提出的发展两岸关系推进祖国和平统一进程的八项主张，胡锦涛主席提出的对台工作"六项主张"等，为祖国统一献计出力。积极推进大连黄埔军校同学会与台湾和海外黄埔军校同学及其后代的交往联系。10多年来与台海联系书信往来千件以上。成立了黄埔二代亲友联谊会。与台湾及海外黄埔同学及其家属、二代直接联系和往来。如与"台湾黄埔四海同心会"、"黄埔协会"（以海陆空退役将军为主），建立了互访关系，多次邀请来大陆参访。

2007年6月，84岁高龄的黄罡同志率大连市黄埔军校同学会访问团赴港台参访，受到"黄埔四海同心会"、"黄埔协会"、"黄埔二十二期联谊会"以及"香港黄埔同学会"的热情接待，增进了反独促统共识。

黄淑卿

黄淑卿，女，汉族，1932年3月出生，辽宁大连人，无党派人士。

黄淑卿自小家境贫寒，十几岁就能料理家务，下地耕耘，练就了一手好农活，深受乡亲们喜爱和夸奖。新中国成立后，黄淑卿从农村进入城市。她学过徒，做过保姆，当过工人，在海鲜馆里当过服务员。退休后，赶上改革开放的大潮，在党的大力支持发展非公有制经济方针政策鼓舞下，黄淑卿响应党的号召，带头致富。1980年，黄淑卿用130元钱起家，在天津街卖焖子，她做的焖子大受欢迎。两年后，黄淑卿开了大连市第一家私营饺子馆——增盛饺子馆，饺子馆生意一天比一天红火。1987年，黄淑卿开办了双盛园饭店。黄淑卿顺乎顾客的需求，以咸鱼饼子为招牌菜，以家常便饭为特色，独具风味，质量可靠，服务和管理水平堪称一流，饭店赢得了广大顾客的好评，成为大连饮食业中的名店，生意也日益兴旺。1993年，双盛园饭店发展成为拥有12家分店并具有自己特色的餐饮有限公司。2002年，历经了二十多年的艰苦创业后，70岁的黄淑卿老人成为拥有亿万资产的双盛园餐饮有限公司董事长。如今，"双盛园"已在全国有18家分店，成了远近闻名的餐饮行业品牌。

黄淑卿心地善良，乐善好施。她经常说：要不是赶上改革开放的好年代，要不是有国家支持非公有制经济发展的好政策，也就不会有我今天的好日子。我要尽我的力量回报社会，奉献爱心，这是我应尽的责任，我也会教育我的子女继续做下去。

在她看来，一个人发了财，有了钱，并不等于高贵，她认为最珍贵的是富而有德，无私奉献，回报社会。她常告诫子女们要"富而思源"，"不能忘党恩国恩"，"不能忘父老乡亲"，要回报社会。不论是孤寡老人，还是流浪儿童，她都会尽力帮上一把。黄淑卿年纪大了，有时候不能亲自去看望她帮助的那些命苦的人，就会让店里的经理替她去。对待自己收留的18名孤儿，她和老伴就像对待自己的亲生子女一般。有个孩子曾经一直沉迷于网吧，一个月都没回过家。黄淑卿与丈夫金振良把中山区的网吧挨个都寻了个遍，才终于找到了他并带回家。二十多年来，她和家人一起为扶贫帮困、支教助学、收养孤儿、赈济灾民等，累计捐资800多万元。她的真诚善举和慷慨大度情怀，博得了社会各界的高度赞扬和受助者的无限感激。

由于黄淑卿劳动致富业绩显著，回报社会贡献突出，受到大连市、辽宁省及国家有关方面多次表彰，三次获得大连市劳动模范、辽宁省"三八红旗手"、辽宁省民营企业"十大女杰"称号、省委统战部授予的"光彩事业突出贡献奖"、民政部授予的"爱心捐助奖"及"敬老好儿女金榜奖"、"老有所为标兵"和"十大新闻人物"等多项荣誉称号。中央电视台、辽宁电视台、大连电视台、现代女性等诸多新闻媒体多次播发和报道她的事迹。影视部门曾以黄淑卿其人其事为背景，创作编导了电视剧。

傅守志

傅守志，男，1934年5月4日出生在山东平度，民革党员。

童年时代跟着父母闯关东，辗转来到了大连。在党的关怀下，从一个穷孩子成长为一名高级知识分子。1951年毕业于东北森林工业专科学校（现东北林大）。1954年考入黑龙江大学，1959年毕业后分配到大连交通大学任教，曾任第二教研室主任、高级讲师、研究生导师、副教授、首任辽宁省建材工业协会常务理事、全国表面工程学会委员、大连卡特林特种合金研究所所长、辽宁省经济学会研究员、世界生产率科联中国分会研究员、中国生产力学会常务理事、中国钢铁协会杂志编辑、中国管理科学研究院研究员等职。

他在大连交通大学教书育人35年，学生遍布祖国各地，他们中间有教授、高工、院长、党委书记、驻德科技参赞、奥地利大使助理、WTO谈判代表等，这些优秀人才是国家的栋梁。

傅守志作为优秀的民革党员，组建了交大民革支部，并担任交通大学民革主任委员，大连市孙中山研究会会长，他花了5年时间组织、编撰了《孙中山研究论文集》并得到了出版，屡屡受到组织的表扬，多次被评为民革优秀党员，他的成长渗透着党和人民的心血，在担任大连交通大学民革主任委员期间撰写的论文《如何在高等学校培养创新型人才》受到老领导的赞扬，并多次被评为大连市和学校的教学、科研先进工作者。

1994年他从教育战线光荣退休，又把退休当作了第二次创业的起点。在市科委的支持下，创办了高科技企业——大连卡特林特种合金研究所，团结了十多位教授、专家，根据国家发展的急需，专攻金属表面工程，解决高温下金属防磨、防腐的大型工程设备的技术难题。他克服了缺资金、少设备、没厂房的重重困难，经过几年奋斗，终于办成了具有自主知识产权、有三套大型设备（其中有德国设备）、有自己的厂房和办公室、远近闻名的研究所。当时我国引进国外的流化床锅炉，热效率高，但其缺点是磨损严重，经常爆管、漏管，不得不停产维修，给电力生产带来了严重的损失，他把厂家的困难当成自己的困难，把国家的需要当成自己义不容辞的责任，日以继夜地攻克难关。为了验证一项科学数据，七十多岁高龄的傅教授登上了37米软梯，大家都劝他不要这么拼命，万一摔下来，就会粉身碎骨，他却跟身边的人说："搞科研光有好技术、好思想还不够，在关键时刻，要像诺贝尔实验炸药、富兰克林研究雷电那样，我们也应当有为科学而献身的精神，才能攀登科学高峰"。他说服了大家，终于一步步登上了软梯，到达炉顶，亲临现场，取得了可靠数据，获取了"真经"。经过不懈的努力，傅教授带领的团队终于为厂家解决了生产难题，并获得了发明专利权，该项发明专利的实施，很快转化为生产力，为国家创造了亿万财富。如辽宁鞍轮热电厂，有五台CFB高压锅炉，推广使用了傅教授的发明专利后，经锅炉专家的计算，每年可增加利润1100万元。傅教授所在的研究所已为全国各大热电厂服务了数百台锅炉，为国家创造的总利润已达数十亿元之多，有力地证明了科学技术是第一生产力的论断。近二十年来，研究所通过人才战略、科技创新战略、市场开发战略、企业管理战略，登上了四个科技创新台阶，实现了企业的跨越式发展，他们的科研成果在第十六届国际热喷涂学术会议上受到了世界热喷涂协会主席加拿大科学院院士Allen Reed教授的高举度赞扬："傅教授的发明专利，对热喷涂扩大了应用领域，开拓了新的思路，这是难能可贵的"。傅守志的人生哲理是：世上没有救世主，全靠自己救自己。做人做事要遵循三项原则：一靠科技创新，二靠实事求是，三靠跟着共产党走，有了这三项原则就能无往而不胜。

十余年来，先后荣获省部、市级项奖十余个。2009年1月15日，他在北京人民大会堂被授予中国改革优秀人物奖，同年3月31日获大连市科学技术发明奖、6月获中国管理科学研究院颁发的优秀论文一等奖，今年他还当选为中国生产力学会常务理事，并授予企业管理杰出贡献奖，当选中国管理科学研究院派赴美国企业家科学管理大学博士学位培训班的首批学员代表，得到了国家、地方十余家新闻媒体的大篇幅报道。

回顾走过的路，他庆幸自己的选择，在人生退休的转折点，不徘徊，不放弃，继续战斗，没有虚度年华，与祖国风雨同舟、一起成长，伴随着祖国改革开放的步伐。在科学发展观的指引下，还要继续实现他的两大梦想：第一个是和北京航空航天大学合作实现机器人的遥控喷涂；二是继续研究节能环保锅炉，实现无害排放、化害为益，让祖国的水更清，山更绿，天更蓝。

程耿东

程耿东，男，1941年9月出生，江苏苏州人，中共党员，大连理工大学工程力学系教授，著名力学专家，中国科学院院士。

程耿东曾任大连理工大学副校长、校长，第九、十届全国人大代表，国际结构和多学科优化协会副主席，现任国际理论和应用力学协会大会委员会委员、国际结构和多学科优化协会执委会委员，中国力学学会副理事长，辽宁省科协副主席，国家重点基础研究发展计划(973计划)第三、第四届顾问组顾问。担任我国"力学学报"，"Mechanica Sinica China"，"大连理工大学学报"主编，国际杂志《Structural and Multidisciplinary Optimization》，《Computers & Structures》，《Engineering Optimization》，国内杂志《计算力学学报》，《固体力学》，《计算结构力学》、《机械强度》等编委。

程耿东1958～1964年在北京大学数理力学系固体力学专业本科学习，1964～1968年在大连工学院数理力学系研究生学习，曾在黑龙江省3185农场和沈阳八十八中学工作，1973年至今在大连理工大学(原大连工学院)历任讲师、副教授、教授，其间1979年1月至1980年12月在丹麦技术大学固体力学系获博士学位。曾于1996年在国际理论和应用力学第十六次大会上作45分钟报告。1999及2000年分别获丹麦阿尔堡大学及比利时列日大学的名誉博士学位。

在1978年全国科学大会结束后不久，党中央就决定要通过考试的方式选拔人才，向西方发达国家派出一大批访问学者。由于在那段十分艰难的工作岁月里，程耿东院士一直没有放弃学习，因而顺利地通过了考试，1978年到丹麦开始访问学习并攻读博士学位。他拿出了"头悬梁，锥刺股"，废寝忘食，刻苦攻关的劲头。刚刚开始学习了两个月，因为每天读书学习时间太长，得了眼疾，但他没有放弃，坚持学习和工作，使得外国同事都非常感动。1979年的10月，他通过了博士学位论文的答辩，在不到两年的时间里得到了博士学位，成为改革开放后第一位取得国外大学博士学位的留学生。这一成绩引起了当时丹麦和我国媒体的关注。

程耿东长期以来主要从事工程力学、计算力学和结构优化设计的现代理论和计算方法研究。20世纪70年代他在钟万勰院士指导下将结构分析的群论方法成功地应用于水塔支架分析，利用只有8K内存的计算机完成了一批标准设计。与其他教师开发了用于研究汽轮机基础强迫振动的计算机程序，为很多设计院所采用。参与研制了可以处理多设计变量、多工况、多约束的结构优化程序DDDU并深入讨论了各种优化方法的关系。他对实心弹性薄板的研究表明，为了得到全局最优解，必须扩大设计空间。这项研究工作被认为是近代布局优化的先驱。他提出并实现了结构响应灵敏度分析的半解析法，和丹麦学者共同研究了误差分析和提高精度的方法。该方法可以在已有的有限元程序中方便地实现灵敏度分析，被很多通用结构优化程序采用。他指出结构拓扑优化中奇异最优解的本质是约束函数不连续，并给出了可行区的正确形状，在此基础上给出求解奇异最优解的拓扑优化问题的ε——放松算法，这一研究被认为是"具有里程碑意义的贡献"。他还培养了一批高水平人才，还带出了一支优秀的学术团队。

程耿东在科学研究方面取得了丰硕成果，著有学术论文230余篇、著作5部、译著3部，1985年获得国家科技进步三等奖，1991年被国务院表彰，享受政府特殊津贴，1991年和2006年两次获得国家自然科学二等奖，还曾获得国家教委科技进步一、二等奖、何梁何利基金科学与技术进步奖、光华科技基金二等奖、高等教育国家级教学成果一等奖等多项奖励。1992年被国家人事局批准为国家级有突出贡献中青年专家。2007年荣获大连五一特等奖章，1995年11月当选为中国科学院院士。

程耿东1985年9月至1995年11月担任大连理工大学（原大连工学院）副校长，1994年9月至1997年9月，担任工业装备结构分析国家重点实验室主任，1995年11月至2006年4月担任大连理工大学校长，在1998年、2003年当选全国第九届、第十届人大代表。他积极参政议政，撰写议案，为国民经济的发展、特别是高等教育的改革提出了很多重要的见解。他长期在学校学习工作，对学校充满了感情，多年来为学校的改革与发展辛勤耕耘、无私奉献，把自己的全部心血倾注在大连理工大学这片热土上。他认真贯彻执行党的教育方针和科教兴国人才强国战略，坚持社会主义办学方向，为学校健康稳步快速的发展打下了坚实的基础。他待人诚恳，与人为善，担任校长期间，在学校党委领导下，本着对学校事业发展高度负责的精神，与班子成员一道，紧紧依靠全校师生员工，抢抓机遇，求实创新，科学制定学校发展规划，努力汇聚优秀人才队伍，进一步凝练学科方向，构筑学科基地，学校各项事业发展取得了突飞猛进的成就。这些成绩的取得来之不易，凝聚了全校师生员工和学校党政领导班子团结拼搏的心血和汗水，也是与他兢兢业业、不辞劳苦、辛勤努力的工作分不开的。他的突出业绩赢得了各级领导及师生的充分肯定和好评。厚重的积淀为大工未来蓬勃发展、不断开拓，为实现学校国际知名的高水平大学奋斗目标奠定了坚实的基础。

董　闯

董闯，男，汉族，1963年6月出生，浙江省宁波市人，九三学社社员。

现任九三学社市委副主委、市政协常委。大连理工大学材料工程学院教授，三束材料改性国家重点实验室主任，长江学者特聘教授。

1984年毕业于大连理工大学机械系，1984～1988年继续攻读硕士和博士学位。1988～1993年在法国南锡矿业学院攻读材料科学专业博士和从事博士后工作。1994年4月开始在大连理工大学任教授，主要从事合金材料的研究，包括结构、合金化、相图、性能及应用等方面，在长期研究准晶材料的基础上，发展出国际上独创的成分设计思路和基础理论，即基于团簇的材料设计方法，从原子团簇的角度上对多组元合金的成分与结构进行了分析，提出了成分判据和结构模型，据此揭示了准晶非晶、储氢合金等成分规律，目前正在延伸到白铜、不锈钢、低弹合金、焊料等工程合金的设计，并与载能束制备技术相结合，开展了熔覆合金的研究。

著有《准晶材料》（1998，国防工业出版社）和"Application of cluster line approach in composition design of bulk metallic glass"（The World of Bulk Metallic Glasses and their Composites，2007，Research Signpost），发表论文300余篇，SCI引用千余次，单篇最高为94次。申请专利10余项。在国外做过20多场学术报告，20余次国际会议邀请报告，组织过多次区域性国际会议和国内会议，在十几个国际会议中担任组委会或学委会成员。与法国洛林国立理工大学、美国Ames国家实验室、香港城市大学、印度科学学院、日本山口大学等开展国际合作研究。

1998年，董闯教授担任国家重点实验室主任，团队规模从原来的准晶组扩展到实验室，研究方向也扩展到载能束材料改性和合成，这是材料学科中发展最为迅速的国际前沿领域之一，这些高科技手段可为先进装备制造业提供先进的材料和技术储备，对探索和开发新材料，改进传统工业装备和工艺，发展高新技术产业，尤其对振兴东北老工业基地具有重要的现实意义。他所领导的研究团队承担了多项973、863、国家自然科学基金以及国际合作项目，把目标锁定在建设本领域国际一流的科学研究中心、技术发展中心、信息服务中心和人才培养基地上。

董闯教授现担任中国材料研究学会、真空学会、电子显微学学会、金属学会、材料科学学会、机械工程学会热处理分会等专业学会的理事，中国材料研究学会金属间化合物及非晶合金分会副理事长，国家自然科学基金委第十届工程与材料科学部金属材料II学科评审组成员；国务院学科评议组成员；辽宁省人民政府学位委员会第三届学科评议组成员；任表面物理与化学国家重点实验室、液体及其遗传性教育部重点实验室、亚稳材料国家重点实验室成员，及中国科学院国际材料物理中心学术委员会委员；任

《金属学报》、《大连理工大学学报》、《功能材料》编委。

董闯教授1995年3月加入九三学社，任九三学社大连市第九、十届委员会副主任委员、辽宁省第五届委员会委员。政协大连市第八届委员会委员，政协大连市第九、十届委员会常委。他始终坚持中国共产党领导的多党合作和政治协商制度，认真贯彻党的"长期共存，互相监督，肝胆相照，荣辱与共"的方针，在担任大连市政协委员、政协常委期间，认真履行职责，积极参政议政，每次开全会之前，都深入基层，广泛调查研究，提出《以发展太阳能产业推进绿色低碳经济的跨越发展》等提案，并得到市委、市政府有关部门的重视和采纳。

董闯教授热爱党、热爱祖国，1994年在法国完成博士后研究工作后，谢绝外国公司高薪聘请，以积极的热情投身于我国的改革开放事业中，在合金材料研究方面做出了出色贡献。多次荣获国家级奖励和荣誉称号，1992年获国家教委科技进步一等奖；1995年国家教委优秀年轻教师基金等重要资助；1996年获第二届国家杰出青年自然科学基金，中国青年科技奖，国家百千万人才工程95-96年度第一、二层人选，辽宁省青年科技拔尖人才，大连市优秀专家；1997年获国务院颁发的政府特殊津贴；1998年获中国青年科技奖；1999年获辽宁省、大连市十大杰出青年；2002被评为辽宁省青年学科带头人；2003年当选为辽宁省高校学科拔尖人才；2006年10月获得NSAF联合基金优秀奖(中物院-基金委)；2005年获国家教育部长江学者称号。

蒋永维

蒋永维（曾用名蒋宇屏、蒋雨萍），男，汉族，1917年2月27日生于江苏省江阴县后塍镇（现归张家港市），1952年2月加入中国民主同盟，1956年5月加入中国民主促进会，1993年2月加入中国共产党，2010年7月16日逝世，享年93岁。

蒋永维是民进大连地方组织的创始人和领导者，是我市教育界德高望重的教育家。从1956年大连民进成立之日开始，连续八届（第一至第八届）担任民进大连市委主任委员，同时兼任民进辽宁省委第一至第六届副主委，民进中央第七届、第八届常务委员和第五至第七届委员，辽宁省第三届、第五届人大代表，辽宁省第五至第七届政协常委，大连市第一至第六届人大代表，大连市第一至第四届政协常委，大连市第五至第八届政协副主席。

蒋永维童年时期家境清贫，主要靠父亲行医收入维持家计。在他读初中期间，日本帝国主义侵占我国东北，蒋永维以强烈的爱国热情参加抵制日货等各项运动。在江苏无锡师范学习期间，积极参加无锡市"一二•九"学生爱国运动。1936年夏，高中师范科毕业后，在后塍小学任校长。1940考入陕西国立西北农学院，读农业水利专业。青年时代的蒋永维追求革命真理，敬仰中国共产党，1942年夏，因组织爱国进步学生运动，以"共党嫌疑"被捕，囚禁于西安集中营两年。1945年抗战胜利后，蒋永维先后任《大中日报》、《天津民生导报》驻南京特派记者，芜湖《皖民日报》总编辑，1948年在无锡弘毅中学和梅村中华中学任校长。1950年来到大连，先后任大连中学副校长，大连五中校长，大连第一中学副校长，1956年任大连市教育局副局长，"文革"期间下放农村劳动。1978年落实政策平反后，任大连市教育局副局长，并兼任大连市政协副主席。1983年1月任市政协专职副主席，直至1993年退休。

蒋永维1952年加入中国民主同盟，是民盟大连市组织的发起人之一。

1956年，根据民进中央三届四次全会关于在新地区建立民进组织的决定，民进东三省负责人车向忱同志来大连，经中共旅大市委的推荐，由车向忱等人介绍，蒋永维又加入了中国民主促进会，并成为民进旅大地区组织的创始人。他德高望重，深受大连市广大知识分子，特别是从事文教工作的同志们的敬仰。在他的领导与影响下，大连市民进组织从无到有，从小到大，至今已成为大连市一支重要的政治力量。

蒋永维作为中国民主促进会大连市委的领导者，团结带领广大会员，积极履行政治协商、参政议政和民主监督职能，他与会员们一道，通过参加各种社会活动和党委、人大、政府、政协召开的各种会议，就大连市的政治经济、城市规划、文教事业的发展，尤其是在提倡科教兴市，倡导尊师重教，提高教师地位与待遇，减轻学生课业负担，改进城乡职业技术教育，建议农科教结合、振兴农业，加强大连市环境保护工作等方面，进行了深入的调查研究，并向省、市党委和政府提出了大量的有价值的意见和建议，为大连市教育事业发展做出了突出的贡献，得到有关部门的肯定，发挥了民进组织在促进社会稳定和经济发展中的积极作用。

蒋永维同志在任大连市政协副主席的十余年中，始终坚持中国共产党的领导，团结我市各民主党派、无党派和各界人士，加强同党和政府的亲密合作，经常围绕党和政府的中心工作及群众关心的难点重大问题，组织政协委员有计划、有针对性地进行视察、考察、咨询、调研、论证活动，他积极学习马列主义、毛泽东思想，认真贯彻执行党和国家的各项方针政策，几十年如一日，尽职尽责，兢兢业业，为国家培养了许多有用人才，是大连市教育界具有代表性的一位党外领导干部。

40多年来，蒋永维同志始终把"与祖国同呼吸共命运，与中国共产党肝胆相照"作为坚定不移的信念和追求，虽然在"文革"中受到迫害，但他凭着对党的一颗赤诚之心，不顾身心创伤和精神折磨，始终教育和引导广大民进会员坚定不移地拥护中国共产党的领导，增强坚定走社会主义道路的信念。因此，前些年当有人借改革开放之机，散布"全盘西化"的谬论，妄图动摇党的领导时，蒋永维同志能坚定地站在党和人民的立场上，代表民进市委要求基层组织和广大会员"要坚定信念，要始终与中共中央保持一致"，并在大连市八个民主党派中第一个站出来，通过新闻媒体发表谈话，为稳定大连市安定团结的局面发挥了民主党派应有的作用，受到省市领导和民进中央领导的赞许。蒋永维一生坚定地追随党，最大的愿望就是加入中国共产党，由于工作的需要，他一直留在党外，孜孜不倦地为党工作。1993年2月，在蒋永维76岁即将退休那年，他一生中的政治追求终于实现了，光荣地加入了中国共产党。这一政治夙愿的实现，对他是一个极大的鼓舞和鞭策，因此，他在回首往事，继续做好统一战线和民主党派工作时，挥笔写下了"愿将寸草心，报党三春晖"，用以自勉。

蒋永维同志的一生，是不断探索真理、追求进步的一生，是在中国共产党领导下，对国家和人民事业忠心耿耿，奋斗不息的一生。他虽然离开了我们，但他深沉的爱国情怀，科学严谨求实的态度，平易近人的工作作风，深深教育和影响着民进会员不断加强自身建设，认真履行参政党职责，高举中国特色社会主义伟大旗帜，为建设富强民主文明和谐的社会主义现代化国家而努力奋斗！

韩 伟

韩伟，男，汉族，1956年2月出生，辽宁省沈阳市人，民建会员，大连韩伟企业集团董事长。

从1982年至今，韩伟把一个50只鸡的家庭养鸡场办成了存栏300万只蛋鸡的企业集团；他游走于畜牧业和海上养殖业两大领域，演绎了亚洲第一和世界之最两个神话，赢得了若干个第一；他创造了农业产业化的奇迹，走出了一个企业家爱国、敬业、诚信、守法、贡献的成功之路。

创业艰难百战多。创业之初，不断地学习养鸡技术，积累防病经验。买下了方圆3000亩、三面环海的五个山头，分别建起了种鸡场、孵化厂、青年鸡场、蛋鸡场等，有效地杜绝了蛋群间的疾病传播。企业要发展，人才是关键。为此，他组建了一支由国家重点农业院校的博士生、硕士生、本科生组成的专门防控技术队伍，成立了防疫中心，对蛋鸡进行终生的监测和防控。从而使企业在一个科学安全的平台上逐步壮大。1992年，韩伟企业集团正式成立，成为国家正式批准成立的第一个私营企业集团。

科学定位求发展。从1997年开始的"过剩经济时代"，使一大批国有鸡场相继转产、破产。面对韩伟集团连续五年的亏损局面，经过深入的思索与考察后，他终于找到在结构过剩趋势下的突围路径——适应安全消费、绿色消费、环保消费等新的市场要求，打造高质量产品。为此，集团调整了发展战略，确立了以市场为导向，以产品质量为核心，以科技为动力，以生态农业为基础，全力打造绿色品牌的发展思路。为此，他从美国引进了抗病能力强的优良鸡种——"海兰"，并加强了科学饲喂，引进了先进的包装生产线，全部实现自动化。目前，韩伟集团饲养规模达300万只，居全国首位，成为农业产业化国家重点龙头企业。

倾注全力创品牌。集团的主打产品"咯咯哒"牌绿色蛋不仅被认定为"中国驰名商标"，而且成为我国率先出口国外的品牌鸡蛋。位居世界500强的日本三井物产株式会社历时3年，对鸡场进行跟踪考察，最终将《日本冷冻食品检查协会检验合格证书》授予韩伟集团，"咯咯哒"鸡蛋从此进入了苛刻的日本市场。同时，还销往新加坡、中国香港等国家和地区。"咯咯哒"鸡蛋还先后被中国绿色食品发展中心认定为绿色食品，荣获"辽宁名牌产品"、"辽宁省著名商标"、"大连市著名商标"、"大连名牌产品"等荣誉称号。2000年7月，韩伟集团成为世界蛋品协会(IEC)国家级会员。2003年，受行业协会委托，大连韩伟集团参与起草制定国家蛋品标准。2008年咯咯哒品牌成为中国蛋品行业第一家央视上榜品牌。

立足创新深加工。为解决大型鸡场的环境污染问题，集团与中科院沈阳应用生态研究所合作开发出以优质鸡粪为原料的"康壮"牌生物有机肥。该产品高效、无毒、无味、无公害，施用方便，能很好地克服连作障碍，增产效果显著。之后，公司又相继开发出"康壮"牌系列肥，出口日本和韩国。

2005年12月，集团建成大连韩伟食品有限公司，全套引进丹麦SANOVO公司蛋粉生产设备，成为亚洲蛋品行业最大的企业。公司年加工规模5000吨，日处理鲜蛋能力150万枚，产品主要销往欧洲、东南亚、韩国、日本等国家与食品加工、医药等行业。蛋品深加工标志着集团的农业产业化走向了成熟。

双轮驱动比翼飞。养鸡业进入高峰期后，韩伟又把目光转向了海上养殖业，创建了世界最大的鲍鱼养殖基地。与大连水产学院和青岛海洋大学的专家解决了鲍鱼三倍体养殖技术问题，该项目被列入国家863计划819课题。每年生产的鲍鱼、海参、海胆等海珍品，深受市场欢迎，并出口到韩国、新加坡、日本、中国香港等国家和地区。在大力发展鲍鱼养殖的同时，集团更注重海珍品深加工。2003年，集团与中科院南海海洋研究所共同研制生产了"海龙涎"海洋保健食品。使集团在保健食品行业又赢得了一席之地。经过十几年的艰苦奋斗，集团的海上养殖业，从当初单一的鲍鱼养殖，发展成为海珍品及海洋保健食品生产的大型水产企业，并打造了"海宝"、"海龙涎"两大知名品牌，拉长了水产养殖的产业链，为集团创造了新的利润增长点。

心系百姓千万家。多年来，韩伟以企业带农户，为当地农民带来了实惠。目前，共有3.7万户农民在韩伟集团的带动下发家致富，集团当之无愧地成为新农村建设的领跑者。另外，韩伟集团致富思源，时刻不忘回报社会、造福人民。为当地捐资200万元兴建了光彩小学，并先后出资修建公路、设立奖学金、帮扶贫困户，成为全国光彩事业的发起人之一，自1994年起至今共向光彩事业及社会公益事业捐助近3300万元。对于企业今后的发展，他说，他要形成一种新的农业合作组织，把技术、管理、品牌和市场与各个农户对接，以这四大要素和农业平台来带动千家万户，构建农业产业的新格局。

韩伟，光荣地当选为全国政协委员、全国工商联常委、辽宁省工商联常委、全国工商联农业产业商会会长、中国畜牧业协会禽业分会会长，并先后荣获中国特色社会主义事业的建设者、中国优秀民营企业家、辽宁省劳动模范、大连市特等劳动模范等20余项荣誉称号，被誉为"新农村建设的领跑者"。

韩德滋

韩德滋，男，汉族，1939年9月24日出生，辽宁省大连市人，无党派人士，曾历任政协辽宁省第六届、第七届委员会常委。

韩德滋，1958年9月至1963年7月就读于大连工学院（现大连理工大学）港口工程专业，学士学位。大学毕业后，被分配到武汉长江流域规划办公室枢纽设计处从事技术工程工作。1983年8月调至大连港务局，历任大连港建港指挥部规划室工程师、总工室主任，大连港港口建设部副部长（副总工程师）、基建工程处副处长、教授研究员级高级工程师。

1963～1983年，韩德滋一直在武汉长江流域规划办公室（现为水利部长江水利委员会）从事通航建筑物规划设计工作。先后参加了国家重点工程丹江口水利枢纽升船机、三峡水利枢纽选坝阶段通航建筑物方案比选、葛洲坝水利枢纽船闸、大型工程万安船闸等工程项目的设计，上述项目分别获得全国科技大会奖、国家科技进步特等奖、水电总局一级优秀设计奖、长江水利委员会科技进步一等奖、优秀设计一等奖。20年间，韩德滋一直坚守在工作的最前沿，通过不间断地设计及现场实践的锻炼，为自己打下了坚实的理论功底并练就了一身过硬的基本功，他工作作风严谨、工作态度端正，对待接手设计的每一项工程都能做到精益求精，独立工作能力提升迅速，能主持和独立承担大中型项目的通航建筑物规划设计工作，成为武汉长江流域规划设计中的骨干力量。

1983年，韩德滋调入大连港务局工作。作为港口建设技术负责人，先后参与和主持了多项国家重点建设项目或大中型项目。1983年8月至1985年9月，根据国家"六五"重点规划项目要求，他主持了大窑湾港区的前期准备工作，并积极参与大窑湾总体布局规划的编写工作；1985年4月至1988年12月，主持参与了国家重点建设项目——大连港和尚岛码头的工程建设和工程管理工作；1990年11月至1993年12月，参与完成了大连港客/车滚装泊位总体工程设计、技术管理及通道设备修改研究等项工作，并使该项目提前两年投产使用，为企业创收2300万元，其中，客/车滚装泊位船与码头连接通道设备获中国船舶工业总公司1994年度科技进步二等奖；1987年12月至1992年12月，根据国家"七五"重点建设规划，他又着手主持大窑湾一期工程前四个泊位的规划设计和技术管理工作，并带领工作团队积极参与平面布置方案的比选，最终为国家节约投资4000万元，其总体工程获中国建筑工程"鲁班奖"（国家优质工程）；在此期间，他还积极主持参与大窑湾一期工程生活污水处理方案的研究，最终实施的生活污水近岸深水排海工程获国家环保局科技进步三等奖；1992年12月至1996年3月，他又主持设计了大窑湾一期工程后六个泊位的技术管理及疏浚物污染与防治对策研究工作，参加了"一期工程后六个泊位疏浚吹填方案"专题报告的编写，其中，吹填造地达100万平方米，价值约3000万元。在大连港工作的16年间，他还先后主持设计了大连港成品油码头、大窑湾散粮泊位配套工程的技术管理等项工作，参加了交通部颁布的"港口总体布局规划编制办法"的编写工作，参与了"大型埋刮板输送机研制"及"深水防波堤建议技术研究"两项国家"九五"重点科技攻关项目，并获得丰厚成果。鉴于多年来在港口建设中工作业绩突出，1997年10月，获得了由大连市政府颁发的"有突出贡献专家特殊津贴"。

作为一名从事港口规划设计与技术管理的专家，韩德滋同志始终情系大连港的建设与发展，兢兢业业、任劳任怨、不辞辛苦地组织科技人员，深入一线、调查研究、开动脑筋、团结协作，不断完善优化设计方案，较好地解决了港口建设中遇到的一些关键性技术问题，为企业节省了大量建设资金。尤其在担任省政协常委期间，他始终坚持中国共产党领导的多党合作和政治协商制度，认真贯彻党的"长期共存、互相监督、荣辱与共"的方针，自觉履行党和人民赋予的神圣职责，历次在省政协会议及常委会上就涉及港口建设方面等重大问题提出提案、意见及建议，为大连港的建设与发展做出了突出贡献。

长期以来，韩德滋同志坚决贯彻执行党的各项方针政策，拥护党的领导，政治立场坚定，在经历的多种政治运动中，始终旗帜鲜明地同党中央保持高度一致，是一位值得信任的优秀党外知识分子，是港口规划设计领域中有口皆碑的一位专家学者，是深受大家尊重的一位长者，他在建港事业中所做出的突出贡献，将勉励新一代码头建设者不断开拓进取，谱写出更加辉煌的篇章。

简仁南

简仁南，字静屯，男，汉族，1897年9月2日出生，台湾省台南市人，台盟盟员。

曾任大连医学院外科和解剖学教授。台盟大连市委员会第一届至第七届委员会主任委员，第二届全国政协委员，是台盟大连地方组织的创始人。1956年在参加全国会议时，受到毛泽东主席的亲切接见，是大连第一代台胞中的代表人物，大连市知名的爱国民主人士，为大连台盟的创建和发展做出了卓越的贡献。

他出身贫寒，15岁在一家西药店当杂工，夜间上补习学校，1916年考进台湾医学专科学校。在校时加入进步文化团体——"台湾文化协会"，积极宣传爱国主义思想。1921年毕业后到台南市立医院工作，1922年4月，因参加抗议日本侵略者成立"台湾协会"的签名运动，被开除公职。

1923年被迫流亡大连，在南满铁道株式会社大连总医院任外科医师，中国人病房主任。1925年赴日本插班到东京医学专门学校四年级，考试毕业，获医学学士学位，并取得日本全国医师开业证书，1928年辞去大连铁路医院工作，自己开设仁和医院。

1925～1937年间从事病理学和法医学的研究工作。1940年以《动脉硬化症的实验研究》为主要论文，获满洲医科大学博士学位。1927～1943年间先后在《台湾医学杂志》、《日本泌尿科杂志》、《满洲医学杂志》等刊物上发表十多篇论文。

他除了履行一个医生的职责外，还经常接触社会，同情贫病的劳动人民，为人正直，乐善好施，积极参加各种有益于中国人的社会事业的活动。当时，不少台湾同胞陆续来到大连，聚集在他的周围，很多人都先后得到过他的接洽与资助，当时的仁和医院成为大连乃至东北地区台湾同乡的落脚点。同胞们经常相约在他的家中，畅谈乡情，交流心得，相互鼓励，形成了以简仁南夫妇为中心的松散的台胞同乡组织。1924年6月，简仁南参加了大连中华基督教青年会，并被选为副会长，该会主要开展普及教育活动。他在兼任该会平民学校校长期间，克服许多困难，为普及和提高贫民子女的文化知识做出了很大贡献。

大连解放后，简仁南毅然决定留在大连，并主动将自己的两所医院和除自家居房外的全部房产献给国家，为大连解放初期的文教卫生事业做出了贡献。1945年9月至1946年7月，他先后任大连医师公会副会长、市政府卫生局科长、考试委员会委员、大连医学会监察委员。1946年12月他被聘为大连临时医学专门学校外科教授和关东医学院解剖学教授。1948年8月沈阳解放前期，他参加了大连第三批赴辽南军区手术队，任小队长，抢救了大批伤员，直接支援了东北解放战争。1949年，简仁南任大连医学院解剖学教授。抗美援朝战争期间，先后担任大连市医管处所属第一、四、五医院医务主任等职，积极参加大连后方医院的抢救治疗工作，受到党组织和伤病员的好评。

"大连市台湾省同乡会"1946年12月得到大连市政府的正式批准，他被选为副会长。1949～1950年初，简仁南积极参加了台盟旅大特别支部的筹建工作，通过积极努力并加上他在大连的威望，筹备工作进行得很顺利，并于1950年4月2日在大连饭店隆重举行成立大会，从此宣告台湾民主自治同盟旅大特别支部（台盟大连市委员会的前身）正式成立，简仁南当选为主任委员，从此，大连的台胞开始以正式的政党组织形式，自觉接受中共大连地方党组织的领导，并有组织地开展各种形式的参政活动和扶贫、赈灾和抗美援朝等重大声援工作。特别是在大连，台盟地方组织成立后，他积极带领广大盟员，热烈响应盟中央的号召，积极参与政协组织的活动，组织盟员开展盟员活动日、集中学习党中央的各项政策，使松散的同乡会变成一个有组织、有纪律的参政党地方组织，简仁南为市台盟的初期建设做出了重要贡献。

1951年4月，旅大市召开了市人民代表会议。简仁南被选为旅大市各界人民代表会议协商委员会委员、台盟旅大特别支部负责人，首次作为民主党派代表，参加了政府和政协的工作。

简仁南作为大连市台胞中德高望重的前辈，被誉为思想进步、勤奋刚正的爱国知识分子，他为人耿直，乐善好施，努力钻研业务技术，在科研方面卓有成就，勤勤恳恳从事医学教育，为培养大批医务人才呕心沥血，为团结海内外台胞做了大量有益的工作。简仁南的一生，从反抗日本殖民统治，到跟随中国共产党，走社会主义道路，表现了一个正直爱国知识分子同情穷苦百姓、报效祖国的优良品质。

1950年以后，简仁南先后被选为中国保卫世界和平大会大连分会委员、辽宁省第一届和大连市第四届人民代表、中国人民政治协商会议第二届全国委员会委员。1956年出席全国政协第三次会议期间，在怀仁堂受到毛泽东主席等党和国家领导人的亲切接见并合影留念。当毛主席问起台湾亲人的情况时，他感动得热泪盈眶。回来后不久，他就满腔热情地向党提出了入党申请，表示了永远跟党走的决心。

简仁南同志于1969年4月20日不幸逝世，终年72岁。简仁南作为中国特色政党制度的见证人，大连台盟的创建人，也是大连市第一个民主党派的领导人，为我市的多党合作做出了重要贡献，是一位值得尊重和缅怀的老前辈。

简佩芝

简佩芝(曾用名简雪娥),女,汉族,1929年10月31日出生。台湾省台南市人,中共党员。

1948年9月考入关东医学院(大连医科大学前身)。1951~1954年受聘为"大连市人民监察通讯员"。1954年,担任医学院行政部门基层党支部书记。1956年3月借调到全国妇联国际妇联理事会议翻译处工作。1957年被下放到农村医院图书馆工作。1963年6月调入辽宁师范学院(现辽宁师范大学)外语系工作,任教研室副主任。曾任大连市台联会副会长、会长、名誉会长,市政协委员、常委,省台联会理事、副会长,省、市妇联执委和委员,全国台联会理事以及大连市中日友好学友会副理事长、顾问等。从1989年起,十多年来一直被国家教育部考试中心聘为全国日语学科考试命题专家。1990年数次应邀参加国家教委高等院校教材编审委员会日语学科组组织的日语教材审稿会、日语教学研究会论文集编委会审稿,以及受聘任外校日语专业硕士论文答辩委员会主席等。1990年2月应邀参加日本国际交流基金会召开的日本语教育中心第一次恳谈会,并做了题为"关于中国日本语教育与教材建设"的发言。从1995年起十年来担任日本在中国组织实施的"国际日本语能力测试"协力委员会的中方委员;数次受聘任省、市高级职称评审会日语学科组组长。1989年以来数次受聘任中国和中日两国共同组织的全国、省、市日语讲演和作文比赛的评委。1990年主编《日本近现代文学作品选》一书经全国高校教材编审组通过,正式出版。另外,在日本国际交流基金会的资助下,与北京大学等兄弟院校共同编著出版了日语专业教材《新编基础日本语》(共四册)。此外,还主编出版了《外来语小词典》、《标准日语常用汉字字典》、《简明日本人名、地(站)名读法词典》等工具书和参考书多部。简佩芝与其已故爱人郭玮(原大连医科大学政治理论教研室主任,教授,中共党员)在党的三中全会后,对大连地区台湾人的生活、活动及组织情况进行了全面系统、艰苦细致的调查研究,并认真地核实和考证,撰写题为《大连地区建国前的台湾人及其组织情况》一文,登载在1989年12月出版的政协大连市委文史资料委员会编撰的《大连文史资料》第六辑上。1981年《中国妇女》杂志英文版(Women of China)和1995年出版的《台湾妇女在大陆》的画报上曾登载过简佩芝有关事迹和工作照。

简佩芝一生经历坎坷,1957年父亲被错划为右派,受其影响,简佩芝的工作、生活也陷入人生低谷,直至1979年3月14日,父亲在政治上得到了彻底平反昭雪。简佩芝也因此迎来了生命中的第二个春天,在党组织的教育培养和各级台联会的关怀、帮助下,她积极为祖国的社会主义建设事业参政议政,团结台胞并反映他们的心声,为实现祖国的统一做了很多有益的工作。

简国树

简国树，男，汉族，1939年12月31日出生，台湾省台南县人，台盟盟员。

曾历任台盟第四届中央委员会候补委员，第五、六届中央委员会委员，政协辽宁省第六、七届委员，第八届常委，政协大连市第八、九届常委，台盟大连市第十三、十四届委员会副主任委员，第十五、十六届委员会主任委员。

1957年以优异的成绩考入北京大学物理系无线电物理专业。1963年大学毕业后，他进入中科院北京电子研究所工作。在研究所工作期间，他曾参加机载单脉冲雷达项目研制，主持中频相位计的研制，其成果在1966年中科院成果展览中展出。之后，他又参加了"651工程"任务——地面卫星接收站N–识别电路的研制工作。他辛勤工作，刻苦钻研，曾先后在中科院四川分院成都电子研究所当过研习员，在航天部西安504所被评为工程师并担任测试中心主任，参加或主持过与成都、哈尔滨、南昌等一些电子仪器厂中高频相位计和宽带示波器项目的研制。1984年，我国第一颗地球同步轨道卫星发射成功，简国树突出的工作成果受到上级的肯定，被七机部荣记三等功。1983年，受组织派遣，在英国伦敦城市大学测量中心做访问学者，两年时间完成了声音模式识别项目和微机接口电路设计项目的研究。

1985年从英国回国后，到大连理工大学物理系任教，被评为高级工程师，担任《计算机语言》和《微弱信号检测》等多门课程的教学。1996年，简国树致力于光学扫描隧道显微镜研究工作及近场光学理论计算工作。作为主要研究者，完成了国家自然科学基金项目《十万倍光学微镜关键技术研究》、《基于PSTM的纳米激光手术刀技术研究》、《PSTM光纤共振调制模式成像研究》和科技部项目《数十至数万倍光学显微镜样机研制》等多项研究。从2001年开始，简国树又致力于近场光学与纳米技术研究，参加国家自然科学基金《PSTM光纤共振调制成像模式研究》、科技部仪器开发基金《十万倍光学显微镜研究》等多项项目科研，负责电子学疑难问题的解决和近场光学数值模拟研究。简国树深厚的科技理论知识和丰富的实践工作经验，在将多层薄膜理论、微扰理论、时域有限差分方法应用于近场光学理论计算方面做了大量富有成效的研究，在国内外学术刊物上发表了30余篇学术论文，作为博士生副导师指导博士2人，作为硕士生导师指导硕士生12人，为我国科技事业做出了杰出的贡献。

简国树同志能走上参政议政的道路，深受父亲简仁南言传身教、潜移默化的影响。父亲奋斗的足迹、优良品质和革命精神深深感染了他。简国树从英国回连后，立即参加大连台盟组织。多年来，他和同事们都十分注重发挥前辈的优良传统，不断充实自己，从坚持和完善共产党领导的多党合作和政治协商制度的高度，满怀为现代化建设和祖国统一事业多做工作的责任感，在做好自己学术研究工作的同时，积极开展工作，团结班子成员认真学习邓小平理论和新时期统一战线理论，坚持一年一次的盟员学习班制度，开展有效的盟员活动，使台盟始终保持正确的政治方向，积极发挥参政党的职能。

简国树同志充分认识到党领导下的统一战线在社会主义建设中的重要地位，人民政协的政治协商、民主监督和参政议政职能的重要作用，积极参加市政协组织的各种活动。在政协全会、常委会和各种专题座谈会及视察活动中，他都十分投入，就辽宁省和大连市的建设、发展以及群众关心的热点难点问题，认真提出意见和建议。他代表台盟省委在辽宁省政协会议上所做的《我省下岗职工再就业问题和对策》、《对我省"十五"期间经济与社会发展的总体思路和发展的几点建议》的大会发言，代表台盟市委在大连市八届二次会议上所做的《抓住机遇，加快吸引台资的步伐》和《关于先进成果尽快转化为生产力的建设》等大会发言，都得到省、市政府的重视和好评。简国树个人共提出30多件提案，其中《关于迅速建立信息高速公路产业（联名）》的提案获得最佳提案奖，《关于发展我市旅游交通的建议》的提案获优秀提案奖。在提案工作中，能够做到深入实际，实事求是，从大局着眼，从小事着手，为政府分忧，为百姓解难。

简国树同志还十分重视台盟市委会机关建设，经常找机关干部谈心，并鼓励机关工作人员撰写调研文章和提案，对干部的个人成长也投入了很大热情。他认为，盟市委作用发挥的程度，机关干部起着至关重要的承上启下的关键作用。他带领盟员认真宣传、贯彻党的对台方针政策，致力于祖国统一、民族振兴的伟大事业，发挥父辈爱国、爱乡的光荣传统，旗帜鲜明地反台独、反分裂。他和同事们经常关注台湾岛内的情况，充分利用接待、会议等各种有利时机，加强台盟及台胞之间的感情交流，积极与岛内各界亲朋好友联系，为大连的经济合作牵线搭桥，为大连市的经济发展起到了促进作用，为祖国的完全统一不懈努力。

如今，简国树同志已七十多岁，但他关心国家大事，忠诚于事业，参政议政的热情依然很高。每次台盟活动，他都风雨无阻地前来参加。他认为，要使台盟的光荣传统保持和发扬下去，就要学习和发扬台盟的四个传统，即自觉接受中国共产党的领导，与共产党亲密合作，风雨同舟，荣辱与共的传统；坚持学习的传统；讲奉献的传统和讲团结的传统。台盟一定会在振兴中华、发展两岸交往、促进祖国统一的伟业中，做出新的更大的贡献。

熊尚元

　　熊尚元，石油化工专家，1911年12月9日出生，汉族，四川省万县人，无党派人士。

　　熊尚元3岁随在黑龙江拜泉县任知县的父亲到东北，8岁到北京。自幼由举人出身的父亲教书习字，1929年从汇文中学理科毕业。1933年毕业于清华大学化学系，先后在北京及南京地质调查所燃料研究室任技术员、助理研究员。1938～1942年任资源委员会重庆动力油料厂研究员、工程师，参加了植物油炼汽油、柴油的研究及生产工作。1942年底由资源委员会派赴美国学习石油炼制。1945年初回国，任甘肃油矿局炼油厂工程师、代理厂长，主持炼油厂扩建工作，同时进行合成汽油、从植物油中提炼轻质油的研究，获得成功并投入生产，实现了玉门原油裂炼的工业生产。1946～1950年任老君庙甘青分公司炼油厂厂长。1949年玉门油矿解放前夕，我军解放大西北时，驻酒泉敌人仓皇向西逃窜，此时，玉矿职工积极地组织了护厂工作，熊尚元当时担任炼油厂厂长，他组织思想较进步的职工参加了这一护厂运动，一方面严密地保藏了珍贵的仪器，同时又组织人力在厂周围设立工事及障碍物，并轮流把守，保证了仪器完整无损，炼油厂直至解放未停止炼油，使护矿运动取得了胜利。1950年8月至1952年6月，他出任玉门油矿局副局长。其间，对矿物岩石及煤的分析和一氧化碳与氢合成油植物油提炼柴油做过研究，并著有《石油提炼概论报告》。1953年3月至1965年9月任北京石油管理总局设计局副局长兼总工程师，北京石油设计院院长。在此期间，参加了石油部第二炼油厂、大庆炼油厂等工程的总体规划制定工作，对我国炼油设计标准的制定和新炼油厂的建设做出较大贡献。1965年9月他被调到大连石油七厂，先后任副厂长、副总工程师、高级工程师、技术顾问。在大连石油七厂工作期间，参加了辽阳化纤厂设计资料的翻译和《英汉石油大辞典》炼制部分的编写工作。

　　他在"文革"中曾遭受过迫害，粉碎"四人帮"后，仍关心企业发展。他精通英文，熟悉掌握国内外最新炼油动态，多次承担对台、对外宣传讲话。利用丰富的炼油方面的知识和经验，帮助企业改善了科研、工艺技术及技术管理等相关技术工作的薄弱状况，为企业做出了重大贡献。

　　虽然他一生未入党，但他对党有很高的认识，尤其在1954年当选为第一届全国人民代表大会代表之后，更是主动与党的负责同志研究工作，提出了大量的改进工作意见。在党的领导下，他的思想认识不断提高。他曾说："作为一个自然科学工作者，必须精通马列主义的思想方法，才能走上正确的进步道路，用科学的思想方法革命，是自然科学工作者责无旁贷的义务"。他一生热爱祖国，积极拥护中国共产党的领导，工作认真负责，后又连续担任第二、三届全国人民代表大会代表，第五、六、七届全国政协委员，政协大连市第五、六、七届委员会副主席。参加过中国化学会、中国工程师学会。1990年7月起享受国务院政府特殊津贴。2007年12月12日14时，熊尚元同志因病医治无效，在大连逝世，享年96岁。

蔡行铸

蔡行铸，男，汉族，1924年5月生，台湾省台中县人，台盟盟员，中共党员。

1941年在台湾膨化市基督教医院工作。1944年8月到大连市仁和医院工作。1946年以大连市医师考试第一名的成绩被分配到大连市营城子区公医院任公医。1948年底参加大连市立医院筹建工作，晋职儿科医师。1950年抗美援朝战争爆发，参加筹建战勤第二医院，任第一医疗室主任。1952年参加大连市儿童医院筹建工作，先后任病房主任、医务科科长、副院长。期间被选为中山区第一至五届和第八届人民代表，西岗区第六届人民代表。1955年当选市第一届青年联合会常委，辽宁省第一届青年联合会委员。1973年和1977年先后两次以台湾省籍党员身份作为中国共产党"十大"、"十一大"代表候选人。1978年、1983年出席了全国第九、十届总工会代表大会。曾当选大连市和辽宁省第九届工会委员，大连市科协第一、二届委员，市行政监察委员会第一、二、三届特邀委员，大连市医学会二至四届理事，常务理事、副秘书长和第五届理事。大连市台联会第一、二届副会长，大连市政协第五、六、七届委员和联络委员会委员。离休后，参加市"关心下一代"工作委员会，任第一、二届理事和老年卫生工作协会理事。1979年被大连市科协评为"市先进科技工作者"。1981年被大连市人民政府评为"市卫生系统先进工作者"。1992年被大连市政协委员会评为"优秀提案者"。1992年被大连市儿童医院党委授予"优秀共产党员"称号。1997年被大连市"关心下一代"工作委员会、中共大连市委组织部、中共大连市委老干部局、大连市人事局联合授予"大连市关心下一代工作十年奉献者"荣誉称号。五十年来为大连市台盟的创建和发展做出重要贡献，多次被辽宁省台湾事务办公室、辽宁省台湾同胞联谊会、中共大连市委台湾办公室表奖。2000年荣获大连市卫生局授予的"大连市妇幼卫生工作30年特殊荣誉奖"。2002年度，获"大连市开发档案信息资源二等奖"。2003年曾获省台联"先进个人"奖、大连市台办"先进个人"奖、市台联台盟"先进个人"奖及市卫生局"先进个人"奖。1986年5月6日离休，享受市地级待遇。

谭忠印

谭忠印，男，1939年10月22日出生，辽宁省大连市人，民进会员。

现任辽宁省人民政府参事、大连市关心下一代工作委员会常务副主任、辽宁师范大学教授。1958～1962年就读于辽宁师范大学化学系，1962年毕业后留校任助教，从事教学和科研工作。1978～1981年考入大连铁道学院完成金属化学分析专业，获硕士学位。1981～1988年回辽宁师范大学化学系任教，历任讲师、副教授、教授。1989年1月～8月赴美国伊利诺伊州立大学做访问学者，从事仪器分析研究一年。1989年9月～1990年12月任辽宁师范大学校长助理，1991年1月～1999年12月任辽宁师范大学副校长。在长期从事高校教学与行政工作的同时，还兼任了很多社会工作。1992年6月16日加入中国民主促进会，曾任第九届、十届全国政协委员，第九届、十届大连市政协副主席，第八届、九届民进辽宁省副主委，第九届、十届民进大连市委主委，第八届辽宁省人大常委会委员，第十一届大连市人大常委会委员，大连社会主义学院第一院长等职。

谭忠印在高校从教四十余年，培养了近千名大学生及十余名研究生。在长期的教学和科研工作中，他努力拼搏，在分析化学领域取得了令人瞩目的成绩。他在光电子能谱、扫描隧道显微镜等方面做了大量开拓性的工作，曾多次主持省、市级自然科学基金项目，并曾荣获辽宁省科技进步三等奖、大连市科技进步二等奖。20世纪80年代，由他主持、在国内首次研究成功的"离子选择性电极对人体血清中钾、钠、氯的联合测定"被大连铁路医院应用于临床分析，并获得成功，同时荣获辽宁省人民政府重大科技成果三等奖。20世纪90年代，他与陈连山等教授合作，研究成功活性水降凝与驱油技术，应用于辽河油田，获得了显著的经济社会效益，并荣获1996年度大连市人民政府科技进步二等奖。出版学术专著有《光电子能谱分析法》、《电化学分析原理及技术》、《定量分析化学》及《图释分析化学》（及光盘）等6部。曾在《中国科学》及《科学通报》等学术刊物上发表论文30余篇。他长年坚持业余科普创作，发表作品多次获省、市优秀科普作品奖，20世纪80年代末期被收入"全国科普作家辞典"。

在担任辽师大副校长期间，主管科研、研究生、出版社、图书馆等方面工作。谭忠印在学校党委的支持下，奔波努力，学校的纵向科研经费由1991年的不足50万元到1997年增长到200万元；横向科研经费和"四技"收入由1991年的不足30万元增长到1997年的170多万元。增加投入结硕果，学术论文的年均数量由1991年的不足400篇，增长到1997年的近千篇，其中在国际权威学术刊物上和国家级学术刊物上发表的论文由1991年的不足百篇，增长到1997年的近400篇；年均出版的学术著作数量由1991年的不足50部，增长到1997年的200余部。在SCI上被收录的学术论文达到近百篇，名列全国同类院校的第9位。仅1997年一年获得国家、省、市各级各类科研成果超过100项。任职期间，辽宁师范大学科研立项、横向联合及教师出版专著、发表论文数量都有较大幅度增长，尤其是在校内开展的"百场学术报告"活动，受到广大师生好评，不仅促进了学术交流，还为研究生和大学生们提供了课外学习的第二课堂，浓化了学校的学术氛围，对师生勤奋治学起到了积极的推动作用。

谭忠印在任全国政协委员、省、市人大常委、市政协副主席期间，不忘自己的职责，以饱满的政治热情和高度的社会责任感，积极建言献策，努力当好"参谋"，成为党和政府联系人民群众和广大知识分子的"桥梁"。他积极参加省、市人大、政协组织的各项视察活动，深入实际，进行必要的调查研究，了解体察民意，他说，"只有知民，才能为民"。在人大、政协会上提出的多项议案、提案，均得到省、市有关部门的高度重视，并予以采纳。例如，针对辽宁省省属非省会所在地的高等院校公费医疗经费超定额支出普遍的现象，谭忠印联合其他几位人大代表，多次在省人大会上建议"认真提高省属非省会所在地高等院校师生公费医疗费用的建议"，经过三年的呼吁，省政府办公厅于1995年9月给予了答复，经有关部门研究决定，提高省属非省会所在地高等院校师生公费医疗人均定额，教师人均定额由原来的120元提高到300元，大学生人均定额由原来的30元提高到60元。再如，谭忠印在视察我市基础教育的过程中，发现一些条件好的小学和幼儿园内均安装了铝合金蓝宝石玻璃窗，常年从事化学教育的谭忠印，非常敏感地意识到，这种玻璃将挡住太阳光中的红色光和红外光，处在发育期的儿童，长期在这种环境里学习和生活，将对红色光产生弱视，严重影响儿童的视力健康。他及时提出了《在中小学和幼儿园安装白玻璃窗的建议》，引起了市人大常委会的重视，并将他的建议转发到市教委、市建委及全市各中小学和幼儿园，并获得较好的社会效益。

谭忠印在担任民进大连市委主委期间，十分注意自身修养，坚持以身作则，以自身的模范行为去影响民进会员。坚持民进中央"以党为师，立会为公"和"爱国、民主、团结、求实"的宗旨，以不断进行政治交接为中心的思想政治教育作为民主党派建设核心，注重后备干部和各类人才的发现与培养，积极为民进组织引进中青年骨干，从而提高了民进组织的整体素质。他曾动情地表示：以雷洁琼为代表的民进前辈和领导人为我们做出了杰出的表率，我们要真正完成好政治交接的任务，在中国共产党的领导下，充分发挥参政党的积极作用，把民进建设成中国共产党放心的、人民满意的、跨世纪的优秀参政党，我个人应该为此尽一份绵薄之力。

魏　曦

　　魏曦，男，汉族，1903年12月出生，湖南岳阳人，民盟盟员，中共党员。

　　魏曦是我国知名的医学微生物学家，对我国生物制品事业的创建与发展做出了重要贡献。在他的科学生涯中，主要集中于人兽共患病——立克次体病及钩端螺旋体病的病原学和流行病学的研究。他还是我国微生态学的奠基人，培养了大批人才，提出了菌群调整疗法治疗菌群失调症并获得良好效果。

　　魏曦在中学时代就参加了进步学生团体，1924年考入长沙湘雅医学专门学校（1925年改称湘雅医科大学）。其间，经常参加中国共产党领导的学生运动，为共产党传送过信件，掩护过共产党员，因而遭到反动军阀的通缉。1927年他转到上海医学院学习。1933年医学博士毕业时，他的毕业论文《肺疽的细菌学》受到好评，从此开始了他的医学微生物学研究的生涯。

　　1937～1939年，魏曦在美国哈佛大学医学院任研究员，1939年回国后参加抗日运动，在昆明协助汤飞凡等筹建了我国第一个生物制品所，任检定科科长，在艰苦的条件下，为抗战军民提供了大批战时急需的疫苗和血清。

　　1948年，上海解放前夕，魏曦要求到解放区参加革命工作，党组织接受了他的要求，帮助他秘密离开上海，绕道香港，于1949年春到达大连，任大连大学医学院细菌科教授、主任。1950年大连医学院独立后任微生物学教授、教研室主任，兼大连生物制品研究所副所长。

　　魏曦在大连医学院任教期间，充分发挥了他的科学研究与教学专长，扩建了教学实验室，建立了实验动物饲养室，向国内各研究及教学机构收集来百多种病原细菌，建立了菌种库，为教学和科学研究创造了必要的条件。为保证教学质量，他亲自为学生编写讲义和实习指导手册，并亲自为学生讲课和指导学生实验，特别注重学生理论联系实际，培养学生独立工作能力，深受学生的欢迎。

　　魏曦具有强烈的爱国思想和为和平事业献身的精神。1951年9月，他与沈其震一起，作为中国代表团成员赴意大利参加世界和平理事会组织的国际医学工作者会议。

　　1945年，在滇缅边境反法西斯战场上，在英美盟军中发生了一种"不明热"的流行病，严重地威胁着部队的战斗力。美国组织了一个以哈佛大学专家为主的斑疹伤寒考察团对此进行调查，但一直没有搞清病因。魏曦被邀赴缅工作后，跋山涉水进行调查。他再一次发挥了善于从别人的失败中找出原因的特长，发现别人是将试验用的盛装动物的笼子放在草地上，使昆虫叮咬动物，然后从动物分离病原体。其所以未获成功可能是因为笼子下面的草被压成一个草垫，有碍昆虫接近和叮咬动物。魏曦设计了一个不存在这种缺点的新试验方法，成功地证实了"不明热"的本质是恙虫病，使"不明热"得到了控制。

1952年，美国在侵略朝鲜的战争失败之后，在朝鲜和中国东北投掷了细菌武器。为揭露美帝国主义的罪行，他毅然报名参加了以卫生部部长李德全为团长的美帝国主义细菌战争罪行调查团，担任检验队长，不顾战火的危险，和其他科学工作者一起在枪林弹雨中搜集美帝国主义进细菌战的罪证。发表了《美国在朝鲜和中国东北进行细菌战的事实》的调查报告，向全世界进行了揭露，因而获朝鲜民主主义人民共和国二级国旗勋章。1956年2月6日最高国务会议期间，魏曦曾受到毛主席的亲切接见和宴请。

魏曦知识渊博，思路开阔，博采各家之长，勤于动手实践，不尚空谈。20世纪50年代，魏曦针对斑疹伤寒疫苗生产的关键问题进行了研究。当时，使用毒株的毒力是通过虱鼠传代，人虱需在人体上饲喂。魏曦经过人、兔交替喂养，终于获得兔化人虱虱种。1959年，卫生部生物制品委员会批准该虱种在全国有关生物制品所推广使用，从此结束了在生产斑疹伤寒疫苗中人喂虱的落后局面。

魏曦在临床检验过程中善于探索和研究。他多次发现由于使用抗生素不当引起疾病，即菌群失调症。他敏锐地意识到：正常菌群在维持机体平衡中的重要作用，因而提出菌群调整疗法。这一重大课题受到国内外同行的重视和承认，从20世纪50年代开始，形成具有我国独特风格的学派。1981年在日本东京召开的第七届国际悉生生物学会上，魏曦报告了我国研制"促菌生"和对菌群失调与菌群调整疗法的研究情况，使国际学者感到震惊和赞赏。

魏曦不仅是一位德高望重的学者，而且是一位社会活动家。他曾任中国民主同盟第二至四届中央委员，第五届顾问，第二、三届全国人大代表，第二至六届全国政协委员，1955年当选学部委员，中国微生物学会第二届副理事长，人兽共患疾病病原学专业委员会第一届主委，中国预防医学会微生态学学会名誉主委。

瀛云萍

瀛云萍，原名王愚臣，男，满族，1912年2月27日出生，辽宁省铁法市人，民革党员。

1926年，年仅14岁的王愚臣参加了东北军并进入了当时由张学良办的东北学生队军校学习。1932年，被张学良选送入黄埔军校十期学习，毕业后留任中尉区队长。1936年"西安事变"后，在南京炮校的瀛云萍等被以张学良的亲信为由逮捕并被严加控制。1937年抗日战争全面爆发后，瀛云萍参加了惨烈的江阴保卫战、淞沪会战、南京保卫战、武汉保卫战等抗日四大保卫战。1941年1月，瀛云萍又回到黄埔军校担任主任教官。1943年6月，瀛云萍晋升为上校。1944年3月，瀛云萍和二十几名军官受派带领黄埔军校的300多名学员西征新疆迪化（今乌鲁木齐市），建立黄埔第九分校。1948年底，瀛云萍调到了川湘鄂绥靖公署，担任主任监察官，1949年7月随川军部队在宜宾起义，后被分配到旅大师范学校（现大连大学）任教。

这是一位具有传奇经历，曾在国民党正面战场上与日本侵略军拼死厮杀过的抗战老人。他至今仍自豪地说："抗战期间，我打了100多仗，大的战役有4次，在我指挥的炮战中，我打的都是胜仗"。回望战争岁月，1931年，当日本关东军制造"柳条湖事件"挑起震惊中外的"九一八"事变时，迫于蒋介石的命令，王愚臣和同学们第二天就被迫踏上了退入关内的逃亡之路，19岁的王愚臣毅然将自己的名字改为瀛云萍，瀛为东瀛，即日本，意思是日本人使我失去了家乡，成了天上漂泊的云，水中无定的浮萍。1937年"七七"事变后，抗日战争全面爆发，他被抽调到江阴前线的一炮台，日军为了打开江阴封锁线，于8月13日出动军舰十艘、飞机60余架对江阴要塞实施强攻。瀛云萍等操控的火炮对江面和空中同时作战，虽然打飞机的命中率很低，但对日军舰很有威慑力，曾打得敌舰队形混乱，经过三昼夜激战，日军撤退，保卫江阴封锁线的战斗获得局部胜利。

淞沪战役是蒋介石与日军的一次主力战，这次战斗粉碎了日寇"三个月灭亡中国"的狂妄气焰，使日军付出了伤亡4万余人的代价。上海陷落后，敌人杀向南京方向，他再次被派往前线参加了南京保卫战。当时国民党参战部队总兵力约12万人，没有海军和空军，而入侵南京的日寇，陆海空三军齐备，总兵力约15万人。瀛云萍的要塞炮被派驻在"江宁要塞"的乌龙山上，由于仓促上阵，加之接到上级"毁炮、撤退"的命令，虽然炮台击落敌机一架，并将日军舰有效阻隔在射程之外，但最终于1937年12月12日晚上7时被日军攻陷，当将士们把已打得滚烫的火炮毁掉走下山时，瀛云萍吟诵着"无限江山，别时容易，见时难"，泪随声下。从南京撤退后，瀛云萍又相继参加了武汉保卫战等战役，在武汉保卫战中，瀛云萍已升任炮兵中校，负责整个武汉要塞的防御，回忆起当年那惨烈的四场保卫战，老人沉重地说："八一三守江阴，打到最后，战场上尸骨成堆，将士们的耳朵都打聋了，眼睛都是血红的。在襄樊，被我们击毙的日本兵看上去有的只有十五六岁，敌我双方的伤亡都很大，战场上遍地尸骨无人收埋，真是惨不忍睹。"会战结束，他被调到成都军校担任中校教官。1941年1月，他回到黄埔军校任教。当他作为军校最年轻的主任教官给学生授课时，身为校长的蒋介石常坐在教室后面静静地听他讲课，有时还和他讨论一些战术和军事问题，对他在实战中积累的丰富教学经验倍加赞赏。瀛云萍很受黄埔学员们敬重，他教过的学员后来在国民党部队里仅将军军衔就有50多名。1944年3月，瀛云萍和二十几名军官受派带领黄埔军校的300多名学员西征新疆迪化(今乌鲁木齐市)，建立黄埔第九分校。当时的新疆由于盛世才的白色恐怖统治，形势十分险恶，瀛云萍在那里度过了艰难的四年。

解放后，回到故土的瀛云萍被分配到旅大师范学校(现大连大学)任教。1957年和1963年，因为历史问题，他两次被判12年徒刑，1974年出狱，1982年才被落实政策予以平反。在那个贫匮的年代，他拉扯着5个孩子在北大荒度过了艰难的12年，然而，对国家、民族的情感却始终不渝，一位旅美的黄埔同学问他为何不出去时，瀛老说："我舍不得脚下的这块土地呀。"

1986年，受大连市民委委托，瀛云萍开始编写《大连民族志》，76岁的他带着一名护理人员走遍了大连少数民族集聚区，收集整理了一批珍贵资料，在给市民委送资料的途中，瀛云萍遇到车祸，昏迷多日并卧床40天，医院曾下达了病危通知书，可瀛老醒来的第一句话竟是："再给我半年时间吧"。又是20多年过去了，瀛老勤耕不辍，在艰苦的条件下以超常的毅力和博学写出了《自然历》、《同韵字典》及民族史、抗战史等22部书稿，共计400余万字，还自费出版了5部作品。

1995年10月，由中共中央、国务院、中央军委共同颁发的纪念抗日战争胜利60周年金质纪念章发到了瀛老的手上，他喜极而泣，放声大哭。鉴于他在抗日战争时期的不平凡经历，法国等国家的史学界在重修和续写二次大战史时，都先后与他取得了联系并拜访了他，他们在采访完瀛老后感慨地说，像瀛云萍这样参加过二战又能编写、头脑十分清晰的老战士已是仅有的了。中科院的有关专家也将他誉为"国宝级人物"。94岁的瀛云萍和89岁的老伴于襟襄老人在大连过着平静幸福的生活，中共辽宁省委和中共大连市委、市政府非常关心瀛云萍的生活，市委统战部多次出面协调解决瀛老的生活困难以及出书等事宜，使这位仅存的具有文史价值的抗战老人得到了很好的照顾。

97岁的瀛云萍年少入伍，历经了军阀割据、抗日战争等各个时期，他不仅是"九一八"到"八一五"那段民族灾难史的见证者，更是那个年代至今为数不多的勇于同侵略者浴血厮杀、舍生忘死的中国脊梁。